2024

新型电力系统发展(崇礼)论坛

案例集

中国电力企业联合会　编

中国电力出版社
CHINA ELECTRIC POWER PRESS

图书在版编目（CIP）数据

2024新型电力系统发展（崇礼）论坛案例集 / 中国电力企业联合会编 . -- 北京 : 中国电力出版社， 2024. 9. -- ISBN 978-7-5198-9246-3

Ⅰ . F426.61

中国国家版本馆 CIP 数据核字第 202402QJ26 号

出版发行：中国电力出版社

地　　址：北京市东城区北京站西街 19 号（邮政编码 100005）

网　　址：http://www.cepp.sgcc.com.cn

责任编辑：王杏芸（010-63412394）

责任校对：黄　蓓　郝军燕

装帧设计：郝晓燕

责任印制：杨晓东

印　　刷：北京顶佳世纪印刷有限公司

版　　次：2024 年 9 月第一版

印　　次：2024 年 9 月北京第一次印刷

开　　本：889 毫米 ×1194 毫米　16 开本

印　　张：18.5

字　　数：508 千字

定　　价：168.00 元

前言
PREFACE

2021 年 3 月 15 日，习近平总书记在中央财经委员会第九次会议上对能源电力发展作出了系统阐述，首次提出构建新型电力系统。党的二十大、二十届三中全会均强调加快规划建设新型能源体系。党中央、国务院在《关于深化电力体制改革加快构建新型电力系统的指导意见》《关于加快经济社会发展全面绿色转型的意见》中，均对加快构建新型电力系统作出重要部署，为新时代能源电力发展指明了科学方向、提供了根本遵循。加快构建新型电力系统，是应对能源转型挑战的有力举措，是实现"双碳"目标的关键载体，更是保障我国能源安全的战略选择，具有重要意义。

为深入学习贯彻党的二十届三中全会和习近平总书记关于构建新型电力统的重要指示精神，加快发展新质生产力、助力经济社会全面绿色转型，中国电力企业联合会（简称"中电联"）组织开展了2024 新型电力系统发展（崇礼）论坛案例征集活动，旨在通过实际应用案例，为行业提供可借鉴的经验和解决方案。电力行业企业积极响应，共计收到案例投稿 300 项。

中电联联合中国电力科学研究院、华北电力大学新能源电力系统全国重点实验室，组织有关专家学者，秉承客观、公正、严谨的原则，最终遴选出《面向供电可靠性的新型电网防汛减灾技术及应用》等 50 项典型案例，覆盖了大数据、人工智能、5G 应用、储能技术、智慧微电网、电力系统工程示范等多个领域，集中展现了新型电力系统在不同场景下的创新实践和显著成效，为电力系统的智能化、绿色化、高效化提供了有力支撑。

我们期待，《2024 新型电力系统发展（崇礼）论坛案例集》的出版，能够为电力行业从业者及广大学者们提供宝贵的交流平台与参考资源，激发更多关于新型电力系统建设的思考与探索，为实现能源转型和"双碳"目标提供理论与实践的双重支持。

编者
2024 年 9 月

目 录
CONTENTS

前言

第一部分　区域新型电力系统建设类

第二部分　绿色发电与储能类

第三部分　电力市场与电网智能调度类

第一部分

区域新型电力系统建设类

诸城县域新型电力系统示范与实践

国网山东省电力公司诸城市供电公司

一、案例简介

新型电力系统是加快构建新型能源体系、积极稳妥推进"碳达峰 碳中和"的关键载体。2021 年 6 月，诸城入选全国首批整县屋顶分布式光伏试点，预计到"十四五"末，诸城分布式光伏装机将达到 91.6 万 kW，目前，诸城分布式光伏装机已经达到 71.5 万 kW。

分布式光伏的迅猛增长和大规模接入，引发了顶层规划、配套政策缺失、职责分工不清、管理机制空白、电网承载不足带来的安全和消纳压力等一系列发展适应性问题。国网山东电力公司在 2022 年两会中明确要求"打造诸城、嘉祥、沂水整县屋顶分布式光伏示范县"，对此，国网诸城市供电公司立足整县开发现状，主动承接国网山东省电力公司配电网规划试点，锚定"县域绿色低碳新型电力系统"建设目标，以诸城全域为试点探索构建县域新型电力系统，推动源网荷储协同发展。通过率先开展新型电力系统顶层设计，以电网建设和运行管理的"内核"革新，适应新能源高速发展和终端用能多样化带来的"外核"挑战，创新"政策、管理、技术"三个引导，实施"四新融合"的 14 项重点任务，打造整村光伏开发、智慧用能服务、源网荷储一体化、新能源全景监控等四类示范场景。主动承接国家电网公司、国网山东省电力公司 10 项试点示范，与中国电科院、天津大学、东方电子、南瑞集团等院所厂家开展深层合作，以四类示范场景为试验场，率先落地应用全国首套低压分布式光伏无功电压控制系统、建设山东首个台区级自治系统等 12 项新技术，引导分布式光伏等新能源友好有序安全发展，为新型电力系统最终落地县域配网提供可复制、可参考的技术路径和实践样板。

"十四五"期间，诸城分布式光伏新增装机 45.1 万 kW，新增装机年发电量 4.7 亿 kW·h、折合标煤 14.5 万 t，减排二氧化碳 34.4 万 t。保障农村屋顶光伏新增装机 21.3 万 kW，惠及农村居民 9000 户，增收 2148 万元，助力 37 个整村开发项目并网，年增加经济效益 1700 万元。截至 2024 年 6 月，未发生因电网不能消纳导致的弃风、弃光现象，服务整县开发经验被山东省能源局面向全省推广，国网诸城市供电公司作为唯一县供电企业代表，先后在潍坊整县分布式光伏现场会、山东省分布式能源电力论坛和第十届中国电力规划发展会议上做经验分享。新型电力系统规划方案被中国能源研究会院士专家评审团队认定达到"国内领先水平"，示范建设成效获江亿院士点赞，相关技术落地情况得到中央电视台、《人民日报》和新华社等媒体的专题报道。

二、技术方案

在新型电力系统建设中，先后打造"整村屋顶光伏开发、智慧零碳办公楼宇、台区源网荷储自治、新能源数字化监控"四类示范场景。

（一）整村屋顶光伏开发项目

针对分布式光伏规模化开发缺乏统一规范标准，分布式光伏就地消纳难的问题，国网诸城市供电公司自 2021 年开始，以前九台村、大柳家庄为试点，全省首个试验分布式光伏交（直）流汇集、升压并网模式，将光伏低压汇集后升压到 10kV 并网，实现在周边负荷较高区域消纳。

从建设投资、损耗、发电效率、运维成本、对电网的影响等五个方面展开综合分析，同时通过数学建模和实际投资互相对照，发现交流方案投资效益相对较高，直流方案在安全管控方面更有优势，为推广整村开发汇集模式提供借鉴参考。

在试验基础上，推动诸城市委市政府在全省最早出台了《整县开发试点工作实施方案》和《整县开发指导办法》，明确坚持整村开发原则，开发比例不低于整村户数的 20%，明确整社区、整村项目要低压汇集、升压并网。编制了《整县屋顶分布式光伏 10kV 集中汇流并网模式典型设计》，为光伏开发企业应用"集中汇集 + 升压并网"模式提供规范样板。

（二）智慧零碳办公楼宇

在诸城市政务中心建成投运全省首个党政机关类"光储充一体"智慧微电网，从供电可靠性、节能增效及电能质量等多方面出发，对用电负荷进行分时分级管控，量身定制多元协同离并网运行策略，实现绿电就地消纳、楼宇绿色办公。

1. 建设规模

在光伏接入上，依托政务中心屋顶及车棚 5776 米^{2}面积，建设 667.6kW 的分布式光伏电站。在储能配置上，充分考虑政务中心的现有负荷情况、光伏发电功率配套建设 200kW/400kW·h 分布式储能。在充电装置方面，在政务中心停车场安装 30 个直流充电桩，40 个交流充电桩。通过微网智慧管理系统、电池管理系统（BMS）、屋顶光伏逆变器、负荷控制器，实现微电网对储能、电源、负荷单元、光伏、充电桩的可观、可测、可调和可控。

2. 运行策略

从供电可靠性、节能增效及电能质量等方面出发，结合电价政策及政务中心用电特性，将政务中心负荷进行分时分级管控，为其量身制定多元协同离并网运行策略。

【并网模式】电网正常运行情况下，微网智慧管理系统通过协调控制光伏出力、储能充放、可调负荷、充电桩，提升微网内部光伏就地消纳率，实现政务中心节能降碳。

【离网模式】紧急脱网模式下，微电网自动由并网模式切换成离网模式运行（断开主变压器低压侧开关），根据（阶梯性）负荷分级控制策略切除空调等部分负荷，调节储能出力，微电网实现自平衡为重要负荷不间断供电。这时，由微网智慧管理系统控制启动后的光伏逐步增加出力，逐步投入被切除负荷，直到发电和用电（在离网期间）达到新的平衡，实现微电网从并网到离网的快速切换。主网恢复供电后，微电网能自动平滑并网，并完成停电负荷的自恢复供电。

（三）台区源网荷储自治

在诸城市前九台村投运山东首个台区级源网荷储自治示范，通过开发"AI 电管家"智慧管理平台，制定源网荷储协同互动策略，整合功率和电压柔性调节技术、低压柔直互联技术，实现分布式电源、储能和充电桩等要素的调节控制，达到分布式光伏就地消纳、台区内部功率和电压自平衡自管理。

1. 技术层面

应用基于智能融合终端的功率、电压柔性调节技术及低压柔直互联技术，制定源网荷储协同互动策略，就地分析研判、就地调节控制分布式新能源、储能和充电桩等可调负荷，实现分布式新能源就地消纳、功率因数调整，实现台区内部功率、电压自平衡自管理自调节，同时能够与外部配电网高效互动。

2. 管理层面

依托智能融合终端，对台区自治群、分布式新能源等新要素一体化管控，实现能量平衡与经济调度、电压自治和故障处理。区域自治单元聚合纳入调度统一管理，实现与配电网的高效互动和主动支撑，提升运行控制智慧化水平，实现末端业务融合和协同管理。

3. 运营层面

一是聚合区域自治台区管理，对内实现自平衡自管理自调节，实现区域内源网荷储协调互动。对外作为市场主体参与辅助服务市场、调节容量市场和需求侧响应，提升电网灵活调节能力。二是工商业用户根据自身用能水平及设备情况，通过模块化、标准化定制方案，优化源网荷储控制运行策略，实现新能源就地消纳，降低企业输配电费等费用，达到降本增效的目的。

（四）新能源数字化监控

山东省内率先成立县域首个新能源数字化监控中心，通过整合调度、营销系统资源，在全市推广应用"发电功率柔性控制""规约转换器＋光伏逆变器"技术，落地应用"可信 WLAN"数据传输技术，将低压分布式光伏纳入 AGC 闭环控制，对可调节资源精准分类控制，从技术上保障了全电压等级的分布式光伏"可观可测可调可控"，如图 1 所示。

图 1　全电压等级的分布式光伏示意图

山东省内率先编制并签署了首份《380V 多点并网分布式光伏项目调度协议》和《低压分布式光伏并网补充协议》，为全省低压分布式光伏电站纳调、规范调度全电压等级光伏电站参与电网调峰提供了参考借鉴，有效提升电网的精益调度与穿透指挥能力。目前，并网补充协议已作为国网山东省电力公司低压光伏购售电合同的补充条款在全省进行推广。2022 年春节，组织诸城全量分布式光伏成功参与电网调峰演练，经验做法被山东省能监办全省推广。

三、实施成效

1. 整村开发"集中汇集、升压并网"模式在诸城全域推广应用

目前诸城并网和在建的 51 个工商业和整村屋顶光伏开发项目全部采用"集中汇集、升压并网"模式，较 400V 低压接入模式，多开发 9 万 kW。整村开发并网项目已经达到 14 个、2.12 万 kW，实现配变台区反向重载零新增。

同时针对分布式光伏"看不见、控不了"的问题，在整县开发中同步明确了 AGC（自动发电功率控制）、AVC（无功电压控制）、通信、保护等装置配置标准和配建储能接入规定，超前布局光伏电站的"观测调控"技术，在 2022 年率先建成当时全省规模最大的"5G+ 可信 WLAN 通信"光伏电站群。诸城 37 个已并网 10kV 光伏电站实现"5G+AGC"全覆盖，新增的 18 个 10kV 光伏电站实现"5G+AVC"覆盖。

超前谋划屋顶光伏配储缺乏政策助力问题瓶颈，促请诸城市政府将分布式光伏配建储能纳入《分布式光伏平价上网申报材料清单》，将配建储能作为硬性条件、推行配储。同时，为了让开发企业在分布式储能项目设计、建设推进上有据可依，市县公司联合发布全省首个《电化学储能接入配电网设计规范》团体标准，填补了相关领域空白。截至 2024 年 6 月，诸城市集中式储能达到 12.5 万 kW，装机容量和调峰能力潍坊地区第一；在潍坊地区率先投运首个整村开发配置储能项目，分布式储能规模达 1600kW/3200kW·h，且呈快速增长趋势。

2. 智慧零碳办公楼宇提供绿电就地消纳新路径

借助"光储充"微电网有效提升政务中心的供电可靠性，实现办公楼宇"低碳"办公和"全时段"不间断供电。同时也为诸城整县分布式光伏开发就地消纳和零碳园区项目提供了实践参考。

通过利用微电网精细化能效管理、碳排放管理等功能以及屋顶光伏发出的绿电办公，每年可节约标煤 300t，减排二氧化碳 700t，相当于植树造林 40 亩，助力国家双碳建设战略目标实现。综合考虑光伏板发电功率衰减问题，屋顶光伏按年均发电量 80 万 kW·h 测算，预计年收益 31.6 万元。储能系统通过峰谷电价差、光伏就地消纳、电力需求响应三方面年运行收益约 15.33 万元，综合来看该项目预计 8 年能够回收成本。同时微网智慧管理系统也可以通过为诸城区域内其他的充电桩、储能、光伏项目提供代维服务，以此获取更高的收益。

3. 台区源网荷储自治示范入选国网配电网试点

创新应用区域自治技术，通过调节"逆变器—有载调压变压器—无功补偿装置"等设备，进行电压调节，解决电压越限等问题。较国内传统电压调节技术，该项技术能够实现感性、容性无功的精准补偿及连续调节，同时具有兼容性强、模块化、标准化和可扩展性等特点，可结合企业现有设备进行开发利用，新增设备费用低。台区自治项目已被推荐列入国网现代智慧配电网试点，目前正在进行省级层面课题研究提升和应用。

4. 率先建成省内首个县域新能源数字监控中心

以新能源数字化监控中心为核心，率先建成省内最大"5G+ 可信 WLAN 通信"光伏电站群，固化低压分布式光伏柔性控制、群调群控路径，成功破解分布式光伏"看不见、控不了"的技术难题。落地应用"可信 WLAN"数据传输技术，将低压分布式光伏纳入 AGC 闭环控制，对可调节资源精准分类控制，实现了全电压等级分布式光伏"可观可测可调可控"，常态化、精准化参与电网调峰。主配网多源数据融合应用及信息共享，则有效提升了电网的精益调度与穿透指挥能力。

诸城 37 座 10kV 光伏电站全部实现柔性控制，5600 多户低压分布式光伏实现柔性调节。2024 年，国网诸城市供电公司还将对 7000 户低压分布式光伏进行柔性改造，进一步提升电网对低压分布式光伏的驾驭能力。新能源数字化监控中心建设经验入选国网山东省电力公司提质增效新型电力系统建设案例。

四、经济效益及推广前景

1. 助力示范县建设和"双碳"目标实现

通过科学引导政府制定出台配套政策文件 13 项，形成了分布式光伏"合理布局、应接尽接"的良好生态。截止 2024 年 6 月，诸城分布式光伏新增装机 45.1 万 kW，新增装机年发电量 4.7 亿 kW·h、折合标煤 14.5 万吨，减排二氧化碳 34.4 万吨，整县开发经验被山东省能源局全省推广。诸城市委市政府对公司主动服务整县光伏开发工作质效给予了高度认可，并将建设"新型电力系统示范区建设"列入市委重点督办工作，2023 年 6 月，中国能源研究会会长史玉波、清华大学院士江亿带领专家团队在诸城实地调研新型电力系统建设时给予充分肯定。

2. 助力社会价值创造和风险规避

深化国企责任，保障农村屋顶光伏新增装机 21.3 万 kW，惠及农村居民 9000 户，增收 2148 万元，依托平台固化推广"集中汇集、升压并网、配置储能"模式取得丰硕效果。诸城 37 个并网和在建工商业和整村屋顶光伏开发项目全部采用"集中汇集、升压并网"模式，年增加经济效益 1700 万元。较 400V 低压接入模式，多开发 9 万 kW，年增加经济效益 1700 万元。新型储能装机达到 12.5 万 kW、装机容量和调峰能力位居潍坊第一。

3. 确保光伏消纳和电网安全运行

通过强化项目示范引领，引导光伏等分布式新能源开发项目都在消纳承受能力范围内开发，诸城全域未出现因电网不能消纳导致的弃风、弃光现象。通过电网补强，将接入能力提升 60 万 kW。通过推广"集中汇集、升压并网"提升消纳空间 9 万 kW，相当于为 3000 户农民新增了并网机会。打造新能源监控中心，实现 37 座 10kV 电站和 5639 户低压分布式柔控全覆盖，有效确保了电网的安全运行。国网诸城市供电公司作为唯一县供电企业代表，先后在潍坊整县分布式光伏现场会、山东省分布式能源电力论坛和第十届中国电力规划发展会议上做经验分享。

4. 管理及技术应用推广前景广阔

国家能源局已公布首批 676 个整县屋顶分布式光伏试点面临验收，山东省整县试点数量和分布式光伏开发数量位居双"第一"。县级供电企业面临分布式光伏海量接入带来的电网适应性问题，亟须传统电网向新型电力系统跨越升级。因此，构建县域新型电力系统示范区、引导分布式光伏等新能源健康有序发展具有广阔的适应前景，尤其是试点应用台区源网荷储自治、低压分布式光伏无功电压控制、低压柔直互联、整村开发配储能等新技术新设备，可为同类县公司解决分布式电源大规模接入问题和规范管理提供借鉴参考，应用情况多次被中央电视台、新华社、国家电网报等媒体宣传报道。

五、项目主要完成人

国网山东省电力公司诸城市供电公司刘玉森、唐艳萍、陈洪拎、魏茜、李明、张琦、宋超、高益、臧金铎、李兆欣、唐慎。

国能宁东 150 万千瓦复合光伏基地项目

国能宁东新能源有限公司

一、案例简介

国能宁东 150 万 kW 复合光伏基地项目是全国首批 1 亿 kW 大型风电光伏基地项目之一，是宁夏"西电东送"重要绿色能源基地。项目位于宁夏宁东化工基地，占地面积约 42994 亩，光伏装机 1500MW，配套 200MW/400MW·h 储能电站。项目于 2022 年 5 月 18 日开工建设，2023 年 6 月 30 日光伏全容量投产，每年可提供清洁电能约 28 亿 kW·h，每年可节约标准煤约 86 万 t，减少 CO_2 排放量约 235 万 t、减少 SO_2 排放量约 453t、减少氮氧化物排放量约 507t。项目经济、环保及社会效益显著，对提高灵绍直流外送通道绿电比例、推动能源绿色转型、促进东西部地区协调发展具有重要意义。

能源领域正处于新一轮科技革命和产业变革之中，尤其新能源领域，数字化智慧化技术的应用与发展正在影响甚至颠覆行业的传统格局，推动产业升级。近年来我国新能源光伏装机跨越式发展，逐步暴露出光伏场站一体化程度低、标准差异性大、智能应用少等问题，难以实现效率和效益的最大化，制约了新能源产业的高质量发展与壮大。特别是对于沙戈荒大型光伏基地建设，具有工程建设周期短、地处偏僻，地理环境复杂（地形变化大、地质沉降多发）、施工作业点多面广、施工人员数量庞大等特点，施工安全、质量、进度把控难度大，单靠人力投入很难做到全面、精准、高效监管。同时，GW 级光伏电站设备量大，组件达到近三百万块，数据量大，设备故障诊断难，人工运维难度高，同时电网对于大型光伏基地的主动支撑响应要求越来越高。

为解决光伏基地工程建设和运营维护问题，项目创新提出"数字设计、智慧运维、远程高效、少人值守、多能互补、低碳高效" 24 字设计原则，构建了"12345"的智慧光伏总体架构，形成了 9 大原创性技术成果，为国家"沙戈荒"风光电基地开发、新型电力系统建设和能源数智化转型发展提供了关键原创性技术支撑，起到了示范引领作用。具体地，项目自主开发国内首个 GW 级智慧光伏工地管理系统，多元融合，创新无人机＋进度、质量、安全管理应用，解决大型光伏基地工程建设监管难题。采用无人机测绘，结合地质勘察报告和煤矿开采计划，建立光伏基地三维地质模型，在特征区域部署智能传感器，构建国内首个"空、地、底"沉降监测预警平台，实现沉降智能监测预警。自主开发国内首套基于国产芯片和操作系统的全国产化 GW 级光伏智能控制系统，以云边协同创新构建两端三网，成功解决了系统规模降阶、多种不同类型数据百万级测点的数据接入融合难题，全域感知电站状态，实现光伏电站 AGC/AVC 和一次调频控制和远程集中智能分析诊断，主动支撑电网，做到自主可控、高效智能，建设全国最大的构网型储能电站，抑制系统暂态电压、改善阻抗特性，有效提高电网新能源的接纳能力。项目为国内沙戈荒基地开发和新型电力系统建设提供了可复制的智慧光伏示范样板。

二、技术方案

1. 总体技术路线

国能宁东 150 万 kW 复合光伏基地项目建设以光伏电站全寿命周期的数字化、自动化、信息化、标准化为基础，以智能管控一体化系统为统领，贯穿光伏全生命周期，有效融合智能感知、智能控制与监测、智能预警与诊断等先进技术及装备，形成一种具备自学习、自适应、自趋优、自恢复、自组织的一体化智能光伏管理模式。技术方案功能框图如图 1 所示。

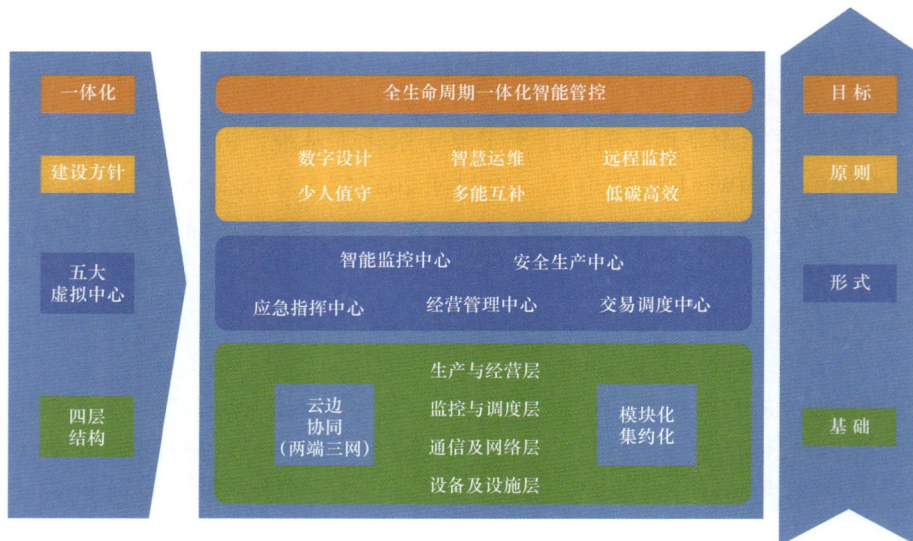

图 1　技术方案功能框图

基于"云—边"架构和柔性分域技术，创新提出"两端三网"，成功解决了系统规模降阶、多种不同类型数据百万级测点的数据接入融合难题，全域感知电站状态。将云边协同和一体化理念贯穿各功能模块的开发和实施，有效杜绝了信息孤岛、数据不统一问题。所有业务功能模块基于智能管控一体化系统，采用集团 4A 统一登录，并可在 ICE 移动端使用。系统中数据库面向全部应用，保证数据的正确性、一致性和唯一性，同时具有良好的兼容性和集成性。

2. 关键技术

（1）基于 iDCS 架构的主动支撑控制系统。打破传统新能源光伏场站 AGC/AVC 和一次调频各自独立控制方式，创新自主开发新能源场站主动支撑一体化控制系统，包含 AVC 无功电压控制、AGC 有功自动控制和一次调频快速响应三大功能模块。该系统以国产化 iDCS 自动化控制系统为基础，在通信方式上进行创新，满足新能源的行业标准，采用图形化组态方式进行各类 PID 控制，在一套系统上实现 AGC/AVC/ 一次调频等功能，实现控制逻辑可视化，便于后期生产人员根据运行情况修改完善。

（2）构网型储能技术。项目配套二期 100MW/200MW·h 储能电站采用构网型储能技术，可以通过增加过流能力模拟同步发电机的运行特性，提供系统虚拟容量与短路容量，实现对电网的同步电压支撑，抑制系统暂态电压、改善阻抗特性，有效提高电网新能源的接纳能力，并为下一步减少或替代调相机等设备提供技术支撑。

（3）光伏能效分级诊断系统。基于组串级的能效监测、损失分解、状态评估技术，构建了场站、子阵、箱式变压器、逆变器、汇流箱、组串等各环节设备的发电效率评估模型、损失分项提取模型、设备工况诊断模型、异常工况预警模型、异常数据校验模型，实现对光伏电站综合健康度的高颗粒度、高精度监控，如图2所示，有效发现阵列区设备的发电量低下、故障发生前的运行缺陷，为人员提供决策性的告警判据，指导人员进行满足经济性的定向运维检修和及时消缺，减少故障停运、设备低效等造成的发电量损失，降低事故隐患、降低安全风险。

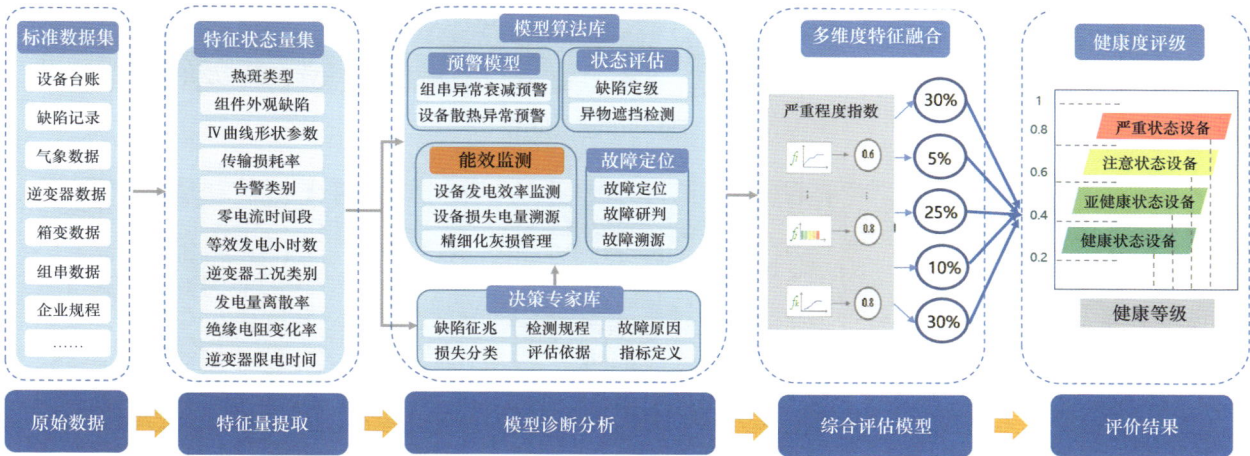

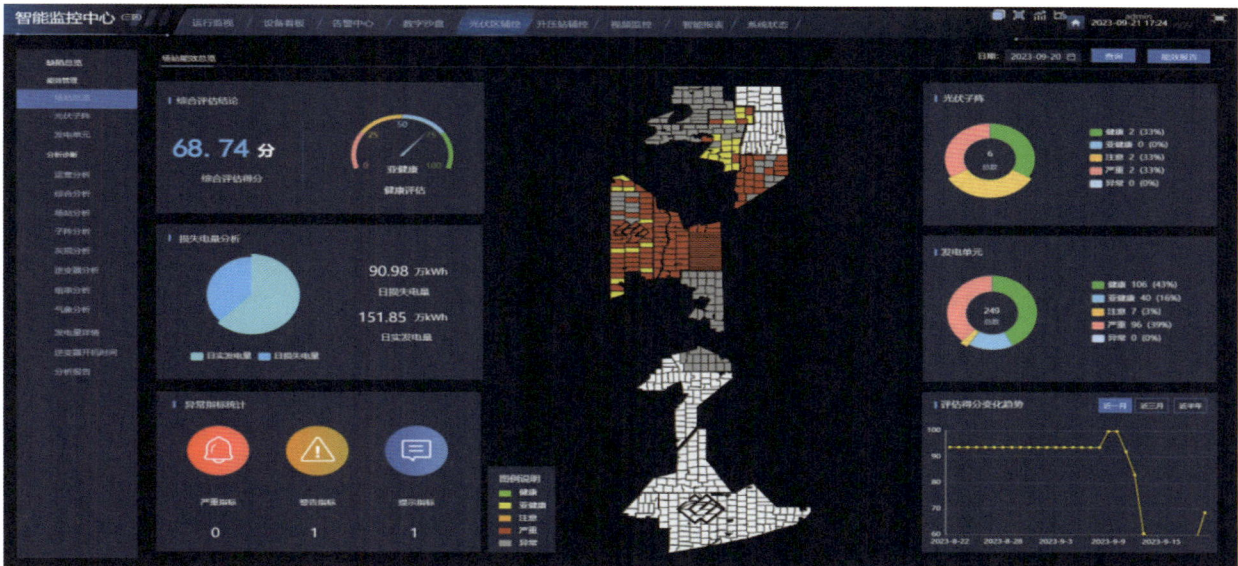

图2　智能分析诊断及能效管理系统

（4）采煤沉降区智能监测预警系统。针对沙戈荒地域广、地质沉降复杂的问题，采用无人机测绘，结合地质勘察报告和煤矿开采计划，建立光伏基地三维地质模型，在特征区域部署智能传感器，构建"空、地、底"全景监测预警平台，对组件支架位移等情况进行实时监测预警，有效解决采煤沉陷区大型光伏基地沉降监测难题，如图3和图4所示。

图3　现场沉降监测设备

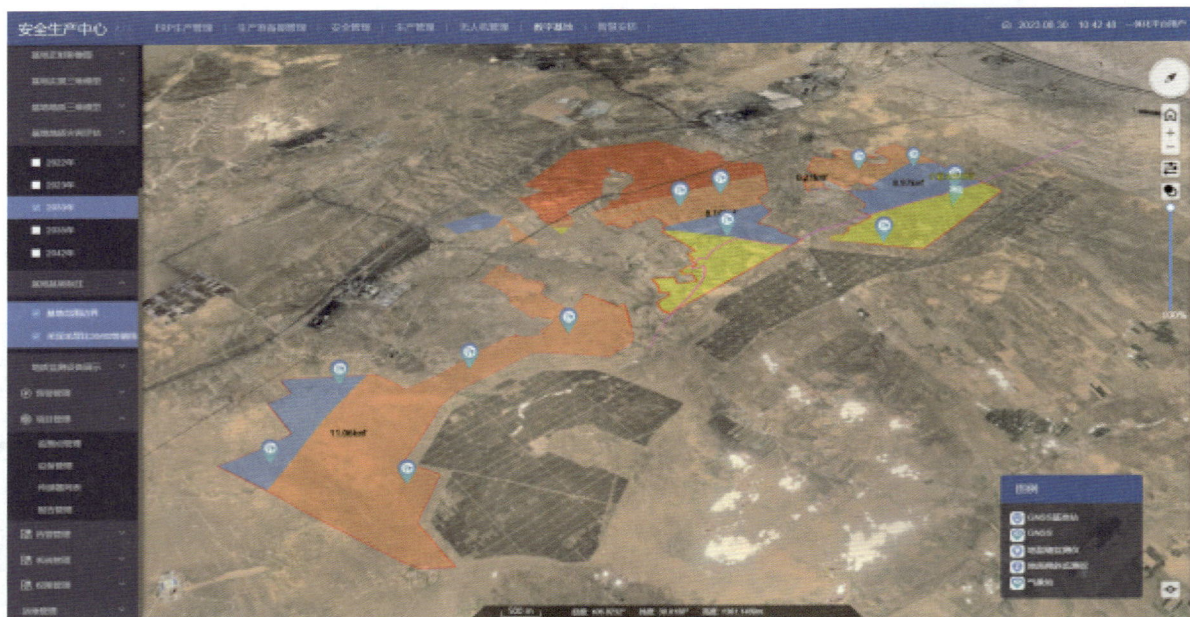

图4　采煤沉降区智能监测预警系统

（5）无人机智能巡检。项目采用智能机库替代传统飞手操控，对光伏电站进行精细化智能巡检，智能机库具备无人机自动充换电、AI 智能控制、精准降落、无人机回收等功能。系统采用云边协同架构，全自动智能机库通过 5G/ 光纤通信与云端链接，在云端制定飞行计划，下发无人机边缘计算平台，以多机联动、协同集群管控方式，可调度多台无人机同时巡检，项目现场无须人员干预无人机飞行。飞行任务结束后，无人机机库自动诊断图片，并将诊断结果上传至云端，极大降低云端诊断载荷压力，无人机管理系统界面如图5所示，无人机自动巡检报告如图6所示。目前基地使用7台智能无人机库7～10天内即可快速完成4万亩电站巡检，可实现对光伏组件热斑、鸟粪、灰尘、阴影遮挡等12种故障识别以及故障定位，自动生成缺陷推送至 ERP 系统。故障缺陷识别准确率达到 85% 以上，及时发现电站光伏组件故障，预计每年可减少发电损失达 1% 以上。

（6）智慧工地管理系统。项目自主开发了国内首个涵盖建设、监理、EPC 等参建单位的 GW 级智慧工地管理系统。将现场门禁、视频、人车定位等系统全部接入，融合监理典表、工程日报等报表，创新工程验收标准化、施工平面图等模块，通过移动 APP，实现"集中管控、并行协同"，以信息化手段规范工程管理，智慧工地管理系统桌面端及移动端如图7所示。

图 5　无人机管理系统界面

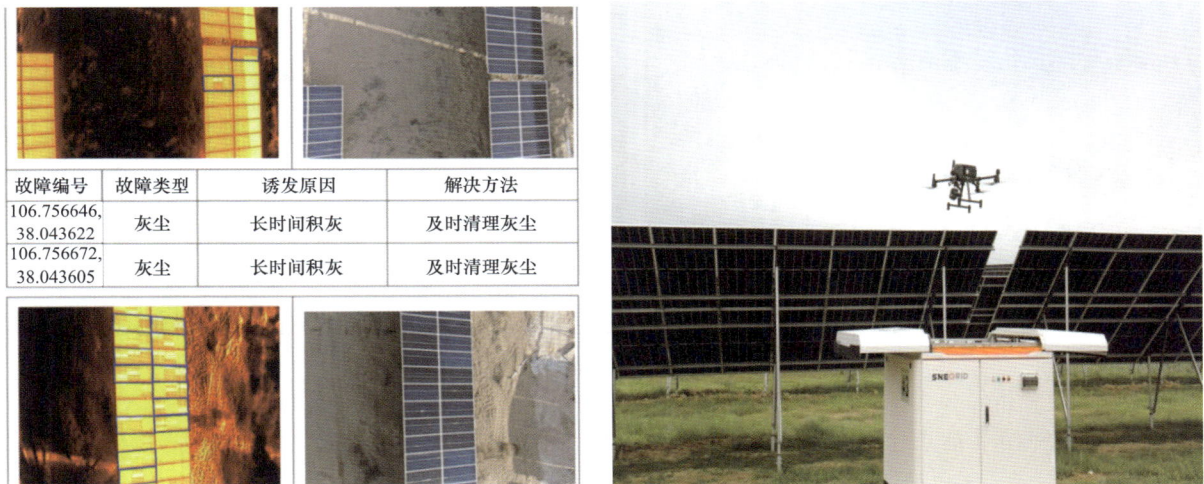

故障编号	故障类型	诱发原因	解决方法
106.756646, 38.043622	灰尘	长时间积灰	及时清理灰尘
106.756672, 38.043605	灰尘	长时间积灰	及时清理灰尘

图 6　无人机自动巡检报告

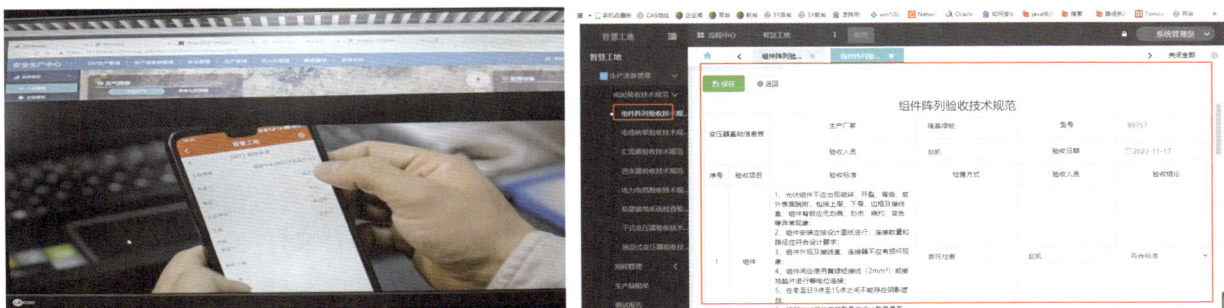

图 7　智慧工地管理系统桌面端及移动端

（7）无人机＋智慧工程应用。在工程建设过程中，项目创新性采用全自动智能无人机等智能装备，基于机器视觉与深度学习技术，对光伏工程安全、进度、质量进行综合分析及管理，同时建立高效智能的光伏质量验收体系。

具体地，根据施工现场复杂多变的危险因素，建立不同的识别模式和规则，基于机器视觉的图像识别技术，对危险区域入侵、未戴安全帽、未系安全带等不安全行为进行监测，如图 8 所示，并通过无人机喊话设备，对安全违规行为进行督导、劝离；基于智能图像处理技术，结合 2D 和 3D 多维度分析算法，对采集到的 3D 电站模型数据进行处理分析，输出现场实际工程与设计方案的偏差，如组件安装数量、组件安装位置、组件倾角等，有效提高光伏施工过程中的进度、质量管控能力。

图 8　安全管理、进度管理、质量管理

按照施工中精准抽查、施工后全面普查、试运行系统诊断三步走方式，建立光伏"人工＋智能"验收质量评价体系，全面保障光伏工程高质量投产，指导光伏电站标准化建设。

三、实施成效

宁东智慧光伏工程各系统同步工程投入运行，通过边建设边完善，现已稳定运行 1 年多时间，完成了 9 次系统迭代升级，整体运行稳定。在工程期，通过智慧工地系统和无人机应用，有力保障了项目安全、质量与进度管理，确保了项目按期高质量全容量投产。在生产运行期，实现了对光伏场站全面监视与控制，AGC、AVC 和一次调频效果良好；通过智能管控一体化平台的数据集成及统一调度能力，将离散率分析、灰尘分析、掉串分析等能效分析诊断结果，与无人机拍摄红外、可见光图片诊断结果及 IV 曲线分析结果相互交叉、验证，形成数据互联的综合性智能诊断分析结果，实现了 GW 级光伏基地生产管理"少人值守、无人值班、大基地运维"目标。

宁东智慧光伏工程的建成，克服了传统人工管理的问题和不足，大大提高了工作效率和工程管理水平，达到智能化管理的目的，实现了新能源场站安全、高效、标准、智能化建设和运营，有效降低度电成本、提高电站综合效益。

（1）经济效益。通过智能光伏建设，项目场站运维员工定员由传统模式下的154人减少至10人，初步预计每年可减少运维费用约2000万元。此外，通过系统智能诊断、无人机智能巡检、能效分析等高级功能应用，大大提高发电设备可靠性和发电效率。

（2）社会效益。

一是推动新能源智能装备升级。项目首创基于自主DCS架构的基地型光伏智能控制系统，构建智能管控一体化平台，联合创新无人机＋应用、地质沉降监测预警等先进技术装备，为解决国家"沙戈荒"大型基地项目建设、生产运维、监测、治理难题，提供了强大数据及技术支撑，强有力推动新能源光伏行业智能化数字化发展。

二是助力企业绿色高质量转型发展。通过智慧化手段大幅降低生产运营成本，优化资源调度，提高设备效能和运维效率，切实提升了区域新能源管理水平，形成具有高度推广价值的大型基地光伏电站智慧运维管理模式与体系的行业解决方案，为全国GW级光伏电站智慧管理提供了可复制、可推广、可借鉴的解决方案和示范样板，促进新能源和信息深度融合，推动能源互联网新技术、新模式和新业态发展。

三是项目依托电网宁绍直流外送通道和宁东地区太阳能、煤炭等资源优势，充分发挥区域外送通道内928万kW清洁煤电和配套20万kW储能电站的调节性能，提升宁绍直流外送通道新能源消纳占比和电源开发综合效益，对推动能源绿色转型、促进东西部地区协调发展具有重要意义。

（3）环境效益。项目构建"光伏＋生态治理"模式开发，最大限度利用宁东地区煤矿采空区、沉陷区荒山荒坡土地资源，通过"板上发电、板下种植、治沙改土、水资源综合利用"，提高矿区土地保水率，助力矿区生态环境改善，让采煤沉陷区发绿色新动能，实现生态环境和谐发展。25年运行周期内，每年可向浙江提供清洁电能约28亿kW·h，节约标准煤约86万t，减少CO_2排放量约236万t、SO_2排放量约454t、氮氧化物排放量约508t。

四、经济效益及推广前景

作为国家首批1亿kW大型风电光伏基地项目之一，本项目针对大型光伏基地建设难点和痛点，自主联合开发了一系列基于人工智能、大数据分析、智能传感等先进技术的智能装备和系统，创新打造"智慧工地、智能监测、智慧运维"三维一体的智慧光伏示范样板，解决了广袤荒地上大型沙戈荒光伏基地工程建设监管、沉陷区监测治理及偏远场站运维管理等难题，为国家GW级光伏项目提供了可复制、可推广、可借鉴的智慧工程解决方案。

项目开发了国内首套GW级全自主化、全国产化、模块化的智慧光伏管控系统，基于DCS架构实现GW级光伏电站AGC/AVC、一次调频调节，主动支撑电网，创新采用云边架构和柔性分域技术，构建两端三网，成功解决接入海量控制设备/系统高性能隔离互联及集中监控难题，实现GW级电站全域感知、智能发电，助力新型电力系统建设。

项目形成具有高度推广价值的大型基地光伏电站智慧运维管理模式与体系的行业解决方案，形成一套大型基地智慧光伏电站全覆盖、全流程、全链条的标准体系；项目以无人机巡检、智能传感设备和大数据分析等技术为支撑，通过在线多元化巡视（如沉降监测）、分析诊断，精准评估电站运行状态和健康度，创新光伏基地智慧运维模式。

通过项目建设形成具有独立自主知识产权的技术集群，为新能源行业高质量发展和实现国家"碳达峰 碳中和"目标提供重要技术支撑。项目成果符合国家关于能源产业数字化智能化发展的要求，围绕构建绿色低碳、安全高效的现代能源体系，依托数字化、信息化等技术，形成基地清洁能源与电子信息两大产业深度融合的样板工程，促进新能源和信息深度融合，推动能源互联网新技术、新模式和新业态发展。项目建设形成了一批原创性科技成果，已在国家第二批沙戈荒光伏基地灵武项目上进行转化应用，计划在国家能源集团青海电力有限公司玛尔挡综合能源项目家能源集团贵州电力有限公司风光大基地项目、国家能源集团新疆能源有限责任公司源网荷储综合能源项目推广应用。项目经济与社会效益显著，为国家"沙戈荒"风光电基地开发、新型电力系统建设和能源数智化转型发展提供了关键原创性技术支撑，具有示范引领作用。

五、项目主要完成人

国能宁东新能源有限公司陈亮、王勇、魏江哲、刘爱国、舒茂龙、毕江、戴恩哲、胡玉、张磊、马建宝、邓薇、贾世凯、梁志明、沙煜、毛佳奇、吴亚刚、见岐武。

面向源网荷储海量智能终端的
电力物联网关键技术及应用

国网陕西省电力有限公司、国网陕西省电力有限公司信息通信公司、华为技术有限公司

一、案例简介

能源是经济社会发展的基础支撑，能源产业与数字技术融合发展是新时代推动我国能源产业基础高级化、产业链现代化的重要引擎。而配电网作为城乡重要基础设施，是电力能源服务广大客户的最后一公里，承担着广泛的政治责任、经济责任和社会责任。国家能源局《关于加快推进能源数字化智能化发展的若干意见》明确要求加快配电智能运维体系建设，提高供电可靠性，加快新能源微网和高可靠性数字配电系统发展。国家电网公司提出"一台区一终端"的业务管理要求，并全面开展智能融合终端批量部署工作。然而在此过程中，配网运行管理仍存在以下问题：供电所配网业务无抓手、中压线路故障研判低时效、分布式光伏等新型产业管控缺工具、基层单位存在融合终端的异常定位难、数据质量差等问题，不但给配网电能质量、电网安全运行带来隐患，也成为阻碍配电网数字化转型的障碍。

为了解决以上问题，本案例以"营—配—调"多源数据融合为技术主线进行技术攻关。一是研发了支持"拖—拉—拽"模式的可视化、低代码物联 APP 开发平台，具备组件复用、敏捷开发、跨厂商终端自适配优势，大幅缩短开发周期，提升末端数据采集的灵活性，助力物联 APP 规模化开发、运维。二是融合多源异构数据，实现配电网运行状态实时感知，提升配电网运管透明化水平。三是挖掘智能终端数据价值，研发"10kV 线路—配变—表箱—户表"的实时停复电监测技术，实现分级实时诊断和自主研判上报。四是首创结合 HPLC+ 云编排技术的低压分布式光伏规约适配器，实现了逆变器分钟级采集和柔性控制秒级响应，解决低压光伏规模化柔性调控难题。

项目成果已在陕西全省推广部署，目前已开发云编排 APP 近 30 个，组件近百个，累计部署 APP 百万余次。配网运行状态监测平台接入融合终端 13 万余台，覆盖全省 11 个地市 1300 多个供电所、7 千余条 10kV 线路，共监测停复电事件 7 万余次，提高了配网数字化水平，提升了配网"可观、可测、可调、可控"能力和故障诊断效率，缩短了用户停电时间。

二、技术方案

配电网设备规模大、范围广、位置分散，是数字化转型的难点和重点，国网陕西电力以智慧物联体系为基础，遵循新型电力系统数字技术支撑体系的数据"采、传、存、用"技术架构，建设配网典型应用场景，推进配电网数字化转型，强化数字化配网安全运行能力。

（一）夯实配网数字化转型基础

国网陕西电力严格遵循新型电力系统企业级统一物联接入技术路线要求，智慧物联体系建设完全

遵循"云、管、边、端"顶层技术架构，结合国网陕西电力实际情况，为满足台区智能融合终端等边端设备大规模便捷接入需求，在通道侧及平台侧通过功能迭代、节点扩容提升物联管理平台高性能接入承载力；通过采用"云编排、边部署"模式的终端 APP 柔性开发平台提升 APP 管控力，推进台区智能融合终端的规模化、实用化；通过物联数据全链路监测、应用级流量监测提升态势感知力，为强化数字化配网安全运行能力夯实基础。新型电力系统数字技术支撑体系技术架构如图 1 所示。

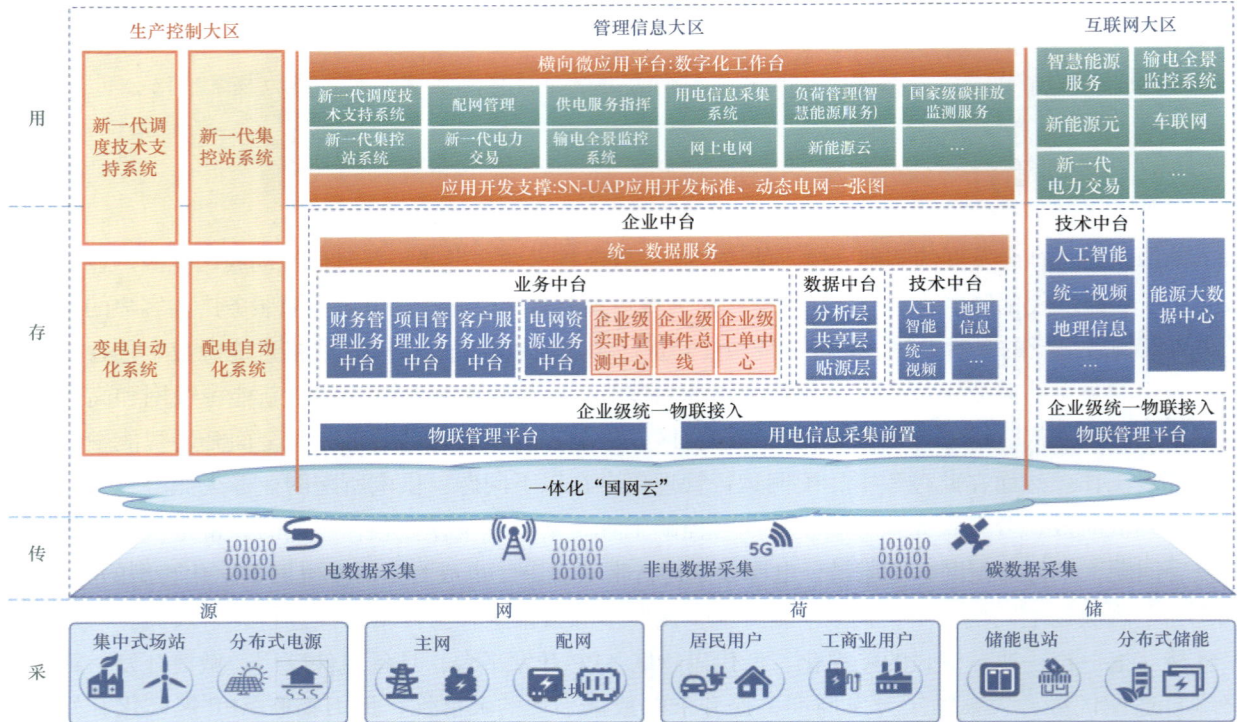

图 1 新型电力系统数字技术支撑体系技术架构

1. 提升物管平台接入承载力，夯实智慧物联体系硬底座

为了标准、高效地提升统一物联接入能力，支撑边端设备安全稳定便捷接入，本案例在国网系统内率先完成物联平台的架构优化与承载力扩容，实现与企业级实时量测中心的集成。通道侧承载力提升通过负载均衡配置解决同一终端管理端口和业务端口数据被随机分配问题，保证同一个源端 IP 的两个端口通过负载均衡调度到同一网关。在国网系统首家通过负载均衡模式实现物联安全接入网关的多节点集群化部署应用，终端接入承载力从 3 万 + 提升至 20 万 +。平台侧承载力提升通过物管平台组件资源优化和节点扩容实现"开源"，通过优化北向数据转发规则、与企业级实时量测中心集成后数据共享转发由量测中心提供、终端侧部署统一 APP 等手段减少无效数据实现"节流"。为确保物联数据的接入性能与安全性，本案例从通道侧和平台侧两个角度提升了物联管理平台的规模化水平拓展能力。

2. 开发自主知识产权的终端 APP 柔性开发平台，构建智慧物联体系软底座

物联 APP 是运行在边缘物联代理设备实现特定业务功能的应用程序。由于传统物联 APP 存在研究开发难、运维管控难、移植复用难的问题，无法实现物联 APP 的快速迭代和更新部署，导致对于末端数据采集的效率较低，无法充分发挥智能融合终端的边缘计算能力。

本案例自主研发终端 APP 柔性开发平台，如图 2 所示，由云端的云编排 APP 开发工具和边侧运行引擎构成。其中，开发工具提供云编排 APP 的流程化编排、业务逻辑配置实现以及场景运行控制。通过组件

"拖—拉—拽"的形式实现物联 APP 的"可视化、低代码"开发模式；云编排运行引擎负责提供可适配不同厂家、不同芯片终端的云编排 APP 统一运行环境，实现同一 APP 在不同核心板融合终端上的复用，完成云编排 APP 运行及业务就地处理；该平台将 APP 组件模块化，通过可视化编程完成 APP 编排开发，降低 APP 开发门槛，提高 APP 开发效率，实现了物联 APP 开发从"雕版印刷"到"活字印刷"的变革。

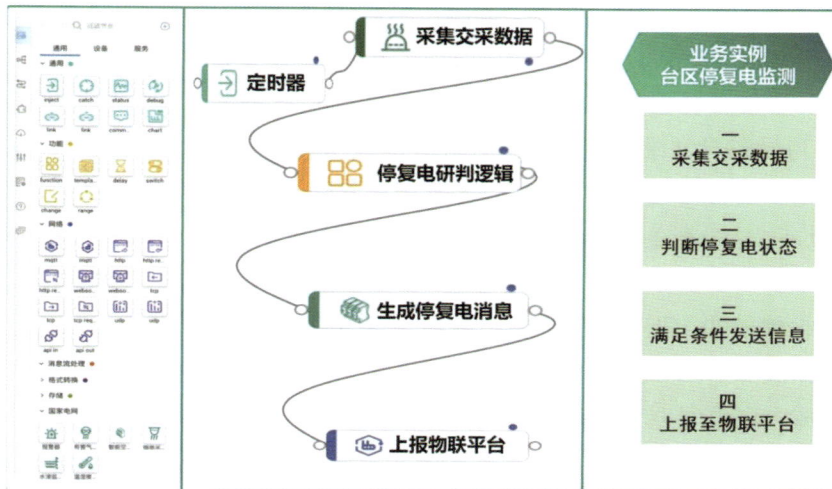

图 2　终端 APP 柔性开发平台

3. 提升态势感知力，实现智慧物联体系全链路监测

为了补全智慧物联体系实时态势感知与运维支撑的缺失项，本案例以实现物联"全场景、全链路、全要素"监测为目标，率先将安全接入网关、安全接入服务等安全通道各环节的软硬件状态纳入监测范围，通过 Prometheus+Grafana 实现物联全链路监测，基于 Springboot 的 Java 自编码实现设备运维统计、实时告警、短信推送功能，完成服务器及组件运行全景实时监测等 8 大功能的设计开发，如图 3 所示。利用数据流量镜像工具开展融合终端异常流量监测分析探索，通过 Go+ECharts+React 实现融合终端流量分区域、分厂商、分业务应用模块的定期定量统计分析及可视化展示，为人工干预处置提供决策支撑，为终端 APP 的完善改进方向提供数据支持。

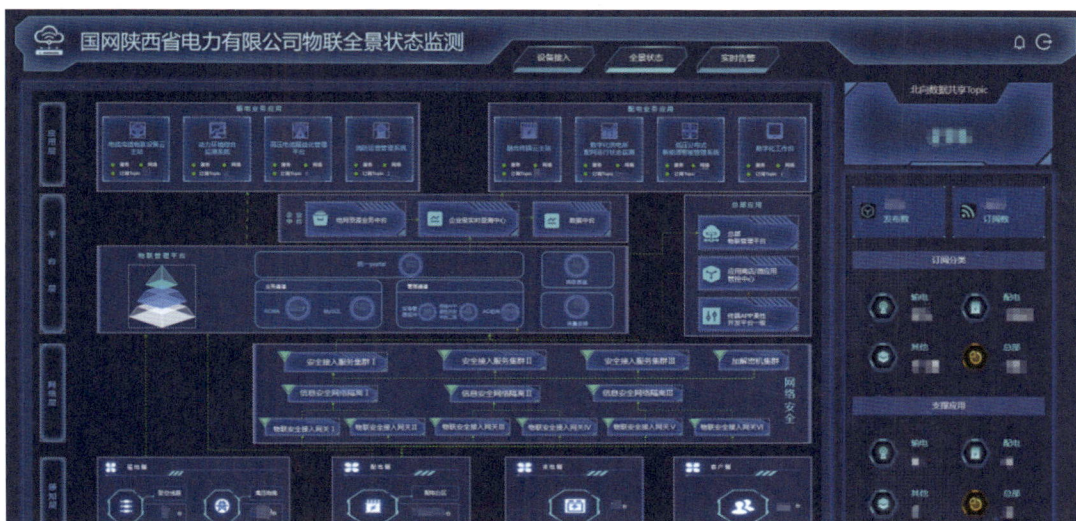

图 3　物联全景状态监测平台

（二）大力开展典型应用建设，解决配网业务痛点

基于智慧物联体系"硬底座"物联管理平台和"软底座"终端 APP 柔性开发平台，聚焦于配网业务难点问题，围绕融合终端规模化应用及配电网数字化转型需要，建设了以下 4 个典型应用场景。

1. 实现动态配网一张图，配网业务"点线面"全覆盖

为解决供电所配网业务缺乏管控抓手的问题，本案例以 10kV 线路为主线，基于拓扑分析、电能质量分析、潮流计算等技术手段，实现融合配网动、静信息的配网运行状态监测平台。该平台通过供电所台区、用户、异常统计数据的运行总览看板以及动态配网一张图，实现实时线损、供电范围、预警监测一体管理，为设备异常维护和台区扩容等方面提供数据支撑，实现县公司及供电所全域运行态势感知，解决供电所运行管理无抓手问题。该平台接入配电台区 13 万余个，推广覆盖至全省 11 个地市 1300 多个供电所、7 千余条 10kV 线路，成为区县公司数字化转型建设中点击量最高的业务应用之一。

2. 首创基于融合终端的 10kV 线路停复电高精度实时感知

为解决中压线路故障研判处理时效性不足问题，本案例开发台区停复电监测云编排 APP，结合滑动时间窗等技术完成台区停复电事件计算研判，以供企业级实时量测中心、供服等业务系统订阅。采用云边协同、分布式批流一体等技术实现海量数据的低延迟关联处理分析；充分发挥融合终端的集群效应，在不增加额外设备的情况下，30s 即可完成感知研判，并推送消息至作业人员移动端应用，准确率达 99%。对于误报台区，系统留存台区快照，辅助定位软硬件缺陷，为台区经理提供消缺依据。自该应用投入运行以来，共监测到发生停复电事件 7 万余次，涉及 120 个区县公司 4 千余条线路。

3. 实现分布式光伏柔性控制

针对分布式户用光伏缺乏调控手段的问题，本案例研制了可实现端侧规约自动转换、指令自动化下达、高精度实时控制的低压分布式光伏规约适配器，解决了因逆变器型号种类多、接口协议各异而导致的低压分布式光伏规模化管控难题。光伏逆变器智能管控云编排 APP 结合逆变器发电量及管控系统下发的台区变压器容量、反向功率阈值等指令数据，计算台区的重载阈值功率和每台逆变器的目标功率，实现台区自动调峰控制。开发了低压分布式新能源智能管理系统，集成数据展示、控制指令下发等功能，实现光伏逆变器的实时感知、集中调管和效果展示。目前已完成铜川、西咸、咸阳、渭南、宝鸡共 5 个地市试点验证。

4. 着力提升数据质量，实现融合终端指标监测及数据一站式治理

针对融合终端数据质量差、异常定位难的问题，本案例研发融合终端指标监测及数据综合治理微应用，通过对电压、电流等量测数据及配变、融合终端等一、二次设备基础台账进行多源汇聚，使用分布式调度任务技术进行异常自动排查，构建了从指标体系制定到指标监测、数据治理、档案维护工具开发应用的一体化解决方案。分地市 / 区县统计并提供问题清单，支撑基层开展问题整治，解决终端在线率不高问题，提高融合终端数据可用性、准确性，为后期终端深化应用扫平障碍。自上线以来，业务达标率从 47% 提升至 90%，提升了 33 个百分点。

（三）技术先进性

本案例在国家电网公司备受好评，其中终端 APP 柔性开发平台被国网数字化部确定为国网智慧物联体系—终端 APP 开发平台，云编排技术在第五届配电网高峰论坛上被国网设备部列为配网九大关键技术之一。主要特点体现在：

1. 技术创新

一是创新物联 APP 开发模式。提出"可视化、低代码"的开发新模式，并在配电物联网领域大规模应用；大幅缩短了开发周期、提升了末端数据采集的灵活性。

二是双解耦技术业内领先。基于"软件与硬件解耦、业务与技术解耦"的设计理念，具备组件复用、敏捷开发、跨厂商终端自适配优势。

三是创新物联 APP 远程柔性更新机制。基于云边协同的物联 APP 远程管理方法可有效提升海量终端远程运维效率。

四是充分发挥边缘计算作用，实现配电网末端高性价比感知。通过融合终端直接采集智能电能表非计量数据，就地进行边缘分析计算；在实现营配源端融合的同时避免了大范围安装智能微断设备和 LTU，从而大幅节约了数据采集成本。

2. 应用创新

一是基于动态配网一张图，实现配网业务"点线面"全覆盖，实现让供电所所长及台区经理及时掌握辖区范围内配网运行情况，提升配网透明化能力，实现供电所配变设备异常故障由原来的"被动发现"到现在"主动感知"的转变。

二是首创基于融合终端的 10kV 线路停复电高精度实时感知。在节约设备投资的情况下，深入研究云、边协同算法并在实践中不断改进，达到了部署专用设备同等效果。

三是首创结合 HPLC+ 云编排技术的低压分布式光伏规约适配器。为实现大规模低压光伏可观可测可调可控奠定了基础。

四是研发融合终端指标监测及数据综合治理微应用，实现融合终端指标监测及数据一站式治理，提高融合终端数据可用性、准确性。

三、实施成效

1. 实施应用情况

本案例目前已在陕西省开展推广部署工作，配网设备综合感知能力明显增强，实现了营配数据源端融合、配网运行状态实时可视、融合终端工况监测诊断，效果显著。配电运行状态监测平台接入配电台区 13 万余个，推广覆盖至全省 11 个地市 1300 多个供电所、7 千余条 10kV 线路，成为区县公司数字化转型建设中点击量最高的业务应用之一；10kV 线路停复电高精度实时感知应用投入运行以来，共监测到发生停复电事件 7 万余次，涉及 120 个区县公司 4 千余条线路；融合终端指标监测及数据综合治理微应用上线以来，业务达标率从 47% 提升至 90%，提升了 33 个百分点。这些典型应用场景的全省大范围推广提升了智能融合终端的实用化程度，推动智慧物联体系实用实效，提升配电网智能感知能力，助力新型配电网建设。其中国网陕西铜川耀州公司获评国家电网公司"五市十县"能源互联网示范区。

2. 社会效益

一是提升配电网问题感知及分析研判效率，提高用电服务质量，缩短用户停送电时间，变"被动响应"为"主动服务"，增强用户满意度，避免舆情风险；二是通过对户用光伏逆变器的柔性控制，避免台区高电压，提升台区供电质量，防止用户电器损失；三是有效推动电力市场建设，解决了终端数量爆炸式增长与物联 APP 管理的矛盾，补充了国网智慧物联体系，形成国家电网公司级物联 APP 开发示范效应，助力电网数字化转型。

四、经济效益及推广前景

1. 经济效益

经济效益应用证明如图 4 所示。

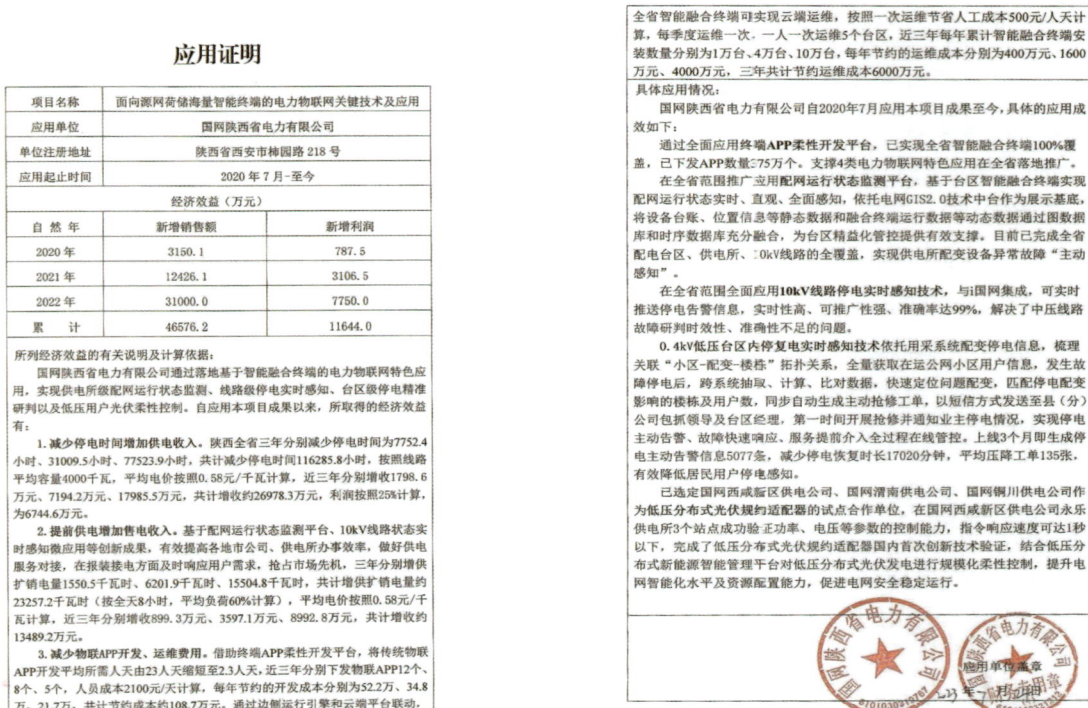

图 4　经济效益应用证明

2. 未来推广前景

为了实现对终端采集设备的跨专业整合，加快设备管理数字化转型赋能，国家电网公司提出了"一台区一终端""最小化精准采集"的要求。本案例严格按照国家电网公司要求，在一个台区部署一个终端，同时以国网陕西电力两网融合为契机，在原南区改造中完全以融合终端替代集中器，有效减少投资成本。目前已接入采集系统 8 万余台，采集成功率 99.7%，96 点采集完整率 96.81%，24 点采集完整率 93.86%。因此本案例具备在其他网省公司推广的管理基础。

本案例通过智能融合终端直接采集智能电能表非计量、停电等用户侧数据和事件，就地进行边缘分析计算；在实现营配源端融合的同时避免了大范围安装智能微断设备和 LTU，提高了融合终端实用价值，节约了数据采集成本，具备较高的经济合理性，实现配电网末端高性价比感知，具备在全国电网行业推广的价值。

本案例严格依据国网智慧物联体系和新型电力系统数字技术支撑体系的技术架构，实现了配电物联网企业关键数据的共享、业务能力的复用；"配电运行状态监测"等典型应用场景在配电物联网场景具备先进性和普适性，具备在全国电网行业推广的价值。

本案例自主研发的终端 APP 柔性开发平台解决了物联网边侧设备 APP 研究开发难、运维管控难、移植复用难的问题，作为智慧物联体系的有益补充，可为电网行业和社会各行业能源物联网规模化应用场景借鉴推广。

五、项目主要完成人

国网陕西省电力有限公司王静、李哲，国网陕西省电力有限公司信息通信公司朱彧、杨乐、黎亦凡、郭一鸣、杨熙载、王林楠、雷卫、马琴琴，华为技术有限公司李云展、郭宇飞、范贝贝、刘亚飞、王会鑫。

湖南娄底光伏＋生态治理项目

中国大唐集团有限公司、中国大唐集团技术经济研究院有限责任公司、中国大唐华银电力股份有限公司

一、案例简介

大唐华银湖南娄底生态治理光伏基地项目，是国务院重点督察的首批国家级重点风光基地项目，由大唐华银电力股份有限公司出资，大唐华银湘中新能源事业部负责建设与运营。该项目以"一体化规划、区域化设计、模块化构建、基地化建设、数字化管理"为规划思路，以娄底"重金属污染区、石漠化区、采矿塌陷区"为载体，运用"光伏开发＋生态治理＋储能"模式，打造生态绿色清洁能源基地。项目规划建设容量100万kW，分两期建设，目前已投产85万kW，于2024年6月实现项目全容量投产。

项目实现"一体化规划、区域化设计、模块化构建、基地化建设、数字化管理"，在娄底"重金属污染区、石漠化区、采矿塌陷区"三大块，"娄星区、涟源市、冷水江市、新化县、双峰县"五个县市区，通过"光伏开发＋生态治理＋储能"的模式，打造生态绿色清洁能源基地，积极推进娄底实现"三块五区"的生态修复治理，助力打造湖南首个"碳中和"城市。

二、技术方案

1. 差异化治理，做到光伏与矿山真正融合

在娄底项目中采用了差异化开发治理方案：针对不同矿区面临的地理环境与地质情况，在建设中采用柔性支架以及大坡度大跨距斜坡支架技术，不仅能有效地降低项目整体建设成本，提高安全耐用性、抵御大风破坏，同时，相同土地面积的区域，建设容量约为常规固定支架的3倍，极大地提升土地利用率。并且无须再进行坡面处理，基础布置在坡顶和坡脚，机械施工不破坏坡面原有地表，可解决大角度坡面上施工困难、影响坡面稳定性的问题。通过差异化的治理，光伏与矿山实现了真正融合。以往常规的设计不能应用的地形，也可铺上光伏组件；以往需投入大量人力、物力进行平整的渣场，也可直接应用于光伏建设。这在土地紧缺、人力成本不断上升的情况下，无疑能够降低电站初始投资，提高投资收益率，为用户带来更大的经济效益。

2. 项目与生态恢复结合，变废弃矿坑为"金山银山"

在娄底项目中，针对矿区土壤肥力和水源涵养能力较差，不适合耕种的特点，对光伏电站不同区域采取差异化种植方法；在平台区域光伏阵列间及斜坡坡底种植低矮的沙生灌木、在斜坡坡顶和道路两侧对电池板不存在遮挡的位置种植常规沙生灌木、在斜坡坡面种植低矮的沙生灌草。通过上述差异化生态治理方案，经过数月时间，原来大量土地裸露、地面寸草不生、水土流失、矿渣堆积的场景一去不复返，取而代之的是一块块光伏板整整齐齐地掩映在青山叠翠、草木葱茏之中。

3. 坚持创新引领，以先进设备、技术促进项目质效双提升

一是采用 N 型单晶双面 555 ～ 575Wp N 型半片组件，拥有更好的弱光和温度系数，组件效率达 22.26%，首年衰减小于 1%，次年小于 0.45%，较同型号 P 型组件发电量增加约 3%，提高项目收益率约 0.3%。二是采用华为最新型 300kW 组串式逆变器（一期为 196kW），IGBT 芯片实现国产化替代，最大效率为 99.03%，中国效率 98.53%，辐照度 100 ～ 500W/m² 时 MPPT 动态追踪效率高达 99.85%，辐照度 300 ～ 1000W/m² 时 MPPT 动态追踪效率高达 99.95%，达到业界领先。三是逆变器核心器件 IGBT 芯片采用华为国产定制器件，IGBT 效率提升 10%，内部应力降低 10% 以上，采用先进的压接工艺将逆变桥进行一体化封装，抗电流冲击性好，显著提升 IGBT 可靠性，为专业芯片应用提供了示范效应支持。四是硬件实现全面智能化应用，可实现智能无人机巡检、智能 IV 诊断等极简运维技术。通过部署智能算法、大数据建模，实现同步分析，能够识别 17 种组串故障类型，精准定位低效、无效组串，为大规模集中式光伏电站智能运维提供了技术解决方案。

三、实施成效

项目实现"一体化规划、区域化设计、模块化构建、基地化建设、数字化管理"，在娄底"重金属污染区、石漠化区、采矿塌陷区"三大块，"娄星区、涟源市、冷水江市、新化县、双峰县"五个县市区，通过"光伏开发＋生态治理＋储能"的模式，打造生态绿色清洁能源基地，积极推进娄底实现"三块五区"的生态修复治理，助力打造湖南首个"碳中和"城市。

1. 板下种植与板上发电有机结合，打造光伏农业产业融合发展新模式

一是农光互补助力乡村振兴。开展土地整治与种植工作，同步修建了灌溉系统，从根本上改善土壤质量。与湖南农业大学合作，以锡矿山项目为依托投资建设农业科技示范园，羊肚菌等高价值经济作物已经量产。组织农业公司建设牛羊养殖基地，板下大面积种植牧草，实现经济循环，助力乡村振兴。二是林光互补助力生态整治。开展林光互补提质改造工程，逐步种植各类树苗 189 万棵，预计 5 月份全部完成种植。截至 2024 年 6 月，已完成 11396 亩土地进行了初步生态修复，见绿面积为 10343 亩。娄底基地"生态治理＋光伏发电＋乡村振兴"的融合发展模式在新华社等主流媒体密集刊发。湖南省自然资源厅已申请亚投行技援课题项目，组建包括公司、湖南农大、空间所等单位在内的专班，以娄底基地为依托开展《"光伏＋"模式推进山水林田湖草沙一体化保护和系统治理的应用研究》，探索与推广提高低效土地利用率的有效路径。

2. 助力资源枯竭型城市转型，为中部地区光伏规模化发展提供经验和借鉴

一是为资源枯竭型城市向"零碳"城市转型提供经验和借鉴。娄底是典型的资源枯竭型城市，"三区"（重金属污染区、石漠化区、采矿塌陷区）占比高、"两高一资"产业占比高，位于衡邵干旱走廊核心地区光照条件好。在"三区"开展生态治理光伏基地项目，改善"三区"土地抛荒撂荒状况，促进当地能源结构向绿色低碳转型，保障粮食安全与能源安全。项目建成后，每年可向电网提供清洁电量超 10 亿 kW·h，每年可节约标煤超 30 万 t，减少二氧化碳排放 80 万 t 以上，减少二氧化硫排放 0.3 万 t，减少灰渣排放物 16 万 t，有效助力"双碳"目标。

二是为中部地区光伏规模化发展提供经验和借鉴。以坐实林光、农光互补、生态修复为原则，开展"光伏＋"产业建设技术体系、农林产业融合发展的种植技术体系、"光伏＋"建设过程中生态保护修复体系、"光伏＋"产业的生态环境响应评估与监测技术体系研究，引导复合型光伏建设标准等政策出台，促进中部地区光伏规模化健康发展。

四、经济效益及推广前景

娄底基地作为中部五省、湖南地区首个沙戈荒新能源项目，是中国大唐在湖南地区践行习近平总书记"30·60""碳达峰 碳中和"承诺目标的具体实践，是助力湖南实现中部崛起、"三高四新"战略的重要抓手。项目的建成将助力娄底从资源枯竭型城市向绿色低碳城市转型，光伏与农业产业融合发展的模式将促进当地农林牧业协同发展，拉动经济，实现乡村振兴。为湖南省乃至中部内陆同类资源型地区生态修复治理和低碳转型融合发展进行有效探索、先行示范。

1. 经济效益显著

2022 年，项目投运当年，新光村集体经济收入由 0.8 万元上升到 27.7 万元，增长率为 3362%。村民人均收入由 1.23 万元上升到 2.35 万元，增长率为 91%。仅牧光互补产业链就可为村集体每年增收 18 万元，为村民带来收益超 300 万元。项目全部投产建成后，每年为当地带来税收约 7000 万元，为乡村提供土地租金约 700 余万元。大唐华银公司的战新产业装机从 68.5 万 kW 提高到 168.5 万 kW，战新装机占比从 11.9% 提高到 25%。

2. 生态效益突出

娄底百万光伏项目基地主要采用"农光互补""林光互补""牧光互补"等复合型开发模式促进生态治理，在保证用地性质不改变的同时，合理利用低效土地资源，通过"板上发电、板下种植、修复土壤"来提高土地综合利用率，有效解决土地抛荒弃耕的现象。光伏板可减少雨水直接冲刷造成的水土流失，固化土壤，增加植被覆盖面积，逐步恢复土壤的生态功能，从而将原来条件恶劣的土地改造成绿色、经济的生态家园。节约标煤超 30 万 t，减少二氧化碳排放 80 万 t 以上，相当于每年新种 4500 棵树。当地的生态环境将发生如下变化：风速降低 23% ～ 43%、温度降低 26% ～ 32%，空气湿度增加 34% ～ 39%，植物种类增加 129% ～ 143%，群落种类丰富度增加 60.24% ～ 67.82%，植物分布均匀度增加了 12.41% ～ 15.33%，生物量增加 127% ～ 144%，曾被贫瘠桎梏的土地，脱胎换骨变成清洁能源的产业高地。

3. 社会效益明显

在项目建设期间，可促进乡村人员用工、挖机、运输车辆、用料等相关就业务工。项目建成后，预计每年可提供清洁电量超 12 亿 kW·h，相当于为 400 万个家庭提供一年的清洁用电，还可带动村庄旅游服务业发展，促进村民增收致富，加快美丽乡村建设步伐。

五、项目主要完成人

中国大唐集团李太安、云端，中国大唐集团技术经济研究院有限责任公司李婷，中国大唐华银电力股份有限公司刘显才、覃才。

适用于农村场景低压交直流混合微电网工程项目建设

国网天津市电力公司城南供电分公司、国网上海能源互联网研究院有限公司

一、案例简介

长久以来农村电网一直是我国配电网的薄弱环节，其网架薄弱、供电可靠性低，广泛存在末端电压过低、三相电压不平衡等问题。随着近年来分布式电源的快速发展，特别是整县光伏的提出与推广后，农村因分布式光伏大发带来的过电压、台区变压器返向重载问题也逐步凸显。农村用电负荷与分布式电源的时空差异，使得农村配电网源荷难以有效匹配，不仅旧的问题难以解决，还带来了新的问题。另外，随着电动汽车下乡推进，农村充电设施也随之增加，因电动汽车随机充电带来的台区变压器短时重载、过载也时有发生，给农村电网带来了新的挑战。

为了解决农村电网网架薄弱，以及因分布式电源与农村负荷因时间与空间不匹配带来的电能质量与分布式电源消纳的问题，同时降低充电负荷对农村台式变压器的影响，本文提出了一套基于低压柔性互联装置的、针对农村场景的低压交直流混合微电网方案。

该方案以天津城南西小站村为例，如图1所示，该村55603台式变压器（简称3号变）、55604台式变压器（简称4号变）、55607台式变压器（简称7号变）、55608台式变压器（简称8号变），上述四个台容量均为400kVA，布局为线性排列，从北向南依次为7号变—3号变—8号变—4号变，相互间电气距离分别为：7—3号变，602m；3—8号变，392m；8—4号变，218m。最大间距为7—4号变，1203m。四个台式变压器负载率情况分别为：3号变最大负载率为20%，4号变最大负载率60%，7号变最大负载率20%，8号变最大负载率为70%。四个台区中有3个台区存在光伏接入，当前共计接入容量约为1200kWp，存在光伏大发且轻载时存在限制光伏发电的情况。同时，四个台区共接入了11台7kW慢充桩。四个台式变压器侧均配置了智能融合终端到配自4区云主站。工程方案计划在西小站村7、3、8、4号台区间建设一套柔性直流互联交直流微电网系统，4个台区通过分散式互联的方式来共享彼此剩余容量，如图2所示，达到配变动态增容、均衡负载、故障快速转供的运行目标，满足台区正向重过载、反向重过载、正向调峰、反向调峰、单台区故障失电、两台区故障失电6种主要场景下电网运行提升。在柔性互联交直流微电网系统中，新配置一套储能系统，并配置直流接入快速充电桩，打造就地横向源、网、荷、储灵活互动，纵向云、边、端高效协同的末端电网新形态，整体提升西小站村低压配网运行工况与供电可靠性水平。

该方案广泛适用于台区负荷特性存在明显差异的、分布式电源快速增长并且消纳困难的农村区域。

其价值意义在于：解决农村电网广泛存在的季节性负荷的问题，有效利用已有设备容量，并有效提升可靠性；促进农村分布式光伏就近、就地消纳能力，解决分布式光伏反送带来的台变重载问题；构建友好的电动汽车充电电网环境，通过"柔性互联动态扩容 + 有序充电"技术手段解决因电动汽车随机充电带来的电网冲击问题。

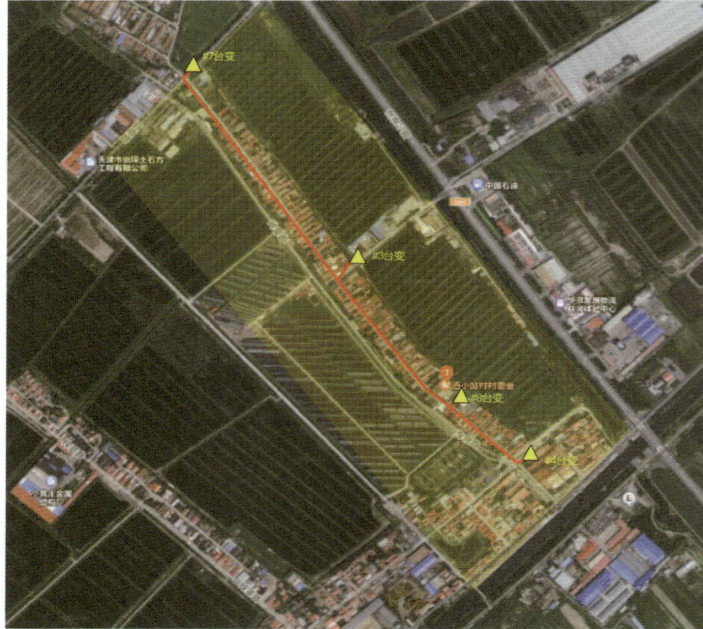

图1　西小站村柔性互联村域

7号台区　　　　　　　　　　　　3号台区

8号台区　　　　　　　　　　　　4号台区

图2　西小站村互联台区实景与装置安装空间

二、技术方案

1. 柔性互联交直流混合微电网技术概述

针对农村电网特点与存在的问题，本技术方案围绕台区柔性互联构建交直流混合微电网，主要选取了低压直流柔性互联技术、储能调控技术、有序充电技术。具体来说：

低压直流柔性互联技术用于台区变压器均载，可以有效利用村域已有设备容量，取长补短，解决台区变压器因季节性负荷导致的重过载问题，同时也可以平衡分布式光伏上送功率，提高就地、就近消纳水平。

储能调控技术用于低压侧调峰，可以通过释放就地分布式储能电能或通过直流侧 V2G 充电桩释放移动储能对低压农网进行正向调峰，提升用电高峰期用户侧电压；也可以通过就地分布式储能储存电能对农网进行反向调峰，降低分布光伏大发时段用户侧电压，保障用户用电安全。

有序充电技术通过控制充电桩出力用于调节充电负荷，利用电池汽车充电管理解决因电动汽车随机充电带来的电网冲击问题。

2. 柔性互联交直流混合微电网设计

西小站村低压台区柔性互联交直流混合微电网工程配置采用拓扑结构，工程示意图如图 3 所示。每台配电变压器侧均配置 1 台柔性互联单元用于分散式互联，每套柔性互联单元采用模块化设计（单个模块 50kVA），集成控制器、就地监控主屏、UPS、交 / 直流断路器。在容量方面，柔性互联单元容量按照各自配电变压器容量 2∶1 进行配置，即 200kVA。西小站村 8 号配电变压器有储、充等要素接入需要更多直流接口，因此配置直流配电柜。其中 100kW/200kW·h 储能单元经并网 DC/DC、并通过 8 号变柔性互联单元处直流配电柜预留直流接口接入系统；同时 1 台 30kW 750V 直流接入式充电桩也通过 8 号变柔性互联单元处直流配电柜预留直流接口接入系统。整个交直流微电网系统的交流电压等级即为交流台区侧电压 380V，直流电压等级为 750V、伪双极接线，直流侧接地方式为伏地方式。

图 3　西小站村低压柔性互联交直流混合微电网工程建设示意图

在一次方面，通过架空线路将 4 个台区进行直流互联，采用 2 根绝缘架空线，在原有电杆增加横杆进行支撑，其中 3 号变台区与 8 号变台区直流架空出线通过 T 接方式联接构成 4 端互联。装置为便于放置，采用小体积的非隔离型互联单元，部署于各台区 JP 柜下方。为提供直流接口，在空间条件较好的 8 号变部署直流配电柜和储能装置，并在该台区附近建设 2 个直流接入式充电桩，如图 4 所示。低压交流总进开关选取具备三遥 + 欠压脱扣功能断路器，用于匹配二次逻辑实现。

图 4　西小站村 8 号台区与直流充电桩预留位置

在二次方面，结合现有云—边—端通信方式，采用以下通信架构及控制层级部署模式，其中云—边—端通信，边—边不通信，端—端通信的方式。最优控制层可同时部署于云端和边端。云端通过各台区融合终端上传的台区内以及跨区域的分布式资源运行状态，经逻辑运算实现中低压分层分级的分布式发电资源的集群化管控。边端选定 8 号台区融合终端为主终端，部署柔性互联能量管理 APP，主融合终端通过端侧主集中测控装置获取互联台区的实时运行状态，信息经汇总处理及计算，能量优化指令经主测控装置分发给从测控装置进行协同管理，由此实现台区的负载均衡、削峰填谷、故障功率合理分配等功能；统一控制层部署于柔性互联单元内的集中测控装置，各装置基于互联系统内部多换流器、低压交流开关状态以及直流开关的状态及信息采集，实现多换流器级联协同，快速并离网切换等功能，主测控装置负责汇总从测控装置的信息上传至融合终端，并接收融合终端的互联系统能量优化指令；就地控制层部署于柔性互联系统内各设备及原台区交流接入设备，柔性互联系统接入设备接收集中测控装置指令实现就地快速响应，原交流接入设备仍受融合终端控制。

其中柔直互联系统边—端通信主要是以融合终端为主要设备，定周期对并网逆变器、智能断路器、柔性互联装置等设备采集状态量，来完成下端设备的监测和管控。对于本台区状态信息，考虑到负载率调整而进行的并网运行功率转供以及一些故障转供，所以通信控制应在于秒级，目前可借鉴的通信技术可以有以下几种通信方式：以太网、HPLC、HPLC/RF 双模等通信技术。柔性互联单元之间采用光纤等方式进行通信，光纤与直流功率导线均通过架空方式进行连接。

3. 工程详细配置

（1）新增台区侧柔性互联单元 4 套。在西小站村 7、3、8、4 号台区每个配电变压器台区处各配置 1 台 200kW 柔性互联单元，各台区低压 JP 柜内备用开关处引交流线进入互联单元柜体，经双向变流模块整流出 750V 直流电。互联单元柜体中还配置控制器、UPS、直流出线开关、铜排、保护等若干器件。各台区侧的柔性互联单元之间通过 750V、伪双极直流电缆进行互联，同排管敷设光缆用于互联单元间的快速通信。

（2）更换 JP 柜 4 套。为了实现对互联台区模拟量、状态量的快速采集，以及对台区低压进、出线开关进行遥控，需对西小站村 7、3、8、4 号台区原有 JP 柜里开关以及柜体进行重新设计和更换，将原有进、出线开关统一更换为具备三遥功能和欠压脱扣功能的断路器，每个 JP 柜改造内容包括进线总开关 1 个，出现开关 3 个。

（3）新增储能单元柜 1 套。作为直流要素可直接接入柔性互联单元的直流侧馈线，形成源、网、荷、储协同互动的低压交直流混合微电网系统，提升高比例分布式光伏就地消纳能力。在西小站村 8 号台区安装 1 套 100kW/200kW·h 户外储能单元户外柜 1 套，含 BMS 和储能 DC/DC 柜，通过直流接入 750V（DC）母线。

（4）新增直流接入式单向充电桩 1 台与直流接入式双向（V2G）充电桩 1 台。直 30kW 流接入式充电桩与 60kW 直流接入式 V2G 充电桩均采用 750V 直流接入的方式接入直流系统，能够开展车网互动，参与源、网、荷、储协同互动，其中直流接入式其中 V2G 充电桩具备充放电功能，具备更加灵活的功率调控能力。

（5）新增直流配电柜 1 台。在西小站村 8 号台区安装 1 台户外型直流配电柜，采用 750V（DC）额定电压，1 进 5 出配置，用于接（3）中所提储能与（4）中所提 2 台直流接入式充电桩，并提供 2 个预留 750V 直流端口用于以后扩展。

（6）新增直流二次柜 1 台。在西小站村 8 号台区户外型直流配电柜旁边安装 1 台户外型直流二次柜，包含测控保护、UPS 及配套通信组件，用于监控直流配电柜。

（7）新建 750V 直流架空线。利用村内原有电线杆，在原 400V 电杆基础上加宽横担铺设 2 相（极）绝缘架空线，从西小站村 7 号到 4 号台区进行架设，3 号、8 号台区直流出线通过 T 接与之相连接，如图 5 所示，所有直流架空线末端均与对应台区柔性互联装置的直流端口连接。

图 5 交直流混合架空线方案

（8）新建光纤通信线。利用村内原有电线杆，在原 400V 电杆下侧增加横担铺设光纤通信线，从西小站村 7 号到 4 号台区进行铺设，相邻台区间两两连接，即 7 号—3 号、3 号—8 号、8 号—4 号台区共计 3 组。在各台区处光纤通过转换器后以网线方式与台区融合终端连接。

（9）在西小站村 7、3、8、4 号各台区融合终端新增台区柔性互联管控 APP，共计 4 套。通过台区柔性互联管控开展并离网控制、均载控制、故障转供控制、功率互济控制等运行模式控制与切换。

（10）在西小站村域的Ⅳ主站侧新增开发监控软件。台区柔性互联交直流混合微电网系统通过融合终端，将运行信息上传至配自四区主站系统，通过新开发的监控界面对运行信息进行展示。

（11）新增双向三相交流计量表 4 套，配置于柔性互联装置交流端口侧；新增直流计量表计 3 套，分别配置于直流储能与 2 台直流输入式充电桩直流进线侧。

4. 技术创新及先进性

（1）利用台区柔性互联装置将不同负荷时空特性的台区进行 750V 直流互联，通过协调控制实现台区功率互济均载运行、故障转供、分布式电源就近就地消纳等功能，有效提升了农村电网的运行水平与供电可靠性。

（2）建设了直流接入的分布式储能，通过柔性互联系统能够实现储能共享，提升设备利用率，并能够通过储能控制可以参与农村电网正向调峰、反向调峰，并进行故障应急。

（3）建设了直流接入的单向充电桩与 V2G 充电桩，并配置了有序充电管理程序，同时直流充电桩通过柔性互联系统共享互联台区功率，形成了"动态扩容 + 有序充电"的模式，能够最大可能地降低车辆随机充电对农村用户的影响，适应电动汽车下乡形势下的充电需求。并且 V2G 充电桩能够实现车网互动，使得电动汽车参与农网调峰与应急供电，进一步提升网运行水平。

（4）台区间直流互联采用了直流铝质架空线，利用交流走廊与交流低压线路同杆并架，并通过直流 T 接实现多台区直流互联，适应了农村电网条件，建设成本低。

三、实施成效

1. 应用情况

该方案选择天津城南西小站村为试点，开展了工程建设，以期打造农村智慧配网新范式。

2. 应用效果

（1）通过建设四台区柔性系统，灵活高效接入分布式储能装置、电动汽车充电桩等要素，打造"源网荷储"的协同台区交直流微电网能量微循环系统，满足区域光伏就近就地高效消纳，分布式储能、电动汽车参与台区"削峰填谷"的需求。通过系统的控制策略，实现潮流自适应分配、各台区负载自主均衡、台区电压自主调节。

（2）通过智能化的调度、控制，能够在源荷双端强不确定性条件下实现对配电网络快速、灵活、连续和精准的功率与电压调控，使系统的安全性和可靠性得到了明显提高，高效消纳分布式电源，降低车辆随机充电对农村用户的影响。

（3）综合利用低压台区柔性互联及储能调控技术实现配网末端系统正常运行时动态增容、电能质量治理，故障下的转供电，提升供电可靠性，提升分布式电源接纳能力。

3. 工程经济效益

工程经济效益可以从削峰填谷、无功补偿及电能质量治理两个方面来考虑。

（1）削峰填谷。系统配置储能 200kW·h，可根据充放电计划按照 60% 乃至 80% 的循环深度去执行削峰填谷，通过融合终端边缘计算对台区接入负荷进行预测，结合当地峰谷电价机制，制定第二天储能装置削峰填谷日前计划，按照峰谷差电价 3 角计算，每天可盈利 50 元左右，年盈利约 2 万元左右。但若为保证系统在部分台区故障情况下的转供能力，可调节循环深度为 30%，年盈利为 0.6 万元左右。

（2）无功补偿及电能质量治理。双向 AC/DC 具备四象限功率调节能力，可根据台区内交流冲击性负荷的需求进行动态无功补偿，因此可省去原有 JP 柜内的 SVG，智能电容器等无功补偿装置，以 S9-400kVA 10kV/400V 台式变压器为例，单台综合配电箱可节约成本约为 2 万～ 3 万元，3 个台区可共节省 10 万元。

（3）充电桩相关收益。单向充电桩设备总容量 30kW，按照每天使用时间约为 10h，每年充电量约为 10.95 万 kW·h。包括通过充电时间的平移和功率优化调整增加充电站的总充电量，提高充电站的运营收益。

参与需求响应及辅助服务市场［按照总充电量的 10% 参与需求响应及辅助服务市场，充电站收到的补贴费用 0.3 元 /（kW·h），产生收益 0.32 万元］。

V2G 充电桩设备总容量 60kW，每天放电使用时间约为 1.5h，利用峰谷电价，按放电 80% 作为备用、平均电费为 0.7983 元 /（kW·h）计算，每年节约电费为，0.7983×60×80%×1.5×365=2.098 万元。

四、经济效益推广前景

1. 经济效益

电网的电能损耗是造成电力系统能源碳排放的主要路径之一，10kV 配电网产生的电能损耗大约占到整体电网总损耗的一半；就线损率而言，35kV 及以上电网的线损率大多处于较低水平，而 10kV、0.4kV 配电网的线损率较大。通过低压配电台区的柔性互联，可从以下三方面着手：

（1）台区间功率灵活互济提高台区平均负载率。配电变压器的有功损耗和变压器参数及负载率有关，其有功损耗可分为空载损耗和负载损耗两部分，计算公式如下：

$$\Delta P = P_0 + \left(\frac{S}{S_n}\right)^2 P_k$$

式中，P_0 为变压器的空载损耗；S 为变压器的负载率；S_n 为变压器的额定容量，kVA；P_k 为变压器的额定负载损耗。

以 S9–400kVA 10kV/400V 柱上变压器为例，其空载损耗和额定负载损耗分别为 0.8kW 和 4.52kW，假设两个配变台区变压器原始平均负载率分别为 20% 和 60%，经过柔直互联后平均负载率均为 40%，由此计算所有具备互联条件台区互联后变压器一年可减少的电能损耗如下：

$$\Delta P = 4.52 \times \left(0.6^2 + 0.2^2 - 2 \times 0.4^2\right) = 0.3616（kW）$$

$$\Delta W_1 = \frac{\Delta P}{2} \times 8760 = 1583（kW·h）$$

（2）台区内动态无功补偿减少线损。功率因数能影响电能在电网传输中的有功无功分布，从而改变传输电流，进而对损耗产生影响，是影响中低压配电网损耗的重要因素。在配电网实际运行中，当传输有功功率一定时，变压器或配电线路的功率因数越高，其所属中低压配电网所产生的电能损耗越小。线路损耗可由下式计算：

$$\Delta A_L = \frac{P^2 + Q^2}{U^2} \times R_L$$

式中，ΔA_L 为线路损耗；P、Q 分别为线路传输的有功和无功功率；U 为线路电压；R_L 为线路电阻。

根据相关标准，10kV/400V 柱上变压器宜配置 120kvar 的无功补偿装置，线路末端传输的无功功率一般不大于 30kvar，低压配电台区的供电半径取平均值 300m，YJV–120mm^2 电缆电阻为 0.153Ω/km，计算减少的电能损耗如下：

$$\Delta A_L = \left(\frac{30}{0.4}\right)^2 \times 0.153 \times 0.3 = 0.26（kW）$$

$$\Delta W_2 = \Delta A_L \times 8760 = 2277.6（kW·h）$$

（3）直流节能供电。低压配电台区经柔直互联，为系统提供了直流负载接口，新型直流负荷（考虑 60kW 标准快充桩）可以直接接入直流系统而减少损耗，±375V 直流供电系统对比 400V 交流系统减少了一路线路；其中低压配电台区的供电半径取平均值 300m，电缆电阻为 0.153 Ω/km。

$$\Delta P = R_L \times \frac{P^2}{U^2} = 0.153 \times 0.3 \times \left(\frac{60}{0.4}\right)^2 \times \frac{1}{3} = 0.34\,(\text{kW})$$

$$\Delta W_3 = \Delta A_L \times 8760 = 2978.4\,(\text{kW}\cdot\text{h})$$

（4）折合碳能排放。根据相关标准，火电厂在经济运行时，每生产 1kWh 电能，需要消耗 260 ～ 300g 标准煤。国家发展改革委能源研究所推荐的 1t 标准煤完全燃烧产生的 CO_2 的碳排放系数为 0.67（tc/tce），且火电机组实际并不能维持经济运行状态。五台区柔性互联系统通过台区间功率灵活互济提高台区平均负载率、台区内动态无功补偿以及直流节能供电可分别减少的碳排放量见表 1。即通过对传统低压配电台区的架构升级和合理优化，合计可减少碳排放 6.04t。

表 1　　　　　　　　　　　　　降碳统计　　　　　　　　　　　　　单位：t

通过柔直互联减少的碳排放量	
提高台区平均负载率 ΔC_1	1.78
动态无功补偿 ΔC_2	1.86
直流节能供电 ΔC_3	2.4
合计	6.04

2. 社会效益

社会效益可以从适应大规模源荷接入，以及缩短用户停电时间两个方面来考虑。

（1）适应大规模源、荷接入。系统中扩展的 750V 直流馈线容量为 240kW，即可接入近 500kW 的光伏、充电桩以适应新农村的快速建设，且当前柔性互联系统配置的储能装置，在实现光—储—充一体化三台区区域协同自治的基础上还可使用清洁能源通过配置的三台双向 AC/DC 换流器提供原有的居民、农业、小工业交流负荷，减少碳排放。

（2）缩短用户停电时间。系统具备故障快速转供的逻辑功能，结合储能系统的配置，可以在交流台区故障失电下，快速为互联台区系统重要负荷提供持续可靠供电，提升民生保障能力。

3. 推广前景

在我国"碳中和、碳达峰"战略的背景下，随着农村分布式电源、煤改电、电动汽车的推广与普及，农村电网对自身调节能力与供电可靠性势必提出新的要求。基于台区柔性互联的交直流混合微电网技术能够有效地应对农村电网未来发展需求，同时随着相关装备的逐步成熟与成本下降，可以预见其未来将具有广泛的应用价值与良好的推广前景。

五、项目主要完成人

国网天津市电力公司城南供电分公司吴绍卿、张愉、陈沛、沈兴杰、张天豪、申南轩、吴京锴、王伟康、李昭，国网上海能源互联网研究院有限公司徐旖旎、张海、刘国宇、季宇、吴鸣、魏琛、孙丽敬、熊雄、邵瑶、蔺圣杰。

低碳乡村实践案例——火普村综合能源

东方电气集团东方汽轮机有限公司

一、案例简介

（一）项目背景

1. 火普村简介

火普村位于凉山州昭觉县解放沟镇，距离解放沟镇政府 3km，是凉山州众多彝族村落之一。全村平均海拔 2700m，农作物以马铃薯为主，全村耕地 4340 亩，林地 3256 亩，草原 9300 亩。常住人口 388 户 1513 人，全村党员 47 名，有 3 个幼教点。近三年先后被评为全国先进基层党组织、四川省先进党组织、四川省实施乡村振兴战略工作先进示范村。

火普村彝语意为"山峰之巅"。高山之巅带来的地域之困曾经使火普村的发展面临能源短缺、产业结构单一、收入低下、基础设施落后等问题，针对以上问题，东方汽轮机有限公司积极落实四川省委、省政府振兴发展决策部署，以及集团公司振兴帮扶工作相关要求，致力解决四川省昭觉县乡村产业发展、改善乡村人居环境、强化乡村治理效能，促进本地一二三产深度融合，进一步探索打造符合火普村特点的综合能源系统。

2. 火普村资源禀赋

火普村风能资源丰富，50m 高度多年平均风速 5m/s 以上，风向 W、WSW 较多，风资源良好。水平面总辐射量 1439kW·h/m²，太阳能资源较为丰富，目前已建成太阳能路灯与光伏电站。对于地热、生物质及其他资源，当地暂未探明具有开采价值的地热，当地森林资源较丰富，但多为天然林草地，暂无规模化畜牧业，且受平均气温低影响，无法规模产出沼气。关于电网情况，火普村有 2 台 S11-100 配电变压器，电源引自 10kV 彬土线，村民基本用电需求能够保障。

火普村平均海拔 2700m，属于高寒山区，前期已经专项解决了区域供电、供水等问题，除部分电网未覆盖地区的用能需求外，当地暂未反馈迫切用能关切点。

（二）项目构思

在火普村综合能源一期已建设了 1MW 集中式光伏及低碳火普展示系统的情况下，需进一步思考如何绿色高效打造符合火普村特点的综合能源系统，下面将结合火普村实际情况进行分析：

1. 建设集中式光伏

因一期已建成集中式光伏电站，村民对再建设集中式光伏电站意愿较低，且当地电网发改项目协调难度大，示范效应趋弱。

2. 风电场开发

当地风能资源良好，进一步调查发现，在火普村建设规模化风电项目前期测风周期长，项目核准征地手续办理，建设周期长，投资总额高。

3. 建设集中供暖站

火普地处高山山区，对供暖有硬需求。通过勘察，我们发现火普村为典型高原山区乡村环境，村民居住相对分散，地形起伏大，且村民在家时间不固定，如建设统一采暖系统，管道布置复杂，采暖站建设维保难度高，采暖不灵活，综合产出效益低，性价比不高。

在上述常规开发思维被初步排除后，如何通盘考虑资源、需求、投入三要素，带动并推进火普村综合能源利用。

得益于 10kV 彬土线，火普村村民主要用能已得到基本保障，但目前用能形式单一、管理粗放、绿电普及率低，如何结合村民用能实际，提取切入点打造乡村综合能源。

（三）项目切入点

根据火普村的实际情况，从民生需求出发，选取有用能需求，但当前用能存在缺陷的村用公共场所进行需求分析。经过走访筛选，应地方需求，选取解放沟镇防火瞭望塔、火普村幼儿园 / 村委会的用能需求进行分析。

解放沟镇防火瞭望站：地处高山山顶"孤"岛、环境恶劣，位置偏远、无电网接入。防火要求高，用火隐患大，值守人员工作、生活极其不便。

火普村幼儿园 / 村委会：采暖需求强，现有电暖炉、小太阳安全隐患大，易对幼儿烫伤、灼伤，采暖形式单一，能耗高，耗电量大。

针对以上切入点，以综合能源思维为导向，结合实际资源，采用多能互补等新能源工程技术，设计出风光储离网供电系统与高效绿色清洁供暖系统。两套系统采用多能互补，拥有较好的系统灵活度，将解决火普村民生实际用能需求，提升能源利用效率，具有较好的示范作用。

二、技术方案

（一）风光储离网供电系统

解放沟镇现有两座防火瞭望塔。根据现有需求，经过现场踏勘并结合地形环境，设计了一套以风光互补 + 储能形式的微型离网供电系统，如图 1 所示，该系统旨在摆脱农网接入距离远且接入代价高昂的缺点，解决村防火瞭望塔的照明、采暖和视频监控等用能问题。

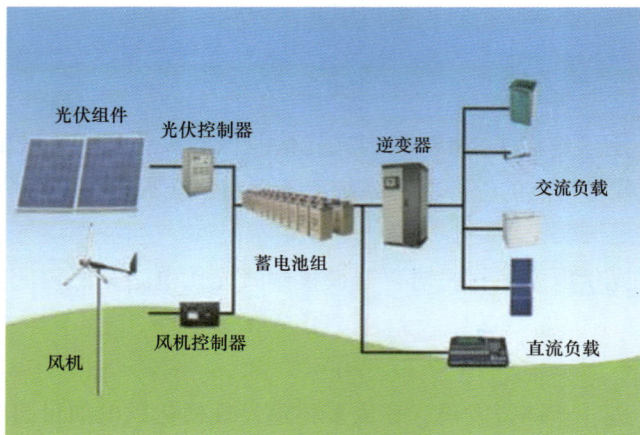

图 1 风光储离网供电示意图

1. 关键技术

（1）风光互补技术。利用分布式太阳能光伏和立轴式风机相互补充，可有效提高能源利用效率，减少对单一能源的依赖，提高电力系统的稳定性和可靠性。

（2）储能技术。采用磷酸铁锂电池储能系统，具有高能量密度、长寿命和安全性能好的特点，能够稳定供电，保证防火瞭望塔在无光、无风的情况下也能持续供电。

（3）微电网技术。构建一个独立运行的微电网系统，实现区域性、小规模的电力网络，通过分布式能源、储能系统和智能控制技术的综合应用，为用户提供高效、可靠、经济的电力服务。微电网可以独立于主电网运行（离网模式），也可以与主电网连接（并网模式），在电力供应紧张或出现故障时能够自主运作，确保电力供应的连续性。

（4）智能控制技术。通过BMS（电池管理系统）和智能控制系统，对能源的生产、存储和使用进行优化管理，提高系统的整体效率。

2. 技术路线

（1）系统设计。根据解放沟镇的地形和气候条件，设计风光互补 + 储能的微型离网供电系统，包括 6.72kW 分布式光伏、2kW 立轴式风机和 4kW×8h 的磷酸铁锂电池储能系统。

（2）设备选型。选用 560W 光伏组件 12 块、1kW 立轴式风机 2 台、1 套 BMS 系统及其安防设施，确保系统的稳定运行。

（3）系统集成。将光伏发电、风力发电和储能系统有机结合，通过智能控制系统实现能量的高效利用和动态调节。

3. 应用场景

（1）防火瞭望塔供电。解决防火瞭望塔的照明、采暖和视频监控等用能需求，保障防火监控的持续性和稳定性。

（2）偏远地区供电。适用于电网覆盖不到的偏远地区，为这些区域提供稳定、可靠的电力供应。

4. 技术创新点及先进性

（1）高效利用可再生能源。通过风光互补技术，最大化利用自然资源，减少对传统化石能源的依赖，实现绿色供电。

（2）高性能储能系统。采用先进的磷酸铁锂电池，提高系统的能量密度和安全性，使用寿命长等优点。

（3）智能化管理。利用 BMS 和智能控制系统，动态调整能源生产和使用，提高系统的整体效率和可靠性。

（4）模块化设计。系统设计具有模块化特性，便于扩展和维护，适应不同场景和需求。

（二）高效绿色清洁供暖系统

为解决村幼儿园、村委会采暖问题，项目匹配光伏 + 光热 + 空气源热泵技术，打造一体化 PV/T 光能热泵系统，采用水路采暖，使用舒适，满足村民供暖需求，并且避免了现有采暖方式对幼儿烫伤隐患，匹配智能控制系统，可远程控温实现绿色供暖、智慧供暖。

1. 关键技术

（1）光伏光热技术（PV/T）。利用光伏组件发电，同时在光伏板下集成集热管，吸收太阳能转化为热能，实现热电联供，提高能源利用效率。

（2）空气源热泵技术。采用空气源热泵作为辅助热源，利用空气中的热量进行制热，具有高效、节能的特点。

（3）智能控制技术。配备智能控制系统，能够远程控温，实现精准的供暖管理，提高用户的舒适度和系统的节能效果。

2. 技术路线

（1）系统设计。为火普村幼儿园、村委会设计一体化 PV/T 光能热泵系统，包括 28.05kW 复合型光伏光热组件（占地 140m²）、20kW 空气源热泵及配套管网阀门和控制设备。

（2）设备选型。选用高效的光伏光热组件和空气源热泵，确保系统的供暖效果和能源利用效率。

（3）系统集成。将光伏发电、光热集热和空气源热泵有机结合，通过智能控制系统实现能源的高效利用和智能调节。

3. 应用场景

（1）幼儿园和村委会供暖。解决幼儿园和村委会的采暖问题，提供安全、舒适、环保的供暖服务。

（2）社区供暖和热水供应。适用于社区的集中供暖和热水供应，提高能源利用效率，降低运行成本。

4. 技术创新点及先进性

（1）热电联供技术。通过光伏光热组件，实现热电联供，提高太阳能利用效率。

（2）高效节能。采用空气源热泵作为辅助热源，充分利用空气中的热量，达到高效节能的效果。

（3）智能化管理。利用智能控制系统，实现远程控温和智能管理，提高系统的运行效率和用户的舒适度。

（4）安全性和舒适性。系统采用水路采暖，避免了传统采暖方式对幼儿的烫伤隐患，提供舒适、安全的供暖环境。

新型电力系统建设通过风光储离网供电系统和高效绿色清洁供暖系统的设计和应用，实现了对可再生能源的高效利用和智能化管理。这些系统不仅解决了火普村民生实际需求，提高了能源利用效率，降低了运行成本，还为偏远地区和社区提供了可靠、安全、环保的能源解决方案。通过技术创新和系统集成，新型电力系统展现出巨大的应用潜力和推广前景，推动了绿色低碳发展和智慧能源应用。

三、实施成效

2022 年，东方电气集团在火普村启动综合能源示范村建设项目，将自身能源装备产业优势和当地资源禀赋充分结合。二期项目采用风光储离网供电系统和高效绿色清洁供暖系统，通过建设分布式光伏、小型风力发电机、智慧村级综合能源示范平台智慧管控，将把火普村打造成集风电、光伏、智慧平台于一体的综合能源示范村，在充分满足村民生活生产用电的基础上，有效提高综合能效，从而实现生态、经济和环保效益的最大化。

在科技赋能的推动下，火普村正在突破高山之巅的地域之困，突破传统农业限制的发展之困，突破老旧观念的精神之困，在数字乡村的发展道路上一路前行。

四、经济效益及推广前景

（一）经济效益

1. 稳定的收入来源

项目采用了光伏＋储能的形式，通过在火普村建设 1MW 的分布式光伏项目，该项目预计年发电量为 130 万 kW·h，每年为村集体经济带来约 30 万元的稳定收入。光伏发电项目不仅为火普村提供了充足的清洁能源，还通过售电增加了村集体和村民的经济收入。这种模式为火普村提供了一个长期、稳定的收入来源，缓解了村民的经济压力。

2. 就业机会

该项目直接创造了就业机会，为两名村民提供了就地就近的务工岗位。这不仅减少了村民外出务工的需要，还增强了村民的经济自主性和稳定性。此外，随着项目的进一步发展和推广，预计将带来更多的就业机会，进一步促进当地的经济发展。

3. 多元化产业结构

通过结合光伏发电、小型风力发电和智慧能源管理平台，火普村正在逐步实现从单一农业经济向多元化产业结构的转变。这种多元化的发展模式有助于提高村庄的经济韧性，减少对单一产业的依赖，增强整体经济的可持续性。

（二）社会效益

综合能源示范村项目的实施，为火普村提供了稳定可靠的电力供应，解决了火普村民生实际需求。光伏发电不仅用于家庭照明和供暖，还为公共设施如防火瞭望塔和智能充电桩提供电力支持，大大提高了村民的生活质量。

（三）未来推广前景

1. 示范效益

火普村的低碳乡村建设项目具有显著的示范效应。通过充分应用综合能源方案，多能互补，成功整合分布式光伏、风力发电和数字化管理技术，具有良好的系统灵活性、微型离网供电系统、光伏＋光热＋空气源热泵技术等创新解决方案为其他类似村庄提供了一个可借鉴的成功案例。

2. 政策支持

随着国家对数字中国建设和乡村振兴的重视，火普村的经验和模式有望获得更多政策和资金支持。国家和地方政府在政策上给予更多倾斜和扶持，可以加快这一模式的推广和应用，提高更多村庄的生活和经济水平。

3. 科技进步

随着科技的不断进步，低碳技术和数字管理技术将更加成熟和普及。未来，更多先进的技术和设备将应用到乡村建设中，提高项目的效率和效益。例如，更高效的光伏组件、更智能的能源管理系统以及更全面的数字监控设备，都将进一步提升项目的整体效果。

（四）结论

火普村的低碳乡村建设项目通过光伏发电、风力发电和数字管理技术的应用，显著提升了村民的生活质量，增加了村集体和村民的经济收入，推动了文化和旅游产业的发展，并为其他村庄提供了可借鉴的示范模式。在政策支持和科技进步的推动下，这一模式具有广阔的推广前景，未来有望在更大范围内实现生态、经济和社会效益的最大化。

五、项目主要完成人

东方电气集团东方汽轮机有限公司吴霖、初伟、段艳雄、姚润贤、张红亮、王彪、范思彬、陈健。

碳中和愿景下大规模源网荷储融合协同关键技术研究及示范应用

中国长江三峡集团有限公司科学技术研究院、清华大学、三峡新能源四子王旗有限公司

一、案例简介

本案例立足新能源和源网荷储发展战略，围绕碳中和愿景下大规模源网荷储融合协同关键技术及示范开展研究与应用，重点研究碳中和背景下源网荷储能源系统评价、基于模型降维的互动资源高效聚合与协调优化方法、电网友好型源网荷储一体化协调优化运行技术、基于区块链技术的共享储能模式、多站融合模块化设计技术与数字孪生应用以及绿电及其衍生品的分布式交易技术。一是在碳中和背景下，能源系统结构形态构建、源网荷储一体化规划以及基于碳减排的能源系统评价指标与方法需要理论研究；二是分布式资源数量众多、特性各异、主体多元，辨识海量异构资源集群聚合外特性、高效整合海量互动资源参与竞争、最大化聚合商收益等问题需要解决；三是新能源场站从负荷接入、电网友好型并网到源网荷储互动的调度运行技术代际升级，实现新能源场站发电性能和主动调控能力柔性双提升等关键问题亟须研究；四是如何发挥储能价值，实现资源高效利用，需要构建"云储能"技术架构，研究运行模拟技术与优化规划方法，并且与区块链技术结合，形成储能共享平台；五是需要融合变电站、储能、数据中心等多种资源，开展模块化设计技术研究，实现数字孪生技术应用，有效提升建设效率和设备运行水平；六是研究风电、光伏等可再生能源与需求侧直接交易的机制并开展示范应用，支持绿色电力及其衍生品的分布式交易，以市场化手段促进绿电消纳，推动低碳发展，降低用能成本。案例依托乌兰察布储能站、变电站，构建数字孪生平台，集成健康状态评估、故障预测等模块，实现对关键设备健康状态实时监测和早期故障预警。案例成果的应用为国家多站融合工程提供理论和实践依据，提高多站融合智能化水平，降低运维成本。

在碳中和背景下，充分利用新能源、储能、柔性负荷控制等技术增强系统灵活性，通过数字技术赋能，探索大规模"源网荷储"融合的各类元素高效互动的建设模式，推动传统"源随荷动"向"荷随源动"转变，以最经济的方式实现可再生能源高效消纳。最大化效益促进低碳能源资源的高效利用和新能源业务的发展。通过本案例的研究，能够为我国实现提升电力系统综合效率、优化可再生能源开发布局、加强电力系统调峰调频能力建设、推动工业园区可调控负荷集成优化、构建深度协调优化的智慧能源系统提供有效的理论保障和技术支持，同时为国际上可再生能源发展、电力系统集成和大电网协调优化运行提供中国式范本。

二、技术方案

本案例建立了面向"碳达峰　碳中和"目标促进高比例可再生能源消纳的源网荷储协同规划模型，包括常规机组、可再生能源机组（风电、光伏、水电等）、储能机组等四种机组类型，并考虑了需求响

应、电动汽车、电制氢等多种新型技术的影响，依托蒙西电网进行验证。基于自主研发的精细化电力系统时序模拟软件，建立计及光热发电的日运行模拟模型，提出了可支撑 100% 清洁能源外送的全景模拟技术；研究了不同电源装机配比下新能源的消纳极限；建立基于光热、风光的 100% 清洁能源的电源电网协同规划模型；分析了规模化新能源并网对电网稳定性的影响；提出了计及频率安全约束的机组组合模型，并建立了考虑系统惯性水平的电力系统规划模型。

本案例提出了先验解析模型引导的数据增强方法，巧妙利用了应用场景中积累的解析模型资源；提出了动态小批量训练方法。该方法能高效处理真实数据与合成数据组成的混合数据集，兼顾了训练过程的有效性与计算效率。提出电力系统等值聚合可行域的顶点辨识模型与求解框架，提出高效枚举聚合可行域顶点的广度优先顶点搜索算法，可高效地对聚合后的协调可行域进行辨识。该方法将源、网、荷、储聚合为整体，为进一步参与电网侧调度提供了技术支撑。提出电网和分布式资源的协调优化互动上下层迭代的模型，下层模型基于投影理论计算出精练聚合模型的可行域，并将可行域信息提交给上层模型进行全局优化，目标函数为整个系统的运行成本最小，经济性最优，安全性作为约束条件，在物理层面确保交易结果的可执行性。在信息交互层面设计分布式资源与配电网之间的信息交互机制，保障基于分布式资源精练聚合模型的计算与电网协调互动模型的信息交互。

本案例在源网荷储系统电源出力特性分析及互补机理研究方面，重点分析风光不确定性资源的出力特性及其互补特征，基于出力平稳、源荷匹配提出风电、光伏概率型互补指标，并针对源网荷储系统提出考虑多类型电源综合互补特征的评价指标，建立多时空尺度下的源网荷储系统互补特性评价指标体系；基于性能指标、可靠性指标和经济性指标综合评价源网荷储系统整体运行特性，为系统安全稳定评估提供全面的考核指标。针对源网荷储系统互补优化调度问题，提出一种日前—日内两阶段优化调度模型。日前计划兼顾实时阶段各场景负荷平衡和新能源消纳需求，日内实时阶段遵循日前的机组组合结果，可实现源网荷储系统日前日内多时间尺度下的优化运行。在源网荷储系统运行风险量化与评估方面，考虑风电和光伏出力的不确定性、负荷波动、系统各部分实时状态等多个要素，建立计及风电和光伏并网的源网荷储系统运行风险评估模型；提出计及新能源不确定性和源网交互影响的风险严重度计算方法，以解决源网荷储系统中安全稳定特性更加复杂和新能源不确定性带来的新能源消纳能力及风险难以快速评估的难题；结合层次分析法和熵权法求取综合风险指标中各指标权重，即可筛选出源网荷储系统运行风险最低的运行状态。

本案例分析了源、网、荷、储多方利益主体的利益诉求，建立了考虑多场站电池储能、热力系统广义储能资源的多能源云储能技术架构，并设计了面向系统调峰、新能源消纳等多类型需求的云储能商业模式架构。研究了计及多类型电力储能及热力管网广义储能的云储能资源运行模拟建模方法，并分别考虑面向发电场站及园区级负荷用户的云储能应用场景，研究了云储能系统运行模拟方法及优化规划方法。搭建了基于区块链技术的储能共享平台系统架构，构建了基于以太坊的云储能平台开发框架，设计了储能共享平台智能合约，并开展了储能共享平台应用测试。

本案例通过分析源网荷特性及多种应用场景多站融合需求，提出面向新能源侧、电网侧、负荷侧的多站融合架构形态，构建针对三种应用场景的多站融合优化配置模型，形成面向源网荷储一体的多站融合优化选址方法，并针对内蒙古园区开展实证分析。在多站融合规划布点及配置研究基础上，提出涉及选址、建筑、消防等方面的多站融合设计原则，形成两种集成变电站、储能及集控中心的多站融合典型设计方案及图纸。通过提炼分析变电站、储能站等多站融合设施的特征量，开展设备内部机理的研究，提出多站融合关键设备的健康状态评估与故障预测方法；依托乌兰察布储能站、变电站，构建数字孪生平台，集成健康状态评估、故障预测等模块，实现对关键设备健康状态实时监测和早期故障预警，并于三峡集团新一代电网友好绿色电站部署应用。

本案例提出了适应储能与需求响应等新型主体参与分布式交易的市场机制，以及促进新能源消纳的蒙西电力市场机制和实施路径。研究了绿色电力分布式中长期交易的机制和架构，包括市场主体、交易组织方式、曲线分解技术、价格形成机制、交易模型和结算机制等，研究了通过代理参与现货市场和直接开展分布式现货交易的机制。设计了绿电衍生品的核发、交易、核查等全生命周期流通环节。提出了基于区块链的绿电衍生品双边交易机制，实现了实现绿电全生命周期溯源。提出了分布式交易中的自响应模式，并提出了其控制模型和框架，能够实现自趋优、智能化的用户侧自动交易与绿电衍生品的自动分配。研发基于区块链技术、内嵌交易规则智能合约的原型软件，为园区用户提供了公平可信的交易环境，以及友好的系统界面和使用体验，能够满足园区现阶段和未来分布式主体的交易需求。

三、实施成效

乌兰察布 1100MWh 储能电站位于内蒙古乌兰察布四子王旗境内，场址范围约 $950km^2$。建设规模为 170 万 kW 风电、30 万 kW 光伏以及 55 万 kW 储能。按照技术水平国际领先、示范成果国内一流、具备全自治区推广效应为目标，提出优化储能配置的新一代电网友好型新能源示范电站。4 号场站包括 500MW 风电，100MW 光伏，140MW 锂电池储能（2h）；智慧联合调度中心承担着全站与电网调度交易中心智能化自主化交互通信、运行模式灵活调整、场站内设备统筹优化联合调度控制、智能化数字化设备监控、智慧化巡检和运行检修等重要功能。

本案例选取 4 号场站开展数字孪生平台应用，基于设备图纸及现场图片，开展三维可视化建模，并开发多站融合数字孪生平台现场部署应用。基于变电站和储能站的多站融合是将变电站、储能电站等设备和系统一体化整合，形成电力流汇集的节点。其系统架构在变电站和储能站的融合系统架构基础上，采集变电站及储能电站运行数据，采用服务器部署应用。多站融合数字孪生平台于乌兰察布 4 号场站部署两台服务器，分别为 203 应用服务器和 240 应用服务器，其中 203 应用服务器用于接入、存储储能电站和变电站运行数据，204 服务器用于提供前端界面；两台服务器放置于电站二楼机房，通过网线连接储能站数据和集控室前端界面。

数字孪生平台数据包含储能电站及变电站运行数据，共计 80 万余点位，储能站数据由 4 号站系统平台提供转发，升压站数据由四方直接转发。多站融合数字孪生平台于 2023 年 6 月部署于三峡乌兰察布 4 号场站并完成调试，目前在线运行正常，并于集控中心展示大厅展示。攻关组根据案例要求，委托外部单位开展了多站融合数字孪生平台的软件测试。通过提炼分析变电站、储能站等多站融合设施的特征量，开展设备内部机理的研究，提出多站融合关键设备的健康状态评估与故障预测方法；依托乌兰察布储能站、变电站，构建数字孪生平台，集成健康状态评估、故障预测等模块，实现对关键设备健康状态实时监测和早期故障预警。案例成果的应用为国家多站融合工程提供理论和实践依据，提高多站融合智能化水平，降低运维成本。

按照常规新能源电站进行折算，在部署配置变电站数字孪生系统后可以替代 10 个人工巡检的工作量，因此 4 个场站 2023 年降低相关成本额为可以共计 4 × 10 × 20 万元／人 =800 万元。

此外，案例的绿电交易软件在三峡源网荷储技术研发试验基地开展试点应用。根据区域内的示范园、试验基地和运达公司的实际发电情况和用电情况，可以通过储能进行调节或灵活开展区域内的分布式交易，以满足上下网功率约束限制，减少新能源发电弃置，并降低整体的生产成本。同时，光伏发电带来的绿色环境属性，通过衍生品交易，可以让渡给区域内有需求的主体。测试采用了园区真实数据，开展了绿电及其衍生品的模拟交易，原型软件运行正常、功能完备。

四、经济效益及推广前景

围绕多站融合架构形态及优化配置技术、多站融合模块化设计关键技术及典型方案、多站融合数字孪生技术及应用开展研究，建立涵盖规划、设计、运行阶段的关键技术及软件平台，为提升电力系统综合效率、优化可再生能源开发布局、提升电力系统安全运行提供有效的理论保障和技术支持。提出面向新能源侧、电网侧、负荷侧的多站融合架构形态，构建针对三种应用场景的多站融合优化配置模型，形成面向源网荷储一体的多站融合优化选址方法。为国家多站融合建设提供科学的规划方法及手段，优化电力规划的投资决策，提高电力规划方案的科学性与经济性。编写变电站、储能电站、集控中心模块化设计方案，形成两种集成变电站、储能及集控中心的多站融合典型设计方案及图纸。为集团多站融合建设提供标准化设计依据，提高设计的一致性，强化多站融合集约化建设，减少资源及成本投入。

围绕绿色电力交易技术，本案例结合当前源网荷储一体化建设面临的迫切问题，针对内蒙古源网荷储一体化产学研用创新示范园的规划情况，研究了分布式绿色电力及其衍生品在园区内组织开展试点交易的机制模式、关键技术等，开发了适用于交易的原型软件。提出了适应储能与需求响应等新型主体参与分布式交易的市场机制，以及促进新能源消纳的蒙西电力市场机制和实施路径。研究了绿色电力分布式中长期交易的机制和架构，包括市场主体、交易组织方式、曲线分解技术、价格形成机制、交易模型和结算机制等，研究了通过代理参与现货市场和直接开展分布式现货交易的机制。设计了绿电分布式交易和绿电衍生品交易的基本规则，并根据园区情况设计了模拟算力，介绍了用户注册、信息填报、交易组织、清算结算等环节的机制和模型。研发基于区块链技术、内嵌交易规则智能合约的原型软件，能够满足分布式电站现阶段和未来分布式主体的交易需求。

此外案例培养新型电力系统新能源方向的"高精尖缺"人才骨干 20 余名。案例成果十分契合国家发展战略和科技规划，符合国家做好现代能源经济的发展方向。能够为我国实现提升电力系统综合效率、优化可再生能源开发布局、加强电力系统调峰调频能力建设、推动工业园区可调控负荷集成优化、构建深度协调优化的智慧能源系统提供有效的理论保障和技术支持，同时为国际上可再生能源发展、电力系统集成和大电网协调优化运行提供中国式范本。

五、项目主要完成人

中国长江三峡集团有限公司科学技术研究院王罗、刘笑驰、苏一博、苏营、孙勇、周登科、于傲、陈志超、胡景朋，中国长江三峡集团有限公司张险峰，清华大学康重庆、张宁、杨乔尹，三峡新能源四子王旗有限公司贾少荣。

积"微"成著——打造灵活资源省地县三级协同控制示范

国网浙江省电力有限公司、国网浙江省电力有限公司金华供电公司

一、案例简介

建设新型电力系统省级示范区是国家电网公司赋予国网浙江公司的重大使命，既是浙江能源电力绿色转型、引领"双碳"目标的必由之路，也是国网浙江公司转型发展、蝶变升级的必要之举。《浙江省能源发展"十四五"规划》提出"在电网发展方式上，由以大电网为主，向大电网与微电网融合发展转变；在调度运行模式上，由以源为主、网源协调的调度模式，向源网荷储总体协调、输配微网多级协同的调度模式转变。"

随着分布式新能源占比逐步提升，传统的调度模式将迎来保安全、保供应等多重挑战，新型调度运行体系建设势在必行，亟须构建新型有源配电网调度模式，完善调控手段。现阶段主要存在以下三方面问题：

一是配电网全域态势感知和灵活资源多维度聚合难。分布式光伏、储能、柔性负荷等灵活资源大量配置，可观性不足，难以纳入调控。多元灵活性资源数量多、时空及物理特性各异，难以精确刻画运行特征，无法直接参与调度控制。

二是安全稳定防御压力大。不同类型新能源在不同故障类型下的响应特性差异显著，分布式电源接入配电网，配电网由辐射状电网转变为多源网络，传统基于单电源辐射状拓扑的阶段式电流保护难以适用。

三是复杂约束下多目标优化调控难。多元灵活性资源时序约束及电网安全约束复杂，传统多级协同决策响应难以兼顾安全、经济、低碳、能效等多目标。

针对上述问题，项目团队以数字化技术为手段，建成国际领先的省地县三级协同控制示范工程，通过构建主—配—微多能互补的调控支撑架构，实现分布式能源可观可测，灵活资源可调可控，有效提升大电网与配微网灵活资源的互动能力。

部署基于暂态量的新能源配电系统主保护，提升继电保护的有源配电网适应性，建设基于无线通信的故障解列精准控制，提升区域多源配电网供电可靠性，建设保护定值智能整定平台，实现各级断路器保护定值自动计算，提升配网系统运行安全性。

依托新一代调度技术支持系统建设省地县三级协同控制决策应用，增强灵活资源的数字化描述，推进数字技术与电力生产全要素深度融合，创新形成省地县三级协同控制的融合发展模式，打造源网荷储高效互动、主配微网多级协同控制的新型电力系统典型案例。

二、技术方案

1. 案例建设情况

（1）省地多元灵活资源协同调控决策。开发省地协同的多元灵活资源协同调控决策系统，包含多元灵活资源潜力聚合分析、面向多场景的协同决策、统计与评价等功能模块，在省地两级部署，省地间以 220kV 主变压器高压侧为数据交互边界，对于生产控制大区接入的直控资源调节策略，经安全校核和人工确认后下发执行，对于互联网区接入的负荷侧灵活资源调节策略，由相关聚合平台接收、解析和下发执行。

（2）主配微协同调控。开发主配微协同调控系统，按照态势感知、调节能力评估、动态策略响应的思路，通过主配协同分布式状态估计、灵活资源多调度周期聚合、灵活资源调控策略生成三个环节，精确刻画、主动调用中低压资源的灵活性，重点解决小水电、储能、微网等灵活资源协同调控决策变量多、约束复杂等难题。

地县两级部署，主配微协同以 220kV 变电站为关口，与省地协同系统开展数据交互，上送地区灵活资源调节能力，接收省调调节策略，形成省地县三级协同系统。针对每个 220kV 关口，考虑设备约束、潮流断面约束、备用约束等多维安全约束，将调节指令分解至每个灵活资源。

（3）微网示范场景。建成义乌商贸型微网，打造商贸碎片资源全方位感知与协同控制场景，实现自治自愈自趋优商贸型微网示范。

建成磐安山区型微网，打造基于清洁能源自启动的 100% 绿电长周期（24h）离网运行场景，实现"零碳电力"典型示范。

将用户侧微网等可调资源纳入地、县调度系统调节能力调用库，实现微网资源分钟级互动、秒级决策、百毫秒级响应。微网在接收辅助服务、能源双控、需求响应、电力市场和应急备用等上级电网调节需求时采用协同控制模式响应主网需求。

2. 案例创新点

（1）引入主配协同分布式状态估计。针对配电网量测装置少，提升可观性投资大、见效慢，状态估计节点数量大、计算困难，态势感知难等问题，基于混合整数线性化坏数据辨识模型，利用一致性交替方向乘子法构建主配协同分布式状态估计，如图 1 所示，提升配电网可观性和量测数据质量，为省地县三级协同提供数据和模型基础。坏数据辨识准确率最高可由 50% 提升至 90%。

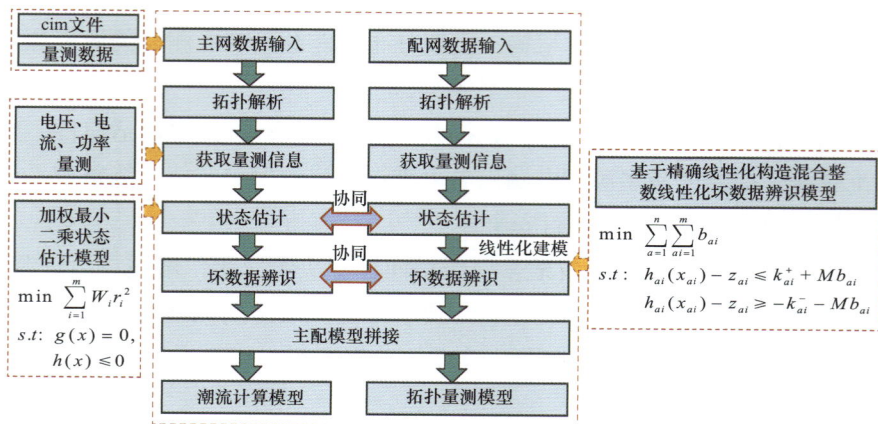

图 1　主配协同分布式状态估计

（2）开展灵活资源动态聚合。针对多元灵活性资源数量多、时空及物理特性各异，难以精确刻画运行特征，无法直接参与调度控制的难题，利用高维多面体投影与边界收缩算法，将灵活性资源聚合为等效发电机模型和等效储能模型，精准评估断面、设备安全、网络方程等多维约束下的实时与多时段电网调节能力和调节成本，为各级调度提供模型和决策基础。灵活资源多维动态聚合的准确率最多可由 60% 提升至 90%。灵活资源动态聚合过程如图 2 所示。

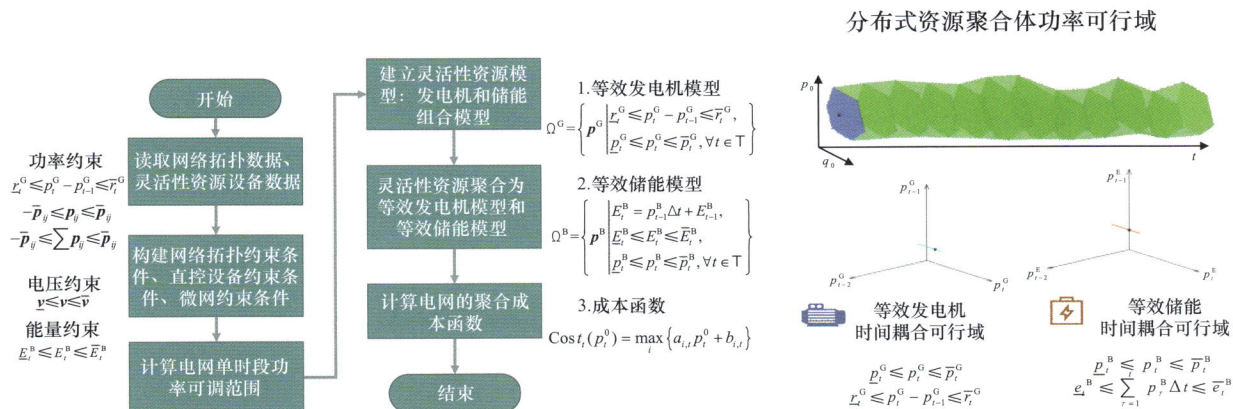

图 2　灵活资源动态聚合过程

（3）提出基于线性互补矩阵的多元灵活资源柔性协同方法。综合考虑多元灵活资源具有响应不确定性强、调控性能时变性强等复杂特性，利用互补矩阵分析方法研究了灵活资源时变互补空间，并基于滚动优化方法设计了考虑资源个体柔性响应的多元灵活资源互补协同方法，降低个体不确定性对资源整体性能的影响，实现了多元灵活资源的高效互补，从而最大化发挥多元灵活资源综合调控能力。基于线性互补矩阵的多元灵活资源柔性协同如图 3 所示。

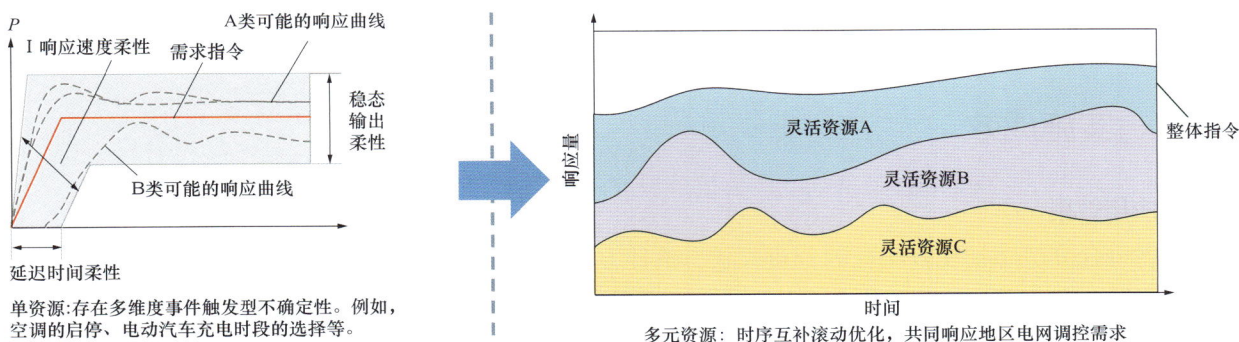

图 3　基于线性互补矩阵的多元灵活资源柔性协同

（4）提出基于深度确定性策略梯度算法的省地协同调控优化模型。由于面向省级调控需求的省地协同优化问题所涉及的决策变量多，而允许的决策时间窗口有限，这就要求算法兼具计算效率与有效性。通过采用深度确定性策略梯度（DDPG）与迁移学习算法对省地协同调控模型进行联合优化求解，并利用经验池缓存机制提升省地协同泛化求解能力。其中，迁移学习算法用于提升地区间的协同求解有效性；DDPG 算法基于并行计算框架提升省地协同求解效率。

（5）首创主配微协同调控体系。针对省地县三级电网调控资源众多、调控目标多样、协同调控困难，多元异质资源的灵活性和资源互动性未充分发挥等问题，首创主配微协同调控，实现微网侧灵活自治、微网资源能效聚合并与上级电网互动、按需响应三级调控指令，丰富省级电网三级协同调控策略，落实理想调度的安全、经济、低碳、能效等调控控制目标，全面提升电网资源灵活协同及调控能力。

（6）构建面向理想调度的多元灵活资源多时间尺度递阶优化调控模型。考虑灵活性资源复杂时序约束，构建了面向理想调度的多类型灵活资源多时间尺度递阶优化调控模型：日前时间尺度基于随机经济调度挖掘灵活性，提升经济性；日内时间尺度基于随机鲁棒经济调度，根据超短期预测信息更新调度计划，保证风险可控；实时时间尺度设计了调节量最小的混合整数调度目标函数，解决了传统二范数目标函数造成的调节量趋于平均分配的难题，在响应省调 / 地调调节需求的基础上，实现了兼顾经济、低碳、能效等多目标的多级协同快速决策，面向理想调度的灵活资源调控策略生成如图 4 所示。调控策略计算时间最快可由 60s 缩短至 1s。

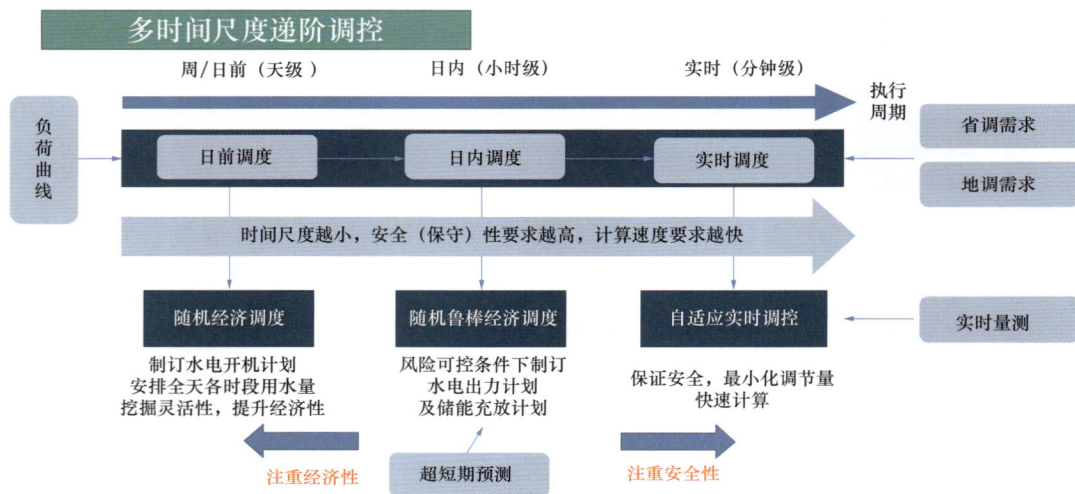

图 4　面向理想调度的灵活资源调控策略生成

三、实施成效

1. 应用效果

首创符合分层感知配置特征的分布式状态估计方法。对配电网等值和量测坏数据辨识，得到满足电网可观性要求的配电网等值模型，为灵活资源调度提供数据基础。电网坏数据辨识准确率由 50% 提升至 90%。

建立面向分层调控需求的灵活性资源动态聚合模型。实现功率可调范围以及成本函数的动态聚合，有效降低决策复杂程度，为各级调度提供模型和决策基础。灵活资源多维动态聚合的准确率由 60% 提升至 90%。

首创灵活资源多级协同智慧调控系统。提升大电网与微网、分布式光伏等灵活资源的主动互济和局部自平衡能力，主配微网协同调控策略生成时间由分钟级缩短至秒级，实现协同高效安全精准控制。

建成浙江省首个楼宇微能源网样板—义乌"商贸型"微网。研发"1+3"能量管理系统（EMS）及装置，即主 EMS+ 嵌入式模块化 EMS，内置协同优化算法，构建微网"内""外"双循环运行模式。"内循环"模式以单个微网或组网运行经济、能效最大化为目标，采用自治自愈自趋优控制，提升内部能源自平衡率，减轻电网压力；"外循环"模式以大电网安全、经济、低碳、能效为目标，按照上级电网调节需求，采用主配微协同控制，通过自上而下的协同决策对微网侧可调资源进行群调群控，实现微电网与大电网协同互济。

2. 应用成效

（1）经济效益。节约电力系统投入成本：一是省地协同的多元灵活资源协同调控决策系统可对灵活调节资源的优化整合和潜力评估，实现面向分布式新能源消纳问题的省地协同决策，促进灵活资源参与电网调节，大幅提升电网运行效益，节省电网建设投资，实现电网提质增效。以浙江电网为例，按照十四五规划数据，预计"十四五"末期，浙江新能源装机容量将超过 4500 万 kW，为应对风光等新能源波动对电网的影响，将为之配套大量电网调节能力建设，本项目拟通过调用灵活调节资源参与电网平衡，以 100 万 kW 灵活调节资源计算，节约电网侧设备投资，预计每年可为公司节约/延缓 3 亿元新建投资。二是项目通过微网能量控制系统（EMS）可实现能量的时序转移利用，对于配置有储能的台区，对其电力联络线等电气设备的绝缘等级的要求可以降低，因此可以节约电网建设费用。以义乌商贸微网为例，光伏+储能+相变蓄冷+充电桩总计 3.9MW，在负荷高峰期间可降低台区配备容量 3.9MW 容量，按照 600 元/kVA 计算，可节约配变建设投资容量费 234 万元（节约配变投资＝灵活资源装机容量×600 元/kVA）。

节约电网购电成本：以备用辅助决策响应为例，2023 年 7～12 月半年时间内，金华地区共参与正备用不足响应 33 次，共计电量约 140.58 万 kW·h，按照 0.8 元/（kW·h）的均价进行估算，半年可节约电网购电成本约 112 万元。

节约停电损失：微网可靠供电实现故障下快速不间断转供，在电网故障情况下，通过 EMS 可实现离网运行 2h，预计每年降低停电损失 150 万元。

电网节能成本：以微网内循环运行及参与电网辅助服务效益为依据，提升区域能源综合利用效率 ≥15%，预计为电网节能约 100 万元。

（2）社会效益。一是社会用能成本下降，项目建设能够推动地区分布式资源接入微网和配电网，规模效应将促进分布式资源发电、生产成本不断下降，同时在数字化和智能化调控手段驱动下，社会用能成本也将得以降低。二是提供产业发展新动能，项目能够有效推动光伏、风电等分布式新能源产业、新型储能产业、电动汽车产业及配套充换电基础设施、智慧能源调控系统、人工智能算力提升相关信息产业发展，产生巨额的间接经济效益。

（3）其他效益。通过省地县三级协同调控，可促进新能源消纳装机 17 万 kW，年发电量 1.7 亿 kW·h，按装机 10% 可配置 1.7 万 kW 的储能，每天尖峰时段预计约 2.5h，则每年提升新能源消纳 1551.2 万 kW·h。

分布式日前预测准确率：基于多源遥感数据的光伏预测，在磐安山区型微网部署大气探测仪和辐射探测仪，实现实时气象参数和辐射参数分钟级监测，累计监测数据达 50 余万条。根据磐安地区特征，优化光伏发电功率预测算法，实现超短期预测精度优于 95%，短期预测优于 90%。

四、经济效益及推广前景

1. 推广前景

案例适用于电网各级调度及设备、营销等部门，也可以应用于各电压等级发电厂等能源企业，目前已在浙江电网、宁波电网、金华电网、义乌电网及磐安电网试点应用。

多元信息处理与自适应协同交互技术经中国电力企业联合会鉴定，达到国际领先水平。目前市场上没有同类产品达到同等功能和性能。本产品软件内核适用性强，设备成本低；批量推广时可复制，无须新增开发；具有较高的接口适配度和产业化可行性，可在电力系统范围内广泛推广。

国网内部市场方面，全国有相关需求的各级电力系统调度机构约 300 个，浙江省内约 10 个，仅考虑将此技术推广至省内的调度机构，即每年可产生直接经济收益 312 万元，为用电客户带来共 1 亿元的附加环保效益，具有较高的推广价值和环保价值。行业市场方面，在"双碳"目标的号召下，我国的分布式能源规模极速增长，以分布式光伏为例，2023 年我国分布式光伏装机总量新增约 96.29GW，同比增长 88%。全国的微网规模也随之迅速扩大，预计在 2029 年，我国微电网市场规模将达到 3000 亿元，行业发展迅速，用户群体庞大，市场前景广阔。

2. 经济效益预测

本案例能够推动地区分布式资源接入，促进分布式资源发电、生产成本不断下降，同时在数字化和智能化调控手段驱动下，社会用能成本也将得以降低，引领高质量实现"碳达峰、碳中和"目标。

（1）将灵活资源多级协同智慧调控系统解决方案通过相关知识产权技术转让或技术授权等方式，与第三方企业展开合作，仅考虑将该技术推广至全国 34 个省级、300 个地市级电力调度机构，即可盈利 6300 万元。

（2）引导包括商业综合体、负荷聚合商、智能楼宇等微网集群参与电网协同优化调度，以金华地区为例，预计每年可助力减少碳排放 15.44 万 t，按全国碳交易市场挂牌协议均价 96 元 /t 计算，预计每年产生的间接经济效益约 1482.24 万元，微网可靠供电实现故障下快速不间断转供，预计金华地区每年降低停电损失 300 万元。

案例成果已在浙江电网、宁波电网、金华电网、义乌电网及磐安电网试点应用，能够有效推动光伏、风电、生物质能等分布式新能源和储能等资源在微电网中的应用，实现各类资源的跨越式发展，产生巨大的经济社会效益。

五、项目主要完成人

国网浙江省电力有限公司孙文多、郑翔、陈益渊、楼贤嗣、李尧，国网浙江省电力有限公司金华供电公司沃建栋、刘栋、马翔、宋昕、杨立宁。

中国大唐集团藏东南（玉察）水风光一体化基地项目

中国大唐集团有限公司、中国大唐集团技术经济研究院有限责任公司、大唐西藏能源开发有限公司

一、案例简介

藏东南（玉察）水风光一体化基地是落实习近平总书记要求西藏打造国家清洁能源基地的重要举措，对于国家实现"双碳"目标、缓解粤港澳大湾区电力安全稳定供应压力、建立 100% 可再生能源生产消费新体系、构建流域水风光一体化开发新模式等，具有重大战略意义。项目主要是对西藏玉曲河、察隅曲、然布曲、克劳龙四条流域以及流域内的水风光储等资源进行一体化开发，规划建设电源总规模 3010 万 kW，包括水电 326 万 kW、抽水蓄能 495 万 kW、光伏 2100 万 kW、风电 84 万 kW、光热 5 万 kW，并通过 ±800kV 特高压柔性直流技术直送粤港澳大湾区。项目总投资为 1580 亿元，计划 2030 年全部建成。配套直流输电工程拟于 2024 年核准建设，2026 年具备送电能力。

项目主要布局：水电包括玉曲河规划的扎拉、碧土、中波 3 个梯级，总装机容量 158.2 万 kW；察隅曲规划的桐古、扎拉、各拉、古玉、罗马 5 个梯级，总装机容量 106.5 万 kW；克劳龙河规划的吉太、巩登、莫拢 3 个梯级，总装机容量 61.5 万 kW；抽水蓄能为塔隆、卡瓦白庆 2 个站点，总装机容量 495 万 kW；光伏在左贡县规划 400 万 kW，在八宿县规划 1700 万 kW，总装机容量 2100 万 kW；风电主要规划在八宿县境内，总装机容量 84 万 kW。藏东南清洁能源基地规划区域大部分地区年总辐射量在 6500MJ/m² 以上，属于全国太阳能资源一类和二类地区，排除太阳能总辐射量小、地形坡度坡向、山影遮挡、不可用地类、压覆矿产、环境敏感因素等，规划区域光伏发电技术可开发量约 2100 万 kW。

二、技术方案

藏东南（玉察）水风光一体化基地目前规划建设扎拉水电站和中波水电站。其中扎拉水电站，通过扎拉 500MW 冲击式水轮发电机组研发项目，可促进高水头机组设计—制造—运维上下游产业链设计制造科研等机构协同攻关，掌握 500MW 大容量高水头冲击式机组水轮机锻件、发电机、球阀等部件制造关键技术，填补国内技术空白，完成大容量高水头冲击式机组设计制造完全自主化，同时为国内后续更大容量、更高水头提供应用基础，我国后续水电开发对高水头大容量冲击式有较大需求，该项目具有较强的推广价值。此外，通过本项目研究，可培养大容量高水头冲击式机组研发科研人员，增强我国水电机组自主研发能力，提升央企科技攻关水平，储备技术和人才力量，形成大容量高水头冲击式机组研发—设计—制造人才链。

中波水电站：与国内已建在基岩上最高的沥青混凝土心墙堆石坝去学（最大坝高为 164.2m，其沥青混凝土心墙最大高度为 132m），和已建在深厚覆盖层上的沥青混凝土心墙坝冶勒（坝高为 124.5m，其沥青混凝土心墙最大高度为 124.5m）对比，中波水电站大坝河床部位建基于深厚覆盖层（最大厚度

>30m）上，最大坝高为 157.3m，心墙高度 133.2m，沥青混凝土心墙坝高度超过已有工程经验，防渗体系安全尤为重要，按现行规范要求需进行专门研究。通过防渗体系的研究及设计运用，突破在深厚覆盖层上高沥青混凝土心墙砂板岩堆石坝筑坝难点，为高海拔、高震区、深厚覆盖层上修建 150m 级沥青混凝土心墙软岩堆石坝形成一整套相关关键核心技术，将突破现有设计规范，推动我国乃至世界沥青混凝土心墙堆石坝的技术发展。

1. 解决高水头大容量冲击式发电机组"卡脖子"关键技术，填补国内空白，抢占世界水电装备制造技术高地

西藏扎拉水电站是藏东南基地最重要、最大规模的常规水电支撑稳定电源，将安装世界最大单机 50 万 kW 大容量冲击式发电机组，该机组已列入国家首台（套）重大技术装备科研项目。2023 年 6 月项目主体工程已全面开工建设，同年 12 月实现截流，当前引水隧道、水坝建设、发电厂房全面建设，已完成总工程量的 14%，计划 2026 年投产发电。通过工程实践，将攻坚掌握 500MW 大容量高水头冲击式机组水轮机锻件、发电机、球阀等部件制造关键技术，实现大容量高水头冲击式机组设计制造完全自主化、国产化，推动解决"卡脖子"关键技术问题，为国家水电大开发战略的顺利实施做好先导探索、创造必要条件。

2. 解决高海拔地区高比例新能源远距离大规模外送难题，为西藏建设新型能源系统发挥先导示范作用

规划的基地外送通道为送粤港澳大湾区 ±800kV 特高压直流通道，线路全长约 2700km，是国内同等级电压最长特高压输电线路，通过研究"柔性直流构网＋新能源协同支撑"技术，开展基于柔性直流输电技术的纯送新能源示范应用，科学解决高海拔地区高比例新能源远距离大规模外送出现的难题，为西部地区大型清洁能源基地多能互补、源网协同、量价联算、智能运维、柔性调度形成先导示范作用，为新型电力系统的建立创造条件。

三、实施成效

1. 推进基地水风光储多种能源耦合设计系统集成开发，为西藏建设国家清洁能源基地发挥先导示范

"藏东南"基地作为西藏第一个水风光储一体化能源基地，对水电、抽蓄和风光新能源均作为一个整体进行技术互补配置和经济性评价，具备较好的经济性。其中，水电和抽蓄构成电力系统调节能力，风光新能源依托调节能力进行开发外送，形成水风光储一体化格局，既能确保出力曲线稳定和受电地区负荷匹配。同时，通过一体化统筹推进基地开发建设，形成一体化规划、一体化建设、一体化调度运行、一体化参与电力市场竞争等内容，形成相关流域统一规划、有机融合、高效开发、管理科学的一体化开发体系，提升基地开发整体效能，降低整体开发成本，提高整体运行管理水平，确保提供长期安全稳定可靠的电力供应，探索构建多流域水风光一体化开发新模式，为全国水风光一体化开发建设提供可借鉴、可复制、可推广的经验。

2. 解决大型清洁能源基地一体化生产调度运行管理机制，为西藏清洁能源基地"两网"融合发挥先导示范

通过技术创新（多能互补、源网协同、智能运维、量价联算、柔性调度），广泛应用云计算、大数据、物联网、移动通信、无人机、AI、ChatGPT 等现代智能技术建立数字智慧的一体化生产调度运行平台，实现水风光一体化调度，充分发挥水风光互补效益、降低综合弃电水平；实现送受端一体化调度，送端电源深度参与广东电力平衡，进一步缓解广东电网调峰压力、提升受端替代容量效益；实现送端电源尤其是新能源集群与直流换流站的协同控制，保障送端交流汇集系统安全稳定运行；实现基地的统一发电调控，在基地开机组合、电源出力水平、无功调节能力满足电网安全约束的前提下，由电网调度下达总体发电调控指令、基地集控自主安排各发电单元出力水平的统一发电调控模式。

3. 实现西藏清洁能源安全充裕输送粤港澳大湾区，为东西部经济高质量发展激发能源新质生产力

"藏东南"基地立足于西藏、粤港澳大湾区东西部经济社会可持续发展和新质生产力发展需要，通过清洁能源基地化开发，建设西藏清洁能源设备制造产业基地、西藏新能源运行维护基地，将实现项目所需光伏、风电、水电设备及其他配套产业的本地采购，实现新能源运行维护的本地化服务。基地建成后，将实现西藏向粤港澳大湾区 100% "零碳"电力输送，将打造成新时期央企支持西藏、粤港澳大湾区发展的示范工程，也将成为新时期西藏和粤港澳大湾区经济社会高质量发展的典范。

四、经济效益及推广前景

1. 对地方经济增长的贡献

藏东南（玉察）基地电源投资总额约 2000 亿元，基地电源的开发建设可以拉动当地约 8000 亿元的投资需求，对地方区域经济的推动作用巨大。

2. 对地方财税就业的贡献

项目建设期间，将为地方贡献建安税等财税 39 亿元，带动就业 10 万余人。2030 年左右基地建成投产后，每年将为地方贡献发电营业税收 24 亿元。

3. 对地方制造产业的贡献

到 2030 年，在昌都经开区基本建成西藏清洁能源设备制造基地，为藏东南清洁能源开发生产提供设备。光伏年产能 4GW，风电年产能 0.6GW，水电金属结构制造年产能 3000t，海通水泥厂为基地供货年产能 40 万 t。清洁能源设备制造年产值 116 亿元，为地方贡献设备制造业税收 16 亿元，增加就业 2300 人。

4. 对地方运维服务的贡献

到 2030 年，建成承担藏东南（玉察）基地 2100 万 kW 光伏、84 万 kW 风电新能源运维服务基地。年运维收入 18 亿元，为地方贡献技术服务税收 1.2 亿元，培育形成地方国有企业在藏新能源运维服务产业。

5. 对地方国企发展的贡献

藏东南（玉察）基地（参股 15%）电费收入每年为地方国有企业分红 1.5 亿元；地方国有企业参股（暂定 20%）昌都清洁能源制造基地每年分红 1.5 亿元；地方国有企业承担藏东南基地新能源运维服务年收入 18 亿元，年利润 1 亿元。通过藏东南（玉察）基地开发建设将带动地方国有企业形成年收入 67 亿元、年利润 4 亿元、增加年投资能力 20 亿元的西藏龙头企业。

6. 对广东绿色发展的贡献

藏东南（玉察）基地建成投产后，年外送电量可达 500 亿 kW·h，可为粤港澳大湾区提供 100% 清洁零碳电力，每年可节约标准煤约 1500 万 t，减少烟尘排放量约 21 万 t，减少 NO_2 排放量约 18 万 t，减少 CO_2 排放量约 4100 万 t，提高广东省绿电水平，激发能源新质生产力，提升广东省外贸出口能力，构建东西部经济发展推动国内国际双循环的新高地。

五、项目主要完成人

中国大唐集团有限公司李太安、云端，中国大唐集团技术经济研究院有限责任公司李婷，大唐西藏能源开发有限公司连恒、英旭。

邯郸涉县合漳水光储智能微电网
新型电力系统典型案例

国网河北省电力有限公司、国网河北省电力有限公司邯郸供电分公司、天津大学

一、案例简介

2024 年国家电网公司两会明确要求把以服务"双碳"目标为战略引领，推动数智化坚强电网建设，因地制宜发展微电网，推动大电网与分布式微电网融合发展，助力电力系统形态升级。

国网河北省电力公司坚决贯彻落实党中央、国家电网公司相关工作要求，在国网发展部正确指导下，紧扣国网科技项目"10MW 级离网型微电网源网荷储协同规划及运行控制技术研究"方向，充分借鉴国网河北省电力公司新型电力系统"县乡村"三级示范工程建设经验，以源网荷储及电网末端微电网协同建设运行为思路，打造邯郸涉县合漳水光储智能微电网，为大电网延伸困难地区供电可靠性提升提供系统性解决方案。

本项目以源网荷储及电网末端微电网协同建设运行为示范目标，基于涉县合漳区域丰富的风光水资源，打造 10MW 级离网型微电网示范工程，以光水储微网能量管理系统为核心，构建水光储一体化控制架构，并通过优化电网结构、应用构网型储能、小水电和光伏控制系统改造等，实现光水储的实时监测与协调运行，解决边远山区供电困难、新能源消纳能力弱等问题。

电源侧：对分布式光伏和小水电进行通信及自动化改造，实现分布式电源"可观、可测、可调、可控"。

电网侧：选取长距离、单辐射、大分支的 10kV 线路，因地制宜建设 10kV 开闭所，优化升级现状配电网结构，缩小故障停电范围，提高局部电网供电可靠性。

负荷侧：将村庄抽水泵等可平移用电负荷纳入调控，用于调峰。

储能侧：建设构网型储能系统，具备一次调频、惯量支撑、黑启动和并离网无感切换功能。

数字化：建设光水储微网能量管理系统，实现区域内光水储实时监测与协调运行，提高新能源就地消纳能力。

二、技术方案

（一）技术路线

1. 建设乡镇级微电网示范项目，探索新型电力系统建设方案

涉县合漳乡光水储微电网示范项目在现有 10kV 合漳乡电网基础上，构建以构网型储能站（2MW/4MWh）为核心的并／离网型 10kV 微电网，将 10kV 合漳 032 线路一分为四，具备微电网从上级 35kV 变电站并离网模式切换。以现有小水电和上级网电共同支撑本地用电负荷，通过现有的合漳

032 主干前段与上级 35kV 西达站联络，将现有线路的温和分支、太仓分支和主干后段作为 3 条独立出线，达到缩短供电距离的目的，如图 1 所示。同时，在离网模式下，通过并离网模式自动切换，以本地水电和储能互补，实现较长时间离网运行。

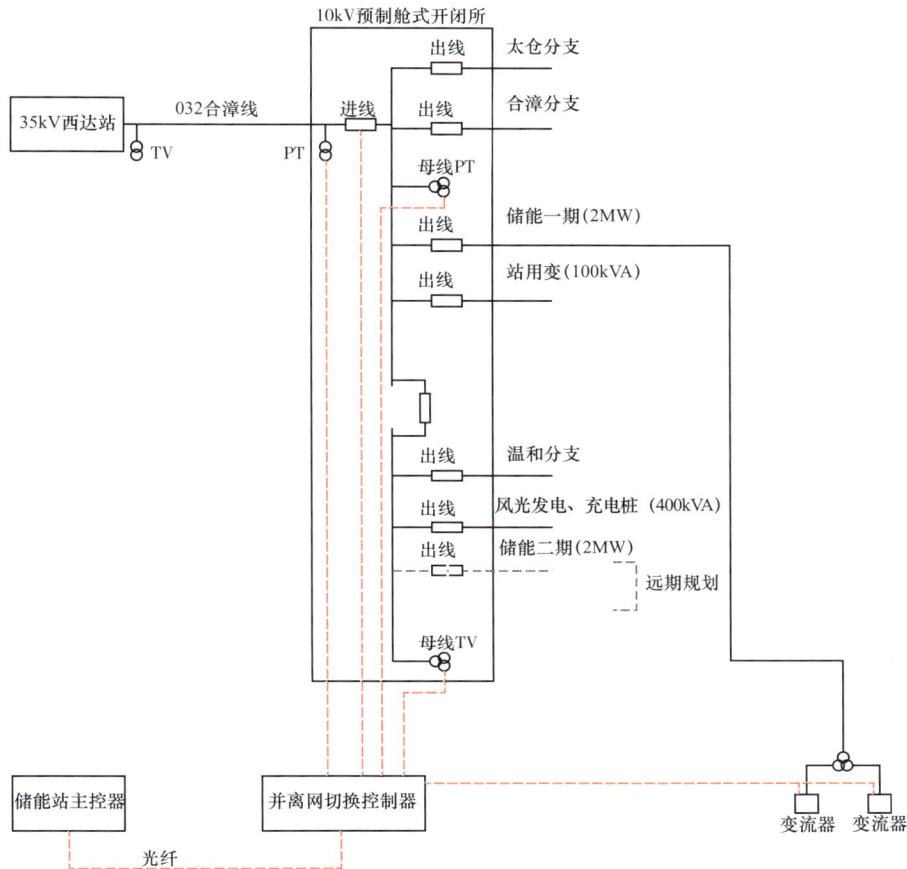

图 1　微电网示范项目

2. 智慧赋能，提升电网数字化水平

持续深化大云物移智链、电力北斗和数字孪生等新技术应用，电源侧以张各台水电站为试点，改造 3 台水电机组控制系统，实现出力远程柔性调控；其余水电站出力纳入刚性调控；分布式光伏加装远程控制器，通过分布式光伏集控平台，实现光伏出力的调控。电网侧将合漳 032 线上现有的开关升级改造为智能开关，各台区加装智能融合终端，实时采集设备信息，处理并上传至微电网管控平台。负荷侧积极与用户沟通，如抽水负荷、小工业负荷，为可调负荷加装控制开关，接入管控平台，实现负荷可调可控。

3. 搭建微电网管控平台，制定属地化电压控制策略

在储能站部署 1 套水光储充微网能量管理系统（简称 EMS）。通过实时监测微电网多节点电压，并快速、准确、平滑地响应地区有功功率和无功功率变化，解决水电发电随机性、间歇性、波动性等问题，提升电网电能质量。提升清洁能源消纳能力，发挥自然资源优势。

水光储充微网能量管理系统部署在储能电站。作为水光储充微网的核心控制系统，同时监控储能电站、光伏发电系统、充电桩和水电站。

（1）对储能电站的监控。EMS 与储能电站计算机监控系统实现数据交互，获取储能电站的运行数据。EMS 实现对储能系统的控制和管理。

（2）对光伏和充电桩的监控。光伏逆变器、充电桩通过有线通信方式（以太网或 RS-485）直接接入 EMS，接受 EMS 的实时控制。

（3）对水电站的监控。水电站本地配置 1 套水电站自动控制系统，通过 4G 网络接入水电集控云，水电集控云部署在公网，通过网络接入互联网大区的服务中转模块，最终与部署在管理信息大区的数字孪生微服务群实现数据贯通，管理信息大区的数字孪生服务群与生产控制大区的调度系统实现数据贯通，水电站运行信息通过上述通道将运行数据传给 EMS，EMS 生成的水电站控制策略通过该条通道下发给水电站自动控制系统执行。

（4）互联网大区数据中转服务。利用国网河北公司互联网部在互联网大区开发的数据中转服务模块实现水电站数据的接入和 EMS 控制指令下发。

（5）管理信息大区数字孪生微服务群。水电站数据经由互联网大区数据中转服务模块转发给数字孪生微服务群，数字孪生微服务群将水电站数据转发给调度系统，调度系统将水电站数据转发给 EMS。EMS 产生的水电站控制指令通过调度系统—数字孪生微服务群—服务中转模块下发给水电站控制系统。

（二）关键技术及创新点

1. 构网型主动支撑技术

储能系统采用构网型变流器多机并联方式，增加了电压同步、功率均分、虚拟阻抗、环流抑制等核心技术，能够主动参与电网电压、频率调节，解决丰水期过电压、枯水期低电压等问题。

2. 惯量支撑技术

优化调整构网储能—水轮机惯量参数，提升微网系统在离网运行时的暂态稳定性和过载能力，抗冲击能力提升 10% 以上。

3. 水光储协同控制技术

整合调度 D5000、营销用采系统及相关通信通道，部署水光储能量管理系统，通过源网荷储协同调度，提升微电网自主调峰能力。

4. 长周期离网稳定控制技术

通过构网型主动支撑、惯量控制水平提升和源网荷储协同控制，在上级电网检修或故障停电情况下，具备 168h 长时间离网运行能力，保证系统供电的连续性与稳定性。

三、实施成效

优化电网结构：通过储能站网架支撑，将合漳 032 线 1 分为 4，并入开关站，合漳线供电半径由 32km 缩短至 23km，降低中压电网长距离传输损耗，减少故障影响范围，提高供电可靠性。

改善电网电压质量：通过储能 AGC/AVC 调控功能，通过调节储能功率，减少西达站与上级电网潮流交换，降低电力系统调峰压力，提高电压合格率，解决潮流"大进大出"、过电压与低电压并存的问题。

提高清洁能源消纳率：依靠储能站调节，发挥偏远山区自然资源优势，提升清洁能源就地消纳能力，预计该项目可将本地利用清洁能源发电量提升至 57.1%，减少对大电网的调峰依赖。

离网运行：通过并离网控制器及能量管理系统，上级停电情况下可实现离网运行 24h，提高了位于电网末端的合漳乡供电韧性。

四、经济效益及推广前景

1. 经济效益

（1）有效增加山区人民收入，助力政府打赢脱贫攻坚战。当配电网出现电压过高或发生外部故障时，传统分布式电源将自动离网或停机，以避免对电网造成危害，在此期间，用户将不再获得任何收益。通过水光储微网系统，可在电压过高时自动调节无功功率，使电压处于正常范围内。若发生故障时，水光储能量管理系统也可以在外部故障切除后，进行"黑启动"，让分布式电源重新接入电网，继续产生效益。本项目建成投运后分布式光伏利用小时数提升 200h，增加收益约 20.4 万元，有效增加了山区人民收入，助力政府打赢脱贫攻坚战。

（2）有效减小电网投资成本。针对配电网末端供电可靠性低、分布式电源消纳能力弱等问题，传统的方法是新建 35kV 变电站，但是为解决"1 条线"而新建"1 座站"既不能充分释放变电站的供电能力，又无法实现本地分布式发电和负荷的平衡。以本工程为例，新建常规 35kV 变电站投资约为 4000 万元，水光储微网系统的投资约为 1000 万元，可节约电网投资 75%。当区域负荷持续提高时，通过调整部分储能容量，重新设定运行控制参数，实现源、网、荷、储、用优化运行。

2. 生产效益

（1）通过本项目建设，在原有线路不改造的前提下，实现供电能力翻番。原有线路容量输送约 5000kW，"光伏 + 储能"可以提供约 5000kW 出力，项目实施后输送功率将实现翻番。

（2）基于水光储微网系统，实现配电网末端供电的"即断即愈"，为配电网末端供电提供双重保障，供电可靠性更强，用户满意度更高，品牌形象显著提高。以 10kV 合漳 035 线为例，2021 年线路故障 12 次，停电时间 1095min，通过水光储微网能量管理系统进行故障研判，快速隔离故障，通过储能装置对非故障区恢复供电，停电时间减少了 876min。

3. 社会效益

（1）提升用户体验，保证可靠用电。通过水光储微网系统，可以降低电网电压过高风险，电能质量显著提高，用能质量得到保障。提供的"即断即愈"服务也可以大大减少故障时的停电时间，保证用户尽可能地可靠安全用电。

（2）提高新能源消纳，促进绿色用能。水光储微网系统的应用将极大提高新能源的消纳，减少分布式电源停机的风险，增加分布式电源的并网时长，显著提高清洁能源消费的占比。

五、项目主要完成人

国网河北省电力有限公司段志国、胡平、韩璟琳，国网河北省电力有限公司邯郸供电分公司崔晓涛、刘航、王畅、赵伟、杨阳，天津大学郭力、李霞林。

智慧园区关键技术、装备研发及应用

南方电网大数据服务有限公司

一、案例简介

在全球能源转型、数字化转型加速的大背景下，传统园区在能源利用、管理效率、环境影响及业务创新方面的局限性日益凸显。随着新一代信息技术［5G、人工智能（AI）、云计算等］的迅猛发展，以及全球对"碳达峰、碳中和"目标的共识，智慧化、绿色化转型成为园区发展的必然趋势。

智慧园区利用5G的超高速通信、AI的智能决策能力、云计算的灵活性以及电力电子等技术的融合手段解决现在的传统园区存在的能源管理低效、信息孤岛、运维效率低、同质化情况严重、生态构建和前沿规划存在不足、创新能力受限、用户体验度和参与度不足等这些问题。其目标是提升能源使用效率，降低运营成本，并促进新能源的发展，构建一个集能源管理、智能楼宇、用户服务于一体的智慧园区，实现绿色、低碳、高效的能源利用。

南方电网大数据服务有限公司智慧园区产品以数字化技术赋能、以能源服务为核心，提供一揽子服务，自主研发了数字配用电、数字零碳融合、园区（楼宇）数字化三条主要产品线，打造了生产、生态、生活深度整合的数字园区新标杆，推动"源、网、荷、储、用"的云化统一管理和调度，促进低碳化发展、能源绿色化转型、资源循环化利用和设施集聚化共享，提升园区产业高端化、智能化、绿色化、融合化水平，形成以绿色低碳发展为目标的数字园区新质生产力，推动园区高质量发展，目前在多个园区项目中投运使用，产生了良好的经济效益和社会效益。

南网大数据智慧园区的建设和运营不仅解决当前传统园区管理的痛点，更着眼长远，为实现经济、社会、环境的和谐共生提供切实可行的解决方案，是推动国家生态文明建设与高质量发展的重要实践。经济效益体现在降低能源成本、提高运营效率、创造新的市场机会等方面。社会效益则体现在推动能源结构优化、促进产业升级、增加就业机会、提升居民生活品质等方面。同时，积极响应国家发展战略，如"十四五"规划中关于绿色低碳、数字经济、智慧社会的建设要求，助力实现国家可持续发展目标。

二、技术方案

随着"双碳"目标提出和新型电力系统的发展，数字能源管控需求在园区中迅速增长。智慧园区产品通过采用先进的技术路线和创新的服务模式，为新型电力系统的建设提供了强有力的支持。以下是对产品关键技术、技术路线、应用场景、技术创新点及先进性的详细描述：

（一）关键技术

（1）微服务架构：平台采用微服务架构设计和开发，实现高内聚、低耦合，便于定制化服务和快速迭代。

（2）能源 SaaS 服务：提供用户侧数字配用电服务，通过精确监测和智能调控提升能源配置效率。

（3）数字零碳融合服务：可再生能源，包括风光储充等接入与管理，依托南网大数据公司新能源高效管理的算法、模型，如：负荷预测、功率预测、多能互补、微网综合调度等，最大化发挥双碳经济效应，推广清洁能源应用，减少碳排放。

（4）全方位数字化服务：包括建筑能效管理、智能运维、环境监测等，提升园区运行效能，提升一体化用户体验。

（5）物联网技术：平台采用全域物联网感知技术，利用 IoT 主站与边端侧各种传感器、控制装置和网络将设备与物联主站互联互通，实现智能化可观、可测、可控。

（二）技术路线

在积极响应国家"双碳"目标以及新型电力系统建设的大背景下，我们致力于构建一款深度融合电力电子技术与数字技术以能源服务为核心的智慧园区产品。该产品从以下三个方面，共同推动能源管理和能源使用的全面智能化。

（1）用户侧数字配用电服务：利用先进的能源 SaaS 服务，通过精确监测、智能调控电力使用情况，有效提升能源配置效率，降低能耗成本，助力园区内各企业及用户实现节能减排目标，推动能源消费侧的数字化转型。

（2）数字零碳融合：接入用户侧光伏、储能、充电桩、风力发电绿色能源，构建多元能源供给体系，采集运行数据，实现远程运营管理；通过多能调度优化算法，对用户的储能、中央空调、发电机、锅炉等设备进行优化控制，实现用户多形态的高效用能；同时使用负荷预测、功率预测等技术，大大提高新能源场站的工作效率和质量，极大地支撑虚拟电厂的高效运行。

（3）园区（楼宇）数字化：提供全方位的数字化服务，包括但不限于建筑能效管理、智能运维、环境监测等，从而提升园区整体运行效能，促进其向绿色、智慧的方向升级。

1. 平台技术架构

（1）云—边—端协同：采用分布式微服务架构，实现数据的高效处理和智能应用服务。

（2）IaaS 与 PaaS 结合：利用云计算平台的基础设施和平台服务，实现资源的弹性扩展和快速部署。

（3）服务治理：通过服务注册与发现、配置中心、服务间调用、熔断保护等机制，保障服务的高可用性和稳定性。

整体架构如图 1 所示。

2. 新能源数字化架构

以云大物移智等技术为基础，自主研发的新能源全景监测门户、新能源运营监控系统（主站/子站）、新能源监测与控制装置三大产品，提供打造"监控装置—软件—数字化平台—数据挖掘分析"一站式解决方案。

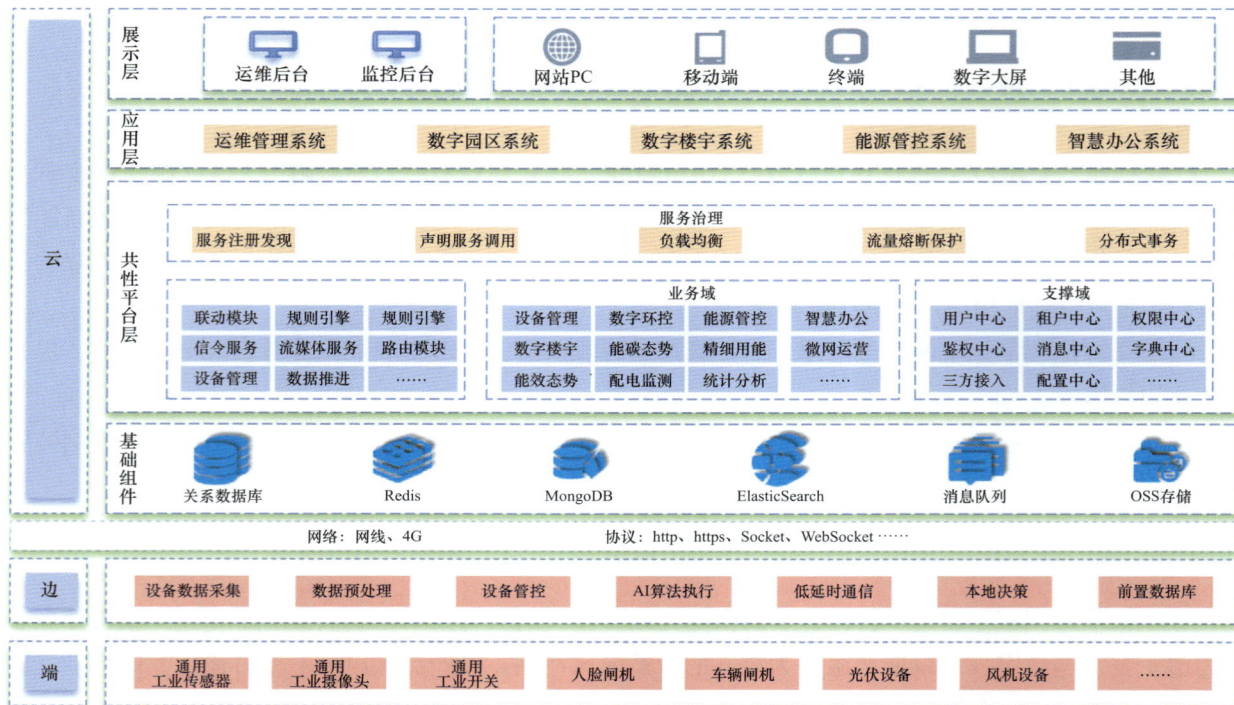

图 1　整体架构图

三、实施成效

（一）应用情况及应用效益

智慧园区关键技术、装备研发及应用已经在多个典型标杆成功案例中，包括：香港科技大学（广州校区）、中航光电产业园区、金融城产业园区、增城丽格零碳示范园区、南沙两化促两型示范区等在内的多个标杆园区成功实施。项目接入了近 35 万个监测点，实现实时数据采集与分析，获得了产业园管理局、中铁建、中电建、中建四局、平安金融等多个重要客户的认可和好评。

1. 香港科技大学（广州校区）数字配用电项目

在校园内实施智慧能源管理系统，接入港科大校内核心区几十间电房监控传感和装置，远程采集现场设备电气量、环境量等数据，利用数字孪生技术形成一套数字配电监控系统，实现港科大（广州）电房智能化。智能电房通过代替重复性的人工巡视，每间智能电房可以节省两个人工。

2. 中航光电产业园区数字配用电项目

利用数字孪生技术，为中航光电 17 间电房高低压房包括整个园区的能源管理带来了革命性的变革。通过数字孪生技术，每个电房的高低压设备在虚拟空间中得到了精确的复制，实现了真实设备的实时监视和控制。每个电房的高低压设备在三维虚拟空间中如实呈现出来。通过虚拟现实头盔或者电脑屏幕，用户可以立体、全方位地观察每个设备的状态和运行情况。数字孪生技术还可以对电房的能源消耗情况进行数据分析和优化。通过对能源数据的实时监测和分析，系统可以发现能源消耗的异常情况并提出优化建议，帮助园区降低能源成本和减少能源浪费。

3. 金融城产业园区数字配用电项目

在金融城内的平安和汇金园区，实施了电房环境监控和用电量监控系统，为用户提供了全面的用电情况了解和管理支持。

（1）电房环境监控。通过在电房内部安装环境监测设备，实时监测电房的温度、湿度、气压等环境参数。系统可以自动检测环境异常并发出警报，保障电房内设备的安全运行。

（2）用电量监控。实时监测电房内各个设备的用电情况，包括整体用电量、各设备用电量等。用户可以通过平台查看实时数据和历史数据，了解电能消耗情况，及时调整用电策略，优化用电结构。

（3）能耗分析与优化。系统提供了能耗数据的分析功能，对电房内的能源消耗情况进行深入分析。通过分析能耗曲线、能源利用率等数据，帮助用户识别出能源消耗的主要来源，制定相应的节能优化措施，降低用电成本。

（4）远程监控与智能预警。用户可以通过手机、平板等移动设备随时随地远程监控电房的用电情况，及时发现问题并进行处理。系统还具备智能预警功能，一旦发现异常用电情况，立即发出预警信息，帮助用户迅速应对。

4. 增城丽格零碳示范园区—数字零碳能源融合项目

丽格零碳示范区作为我国绿色低碳发展的前沿实践，致力于打造集风力、光伏发电、储能系统与电动汽车充电设施于一体的全场景、全元素新能源生态。园区以实现零碳排放为目标，积极探索并示范清洁能源高效利用与智能管理的新模式。

5. 南沙两化促两型示范区—数字零碳能源融合项目

南沙两化促两型示范项目积极响应国家"两化协同"（数字化、绿色化协同）促进"两型建设"（新型能源体系和新型电力系统建设）建设号召，以绿色能源设施建设与智能技术应用为核心，打造现代化、可持续的新型园区典范。

6. 羊城创意园智能楼宇项目

整合园区环境、安防、通行、办公、消防等重要设施，依托平台为用户提供智能楼宇、智能环控、智慧安防、智慧办公、智能通行一体化服务，提升园区用户体验、减少运营成本，打造智慧、绿色园区新形态。

（二）项目经济效益

智慧全区关键技术、装备研发及应用成果在很多项目案例中取得良好的经济效益，已产生 35 个项目，合同额累计超过 2 亿元经营性项目中应用，例如：

（1）港科大智能配用电系统项目提供了专变电房运行环境、设备状态进行实时监控、分析、预警服务，额度约 997 万元。

（2）中航光电 10kV 数字配用电集成服务项目提供了电房环境智能检测、远程巡检、智能运维服务，额度约 395 万元。

（3）中建四局数字配用电集成建设技术服务提供了智能电房监测服务，额度约为 32 万元。

（4）尚品宅配数字配用电项目提供了远程监测服务，额度为 29 万元。

（5）建鑫广东建工科创大厦项目临时用电设施设计及施工服务提供了平台运营、运维服务，额度约为 30 万元。

（6）增城南站数字配用电项目提供了平台运营，智能监测等服务，额度约为 100 万元。

（7）广州国际金融城起步区 AT090908 地块 D 栋独立商业及 A 栋写字楼永久用电工程项目数字配

电监控系统项目，额度约为 7 万元。

（8）广州平安财富大厦项目数字配电监控系统项目，额度约为 8 万元。

（9）零碳数字能源融合项目：增城丽格风光储充零碳融合项目提供了风光储充远程运营服务、设备优化控制、全方位高效用能，未来 20 年将累计产生 805 万元收益。

（10）园区（楼宇）数字化项目：羊城创意园智慧园区项目，提供了智能楼宇、智能环控、智慧安防、智慧办公、智能通行一体化服务，提升了办公效率，并减少了人员投入、用电支出等，间接每月为园区节省 2 万余元。

四、经济效益及推广前景

智慧园区的建设和运营活动在经济效益和社会效益方面取得了显著成果，并展现出广阔的推广前景。

1. 经济效益

（1）2022—2023 年，本成果共带来相关项目合同 5 个，累计合同金额 8480.15 万元，利润 2757.47 万元。

（2）2023 年本成果以用户侧数字能源转型产品作为成果转化的项目合同额 3774 万元。

（3）成本低（大量复用数字电网建设成果向非股东用户延伸）。

（4）支撑集团非股东市场的拓展，包括：广汽集团、香港科技大学（广州）、中航光电华南产业园、南沙产业园管理局、珠江水务、中建地产、中建四局、中铁建、金融城东区、广州医科大学附属肿瘤医院（南沙园区）等。

未来将进一步支撑中航光电数字零碳园区项目、贵州凯里台泥数字零碳园区项目、北京中联正兴数字零碳园区项目、花都京仕广场数字零碳园区项目、肇庆广宁猪场数字零碳园区项目、黄埔安居宝园区数字零碳园区项目、佛山铝厂数字零碳园区项目中进一步应用推广。

2. 社会效益

（1）提升园区形象：智慧园区的建设提升了区域的整体形象，吸引了更多企业和人才，形成了一个创新、生态、宜居的工作生活环境。

（2）促进交流合作：智慧园区搭建了企业间交流合作的平台，促进了产业集群的形成，共同降低了运营成本，增强了竞争力。

（3）提高管理效率：数字化管理平台的运用，实现了园区运营的实时监控与高效响应，显著提升了管理效率和服务水平。

（4）推动创新和发展：智慧园区鼓励技术创新，为企业发展提供了试验场，推动了产业升级与经济结构的优化。

（5）促进可持续发展：智慧园区遵循绿色、智能原则，降低了能耗和污染，为可持续发展树立了典范。

（6）增加就业机会：智慧园区的建设和运营催生了对专业人才的巨大需求，为社会提供了广泛的就业机会，促进了人力资源的高质量发展。

（7）提升居民生活品质与社会和谐：智慧园区通过提供智能交通、安防等公共服务，提升了居民的生活品质与安全感，同时通过增强居民参与感和文化活动，构建了和谐的社区环境。

3. 推广前景

智慧园区作为智慧城市的关键组成，在 5G、AI、云计算等技术的强力驱动下，正加速推动经济社会发展与产业革新。伴随"双碳"目标的明确提出及数字化转型的加速推进，智慧园区展现出广阔的推广前景，具体体现在以下几个方面。

（1）技术融合促转型：5G 的超高速通信、AI 的智能决策能力以及云计算的灵活性，共同为智慧园区提供了强大的技术基底，促进园区向数字化转型。技术融合加速了数据流动与价值转化，激发了商业模式与业务形态的创新，通过高效配置资源与降低成本，大幅提升园区管理与服务水平，推动持续的运营优化与效率升级。

（2）消费升级引新需：随着消费者偏好的变化，智慧园区通过数字化技术满足了对健康、便捷、个性化生活和工作环境的更高追求，开创了全新的生活工作体验模式。

（3）绿色发展践行双碳：智慧园区集成的能源管理和节能减排措施，助力国家实现"双碳"目标，推动绿色经济的发展。

（4）市场潜力巨大：中国智慧园区市场规模持续扩张，预计未来几年将超过 3000 亿元，得益于政策推动、技术迭代与业务模式创新，市场基础稳固。

（5）政策保驾护航：国家政策为智慧园区的建设与发展提供了明确指引和支持，鼓励园区采用先进科技进行改造升级。

（6）多元化解决方案：市场已有多样化的智慧园区产品与服务，满足不同园区的定制化需求，推动智慧化深入发展。

五、项目主要完成人

南方电网大数据服务有限公司戴建松、黄宏聪、金钊、包涛、冯凯月。

新型电力系统电力数据要素"三化"业态实践

国网北京市电力公司海淀供电公司

一、案例简介

1. 提出背景

习近平总书记在党的二十大报告中提出加快数字中国建设，《中共中央国务院关于构建数据基础制度更好发挥数据要素作用的意见》（简称"数据二十条"）、《数字中国建设整体布局规划》等政策文件发布，数字经济已经成为我国高质量发展的新引擎。北京市提出建设全球数字经济标杆城市，数据要素作为数字经济的核心生产要素，已成为推动产业升级、优化经济结构和打造经济增长点的战略性资源。海淀区作为全国科创核心区，是北京市经济压舱石同时也是数字经济的引领区，成为全国第二个经济总量跨越万亿元的市辖区，2023 年海淀区数字经济占比 53%。而能源是社会经济发展的重要投入要素，其中，电力数据应用面广、覆盖面全、实时性强、准确性高，打造新型电力系统与电力数据要素有机融合的开放平台，开发针对不同用户的电力数据分析服务产品，在赋能智慧城市高质量发展等方面具有不可替代的核心优势。但受制于数据资源跨层级和跨部门共享流通不畅、数据回流困难等，未形成政府、企业、公众多元主体共建共治的局面，严重制约了电力能源大数据要素的产品化及应用。

2. 适用范围

针对新型电力系统，以全新的视角和思维，打造共商、共建、共享的能源开放平台和智慧能源数据要素资产化、产品化、市场化"三化"体系，为政府、行业产业、企业等用户提供定制化决策支持产品服务。

为政府园区提供数据增值服务产品。形成"电力 + 政务""电力 + 园区"等对外服务产品体系，提供七大版块数据增值服务产品。集中对接城市大脑智能运营指挥中心（IOCC），分散对接区发改委、规自委海淀分局、区统计局等 14 家委办局，沉淀数据服务能力，构建共赢共享的能源生态圈。

为行业产业转型发展提供决策支撑服务产品。面向各行业，利用大数据分析技术为行业产业发展与转型提供准确、细致的数据分析产品。

为企业发展提供运营决策服务产品。面向产业链上下游企业，开展能耗实时监测、能耗智能对标、碳排监测告警、能源出力与消费预测等智慧应用产品，辅助企业平稳生产运行。

为公众民生提供关爱保障服务产品。面向保障房群体开展违规占用监测、闲置时长预警，面向独居老人群体开展久出未归、久居未出关爱保障，联动碳普惠引导公众绿色低碳生活。

3. 价值意义

在"数字中国"战略引领下，以数据产品和技术服务于经济社会发展，成为重要的时代命题。国网北京海淀供电公司以数据为要素、安全为保障，大数据分析技术为工具，打通横纵向"数据壁垒"，充分挖掘能源数据价值，开发能源数据产品，提供产品化技术支撑服务，打造新型电力系统数据要素及技术共享平台产品，定制化推出一系列基于自身电力资源及外部资源的衍生数据分析产品，为政府、行业产业、企业发展经营等提供决策支撑。

二、技术方案

1. 关键技术

本方案以数据安全为前提，主导电、水、气、热等多种能源独立开发，以数据"采、传、存、用"为主线，应用 5G、区块链、物联网、大数据、人工智能、深度学习、云计算、边缘计算等新一代信息技术构建智慧物联感知网络，打造智慧能源城市大脑数据要素"三化"体系，形成高价值"电力+××"模式。

底层全面覆盖全环节多种类设备终端，形成强大的感知密度，实现秒级高频度的数据精准采集；

网络层依托末端实时感知网、远程加密回传网和电力骨干通信网，建立灵活高效的弹性传输，实现电力专网与互联网的数据安全交互；

平台层基于一体化云和三个企业级中台，开展高质量数据治理的可靠存算，实现动态计算推演拟合分析；

应用层运用大数据、人工智能、区块链、隐私计算等技术，不断释放衍生价值和数据乘倍增效应。

2. 技术路线

向下连接集成异构系统、政务专线等外部系统网络，以及物联管理平台、实时量测中心等物联数据采集系统，形成数据底层采集渠道。采用数据存储、数据空间及数据安全防护技术，以能源大数据中心的数据汇聚开放能力和数据中台全生命周期管理能力为基础构建内外部社会、能源相关基础数据底座。采用人工智能、深度学习、大模型、云计算、边缘计算等技术整合自助工具、算力共享等数据应用基础能力，汇集分析模型、共性数据集、算法库等资源形成数据分析资源池。针对不同用户，定制化的利用数据分析资源，形成数据支撑层，持续打造电力看经济发展、电力看环保监测等 7 个核心功能模块，有效支撑能源数据的价值挖掘。

向上承载多领域应用，打造"两支撑、三赋能"的数据服务体系，避免了传统信息化建设中存在的重复建设问题。面向政府科学治理、行业产业业务创新发展、企业转型升级等不同领域的需求不断完善核心应用建设，打造页面集成、服务 API、分析报告等多种服务方式。支持市政、互联网、第三方等通道的数据开放共享，不断促进能源数据在行业产业发展、企业生产运行、双碳发展、经济运行监控、社会科学治理等领域的应用。

筑建安全防御机制。一是打造安全的网络环境。国家电网公司内部网络分为管理信息大区和互联网大区，与外部网络进行物理隔离，管理信息大区为公司底层网络，禁止除市政网络和专线外的任何网络连接，并进行安全域的划分，通过网络隔离装置通互联网大区进行通讯。互联网大区为限制开放区域，经过审批后允许向互联网用户提供服务，通过 APT、攻击溯源等物理设备和防火墙通互联网进行隔离。二是加强数据合规管理。出台数据合规管理要求，并建设规范的在线审核流程，加强数据开放监管，严抓事前审批和事后审计。三是强化数据分级分类。对数据进行风险等级分类，并构建对应的分级管理机制。四是推动安全技术的应用。以数据负面清单为基础，利用中台数据脱敏功能并结合传输加密技术，防止数据泄漏风险。运用隐私计算技术，打造"逻辑封闭、进出审计、安全可控"的计算环境，落实安全求交、多方计算、联合建模、隐匿查询等功能，实现多方数据加密计算，保障数据"可用不可见、可控可计量"。

3. 创新点

创新点一：打破行业数据藩篱，释放电力数据价值。

融合电力、政务、多行业等多源多维异构数据，纳入"时空一张图"数字孪生 196 万个建模单元及 16000 路影像监控，纵向连接智能终端数量超过 100 万台，横向联动 44 个外部系统，打造全链条数据港，实现全量数据实时接入 209 亿条。

创新点二：构建电数分析模型，打造智能研判模式。

面向政府、园区、企业、公众多类主体，构建"四横七纵"的指标体系及 43 个"电数服务"分析模型，引用 AI 语音技术，构建全景时空，人机交互的立体智能研判分析方式。开通政务专线，AI 赋能提供数据分析报告，支撑政务执法研判 4.8 万次。

创新点三：形成数据运营服务，创建电力数据业态。

盘活电力数据要素流通，获得北京市首批、首个央企数据资产认证，数据资产估值达 5334 万元，取得全国首个数据资产合规法律意见书，实现国网公司首笔数据资产入表，达成全国首个能源行业线上数据交易，交易金额 111 万元，取得了 4 项"交易合约"认证，达成北京市首个数据模型交易，签订了多项数据服务合同并变现收益，形成了数据产品化、资产化、市场化的新兴业态。

三、实施成效

（一）数据要素产品化，打造电力大数据服务产品

1. 开展数据产品研发，打造高价值数据产品

开通政务专线主动调用能力，融合政务、电力、能源上下游企业等多源多维异构数据，打破数据藩篱，打造全链条数据港，构建"四横七纵"多层级全方位的城市治理融合分析指标体系上线 35 个数据服务场景。

2. 进行数据知识产权登记，取得登记数量位列北京市第一

沉淀现有的数据分析成果，积累形成分析模型库、算法开放库、共性数据集、知识图谱等多类型数据分析资源池，整合 RPA、人工智能、深度学习、大模型等数据挖掘关键技术的支撑能力，打造"数据集＋算法"数据知识产权成果，在 2023 年全球数字经济大会上，公司"电力看双碳监测数据集"获北京市首批（七家）数据知识产权登记证书，迄今已累计取得 23 项数据知识产权登记证书，获得国家知识产权局十大数据知识产权登记十大案例之首。

3. 推进数据产品应用，形成多领域数据服务

在区政府层面，海淀智慧能源城市大脑落地应用于海淀区城市大脑智能运营指挥中心，在"市民对话一把手"栏目中将海淀智慧能源城市大脑"电力看环保双碳"版块作为地区减污降碳协同发力的政企协同典型场景作详细介绍，海淀电力看经济分析报告获得区长批示。在委办局层面，与海淀区发展改革委、环保局、统计局、规划分局等政府委办单位开展数据服务合作，在城市管理、生态环保、民生关爱等方面提供数据服务支撑，在园区层面，支撑中关村环保科技园园区数字化管理水平提升，助力智慧园区用能管控。同时与北京国际大数据交易所开展数据增值服务，激活数据要素潜能，提升数据流通和交易全流程服务能力。

4. 筑建安全防御机制，打造安全的数据服务能力

形成网络与信息系统安全隔离方案，建设电网信息安全三道纵深防线，依据国家电网公司安全防

护要求，在互联网大区和管理信息大区间通过采用信息安全网络正反向强隔离装置，实现信息内外网系统与设备的高强度逻辑隔离，仅允许内外网间必须的业务数据在可控的数据库通信方式下实现数据交换，数据访问过程可控、交互数据真实可靠，并禁止信息内网主机对互联网的任何访问。取得安全防护方案批复及 CNAS 资质的第三方测试认证。应用隐私计算技术，打造"逻辑封闭、进出审计、安全可控"的计算环境，落实安全求交、多方计算、联合建模、隐匿查询等功能，实现多方数据加密计算，保障数据"可用不可见、可控可计量"。

（二）数据资源资产化，拓展企业新兴收益

1. 开展数据资产登记，取得国网首个数据资产登记认证

在北京国际大数据交易所全国首个数据资产登记中心开展数据资产登记，明确数据信息主体，完成 366 张数据表数据资源情况、数据来源情况、数据安全情况的信息登记备案，对 2.5 亿条数据资产权属进行唯一性登记。在 2023 年 7 月全球数字经济大会上，公司作为唯一央企取得国网首个、北京市首批（十家）数据资产登记认证。

2. 开展数据质量评估，建立数据质量全链管理流程

开展内外部数据盘点工作，形成基于 5 大能源主题域的能源数据资源目录，编制和汇集能源数据质量核查规则，形成数据治理规则库，定期开展数据核查治理工作，确保数据的高时效高可用，打造多维数据服务底座。开展数据质量评估，从数据的准确性、规范性、时效性三个方面建立了 7 个指标，构建质量评价模型，取得首个央企数据质量评估报告认证，综合得分 98.3，保障了数据资产价值公允性，提高用户认可度，进一步促进数据要素共享流通及价值释放。

3. 开展数据价值评估，数据资产估值达 5334 万元

北京市发布《关于更好发挥数据要素作用进一步加快发展数字经济的实施意见》，提出不断推动完善数据资产价值评估模型，开展数据资产价值评估。公司取得首个央企数据质量价值认证，估值达5334 万元，为数据资产流通提供价值依据，促进数据要素流通交易。

4. 推动数据资产入表，创新企业数据无形资产

财政部于 2023 年 8 月发布《企业数据资源相关会计处理暂行规定》（以下简称"暂行规定"），并将于 2024 年 1 月 1 日正式施行，明确了数据资源可以作为无形资产或存货进行会计处理，为公司提供了统一的数据入表规则，入表后企业总资产规模实现增长，企业负债率逐步下降，企业财务状况得到改善。取得全国首个数据资产合规 DAC 法律意见书，实现北京市首笔数据知识产权数据资产入表。

（三）数据产品市场化，促进电力数据服务增值变现

1. 进行数据市场定价，推进市场规范化发展

正式入驻北京国际大数据交易所交易平台成为首批"数据运营商"，签订《能源数据专区与数据运营合作协议》，建设能源数据专区，建立符合数据要素特性的"一主两备"定价模式和价格形成机制，作为北京市数字经济标准委员会成员单位参与全国首批数字经济地方标准编制。

2. 赋能数据市场交易，服务场景数据变现

与中关村环保科技园区、北京国际大数据交易所签订《电力大数据合作与交易框架协议》，成功完成基于北京国际大数据交易所的全国能源行业首笔数据线上交易，交易金额达百万元，取得 4 项"数字交易认证"，实现电力数据要素价值输出。同时与政府委办局、园区等不断建立市场化合作，签订多项数据服务合同。

四、经济效益及推广前景

一是建立多领域、多层级、多维度的数据经济合作机制。2023 年 8 月，国网北京海淀供电公司与海淀区政府深化合作，建立良好政企合作机制，签订《推动海淀电网数字化转型，服务地区数字经济发展合作框架协议》，围绕电网业务数字化、数字价值创造、数字新兴工程、数据要素流通、电碳监测分析、数字技术升级六个方面开展合作，有利于彰显公司服务首都数字经济发展的责任央企形象，有利于打造新发展形势下政企合作新模式，有利于拓展大数据应用投资与收益新路径，实现每年争取外部资金千万元。

二是形成辅助城市治理典型成效。打破数据藩篱，横向联动政务系统，融合电力、政务、能源上下游企业的多维多源异构数据，运用区块链、隐私计算等数字新技术，对内反哺企业经营质效提升，对外为社会民生加速赋能，常态化支撑政府城市治理的指挥调度、执法研判、风险预估 4.8 万次，形成诸多精准辅助城市治理的典型案例。

三是获得政府、国网系统各级领导的批示及肯定。接受党政机关、各省市代表团三百余次调研，获得时任中央政治局委员蔡奇及北京市四套班子莅临指导及高度肯定的批示；2023 年 5 月，全国政协副主席、全国妇联主席沈跃跃一行调研智慧能源城市大脑并给出肯定意见；北京市市长殷勇一行对海淀智慧能源城市大脑多场景给予肯定评价；取得北京市经信局、海淀区生态环境局等政府等 13 项书面好评意见。

四作为国网公司及社会应用推广样板。国网公司选树海淀智慧能源城市大脑作为推广样板，在国家电网公司 27 家网省公司、64 家重点地市公司开展推广应用，已累计收到 20 余家网省亮点成效共 84 项，包含省部级批示 28 次。在国家级会议活动上宣介发布。项目作为典型案例在商务部"一带一路"中巴智慧城市研修班作授课；在第二届、第三届全球数字经济大会数据要素峰会中作典型发言，在数字中国、国家智博会、国家数博会进行宣介及发布。受到国家级媒体的广泛关注。累计受到了中央电视台、《人民日报》、新华网等国家级媒体的 40 余次报道，成为智慧城市数字赋能典型示范。

五、项目主要完成人

国网北京市电力公司海淀供电公司冯海全、艾亮、张顿、李皖金、陈凯雨、彭博、张瑜、付永旗、李征洲、左若冲。

安徽金寨分布式电源直流集群协同消纳

国网安徽省电力有限公司经济技术研究院、国网安徽省电力有限公司金寨县供电公司、
国网安徽省电力有限公司六安供电公司

一、案例简介

随着新型电力系统低碳化转型发展，配电网中分布式光伏装机占比将达到新的高度，海量分布式光伏的接入给地区电网带来了接入难、并网难、调控难等问题。为有效应对可再生分布式能源规模化增长给电网安全稳定运行带来的挑战，亟须探索构建清洁低碳、灵活高效、智能友好的配电网发展技术体系，有效解决分布式电源规模化接入传统交流配电网带来的难题。本案例通过攻关"就地—集群—群间"的交直流集群化消纳模式、协同运行策略、先进能量管理技术及设备等核心技术，以高效灵活汇聚源网荷储等分布式资源为手段，探索建立实现分布式电源高质量、高效率消纳的理论—实验—应用的体系化技术成果，建立能够有效管理分布式资源的台区集群柔性组网系统，具体建设方案如图1所示。

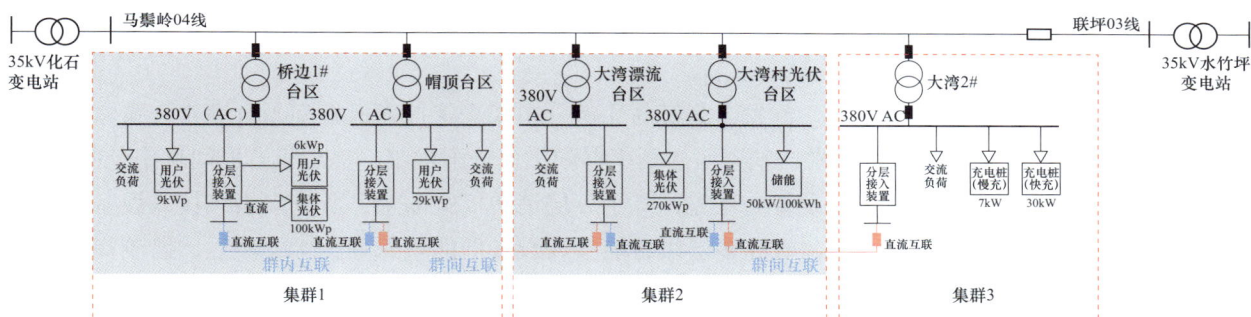

图1　典型案例建设方案图

本案例可推广应用至全国分布式可再生能源规模化发展区域，助力示范区用电集群、发电集群、自平衡集群建立直流就地汇集及集群协同消纳模式，有效实现配电网能源网络互联互通、网架全线感知自愈、分布式能源就地消纳，并具备如下价值意义：

一是提高分布式能源利用效率。借助不同台区之间的直流互联路径，应用分布式源荷直流汇集接入方式，建立"就地—集群—群间—远方"消纳模式，可实现配电区域内多类型源荷储的灵活接入。通过建立交直流混联的分布式智能电网分层分级规划技术，可有效提升能源综合利用效率及分布式电源就地消纳利用率。

二是提高配电网供电可靠性。借助基于互联互济能源网络的分布式电网智能管控手段，建立电力资源高效聚合模式、灵活互动技术、自律自治技术与配用一体化技术，提出多电压等级柔性协同控制技术架构及多类型接入设备协同优化运行控制策略，显著提升了配电网可接入能力、无功电压、电能质量控制能力，有效缓解因功率溢出导致的电压越限问题，实现台区侧配变故障下的100%自愈，提高配电网的稳定运行水平。

三是助力配电侧"双碳"目标实现。本案例推广应用的配电网多类型资源协同规划技术、能量管理技术、核心设备及典型建设经验与新技术应用经验，可有效保证大规模分布式电源的安全并网、功率群内自治及群间转移，可进一步推广应用至大规模分布式电源功率倒送、线路主变压器重过载等消纳突出问题的场景中，将为国内其他"整县光伏"试点县的溢出功率高质量消纳提供可借鉴、可复制的工程应用经验，为配电网侧"双碳"目标实现提供新技术支撑。

二、技术方案

1. 关键技术及路线

本案例以高效灵活汇聚分布式资源为手段，以实现分布式电源高质量、高效率消纳为目标，基于交直流灵活配电技术，基于"就地—集群—群间"的交直流消纳模式，借助台区集群化能量管理系统，协同示范区源荷储可调潜力，量化评估源荷、源储、荷储时空互补能力，构建了 5 台区集群化协同消纳配用电系统，动态支撑消除功率溢出、故障转供、微网运行等运行方式灵活切换，实现村域用电集群、发电集群、自平衡集群的互联互供、灵活调控，显著提升了村域分布式电源就地消纳利用水平与供电质量，为乡村配电网集群化协同消纳模式应用提供了技术体系和解决方案，全面提升了配电网的安全及经济运行水平。案例主要技术路线如图 2 所示。

一是建立配电网协同消纳模式。首先，根据分布式电源接入影响机理，建立配电网的系统优化规划框架体系；其次分析分布式电源接入典型场景，提出分层接入技术路线与并网技术要求；然后基于直流消纳能力，提出分布式电源的直流消纳模式；最后基于交直流功率转移机理，提出配电网交直流集群化消纳模式。

二是建立台站间协同运行策略。首先，分析高比例分布式光伏接入的群间与台站互济策略，提出交直流电网集群动态划分方法；其次，基于溢出功率群间优化分配机制，提出集群群间功率分配策略。

三是研制先进能量管理技术及设备。首先，基于分层消纳模式需求，研究多层级接入设备的拓扑结构；其次基于优化运行控制策略，研究多层级智能接入设备的能量管理技术；然后，研制高效经济型分布式电源分层接入原理样机；最后研究分布式电源分层接入关键装备测试及应用技术，并在本案例中投入使用。

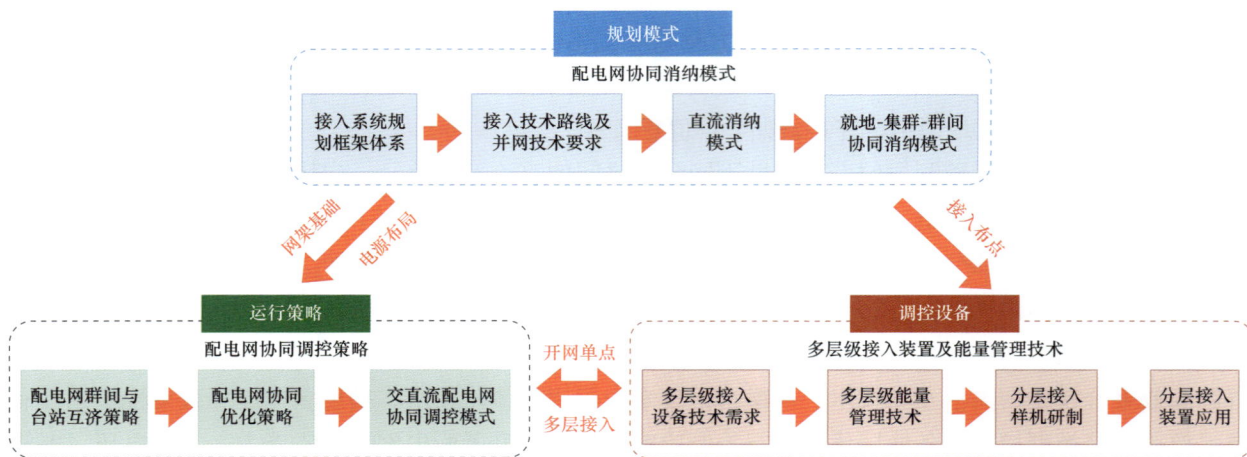

图 2　分布式电源直流集群协同消纳技术路线图

2.技术创新点及先进性

一是探索分层分级规划方法应用技术。借助源网协同的交直流配电网优化规划方法，以示范区源荷储建设现状为约束，构建以经济性最优为目标的上层模型、以分布式电源消纳量最大为目标的中层模型、以损耗最小为目标的下层模型，三层交互、优化求解得出交直流网架结构、接入设备及电源布局等的示范区建设方案。具体技术创新如图 3 所示。

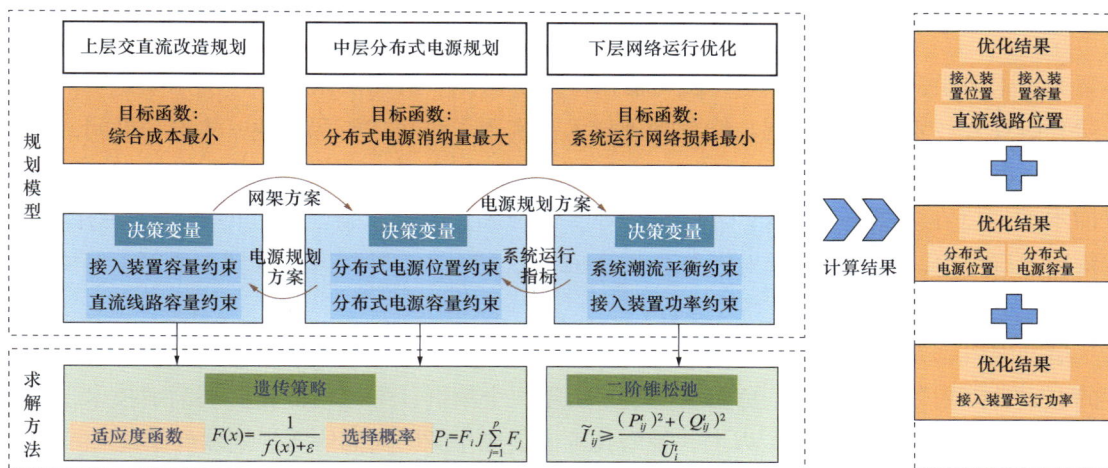

图 3 分层分级规划方法应用技术路线图

二是探索直流配电网"就地—集群—群间"协同调控应用策略。根据源网荷储等不同要素的端口特征、功率平衡及运行条件，基于低压集群与台区互济拓扑结构，建立"就地—集群—群间"协同消纳的等效数学模型，应用于制定以光伏消纳率最大、线路损耗最小与节点电压偏差最小为运行目标的协同调控运行方式。具体技术创新如图 4 所示。

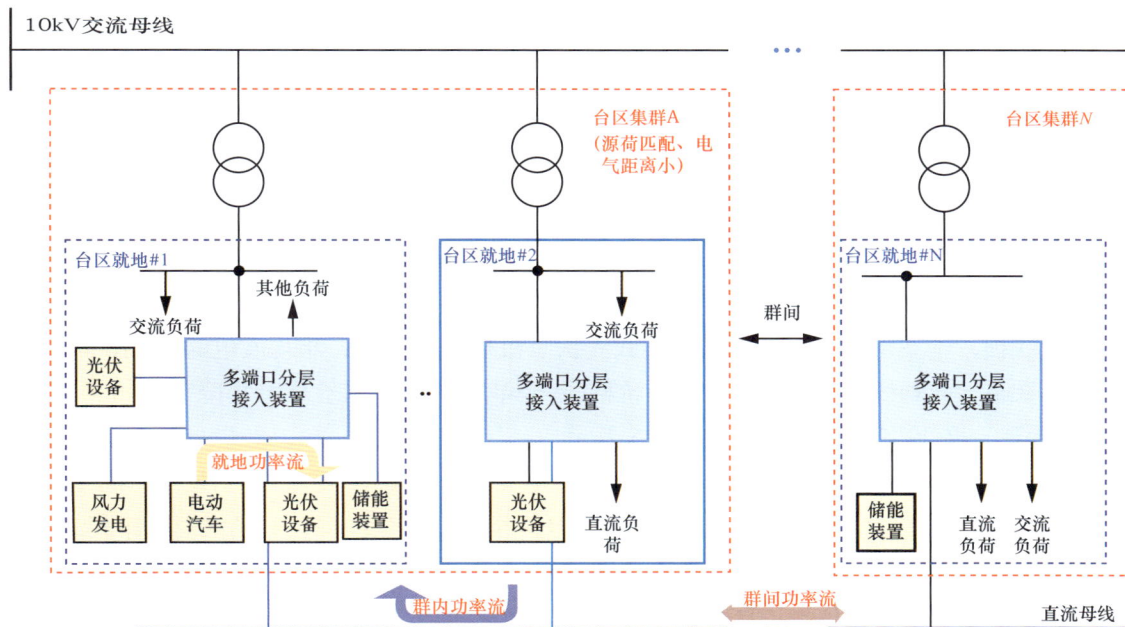

图 4 "就地—集群—群间"协同调控应用策略路线图

三是落地应用分层接入设备多工况控制策略。基于分布式源网荷储资源需求，应用具有模块化、直流汇集、直流互联、交直流混合等特征的分层接入设备，根据交直流互联配电线路阻抗对集群功率分配、母线电压偏差的影响机理，应用基于改进的自适应下垂控制的多设备协同控制技术，显著提升了示范区域内互联集群间的功率互济能力、母线电压稳定运行水平。

三、实施成效

本案例技术成果适用于分布式电源就地溢出、集群溢出、群间溢出等多种应用场景。借助案例提出的分层分级规划技术、协同控制与能量管理技术，实现了分布式资源就地—集群—群间的高效利用和协同消纳，显著提升了电力系统的可靠性、安全性和经济性。

目前本案例已在安徽金寨 10kV 帽顶台区等 5 个台区直流互联新建工程中建设应用并顺利验收，目前该系统运行稳定，已累计降低光伏上送电量 62.3 万 kW·h，并提升了区域内源网荷储协同互动能力，保障了配电网绿色低碳、安全高效运行。

（1）借助国内领先的源荷储互动接入及网架优化双层规划方法，通过直流互联网架将具备源荷互补特性的 5 个台区划分为溢出型、负荷型与自平衡型 3 个集群，采用集群化协同消纳技术，区域内分布式光伏就地消纳利用率提升 23% 以上，规划技术已集成至源网荷储协同规划软件系统。

（2）差异化设置了光伏消纳率最大、线路损耗最小与节点电压偏差最小等协同控制目标，借助低压群间与台站互济优化能量管理策略，互联台区最大功率溢出率下降约 34%，综合线损率降低约 25%。

（3）采用模块化、层叠母线等技术，研制了分布式电源多端口分层接入装置，可提供分布式电源接入、多类型负荷接入、交流并网等 9 种端口，并具备单体设备多工况自适应、多设备间自协同等优势，工况切换时母线电压波动维持在 5% 以内，装置运行效率达到 98.5% 以上。

四、经济效益及推广前景

1. 经济效益

本案例提出的分布式电源直流集群协同消纳模式，可提升台区、微电网等区域内分布式能源就地消纳能力，减少能源外送带来的线损，并可以缓解与之相连的配电网的投资，通过源端的高效转换减少电能变换的损失，同时通过减少能量变换环节，有效降低电源建设企业设备投资，按工程投运 10 年计算，累计可获得经济效益 566 万元，计算公式如下：

（1）降低线损，本案例涉及的 5 台区分布式光伏装机规模 428kW，年均发电时间 1100h，台区综合线损率降低 25%，年均线损收益 = 光伏发电价格 × 全年发电量 × 综合线损率降低 =4.5 万元，按工程投运 10 年计算，累计可通过降低线损收益 45 万元。

（2）增供电量收益，本案例涉及的 5 台区分布式光伏装机规模 428kW，年均发电时间 1100h，光伏消纳利用率提升 23%，年均发电量收益 = 光伏发电价格 × 全年发电量 × 光伏消纳率提升 =4.1 万元，按工程投运 10 年计算，累计可通过降低线损收益 41 万元。

（3）延缓电网投资，示范区域内实施直流微电网之后，随着本地能源的就地消纳，减少电能大范围传输带来的配电网增容扩建压力，有效降低配网建设投资金额，按工程投运 10 年计算，年均预计可减缓电网投资 48 万元，累计可延缓电网投资 480 万元。

2. 社会效益

一是应用案例提出的"就地—集群—群间"的协同消纳模式，能够有效实现源荷资源的就地匹配，降低线路净功率峰谷差 17%，显著提高了配电系统的运行效率，提升了分布式能源的消纳空间。以安徽 2023 年全省分布式光伏 160 亿 kW·h 上网电量计算，若其中 5% 的电源通过本案例提出的规划方法实现就地匹配，则可新增 1.3 亿 kW·h 光伏上网电量，按每增加 1 度清洁增供电量节约 0.4kg 标准煤计算，全省年均可实现节能超过 5 万 t 标准煤。

二是应用案例研制的分层接入装置与能量管理设备，能够有效提升了源荷的时空交互能力，降低源荷运行成本 5%，显著提高了城乡低碳化发展水平。以安徽 2023 年全省分布式光伏 2000 万 kW 装机规模、年利用 900h 计算，若其中 5% 的电源通过本案例提出的规划方法实现就地匹配，则可新增 4500 万 kW·h 光伏上网电量，按每度清洁增供电量减排 0.997kg 二氧化碳计算，全省年均可实现二氧化碳减排超过 4.5 万 t。

3. 推广前景

本案例技术成果与建设经验，将继续应用于安徽省内规划待建的黄山、蚌埠、铜陵等地新型直流配电系统工程中，以安徽 2023 年全省分布式光伏 160 亿 kW·h 上网电量计算，若其中 5% 的电源通过本案例提出的规划方法实现就地匹配，则可新增 1.3 亿 kW·h 光伏上网电量，在省内具有广阔的推广应用前景。并通过不断扩大案例成果影响力，技术成果后续可在国家电网公司、南方电网公司不断拓展推广应用范围，相关成果可推广应用至全国新型直流配电系统示范工程建设中。

五、项目主要完成人

国网安徽省电力有限公司经济技术研究院潘东、王绪利、张辉、凌孺、程啸、施天成、沈玉明，国网安徽省电力有限公司金寨县供电公司张明星，国网安徽省电力有限公司六安供电公司胡良焕、石李兵、曾光、程璞。

深圳香蜜湖超大型城市核心区新型能源系统

深圳市燃气集团股份有限公司、中国建筑科学研究院有限公司

一、案例简介

深圳市福田区香蜜湖片区作为国际化新都心、粤港澳大湾区新引擎，是深圳中国特色社会主义先行示范区，总建筑面积约 430 万米 ^{2}。香蜜湖片区包括北、中、南三个片区，北区为国际交流中心和公共、开放、生态的滨湖城市公园，中区为金融总部、文化艺术、商业休闲的都会街区、国际演艺中心以及金融文化中心，南区以结合开放的高尔夫主题形成健康主题的公共运动休闲公园，如图 1 所示。

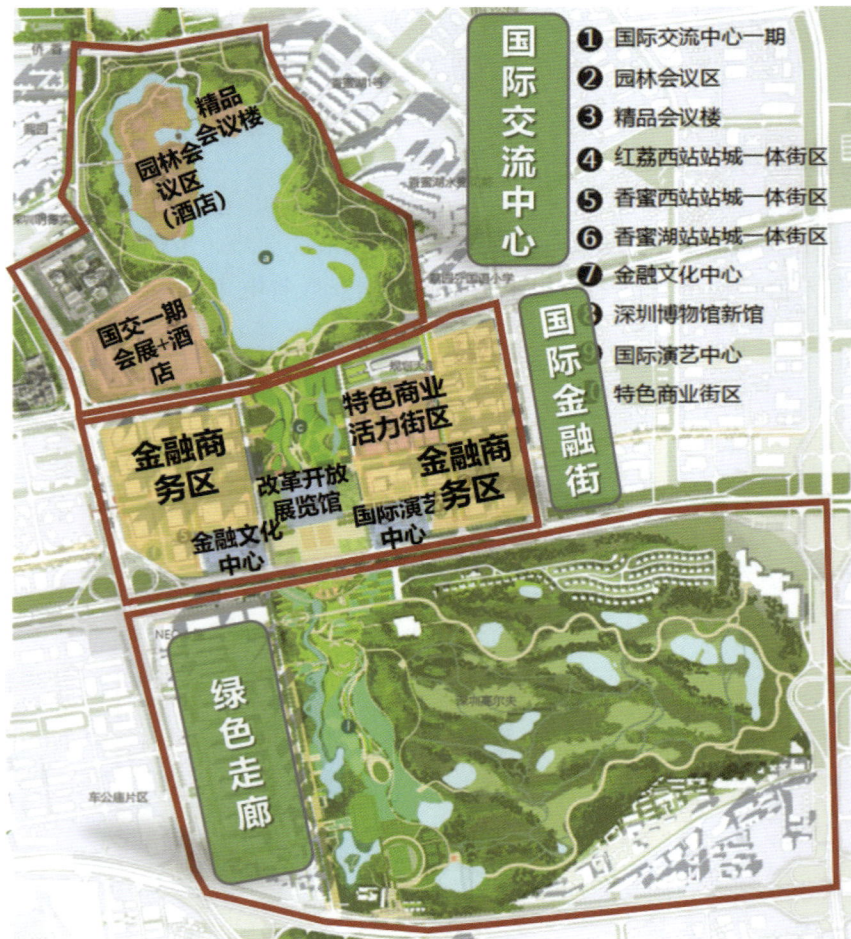

图 1　香蜜湖区示意图

深圳市世界一流"超充之城"的目标的提出，深圳新能源和电动汽车等多种不确定电源和负荷加剧了电网运行压力，充电功率冲击问题凸显，加上高热高湿地区夏季供冷负荷强度高，导致香蜜湖片区现有电力供应压力大、系统可靠性低、能耗大，节能减碳压力巨大，多种不确定因素导致能源安全存在矛盾和隐患。

为贯彻落实国家、广东省和深圳市的"双碳"目标，以及解决香蜜湖片区开发预期存在的能源系统问题，深圳香蜜湖片区从规划阶段开始对深圳香蜜湖北部片区的清洁低碳供能和用能进行系统规划。结合香蜜湖新金融中心的发展定位，建设深圳香蜜湖北部片区智慧能源系统，打造"绿色低碳发展"示范区，助力碳达峰、碳中和目标的实现。

项目以建成我国首个超大型城市核心区多网互联、柔性智慧、安全可靠的"世界一流新型能源系统示范场景"作为目标，以解决城市核心区能源矛盾为抓手，打造全球数字能源示范标杆。为应对城市能源复杂需求，提出了"一体、两向、三融合、四类示范、五特色"的总体理念。

（1）五个特色：多元聚合、智慧柔性、坚强可靠、高效低碳、经济持续；

（2）四类示范：光储充一体、组团式供冷、柔性建筑群、绿色交通枢纽；

（3）三项融合：技术融合、多网融合、数据融合；

（4）两大方向：能源新基建、能源数字化；

（5）一体化路径：世界一流新型能源系统"车—站—楼—网—城"绿色能源技术路径。

项目基于智慧化手段一体化集成了分布式电源、储能、分布式组团供冷、光储直柔建筑、电动汽车等柔性资源，实现城市级与区域级能源系统灵活互动、柔性支持等引领创新功能，打造具备"绿色高效、柔性开放、数字赋能"特征的高比例新能源渗透率国际领先智慧新型电力系统，探索可复制可推广的新型能源系统示范路径，打造国际标杆项目，实现国际先进的城市片区示范。项目通过对城市新型能源系统的路径体系开展研究，实现了技术指标的创新领先，形成了能源服务模式的创新应用，形成了可复制可推广的深圳新型能源系统实践路径模式，其研究与实践已成为业界的热点，在全国范围内具有很好的推广应用价值。

二、技术方案

1. 创先特点

打造高可靠、深智慧、强柔性、近零碳的超大型城市核心区新型能源系统。

2. 技术支持

深圳燃气集团作为片区能源聚合商，联合清华大学欧阳明高院士团队、天津大学王成山院士团队、中国建筑研究院徐伟大师团队、中电联电动交通与储能分会打造。

3. 技术路线

围绕"气—电—冷"三张能源网，创新性贯通了"车—站—楼—网—城"绿色能源技术路径，重点建设一批光储一体超充站、低碳柔性建筑、组团式高效供冷和绿色枢纽工程，如图2所示，集成车网互动、虚拟电厂、智慧燃气管网等技术，实现能源系统的友好融合和管理。

建设智慧燃气、智慧电网与智慧城市融合示范，达到片区柔性调节容量 >102MW，区域不停电示范，全域 V2G 覆盖率 100%，本地综合降碳率 >30%，全域绿电 100%，打造超大型城市核心区多网互联、柔性智慧、安全可靠的世界一流新型能源系统。

（1）车：推行智慧交通融合模式，应用数字融合技术有序管理车载动力电池，响应负荷调用，实现数智化管控虚拟储能聚合。

（2）站：全面提升片区充电设施规模，建设光储一体超充站 6 座，实现充电桩渗透率 75% 以上，V2G 快充桩覆盖 100%，支持车与楼 / 网的双向能量互动，提升系统电力供需均衡能力。以高效制冷机房理念为指引，创新性开展分布式组团供冷系统应用。通过联合电力保供系统、超充站应用，区域应急保供时长 ≥ 3 h，储能容量达 7.7MW。

（3）楼：通过建筑光伏一体化、光储智柔的应用，实现片区可再生能源发电装机 20.0MW，屋面光伏覆盖面积超过 30%。

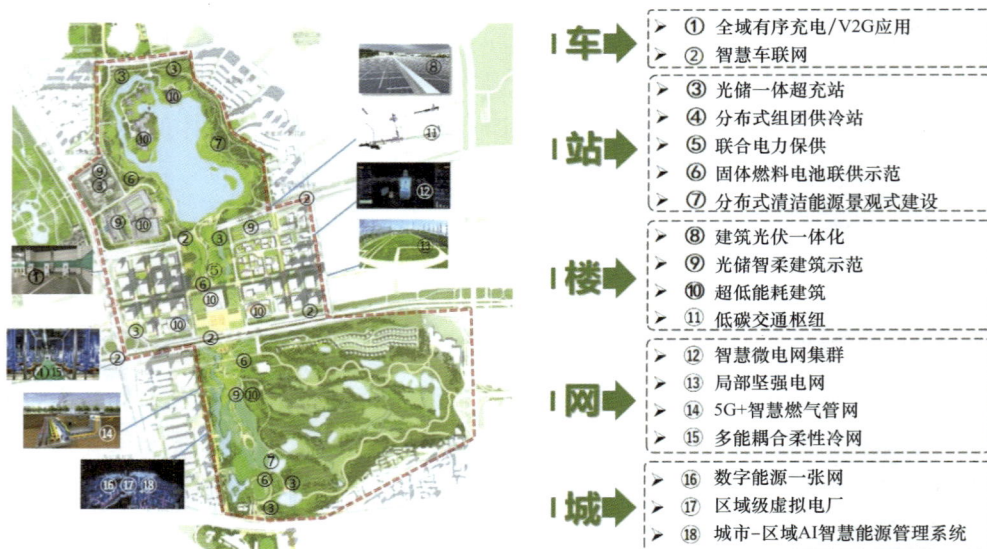

图 2 绿色能源路径示意

（4）网：基于楼宇级微网实现能源聚合，在终端场景应用光储微电网，形成楼 / 站 / 馆多个柔性集群。应用高效柔性配电系统、燃料电池等技术，建设局部坚强电网，从多源供电、中压配电网、低压柔直互联、车网互动着手，实现区域目标停电时间不超过 0.5min，打造北区不停电示范区。基于 5G+ 智慧管网，建立北中南互通互备的气—电—冷三张能源网，实现城市级与区域级能源系统智慧管理。

（5）城：聚合储能、充电桩、供冷、发电机等柔性资源，建设深燃香蜜湖 AI 智慧能源管理系统，柔性调节能力达 100MW 以上。

未来，香蜜湖片区将通过新型能源技术利用，以绿色安全为基础，创新高效为核心，柔性互动为手段，开放融合为业态，打造世界一流智慧能源系统，构建"双碳"先行示范区的新标杆。

4. 主要创新点

（1）体系创新。立足国内外新型能源系统项目多处于概念阶段、尚无参考体系和成熟技术路径等问题需求，项目基于《零碳建筑技术标准》等国内外相关智慧低碳标准规范的技术要求，融合了国内外先进项目关于新型能源的关键指标和技术体系，开展安全、智慧、低碳技术体系的综合效果评价，提出全域"四个创先"目标，打造高热高湿城市新型能源系统技术体系，指导深圳市乃至全国新型能源系统建设。项目提出了诸如：紧抓能源网络安全技术指标，打造首个气—电转换的兆瓦级燃气发电—电池储能联合电力保供系统，打造北区不停电示范；构建首个城市级多区域智能网联一体化虚拟电厂示范及城市—区域 AI 智慧能源管理系统；打造融合全息感知、智能调控、精准预测、灵活互济功能的城市智慧微电网等的关键技术。通过对新型能源系统路径体系的研究实践和总结，创新性地打造了系统化的城市新型能源系统路径体系，用以指导深圳市乃至全国的新型能源系统建设工作。

（2）技术创新。基于实现世界一流新型能源系统示范的目标，项目在新型能源系统的高可靠、深智慧、强柔性、近零碳技术上实现了多项核心指标的突破创新。加强智慧柔性技术示范，多元融合新型能源系统聚合的资源类型达 8 种；建设高热高湿地区气—电—冷多能耦合能源形式最多的新型能源系统示范，柔性可调容量 >100MW；打造区域气—电—冷三张能源网，实现天然气、电力和制冷能源的互通互备；聚焦能源网络和建筑终端的耦合降碳，北区近零碳示范区降碳比例相比《零碳建筑技术标准》的近零碳园区进一步降低 10%。香蜜湖新型能源系统四个特点如图 3 所示。

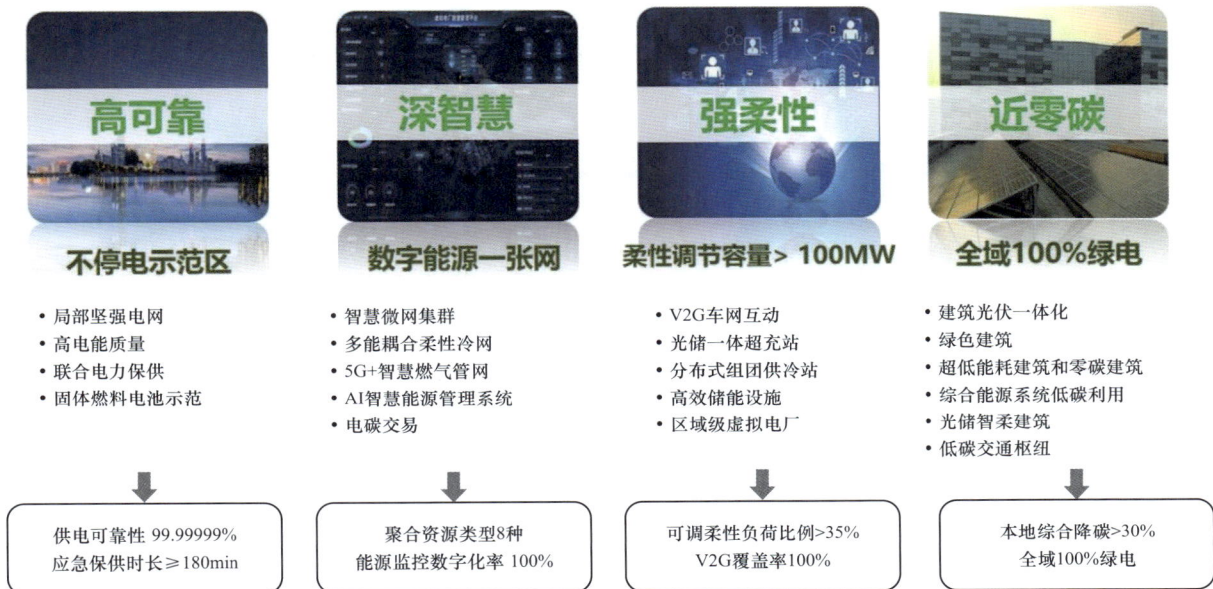

高可靠
不停电示范区
- 局部坚强电网
- 高电能质量
- 联合电力保供
- 固体燃料电池示范

供电可靠性 99.99999%
应急保供时长 ≥180min

深智慧
数字能源一张网
- 智慧微网集群
- 多能耦合柔性冷网
- 5G+智慧燃气管网
- AI智慧能源管理系统
- 电碳交易

聚合资源类型8种
能源监控数字化率 100%

强柔性
柔性调节容量 > 100MW
- V2G车网互动
- 光储一体超充站
- 分布式组团供冷站
- 高效储能设施
- 区域级虚拟电厂

可调柔性负荷比例>35%
V2G覆盖率100%

近零碳
全域100%绿电
- 建筑光伏一体化
- 绿色建筑
- 超低能耗建筑和零碳建筑
- 综合能源系统低碳利用
- 光储智柔建筑
- 低碳交通枢纽

本地综合降碳>30%
全域100%绿电

图 3 香蜜湖新型能源系统四个特点

（3）模式创新。考虑新型能源系统在城市规模化推广和可持续运营的关键问题，项目在新型能源产业服务模式方面实现了创新。项目总结和分析了国内外智慧能源项目投资模式、服务体系、运行效果情况，创新性提出了构建"气—电—冷"一体能源网络；打通"车—站—楼—网—城"的绿色能源服务路径；分区分期推进最优组团的分布式供冷网、5G+ 智慧燃气管网的建设，建成超大型城市核心区先进"智慧能源 +"设施网；注重深圳市新能源汽车产业技术落地，打造全国首个 V2G 覆盖率 100% 的超大型片区，创新性地激发能源聚合商的运营服务可持续优势。总体架构如图 4 所示。

（4）实践创新。积极响应国家可持续发展和绿色低碳转型的号召，项目创新性建设全球首个超大型城市核心区多网互联、柔性智慧、安全可靠的世界一流新型能源系统；深入分析"源、网、荷、储、充"有机结合机制，集成可再生能源发电、短中长周期储能、超级快充、车网互动、柔性可控负荷以及负荷智慧聚合调度等多元资源前瞻性技术，高度融合电力、燃气、供冷等多能源网络，实现了对能源系统的智能调度和柔性控制；通过项目兼顾示范和落地的双重需求，既满足世界一流先进目标、又保证技术方案落地，填补国内外城市规模新型能源系统的案例实践空白，形成可复制可推广的深圳新型能源系统实践路径模式，可带动广东省乃至全国的城市新型能源系统发展应用。

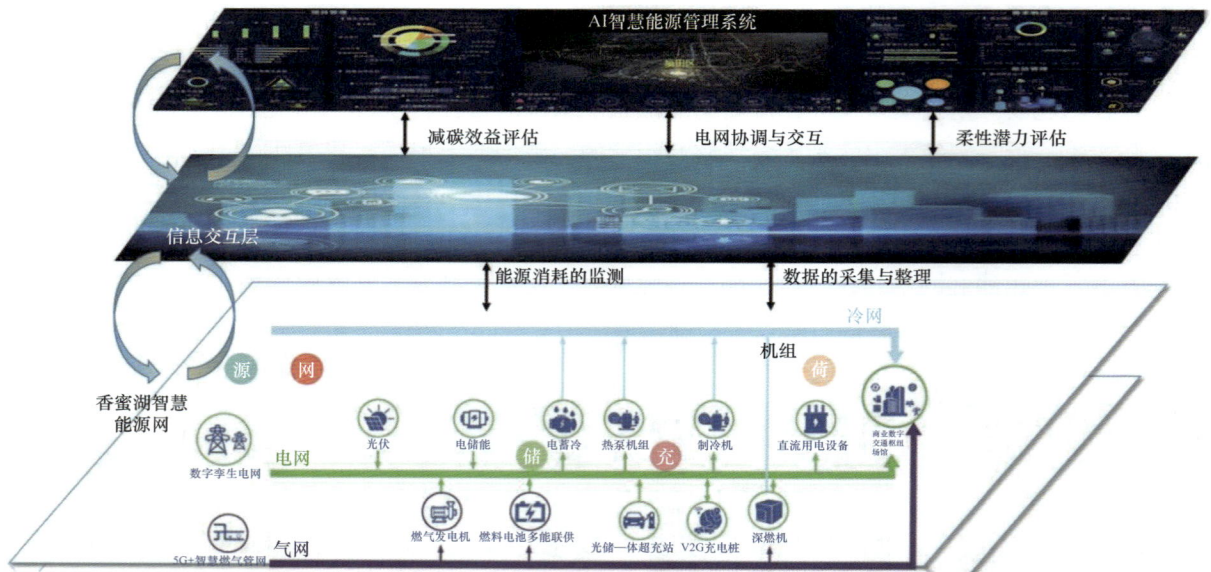

图 4　香蜜湖新型能源系统总体架构图

三、实施成效

为贯彻落实国家、广东省和深圳市的"碳达峰　碳中和"目标，对深圳香蜜湖北部片区的清洁低碳供能和用能进行系统规划。深圳香蜜湖片区充分响应政府号召，积极响应"双碳"政策，从规划阶段开始布局节能降碳相关措施。结合香蜜湖新金融中心的发展定位，建设深圳香蜜湖北部片区智慧能源系统，打造"绿色低碳发展"示范区，助力"碳达峰碳中和"目标的实现。建设多元聚合、智慧高效、安全可靠的新型能源系统已成为香蜜湖片区引领示范核心手段。

项目致力于新型能源系统的发展，通过规划应用建筑光伏一体化（BIPV）、集中供冷、超级快充、车网互动等新技术，深入分析光伏—新型储能—超级快充—V2G 等项目的投资建设与商业运营，通过实施方案的落地，推动可持续发展，为深圳市新型能源系统项目建立了完整的技术路径体系，积极推进了深圳市乃至全国新型能源系统事业的发展。

针对区域"气—电—冷—储"能源系统复杂性的挑战，采用"大云物移智链"信息数字化技术，有机整合项目分散物理基础设施、信息集成设施、社会基础设施和商业基础设施，利用负荷侧聚合调控技术，将项目不同空间分布式发电、分布式储能设施、有序充电、可控负荷等多种资源进行整合，通过多形态柔性资源互动提升高弹性电网综合能效，建立需求响应优先，有序用电保底的复合管理模式，建立参与电力系统运行与交易的虚拟电厂系统，提供调峰填谷辅助服务，提升项目源网荷储灵活互动和需求侧响应能力，促进清洁能源消纳，支撑新型电力系统安全稳定运行。

项目充分注重产业带动和区域发展相结合，以香蜜湖示范项目为舞台，开放业态伙伴合作，展示深圳企业的产品与服务，亮出深圳科技创新、价格优势与绿色发展的综合能源特色品牌，相关工作的实施显著带动了设备厂家、节能改造公司、能源管理公司的发展，为深圳市增产增收并提供了大量的就业机会，形成了可复制可推广的深圳新型能源系统实践路径模式，可带动广东省乃至全国的城市新型能源系统发展应用。

项目通过对城市新型能源系统的路径体系开展研究，实现了技术指标的创新领先，形成了能源服务模式的创新应用，形成了可复制可推广的深圳新型能源系统实践路径模式，其研究与实践已成为业界的热点，在全国范围内具有很好的推广应用价值。

城市模式示范推广方面。依托项目建设工作，加速推进深圳市新型能源转型。以深圳市覃伟中市长为核心的市领导亲自参与项目建设工作，按照技术先进、安全可靠、运营高效、成本可控的要求，力求项目方案可落地、可复制可推广，积极推动"光伏＋储能＋超快充＋车网互动＋一体化集成""负荷聚合能源调度系统"等更多前瞻技术应用，打造成为全球性业界示范标杆，带动全市、全省乃至全国的新型能源系统建设工作。

片区工作引领带动方面。为了开创绿色发展新格局，打造超大城市近零碳示范标杆城区，深圳市福田区出台了一系列的减碳实施方案。可概括为"1+8+18"政策体系：编制 1 项具有福田特色的总体行动方案《福田区节能减碳实施方案》，明确全区"碳达峰　碳中和"时间表、路线图、施工图；编制 8 个专项行动计划：包括建筑、交通、工业等重点领域达峰路径及措施，以及减污降碳、可再生能源应用、绿色低碳技术创新、绿色减碳全民行动、绿色金融支撑等专项；打造 18 个示范性强、带动面广、关联度高的零碳项目。

片区节能降碳减碳方面，深圳香蜜湖片区内，每年绿电超 2048 万 kW·h。针对北中南不同的资源配置采用不同的建设方案，年降碳量约 4.72 万 t。按照深圳供电规划设计院有限公司电力专项规划中减碳排放 1.15 万 t 的双碳贡献度为 5%，等比例得到香蜜湖片区 4.72 万 t 的双碳贡献度可达 20%，能耗节约率超过 30%。在北区的会议中心负荷及配套酒店负荷，通过使用超低能耗建筑实现建筑本体年度碳排放量降低 10855 t；通过光伏步道、光伏幕墙试点及 BIPV 组件等新能源设施年减碳量 1771 t。中区主要通过对办公区负荷、文化艺术负荷、商业区负荷及住宅区负荷采用绿色建筑三星及二星的方式实现建筑本体年度碳排放量降低 23000 t；通过光伏幕墙及光伏屋顶等设施年减碳 9323 t，总计减碳 32323 t。南区主要通过光伏步道及分布式光伏等新能源设施实现年减碳 1869 t。项目通过清洁能源利用和建筑节能可实现每年直接减碳 4.72 万 t，未来引入绿电后可探索更高水平的零碳路径。

四、经济效益及推广前景

深圳香蜜湖片区充分响应政府号召，结合香蜜湖国际新金融中心的发展定位，建设深圳香蜜湖片区新型能源系统全球示范标杆，助力深圳打造"全球数字能源"城市新名片。

项目以城市核心区域能源供需矛盾和环境问题为主要抓手，提出了绿色安全为基础，创新高效为核心，柔性互动为手段，开放融合为业态的总体理念，旨在构建一种具有多元聚合、智慧柔性、坚强可靠、高效低碳、经济持续五大特色的世界一流新型能源系统。按照技术先进、安全可靠、运营高效、成本可控的要求，力求项目方案可落地、可复制可推广，积极推动"光伏＋储能＋超快充＋车网互动＋一体化集成""负荷聚合能源调度系统"等更多前瞻技术应用，集成分布式电源、储能、柔性可控负荷、电动汽车等多元资源，融合电力、燃气、供冷等多个能源网络，以大数据和数字化手段，对能源系统各项数据综合分析和优化决策，实现对能源系统的智能调度和柔性控制，确保高效稳定地运行，具备城市级与区域级能源系统灵活互动、柔性支持等新型现代功能。香蜜湖片区电网架构打造具备"绿色高效、柔性开放、数字赋能"特征的高比例新能源渗透率国际领先新型电力系统，探索可复制可推广的新型能源系统示范路径，打造国际标杆项目，实现国际先进的城市片区示范。

在深圳香蜜湖片区内总计储能电池装机容量约 7.70MW，且全区域内总计超充站容量约 10.0MW，V2G 车网互动柔性调节能力约为 35.3MW，区域供冷设施柔性调节负荷约 25.6MW，其他柔性调节负荷 23.4MW，全区域总计可调节柔性负荷 102.0MW，实现首个全球领先的气—电—冷—热多元城市柔性资源多维度动态聚合。在可靠性与稳定性方面，区域内的中压配电网采用"*N* 供一备 + 断路器 + 光纤差动保护 + 配网自愈技术"的接线模式以及开环的运行方式，采取"满足母线 *N*–1、满足线路 *N*–1"的安全准则，应用首个兆瓦级燃气发电—电池储能联合电力保供系统，提供坚强主网 + 智慧配网 + 友好分布式能源网 + 灵活储能的多层级坚韧供电保障，实现供电可靠性 99.99999%，综合电压合格率超过 99.9999%，致力于打造全球领先的城市区域级不停电示范区。在降碳方面，深圳香蜜湖片区内，每年绿电超 2048 万 kW·h。采用分时分区规划方案，针对北中南不同的资源配置采用不同的建设方案，年降碳量约 4.72 万 t。

片区以高可靠供电为核心，结合分布式发电实现能源供给，配置新型储能系统、车网互动和联合电力应急保供系统，以保障系统稳定性、提高能源利用率，若加入引导充电策略可通过用户高峰集中充电的用电行为实现削峰填谷，降低电网冲击。无序充电曲线和引导充电曲线分别如图 5 和图 6 所示。

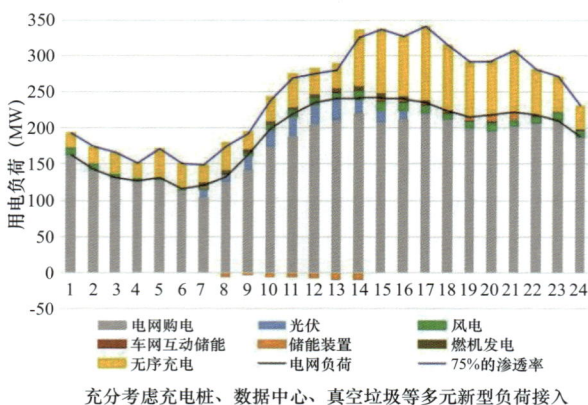

图 5　无序充电曲线

图 6　引导充电曲线

综上，项目通过创新性打造系统化的城市新型能源系统路径体系，建设全球首个超大型城市核心区多网互联、柔性智慧、安全可靠的世界一流新型能源系统，填补国内外城市规模新型能源系统的案例实践空白，形成可复制可推广的深圳新型能源系统实践路径模式，可指导深圳市乃至全国新型能源系统建设。

五、项目主要完成人

深圳市燃气集团股份有限公司黄志伟、马鑫龙、汪道玲、张小东、张文河、刘为、滕伟、邱汛，中国建筑科学研究院有限公司乔镖、李骥。

面向供电可靠性的新型配电网防汛减灾技术及应用

广西电网有限责任公司电力科学研究院、广西电网有限责任公司、中国电力企业联合会、
广西壮族自治区气象台、武汉理工大学、华南理工大学、广西送变电建设有限责任公司、
南方电网数字电网集团有限公司

一、案例简介

习近平总书记创造性提出了"四个革命、一个合作"能源安全新战略，对加快构建新型电力系统和新型能源体系作出一系列重要部署。中国科学技术协会主编的《新型电力系统导论》提出新型电力系统的技术特征是各环节数字化和智能化。面向新型电力系统建设，应认识到防灾减灾能力是电网高质量发展的重点，实现数字化、智能化的"水涨电停、水退电复"防汛减灾新模式，并成为电网降低用户故障平均停电时间、因灾停电投诉的先进手段。

2023年，世界气象组织发布《与天气、气候和水有关的灾害造成的死亡和经济损失地图集》，指出洪水相关灾害最为普遍，近50年与洪灾达5312起（占所有灾害31%）。2021年郑州"7·20"特大强降雨灾害中，电网遭受严峻考验；因灾避险停运或受损35kV线路18条、10kV线路479条、台区12425个，波及电力客户126.63万户（占全市三分之一）。

《2022年全国电力可靠性年度报告》指出自然灾害及恶劣天气发生频度提升，局部气候及自然灾害造成部分地区供电可靠性指标下降，是我国供电可靠性面临的三大问题和挑战之一。2022年，全国用户平均停电时间9.10h/户，平均故障停电时间为5.84h/户（占到总停电时间的64.17%），其中，自然因素导致用户故障平均停电时间为1.80h/户，大风大雨是造成用户故障停电的重要原因（占14%）。

近年来，广西强降雨天气频发，电力设备设施受洪涝灾害影响严重，但传统抗灾救灾模式存在水位观测时效性低、工作强度大、作业风险和涉电公共安全隐患高等问题。2021年，国家能源局南方监管局向广西电网公司提出应基于防灾减灾及供电可靠性导向，建立自然灾害综合监测预警平台，并建立气象信息与电网设备风险联动预警机制，提高配电网抗灾能力。因此，需进一步强化新型配电网防汛减灾能力，满足新型电力系统供电可靠性需求。

为在加快构建新型电力系统的进程中提高供电可靠性，从提升广西电网应对洪涝灾害的"平时预、灾前防、灾中守、灾后抢、事后评"水平入手，变抗灾救灾为防灾减灾，广西电网公司电力科学研究院联合有关研究机构、高等院校等单位，依托广西电力装备智能控制与运维重点实验室、广西电网设备监测及诊断工程技术研究中心，在南方电网新型电力系统示范区、数字配电示范区等地，研发运用电网洪涝监测系统等一系列成果，增强灾害智能感知能力的举措，基于风速、降雨等气象、水文信息与电力设备（设施）的状态感知数据，提供抵御洪涝灾害的智能感知预测、抢修复电的生产指挥决策，形成面向供电可靠性的电网防汛减灾技术体系，成功打造属于大数据、人工智能在新型电力系统应用的典型案例。

二、技术方案

本案例团队针对新型电力系统防汛减灾难题，研发电网降水预报系统、营配调停电信息协同系统、电网洪涝预警系统、电力设备设施洪涝灾害分布式状态感知装备，建设抢修复电应急指挥决策体系、洪灾应对能力综合评价体系，通过广西电网生产指挥中心推广应用面向供电可靠性的新型配电网防汛减灾技术，提升"平时预、灾前防、灾中守、灾后抢、事后评"水平，变抗灾救灾为防灾减灾，在广西电网的南方电网新型电力系统示范区、数字配电示范区等地成功应用。面向供电可靠性的新型配电网防汛减灾技术路线如图 1 所示。

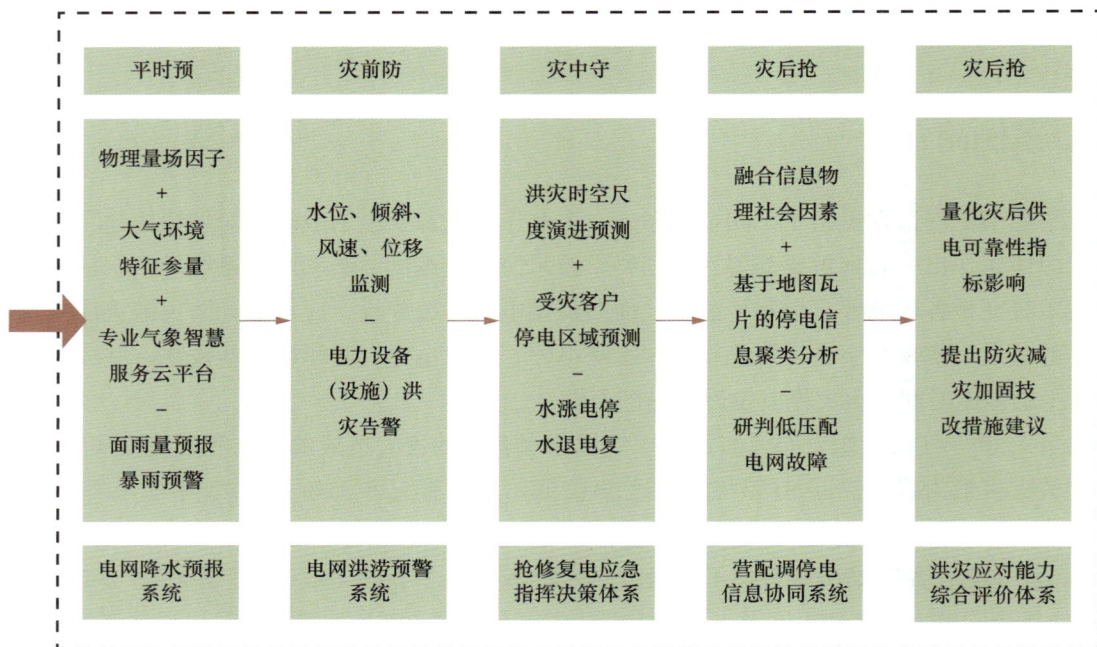

平时预	灾前防	灾中守	灾后抢	灾后抢
物理量场因子 + 大气环境特征参量 + 专业气象智慧服务云平台 - 面雨量预报暴雨预警	水位、倾斜、风速、位移监测 - 电力设备（设施）洪灾告警	洪灾时空尺度演进预测 + 受灾客户停电区域预测 - 水涨电停水退电复	融合信息物理社会因素 + 基于地图瓦片的停电信息聚类分析 - 研判低压配电网故障	量化灾后供电可靠性指标影响 提出防灾减灾加固技改措施建议
电网降水预报系统	电网洪涝预警系统	抢修复电应急指挥决策体系	营配调停电信息协同系统	洪灾应对能力综合评价体系

图 1　面向供电可靠性的新型配电网防汛减灾技术路线

在"平时预"方面，研发应用专业气象智慧服务云平台的电网降水预报系统，基于贝叶斯概率决策理论和遗传算法优化神经网络挑选影响电网降水的各物理量场因子和大气环流特征参量，攻克预报神经网络在初始连接权和结构选择方面缺乏依据的难题，准确预报广西电网 6 大流域（23 个子流域）及 9 大电力设备（设施）区域降水量，流域面雨量 24h 降水预报准确率优于国内外同类预报产品及单一模式预报产品。广西电网公司根据发布的预报结果，发布应急响应和预警通知。

在"平时预"方面，研发基于云边协同的电网洪涝预警系统及监测终端，攻克难以高效数据降维处理电力客户、设备、气象、水文及地理信息特征变量的难题，率先实现包含水位、倾斜、拉力、风速、位移等多个维度洪涝灾害故障停电的综合研判告警，风向精度优于 0.1°、水深精度优于 1cm，打破国内外同类系统仅能实现单一水位告警的瓶颈问题，且优于同类传感器指标；研制基于多源异构数据融合的监测终端，0°～360° 风向范围的监测精度不高于 0.1°、0～30m 水位深度的监测精度不高于 1cm，有效提升了防汛减灾救灾的态势感知水平。研究成果主要应用于易涝区电杆、台区变压器、开闭所、配电房、变电站设备远程环境监测，率先实现了包含水位、倾斜、风速、位移等多维度洪涝灾害故障停电的综合研判告警，支撑电网企业实现"水涨电停、水退电送"防汛减灾新模式。

在"灾中守"方面，提出应用面向空间多源异构数据的洪灾时空尺度演进预测、受灾客户停电区域预测方法，建设抢修复电应急指挥决策体系，扭转了灾害伴生多种随机因素导致抢修复电决策结果不确定性的被动局面，预测模拟中至大尺度流于洪水淹没情况的时间可低于 20min，受灾客户停电区域预测准确率达 96%，提高了电力防灾应急管理的效率。通过建设抢修复电应急指挥决策体系，实现灾前预测洪涝区域，灾中研判应隔离的配电设备、需切除的用户负荷，灾后分析具备抢修、复电条件的配电设备，并参照电网作业风险评估标准库等相关内容，多维度估算在"水涨电停，水退电复"过程中的人员作业风险和涉电公共安全隐患，支撑抢修复电应急指挥决策工作。

在"灾后抢"方面，基于地图瓦片的营配调一体化地理空间信息聚类分析模型，融合信息物理社会因素，实现故障抢修业务流信息流全方位融合应用，通过信息化手段推进停电信息准确、及时传递，推送短信通知抢修人员主动开展抢修，向南网在线等互联网渠道为客户提供区域停电事件查询及停电地图定位，通过互联网客户端主动为停电客户精准推送相关停电事件，破解配网洪涝故障发生时间、地点、环境等因素在研判确认与反馈滞后方面的难题，提升防汛减灾在"南网在线"及"爱广西"平台的主动感知、推送、抢修能力，支撑全口径停电信息主动推送率从 40% 大幅提升至 60%。

在"事后评"方面，提出基于层次分析法的配电网洪涝灾害应对能力综合评价体系，攻克自然灾害条件下物理设备故障停电与可靠性指标耦合不紧密的难题，量化灾害后五大类配网主设备对供电可靠性指标的影响分析，深入挖掘薄弱环节，提出包含规划建设、设备运维等多个维度的防灾减灾加固措施建议，提高了灾后评估能力。

三、实施成效

本案例研制的电力设备设施洪涝灾害分布式状态感知装备已纳入南方电网公司新技术（产品）挂网试运行计划，在南方电网新型电力系统示范区、数字配电示范区等地成功应用，实现面向易涝区域的输配电杆塔、配电变压器、开闭所、配电房等各类电力设备设施全覆盖，上架南网商城科创产品专区对外销售，入选南方电网公司验收科技项目标志性成果。相关成果支撑广西电网提升"平时预、灾前防、灾中守、灾后抢、事后评"水平，"龙舟水"期间，成功监测分布于广西各地 447 处易涝区水位、杆塔倾斜等数据，圆满完成"防风防汛 –T–2023–009"Ⅲ级、"防风防汛 –T–2024–018"Ⅱ级等应急响应任务 24 次；特别是在 2024 年华南汛期期间，桂北地区受持续强降雨影响，运用新型配电网防汛减灾技术实时监测柳州、桂林城区及 16 个县共 350 余处内涝隐患点，累计向运维人员精准告警水位异常 1189 起，采集洪灾照片约 6.32 万张，圆满完成对关键重要设备设施的特巡特维、重点值守，不仅有效减少了一线人员冒险勘查灾情的作业风险，并更好地实现数字化、智能化的"水涨电停、水退电复"防汛减灾新模式，得到新华网等主流媒体广泛报道。

根据国家能源局官方网站通报，12398 能源监管热线 2023 年共接收电力行业的投诉举报 9659 件。12398 热线接收关于广西电网投诉举报数量在全国排名第 25 位，在全国 31 个省级行政区中处于管控较高水平。特别是广西电网在 2023 年还多次遭遇严重自然灾害，如台风"泰利""海葵"及强降雨天气。通过运用新型配电网防汛减灾技术，进一步完善了生产、服务调度及生产指挥中心应急抢修信息传递机制，全面提升了"灾前防—灾中守—灾后抢"服务能力，有力支撑广西电网 12398 投诉举报同比减少 20%，百万人均投诉举报仅为 3.616 件。同时，促进地市服务调度审单、派单工作量减少 81%，客户问题处理时间平均减少 54min。

近三年，客户平均停电时间连续下降，减少因洪涝灾害造成停电时间 2.3h/ 户，客户用电体验进一步提升。广西电网 2023 年第三方满意度达 84 分，同比提高 2 分。广西统计局公布 2023 年公共行业社情民意满意度测评结果，广西电网位居全区第一名；有力服务广西电网公司履行广西防汛抗旱指挥部成员单位的职责，落实好广西防御台风洪涝干旱灾害应急预案，做好供电区域受灾地区可靠供电，更好地服务 2200 余万电力客户、5000 余万人民群众。在此基础上，成果支撑广西电网公司打造的央地融合的供电可靠性管理提升标杆示范区，成功入选国家能源局发布的《2022 年全国电力可靠性管理典型实践案例》；"数智驱动'获得电力'指标全面提升关键技术与应用"荣获电力行业设备管理与技术创新成果一等奖。

关于电网洪涝预警系统及其终端装置的研究成果已通过具有 CNAS 认证的第三方检测；对电网洪涝预警系统的科技查新结论为：关于面向供电可靠性提升的电网防汛减灾技术，除查新项目组成员发表的相关研究成果外，未见与查新项目研究内容和采用的综合技术均相同的文献报道；新产品鉴定结论为：产品技术具有创新性和先进性，示范效果良好，具备工程应用推广价值，达到国际先进水平。研究成果已参展第 20 届中国—东盟博览会、2023 年中国（广西）—东盟应急装备和技术展，得到广泛赞誉。

四、经济效益及推广前景

1. 效益分析

（1）直接经济效益。强降雨、台风是南方电网所在区域内频繁发生的气象灾害，所引发的洪涝会对配电网造成严重影响。在中国南方电网设备运行方案当中，将内涝导致电力设施受损及停运作为重大自然灾害影响系统安全风险的主要风险。

参照《南方电网公司生产项目准入及预算标准》（办输配电〔2022〕8 号）中《第十二册 委托运行维护项目准入及预算标准》的"第二章 特殊巡视"的相关综合预算标准，将保供电、委托运行维护和重点地区、重点线路中的定期巡视、特殊巡视等视为防灾减灾救灾的优化举措，基于委托运行维护费用测度经济效益。

在监测装置实现面向保供电期间特巡及值守业务方面，根据《生产项目准入及预算标准（2022年）》所列预算标准可知，单套装置面向保供电期间特巡及值守业务的节支约 1082.58 元 / 处·日，其中线路特巡业务 124.57 元 / 处·日、线路值守业务 958.01 元 / 处·日。

在监测装置实现面向配电设备及架空线路日常巡视业务方面，根据《生产项目准入及预算标准（2022 年）》所列预算标准可知，单套装置面向配电设备及架空线路日常巡视业务的平均节支约 2507元 / 处·年，其中巡视配电设备 3039 元 / 处·年、巡视架空线路 1975 元 / 处·年。

（2）间接经济效益。运用电网洪涝预警系统、洪涝监测装置可避免防风防汛保供电期间的设备故障损失，并支撑优化抢修复电效率、节支客服工单处理成本，产生巨大间接经济效益。

（3）社会效益。本案例有助于按照防灾减灾及供电可靠性导向，完成重大活动及特殊时段保供电、服务社会稳定、提升客户用电满意度、带动上下游产业链、保障地方经济社会发展。

2. 推广前景

本案例研发的电网洪涝监测系统、电力设备设施洪涝灾害分布式状态感知装备等具有广阔市场和应用前景。我国气候风险高指数排名第 37，因灾损失全球排名第 2，且严重威胁我国电网安全，影响电力可靠供应。以 2020 年各省级电力公司故障停电责任原因分布、故障停电责任原因前三情况为例分析，可见洪涝、台风等重大自然灾害影响系统的安全风险是电网企业设备运行中的重大风险。

以广西电网为例，2023 年初统计的各级内涝隐患变电站 43 座、配电设备设施 2372 处。在推广电力设备设施洪涝灾害分布式状态感知装备后，配电网将更好地感知"停电在哪里、风险在哪里"，具备新型电力系统将逐步由自动化向数字化、智能化演进的技术特征，最大限度地降低停电对用户的影响，更好地应对建设新型电力系统过程中所面临的新形势与新挑战。因此，新型配电网防汛减灾技术及其装备的潜在市场规模巨大，具有广阔的推广应用前景。

五、项目主要完成人

广西电网有限责任公司电力科学研究院高磊、张炜、周杨珺、黄伟翔、李珊、易辰颖、王乐、俸波，广西电网有限责任公司韦国惠、聂雷刚、李菱、覃宗涛、赵绪亮、胡卫军，中国电力企业联合会陈旦，广西壮族自治区气象台罗小莉，武汉理工大学侯慧，华南理工大学汪隆君，广西送变电建设有限责任公司蒙宁，南方电网数字电网集团有限公司文华。

辽宁营口市新型电力系统示范城市
规划研究

中国电建集团中南勘测设计研究院有限公司、水电水利规划设计总院

一、案例简介

辽宁营口市作为以传统高耗能重工业为主的工业城市，目前能源消费以石化能源为主，绿色低碳能源消费比例较低，在该区域进行以新能源为主体的新型电力系统示范城市规划研究有着重要的示范作用和推广意义。区域有着丰富的海上风能、陆上风能及太阳能资源，新能源开发潜力巨大。为深入贯彻习近平总书记关于"碳达峰 碳中和"重大战略部署及东北、辽宁振兴发展的重要讲话和指示精神，利用好营口市可再生能源发展的资源优势，本次研究将通过对区域新能源资源条件进行梳理并结合新型电力系统的研究，提出区域内新能源开发及相适应的新型电力系统实施方案，助力区域"双碳"目标的早日实现。

能源资源，摸清家底。全面排查营口市能源资源禀赋，包括海上风电、陆上风电、集中式光伏、分布式光伏、抽水蓄能和生物质能资源等。营口市风能资源丰富区面积较大，分布范围广、资源较好区域大多在东部、中南部山区和沿海，区域内风能资源稳定度高、连续性好。营口市地形由东南向西北逐渐倾斜，光照条件优越，年日照时数为 2600～2880h，优于省内大部分地区，属光能较丰富地区。

电源配置，科学合理。根据营口市电源发展现状和初步发展规划，其电源品种以火电、风电、光伏和储能电源为主，为构建营口市新型电力系统示范城市，需根据其未来用电量、最大负荷、负荷特性以及资源禀赋来确定经济、可行的电源发展规划方案。

电网补强，安全可靠。营口地区 220kV 电网以 500kV 渤海、历林和南海变电站为中心，形成 220kV 电网环网结构。本规划在充分考虑未来电源建设并网的前提下，开展了电力系统潮流计算、稳定计算以及短路电流计算，明确电网建设方向，确保电网安全稳定运行。

负荷管理，因地制宜。在终端能源消费环节，发挥电能的清洁、安全、便捷等优势，替代散烧煤、燃油等能源，是控制煤炭消费总量，减少大气污染的重要举措。电能替代方式多样，涉及采暖、工业生产、交通运输、服务业、农业等众多领域，应综合考虑不同方式的技术经济特点，因地制宜，分步实施，分类推进。

储能规划，远近结合。"十四五"时期，从保障营口市电力供应出发，优先发展建设周期短、布局灵活的电化学储能率先在营口的规模化应用，并积极推进玉石抽水蓄能前期设计工作，力争尽早开工建设，探索压缩空气储能、氢储能其他新型储能形式的应用。中长期，应从全局优化储能规模布局，结合需求发展抽水蓄能，推进新型储能电站建设，探索压缩空气储能、氢储能其他新型储能形式的应用。

至 2030 年，力争新能源装机规模突破 800 万 kW，新能源本地发电量占比总发电量 55%，风电在营口市消纳比例 80%，新增用电需求全部通过绿色电源满足，"十五五"新增发电量中 100% 来自新能

源，通过煤电灵活性改造、抽水蓄能和新型储能进一步提升系统调节能力，电力系统全面实现数字化和智能化，电网的平台和枢纽作用充分发挥，基本建立源网荷储协同、多能融合互补、市场机制完善的新型电力系统，助力营口实现"碳达峰"。

二、技术方案

（1）本项目研发并应用了"抽水蓄能智慧辅助数字化规划选点应用软件"专有技术，解决了抽水蓄能传统人工查图选点工作方式存在工作效率不高、信息化水平较低、成果质量参差不齐等问题，效果显著，为行业首创、国内领先。

1）基于 GIS 空间分析的智慧辅助选点。创造性地提出河流水系提取、盆域提取和分层库容计算等空间分析算法，以多种 GIS 空间分析算法为基础构建了抽水蓄能电站规划选点成套技术解决方案，技术路线为数字地形高程导入→等高线生成→水系生成库容分析→符合坝长、坝高、库容、距高比等要求的潜在站点普查→单库生成→上下库联选→工程规模计算→敏感要素排查。各站点正常蓄水位、库底高程、水面面积、库容、高差、距离、距高比、装机容量等特征参数可输出为标准化表格。

2）全面排查营口市抽水蓄能资源禀赋。目前，营口市境内玉石站点已纳入国家规划的抽水蓄能"十四五"重点实施项目，另外在营口盖州还分布有李家堡子（100 万 kW）、八道河（80 万 kW）2 个资源站点，通过对营口市境内中小型抽蓄资源站点的摸排，初拟站点 5 个，总装机 120 万 kW。

（2）本项目研发并应用了"慧查勘－查勘辅助软件"专有技术，大大提高了项目现场查勘的效率和速度，实现了对查勘手册和路径文件的一键保存和导出，节省了对查勘手册进行人工整理的时间，极大地提高了查勘手册编制的规范性。

慧查勘－查勘辅助软件填补了查勘辅助类软件的空白。软件具备的条件输入—信息搜寻—知识整合—图形可视化—报告手册导出一体化能力，为类似软件首创，有鲜明的整合性和针对性。本软件首创性地提出并突破了基于 Web–GIS 技术、多平台深度融合的半自动化工程项目查勘准备解决方案，建立数据层和机制层基础。整合应用 Web 端和 Windows 操作系统下的自动化接口，从而顾及了实际查勘工作中对经纬度、文本地址、影像和矢量数据等不同查询和操作对象进行综合应用的需求，建立了查勘准备工作自动化的数据层和机制层基础。

（3）全国首创，构建地市级新型电力系统示范城市的规划研究项目。通过对新型电力系统示范城市构建关键技术的研究，首次将自主研发的风光水火储一体化容量配置软件系统应用于沿海新能源资源丰富、工业基础发达的城市，着力解决新能源出力波动性、随机性强与工业基础发达城市电力负荷稳定间的固有矛盾。以城市电力系统现状为基础，以资源禀赋为保障，充分考虑未来经济社会的发展需求，科学准确地制定电源经济容量配比方案。

1）本软件系统采用最新的前后端高内聚、低耦合技术架构，选择适用于海量大数据的mysql+clickhouse 列式存储数据库配置，支持跨 Windows、Linux 平台应用，融合 DP 优化算法、经验策略法、大数据等技术手段，系统设计和技术路线均处于行业先进水平，是行业内首家集成风光水火储多能互补容量配置解决方案于一体的高度可视化、扁平化的软件系统，为行业类似软件的技术研发提供了技术路径示范。

2）根据营口市电源发展现状和初步发展规划，其电源品种以火电、风电、光伏和储能电源为主，为构建营口市新型电力系统示范城市，需根据其未来用电量、最大负荷、负荷特性以及资源禀赋来确定经济、可行的电源发展规划方案。本规划将风光火储一体化容量配置模型首次应用于沿海新能源资源丰富、工业基础发达的城市，着力解决新能源出力波动性、随机性强与工业基础发达城市电力负荷稳定间的固有矛盾。基本确定了尽量满足负荷过程的电源经济容量配比方案，在此基础上考虑检修、备用等因素后开展了电力电量平衡模拟计算。研发的水火风光储多能互补计算软件、新型电力系统模拟运行软件，开创性地解决了电源建设种类筛选和电源经济容量配比方案制定的难题，为全国范围内各类多能互补基地建设及新型电力系统构建提供了有效的分析手段和建设模式。

（4）全国首创地提出地市级新型电力系统示范城市的实施路径，可在全国范围内进行推广，极具示范意义。根据电力系统特点，从"新能源、新技术、新系统、新路径、新机制、新产业、新示范"等七个方面进行整体部署，具体在"源网荷储智"等五个方面全方位、多层次、全周期地构建新型电力系统示范城市。

1）电源侧：根据社会经济发展对电力市场的需求，以及各类电源建设条件和经济效益的综合比选，明确各水平年电源建设规模。

2）电网侧：外部通过广泛互联互通推动电网向能源互联网演进，现代数字技术与传统电力技术深度融合将使得电力系统"源网荷储"等各领域、各环节整体智能化、互动化，电力调度和源网荷储互动更加灵活智能；内部实现从确定性系统演变为强不确定性系统，从机电装备主导向电力电子装备主导的演变，潮流变化更加显著。

3）负荷侧：在终端能源消费环节，发挥电能的清洁、安全、便捷等优势，替代散烧煤、燃油等能源，是控制煤炭消费总量，减少大气污染的重要举措。

4）储能侧："十四五"及中长期，从保障电力供应出发，建议优先发展建设周期短、布局灵活的电化学储能率先实现规模化应用，并加快抽水蓄能前期论证工作的不断深入。

5）管理侧：根据新型电力系统示范城市规划，不断创新发展体制机制，建立在全国范围内可复制、可推广的现代科学管理模式，助力构建新型电力系统示范城市。

（5）开展新型电力系统电网适应性分析，着力解决"双高型"电力系统的运行特性和关键技术研究，推进输配电网数字化、智能化发展，强化电网对大规模新能源并网的支撑作用，建立适应新型电力系统的智能调控体系，从而满足新能源大规模发展和电网安全、稳定、高效运行的需求。

根据营口市海上风电发展总体目标，综合考虑风能资源分布、建设条件、项目经济性等因素，结合辽宁省电网远景目标网架规划，确定接入系统方案，并开展潮流计算、稳定计算和短路电流计算等，充分论证在海上风电大规模接入后对电力系统的影响及补强措施，从而能够有效应对新能源随机性、波动性导致电力系统源端—荷端电力电量平衡难度大，电力系统可调性和灵活性降低，及对电力系统安全可靠所带来的冲击。有针对性地优化调控手段，推动电力系统调度体系由"数字化"向"智能化"演进，由"自动化"向"自主化"发展。

三、实施成效

辽宁营口市正以本课题规划研究成果作为建设新型电力系统示范城市的重要性理论支撑文件，根据"源网荷储智"实施路线，在风电、光伏、生物质、储能、电网建设、负荷优化以及智能管控等领域积极开展相关工作，持续有力推进营口市新型电力系统示范城市建设。

构建以新能源为主体的新型电力系统是一项长期的系统性工程，不可能一蹴而就，需要在实践中不断总结经验、完善方案。在"十四五"期间"以点促面"推动新型电力系统构建探索起步，依托技术创新、机制创新和商业模式创新，在营口重点开展一批新型电力系统示范工程，形成示范效应，逐步在省内乃至全国推广应用。

结合营口新型电力系统的构建路径，近期重点考虑在多能互补、园区级源网荷储一体化、火电灵活性改造、电网友好型新能源电站、共享式新型储能电站、智能调控系统等方面开展创新工程示范。营口市新型电力系统"十四五"重点实施工程及示范项目如表1所示。

本规划明确了营口市新型电力系统示范城市建设的重点实施工程及示范项目共37项，见表1。总投资809亿元，其中：电源侧项目27项，总装机规模1044.4万kW，总投资632亿元，主要包含海上风电、陆上风电、光伏、燃气发电、火电灵活性改造及生物质发电等；储能侧项目4项，总规模250万kW，总投资125亿元，主要包含玉石抽水蓄能、电池储能、中小抽水蓄能及配套制氢等；电网侧项目2项，总投资4亿元，主要包含输电线路前期工作及调度技术系统等；负荷侧项目3项，总投资48亿元，主要包含清洁能源高端装备产业园区源网荷储一体化示范项目及通威渔光一体化现代渔业产业园；管理侧项目1项，主要包含设立国家可再生能源信息管理中心营口分中心。

目前营口市海上风电、陆上风电、集中式光伏以及清洁取暖等大批工程项目正在建设或开展前期论证工作，各项工作加速推进。同时，营口市正根据自身资源优势和经济发展现状，结合新能源产业不同生产环节的生产方式和特征，通过下游带动，并与营口市新型电力系统示范城市建设项目需求相结合，积极发展能源电力配套产业，带动当地就业与税收增长，繁荣地方经济发展。

表 1　　　　　　　　　　　营口市新型电力系统重点实施工程及示范项目

序号	类型	项目	规模（万 kW）	估算投资（亿元）
1	海上风电	Y1 场址	15	20
2		Y2 场址	55	72
3		1 号场址	200	260
4	电源侧 / 陆上风电	石佛风电场	22	14
5		沟沿风电场	15	9
6		陈屯风电场	13	8
7		许屯风电场	8	5
8		九寨风电场	5	2.9
9		大石桥高坎风电场	18.4	11
10		大石桥白寨风电场	18	11
11		大石桥鑫泰风电场	20	12
12		大石桥合惠风电场	20	12
13		大石桥冠城风电场	55	34
14		盖州上电风电场	20	12

续表

序号	类型		项目	规模 （万 kW）	估算投资 （亿元）
15	电源侧	光伏，集中式	花红沟光伏发电项目	20	8
16			马屯村光伏发电项目	25	10
17			太平沟村光伏发电项目	10	4
18			何家沟光伏发电项目	10	4
19			榆林堡上屯村光伏发电项目	15	6
20			马家沟光伏发电项目	10	4
21			鞭杆村光伏发电项目	5	2
22			火石岭光伏发电项目	5	2
23		光伏，分布式	屋顶光伏	100	45
24		燃气	三峡集团燃气联合循环调峰发电项目	100	35
25		火电灵活性改造	华能营口电厂	184	18
26			华能营口热电	66	7
27			仙人岛	10	1
28		生物质	示范项目	5	5
电源侧合计				1049.4	602.8
29	储能侧	新型储能	电池储能	120	24
30			氢储能示范	10 万 kW 风电配套制氢	1
31		抽水蓄能	玉石抽水蓄能	100	70
32			中小蓄能	30	30
储能侧合计				250	125
33	电网侧		新一代调度技术支持系统		1
34			虎关至北宁线路前期研究	500 千伏双回	3
电网侧合计					4
35	负荷侧		清洁能源高端装备产业园区源网荷储一体化示范项目		20
36			通威渔光一体化现代渔业产业园		20
37			清洁取暖工程		8
负荷侧合计					48
38	管理侧		设立国家可再生能源信息管理中心营口分中心		

四、经济效益及推广前景

1. 经济效益

新型电力系统示范城市构建关键技术在营口市新型电力系统示范城市规划项目中取得了成功应用，本规划共谋划近期重点项目 37 项，直接经济效益 8090000 万元，远期还将促进新能源配套产业落地，预计经济效益在千亿级别。

2. 社会效益

构建以新能源占比不断提升的新型电力系统为我国电力行业发展指明了方向，新型电力系统应是适应大规模高比例新能源发展的全面低碳化电力系统，将成为保障电力"碳达峰　碳中和"如期实现的重要依托。营口市作为以传统高耗能重工业为主的工业城市，目前主要能源消费以石化能源为主，绿色无碳能源消费比例较低，区域有着丰富的海上风能、陆上风能及太阳能资源，新能源开发潜力巨大。在"碳达峰　碳中和"背景下，为早日实现"碳达峰"目标和要求，营口市"十四五"期间及未来很长一段时间内将大规模发展新能源，实现新能源跨越式发展。高比例新能源开发对电源侧互补运行、电网侧安全消纳、负荷侧合理引导以及储能侧科学配置均提出了更高要求，需构建新能源占比不断提升的新型电力系统适应未来高比例新能源的并网发展，这将充分发挥营口市绿色能源资源优势，促进清洁能源快速发展及高比例消纳，保障电力安全可靠供应，满足经济绿色高质量发展，促进技术进步和产业升级，打造营口能源产业核心集群，创造更多的就业机会，并助力营口市早日实现"碳达峰　碳中和"目标。

3. 生态效益

新型电力系统示范城市的构建必将推动电力技术革命不断向源、网、荷、储、智等全产业链进行传导，从而推动电力系统各领域全面实现智能化、清洁化。构建以新能源占比不断提升的新型电力系统，持续提高新能源装机和发电量占比，降低对传统化石能源的依赖，从而减少环境污染问题，特别是减少温室气体排放，这对于降低气候变化对农业、民生和人类健康等造成的不利影响和损失具有重大而深远的意义，也是建设美丽营口的必然选择和有效途径。

4. 推广情况

主要应用单位情况见表 2。

表 2　　　　　　　主要应用单位情况

应用单位名称	应用技术	应用的起止时间	应用情况
营口市发展改革委	营口市新型电力系统示范城市实施路径	2022 年 8 月至今	良好
三门峡市发展改革委	面向工程应用的风光水火储一体化容量配置软件系统	2021 年 4 月—2022 年 5 月	良好
水电水利规划设计总院	面向工程应用的风光水火储一体化容量配置软件系统	2021 年 2 月—2022 年 8 月	良好

五、项目主要完成人

中国电建集团中南勘测设计研究院有限公司朱福杨、周铁柱、王超、宋敏、张丹庆、鄢军军、郭仕祥、王俊钗、张慧子、祁进、朱来福、魏凡钦，水电水利规划设计总院姜海。

电网工程国产 BIM 技术研究与应用替代

国网经济技术研究院有限公司

一、案例简介

1. 项目简介

作为"规建运"中承上启下环节，电网建设是构建新型电力系统的主要环节，目前已进入大规模、高质量发展的新阶段。尤其是特高压，作为新型电力系统的骨干网架，"十四五"期间建设加速推进，呈集中开工态势。近年来，BIM 技术在电网工程领域应用取得了一些积极成效，但国内电网工程应用的 BIM 软件都是在国外图形引擎基础上进行应用开发，存在核心技术"卡脖子"、软件断供、电网工程数据安全、BIM 软件性能不足等风险隐患。亟须解决关键核心技术依赖国外的问题，加快推动 BIM 技术国产化替代，确保电网工程核心软件供应链稳定。

国网经研院依托国务院国资委中央企业创新联合体，2023 年度重点产品、工艺"一条龙"应用示范，中央企业 BIM 领域原创技术策源地，战略性新兴产业行动四项重点任务，遵循"核心算法研究—标准体系构建—系统平台开发—工程示范应用"总体思路，开展电网工程国产 BIM 技术研究与应用替代。一是提出电网工程基本图元及复杂形体的快速创建几何算法，以及大型电网工程显示引擎、数据引擎优化算法；二是建立与国产 BIM 技术应用相配套的标准体系，指导 BIM 技术在电网工程全寿命周期应用；三是研发电网工程国产 BIM 基础赋能平台，夯实 BIM 应用基础底座；四是提出电网工程国产化的设计建管一体化解决方案，解决建设阶段的数字化、可视化管控及严重依赖国外软件的问题。

相关成果可对全面提升电网工程全寿命周期数字化管控水平。在工程设计阶段，基于电网工程国产 BIM 基础赋能平台可以开发完全国产化的电网工程三维设计软件。在施工阶段，将国产 BIM 基础赋能平台与已有的施工管理平台相结合，开发基于国产 BIM 技术的功能应用模块。在运维阶段，运用 BIM 模型轻量化技术，结合大数据平台，为后续实现数据贯通、海量异构三维数据资源互联交互、集成融合诊断提供技术支撑。此外，相关成果可以为不同 BIM 应用需求用户提供一体化基础底座，以 BIM 基础赋能平台为依托可以进行灵活丰富的二次开发，提高应用效率。

电网工程国产 BIM 技术研究与应用替代，一是实现电网工程 BIM 模型高效创建、即时编辑和顺畅展示，实现关键核心技术的突破，大幅提升 BIM 国产平台核心技术能力，具有重大创新意义。二是打造适应电网工程建模的国产 BIM 基础赋能平台，突破国外 BIM 软件垄断，降低技术和数据安全风险，解决"卡脖子"问题，具有重大社会价值。三是成果助力国产 BIM 软件研发生态建立，推进国产工业 BIM 软件在电网工程各专业的深入应用，带动上下游产业链的协同发展，培育壮大数字经济成果，具有重大经济价值。

2. 需求分析

电网工程 BIM 技术在应用过程中遇到的一些关键性问题，阻碍了技术的进一步发展和应用。一是过度依赖国外软件和技术平台，缺乏自主可控的核心技术，存在数据泄露风险。二是不同 BIM 软件和平台之间的数据交换存在障碍，导致数据流转困难，影响信息共享和协同工作。三是现有 BIM 软件性能能力不足，在处理大型电网工程的三维模型时，现有 BIM 软件不足以支持实时、动态、多尺度的可视化展示和数据处理。因此，电网工程国产 BIM 研究与技术替代关键点和难点包括：

1. 面向电网工程的国产 BIM 图形引擎算法攻关

研究能够快速生成电网工程基本图元及复杂形体的几何引擎算法、优化显示引擎和数据引擎算法，以提高建模效率并支持大规模三维模型的高效渲染和数据分类存储和协同调用能力。

2. 研发国产 BIM 基础赋能平台

研发电网工程国产 BIM 基础赋能平台，提供二次开发接口，构建支持国产软件开发与应用的生态系统，促进全产业链数据流动和 BIM 应用。

3. 制定统一 BIM 技术标准体系

规定电网工程数据、交换和交付要求，以支持不同阶段和参与方之间的数据共享。制定 BIM 技术应用导则，指导全寿命周期内的应用实践。

4. 攻关特高压工程数字化关键技术，释放数据价值

研究以 BIM 技术为核心的特高压工程数字化技术，为特高压工程全面开展三维正向设计以及全寿命周期数据贯通和信息共享奠定基础，构建可视化的数字化电网，形成公司级的特高压知识中心和数据资产。

二、技术方案

1. 技术路线

本案例研究遵循"算法研究—标准体系构建—系统开发—工程应用"的总体思路，开展电网工程国产 BIM 技术研究及应用替代，技术路线如图 1 所示。

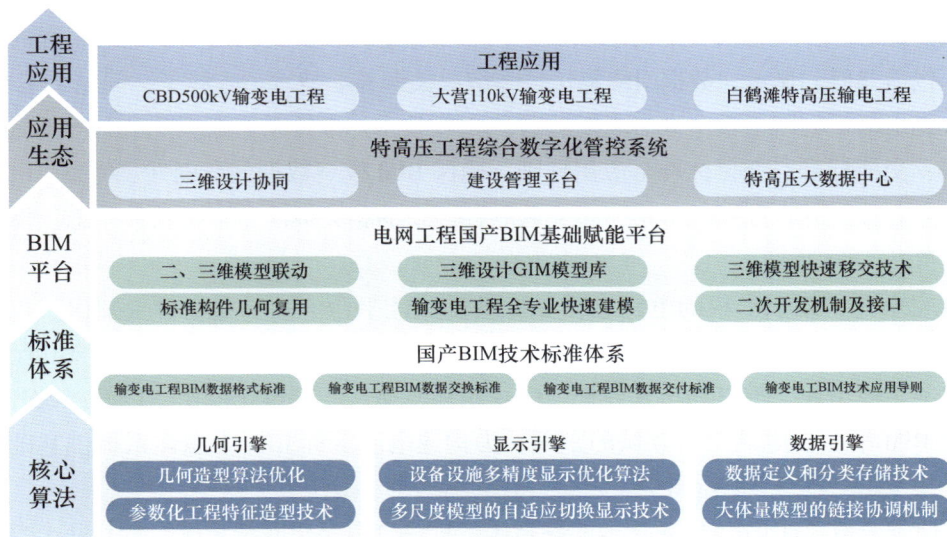

图 1 技术路线图

2. 实施方案

（1）开展面向电网工程的国产 BIM 图形引擎算法攻关。在几何引擎方面，开展适用于电网工程的

基本图元、复杂形体造型，研究参数化的快速造型方法，提出算法实现方案；在显示引擎方面，开展适用于大型电网工程的多尺度、多要素、多精度模型显示技术和优化算法；在数据引擎方面，开展适用于电网工程的数据定义及分类存储技术研究，提出基于大体量模型链接的协同技术方案。

（2）电网工程 BIM 技术标准体系研究。构建覆盖数据、交换、交付等一系列的基础标准，规范基础数据及软件研发技术要求，满足电网工程 BIM 技术全寿命后期应用需求。

（3）电网工程国产 BIM 基础赋能平台研发。基于电网工程国产 BIM 引擎，研发国产 BIM 基础赋能平台，具备适用于电网工程的三维设计模型库、快速建模、协同移交、构件复用、二三维联动等基本功能，提供二次开发接口，构建基于国产 BIM 基础赋能平台的软件开发、资源共享和个性化应用的软件生态体系。

（4）特高压工程综合数字化管控系统研发。研发以 BIM 技术为支撑，覆盖设计、施工阶段全业务管理流程，融合全要素数据信息的特高压工程综合数字化管控系统。

在设计阶段，研发基于国产 BIM 基础赋能平台的三维设计协同管控模块，提出贯穿建设全过程的三维设计核心技术及方法，包括建模技术、数据融合技术、图形无损交换方法、设计协同管控方法等，为特高压工程全面开展三维正向设计以及全寿命周期数据贯通和信息共享奠定基础。在施工阶段，基于深化后的设计模型，在建设管理平台开展项目立项、进度计划、施工模拟等方面的专业应用。最终构建特高压大数据中心模块，打通数据共享通道，为实现跨专业、跨部门的特高压工程大数据分析和数据价值深度挖掘奠定基础。研发以 BIM 技术为支撑，覆盖设计、施工阶段全业务管理流程，融合全要素数据信息的特高压建设全过程数字化应用管理平台，实现设计协同管控、数字化施工管理、数字电网建设管理。并在特高压工程开展示范应用。

（5）进行工程示范应用。依托示范工程，进行国产 BIM 技术在电网工程全寿命周期的应用研究。以国产 BIM 基础赋能平台为统一底座，开展在设计、施工等各阶段的应用验证。

3. 创新点与先进性

（1）首次提出适用于电网工程的国产 BIM 图形引擎算法。以 BIM 软件服务电网工程为出发点，针对其复杂的几何形态、多样化的显示需求以及庞大的数据量，首次提出适用于电网工程的国产 BIM 图形引擎算法，包括几何、显示、数据引擎算法，在解决关键核心技术"卡脖子"问题上实现重大突破。

（2）首次提出基于电网工程全寿命周期的国产 BIM 技术标准体系。在国产 BIM 全寿命周期的视角下，制定数据、交换标准、交付标准与应用导则，确保 BIM 模型数据的准确性、完整性和可靠性，以及与现有标准兼容性，并在此基础上进一步完善软件开发的相关标准，丰富软件生态，指导 BIM 技术应用。

（3）首创完全自主知识产权的电网工程 BIM 基础赋能平台。基于完全自主知识产权的电网工程 BIM 图形引擎、结合 BIM 系列标准和 BIM 应用方案，首创完全自主知识产权的电网工程 BIM 基础赋能平台，提供共享模型库、电气和土建建模、GIM 质检与交付、轻量化应用，以及二次开发接口等功能。打破国外 BIM 平台在电网工程领域的垄断，为构建电网工程 BIM 生态体系提供基础应用与开发平台。

（4）首次研发完成基于国产 BIM 技术的特高压工程综合数字化管控系统。依托完全自主知识产权的电网工程 BIM 基础赋能平台，研发了特高压工程综合数字化管控系统，实现三维设计协同与数字电网建设管理，充分利用三维设计成果，提升工程建设管控效率，运用多种监测手段以及数字化、智能化技术提高工程建设质量；统一归集三维设计成果和工程数据资料，形成公司级的特高压知识中心和数据资产，具备开展多专业大数据分析的能力，为特高压持续优化和后续环节的应用奠定基础。

三、实施成效

国产 BIM 技术攻关成果已在 CBD500 千伏电网工程、大营 110kV 电网工程、白江、南昌变、螺山长江大跨越等工程开展应用，以国产 BIM 技术引领提升工程设计质量，实现设计全过程数字化管控，提升工程建设管控效率，最大限度地发挥了数据价值，服务国网公司高质量发展。

1. 研发了电网工程国产 BIM 基础赋能平台，夯实电网工程 BIM 全过程应用基础底座

在统一的电网工程国产 BIM 基础赋能平台上，基于同一套 BIM 模型，具备集成设计、施工、运维阶段数据的能力，提供共享模型库、电气和土建建模、BIM 质检与交付、轻量化应用等多场景应用功能，以及二次开发接口等功能，打破国外 BIM 平台在电力工程领域的垄断，为构建电网工程 BIM 生态体系提供基础应用与开发平台。

2. 开展全专业三维协同设计，提高三维设计质效

结合三维协同设计平台，国产化的 BIM 基础赋能平台进一步强化了设计过程中的协作能力，优化了输变电工程的设计流程，允许不同专业的团队在同一项目上实时工作，共享信息和资源，显著提升了输变电工程设计的质量和效率。通过这种协同工作模式，设计团队能够快速响应变化，有效解决设计过程中的问题，确保工程的顺利进行。通过三维正向设计和三维协同平台的深度融合，国产化的 BIM 基础赋能平台正推动着输变电工程在设计创新、工程质量和建设效率上的全面提升。

3. 攻关数模一体关联技术，提升了三维模型与工程数据的融合水平

攻关数模一体关联技术，实现各类电网工程数据资料与 BIM 模型的融合。线路工程建立了单基塔、耐张段、包段、工程等不同层级与设计、施工等环节数据信息的关联与融合，变电（换流）站建立了设备、间隔、区域、工程等不同层级与设计、施工等环节数据信息的关联与融合，支撑三维模型的分级定位和关联信息查询，实现了工程数据从"二维列表"到"三维可视"的重要跨越。

4. 构建特高压工程大数据中心模块，实现电网工程数据资料统一管理

构建特高压工程大数据中心，归集了地理数据、三维模型、工程资料、科研资料、设备参数、工程指标、技经数据、环水保数据等各方面数据资料。在国产 BIM 基础赋能平台下，构建了统一的数据架构，实现了特高压工程建设多阶段、多环节的数据从"分散存储"到"集中管理"。通过对各类工程数据进行融合，将"碎片化、无关联"的数据形成有序的"数据图谱"信息，有效支撑工程数据的价值挖掘。

5. 案例成果应用于多项工程，支撑特高压数字电网构建

相关成果已在白江、南昌变、螺山长江大跨越工程中进行了应用，取得了良好应用效果。目前已完成 23 个变电站、10 个换流站、1.2 万公里线路、20319 基杆塔、累计 4993 项技术指标、978843 项设备参数的数字化生产与规范化入库工作。这是电力系统首次建成真正意义上的特高压数字电网，涵盖了工程建设阶段三维模型、工程数据和工程文档在内的全部资料，将千里大电网浓缩于荧屏之间，全面建成特高压工程"一张网"，对服务后续工程建设和运维检修具有重大意义。

四、经济效益及推广前景

1. 经济效益

（1）降低国家电网公司系统内外各单位的软件使用成本。国外 BIM 软件价格高昂，以 Bentley 软件为例，甲级电力设计院每年平均 200 万元左右，且年年上涨。本项目成果的收费价格预计能够降低

30% 左右。

（2）提高电网工程三维设计效率。基于自主研发的 BIM 基础赋能平台，功能操作更符合电网工程设计流程，可内置电网典型设计中要求的各类设施设备，预计提高电网工程三维设计效率 20% ～ 30%。

（3）通过特高压工程综合数字化管控系统，进行进度推演、可视化交底、带电距离校验、工程量提取等功能，提高项目管理效率，降低施工安全风险，提升工程实体质量，精准控制施工成本。

2. 社会效益

（1）解决"卡脖子"问题。开发电网工程国产 BIM 基础赋能平台可解决电网工程建设长期以来缺失自主 BIM 三维图形系统，国产 BIM 软件无"芯"的"卡脖子"关键技术问题，实现了关键核心技术自主可控，避免"断供"风险。

（2）确保电网数据安全。特高压工程作为国家重大关键基础设施，采用国外 BIM 平台和软件，工程数据信息存在泄漏风险。本项目成果从底层内核到上层软件实现了完全国产化，可确保电网数据信息安全。

（3）建立国产 BIM 技术标准体系。实现电网工程 BIM 模型在设计、施工及运维环节共享复用，减少甚至避免相关业务人员的重复劳动，减少电网设备三维模型重复投资建设，减少施工、运维平台重复建设。

3. 推广前景

国产 BIM 技术体系攻关成果，已服务 200 多位设计用户，实现白江、白浙、南昌变等重点工程三维设计试点应用支撑。积累形成 1000 多个过程模型文件，300 多个设备模型文件。根据目前的使用情况，具有如下的推广前景：

（1）以国产 BIM 基础赋能平台构建的三维模型为载体，未来将支撑特高压工程"一张网"建设。以三维模型驱动的数据整合平台，预示着特高压全过程管理的智能化和集成化。随着技术的不断进步，预计这一平台将实现更深层次的数据整合，为特高压工程的"一张网"建设提供更加强大的数据支持和决策依据。

（2）国产图形引擎的未来发展前景广阔，具有完全自主知识产权的国产 BIM 图形引擎，不仅在当前实现了多类型数据模型的融合展示，更展现了国产技术在三维设计领域的自主创新能力。未来支持更多创新应用，推动电网工程向更高效率和更广应用领域发展。

（3）智能化手段与 BIM 技术相结合的施工建设管控方法，目前已成为提升工程安全质量水平和降本增效的有效手段。未来，随着人工智能和大数据技术的融合，将会实现更精细化的施工管理，为电网工程的高质量发展提供坚实保障。

五、项目主要完成人

国网经济技术研究院有限公司王浩、荣经国、张苏、张卓群、马唯婧、苑博、刘海波、于光泽、刘定、高群策、张亚平、李沛洁、张阳。

输电人工智能大模型赋能电力行业数字化转型

广西电网有限责任公司、南方电网人工智能科技有限公司

一、案例简介

近年来，广西电网公司加快推进数字化转型，聚焦人工智能提速发展，坚持融通创新，大力营造自主可控生态。以排头兵的姿态和先行者的担当，率先建成了行业领先的国产化算力集群，突破了国产化软硬件适配、预训练、模型微调等多个技术门槛，基于南方电网公司电力大模型底座"大瓦特"，研发了国内首个自主可控电力行业生产应用场景大模型——广西电网公司输电人工智能大模型，以人工智能赋能数字生产，增强了电力企业核心能力。

自广西电网公司纵深推进数字化转型以来，在输电线路运行维护方面，无人机和可视化设备逐步规模化应用，机巡日益广泛替代人巡，"跋山涉水、披荆斩棘"式的电力巡线成为历史。在"机巡为主、人巡为辅"的新运维模式下，依靠无人机、摄像头等数字终端，采集数据不成问题，但海量图片数据的分析却成为一道新的难题——输电领域缺陷隐患超过 100 类，而 30% 的缺陷隐患样本极少，传统小模型难以识别；且平均识别准确率低于 80%，无法做到智能辅助、精确分析。

为此，广西电网公司深度挖掘电网企业在人工智能领域的场景优势，联合南方电网人工智能科技有限公司结合实际业务场景，以算力为心脏，算法为大脑，数据为血液，突破国产化软硬件适配、预训练、模型微调等多个技术门槛，构建了算力、框架、算法全栈国产化适配的广西输电人工智能大模型，在输电线路运维数字化转型方面取得了突破性进展。

相比传统小模型，输电人工智能大模型在准确率、泛化能力、识别效率等方面都有更优越的表现。一是参数量从百万级达到亿级；二是缺陷隐患识别效率提升 5 倍，准确率提升 15%，能够更加精准地表述缺陷隐患类型和位置，解决模型碎片化问题，更好地处理未见过的电力业务场景缺陷。广西电网机巡管理平台和输电运行支持系统已实现与输电大模型的对接调用，平均缺陷识别率为 91.24%，达到电力行业领先水平。

二、技术方案

在南方电网公司发布的（通用大模型）"大瓦特"人工智能大模型底座的基础上，以"视觉基础模型＋行业数据训练"方式推进输电人工智能大模型建设应用。

首先，基于"大瓦特"和输电领域专业数据融合，通过优化迭代提升输电大模型精度和泛化能力，实现大模型自主识别输电缺陷隐患的能力，包括绝缘子缺陷、大小金具缺陷、外部隐患、杆塔异物识别等多种常见输电缺陷隐患识别场景。通过输电大模型的建设，实现单张图像一次检测输出多种缺陷隐患信息。

其次，通过将输电人工智能大模型进行蒸馏、剪枝、压缩、加速，移除模型中的多余参数或者结构，在略微降低模型精度的情况下，从而加快输电场景大模型的推理速度并减少算力占用，实现输电缺陷大模型在推理端的性能和效率达到最佳的平衡，实现边缘网关等中小型服务器上的部署应用。

通过输电人工智能大模型与广西电网生产运行支持系统、机巡管理平台对接等，实现输电生产管理智能识别算法调用，为输电业务域减负增效赋能。

输电人工智能大模型技术架构如图 1 所示。

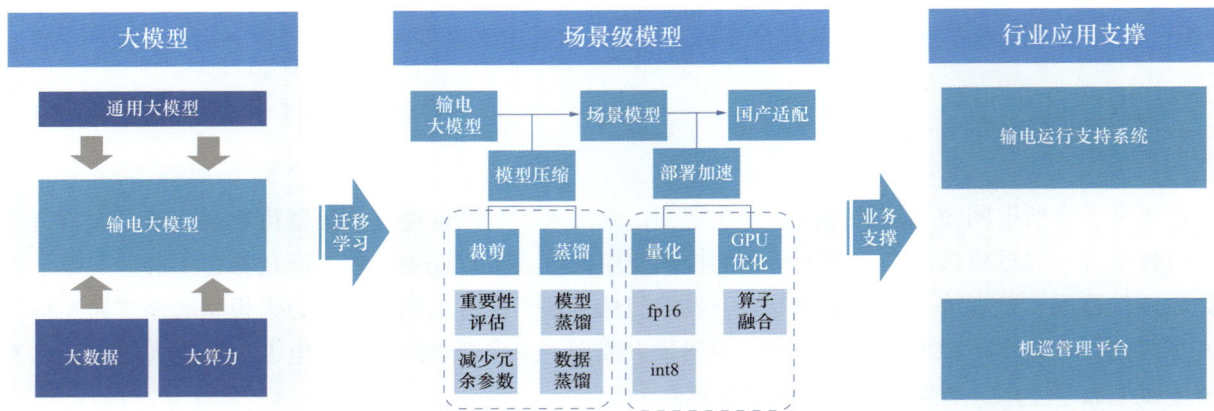

图1　输电人工智能大模型技术架构图

（一）构建 L1 级输电大模型

在南方电网公司 L0 级"大瓦特"人工智能大模型底座的基础上，开展涵盖常见缺陷隐患、总量满足大模型训练要求的图像样本库建设，以确保满足缺陷隐患样本规模和多样化。开展样本清洗、图像特征提取及样本训练，实现 L1 级输电缺陷识别大模型具有包括绝缘子缺陷识别、大小金具缺陷识别、杆塔异物识别等常见缺陷隐患识别的能力。

1. 建设缺陷隐患样本库

（1）收集存量样本图像：通过人工智能平台获取存量原始图像，包括绝缘子类缺陷智能识别样本、大金具类缺陷智能识别样本、杆塔异物智能识别样本、塔基异常智能识别样本、导线异物智能识别样本、山火灾害智能识别样本、小金具类缺陷智能识别样本、红外图像智能识别样本图像收集。

（2）收集增量样本图像：通过输电运行支持系统、电网管理平台、线下收集等方式获取增量原始图像样本收集，实现样本的动态更新。

2. 清洗收集的样本图像数据

开展无人机巡检平台中常见缺陷隐患的原始样本图像数据经过数据清洗处理，去除重复、不完整或者无效的数据，确保缺陷样本库数据质量和准确性。

3. 预处理样本图像数据

对原始样本图像进行去噪、增强、校正等预处理，为后续输电缺陷隐患检测算法的准确性做准备；开展图像分割算法将图像中的目标物体从背景中分离出来，实现精准标注。同时，分析不同类型的缺陷隐患特征和规律，筛选适用于输电缺陷识别大模型的数据。

4. 标注样本图像数据

开展缺陷隐患样本标注，通过对缺陷隐患样本图像数据的识别目标进行标注，提取图像特征，并引入图像语义描述，实现计算机理解图像内容并具有类似于人类识别图像的思维推理能力。

5. 验证 L1 级输电缺陷识别大模型

开展 L1 级输电缺陷识别大模型验证工作，通过比较数十种缺陷隐患的预测结果和测试的真实标签，计算出模型的准确率、召回率等指标，以评估模型的性能。

（二）建设 L2 级输电大模型

1. 蒸馏知识模型

从 L1 级输电缺陷识别大模型中提取标注好的输电线路缺陷数据，通过卷积神经网络或者循环神经网络技术，输出一个训练模型作为 L2 级输电缺陷识别大模型的输入模型，针对 L2 级输电缺陷识别大模型进行训练得到更优化、更轻量级的模型，一定程度上减轻模型过大的问题，从而提高模型的实用性和效率。

2. 压缩和剪枝模型

将 L1 级输电缺陷识别大模型的参数和权重进行量化，将浮点数转换为定点数或者二进制数，从而减小模型的体积和计算复杂度。根据输电知识剪枝模型的输出，将输电缺陷识别大模型中的不重要知识去除，例如将一些冗余的神经元去除，或者将一些不重要的参数进行压缩和简化，使模型的性能和效率达到最佳的平衡。

3. 优化和迭代模型

（1）优化模型：开展 L2 级输电缺陷识别大模型的参数调整工作，通过反向传播和梯度下降等优化算法，促使 L2 级输电缺陷大模型的预测结果接近真实情况；

（2）迭代模型：开展二次标注，结合提示学习、元学习等迁移微调算法，实现 L2 级输电缺陷识别大模型的更新迭代，实现输电图像智能识别达到实用化条件。

（三）适配国产化算力

输电人工智能大模型已适配国产化算力，通过模型的转换和优化以适应国产硬件平台的架构和特性，模型参数的重新调整、网络结构的优化以及算法的改进等方面，结合国产化训练平台的硬件架构和性能特点进行适配和优化。

视觉模型在训练过程中依赖大量的图像数据，需要针对具体的应用场景和任务重新训练或微调，使输电人工智能大模型的知识迁移至国产化平台，迁移过程中涉及知识产权的保护和安全风险的评估，需要确保知识产权的合法性并采取相应的安全措施，以保护模型和相关数据的安全性。

（四）大模型迭代优化

搭建"智能识别—缺陷推送—数据标注—模型训练—算法优化—远程部署"的 AI 飞轮算法循环迭代体系，实现输电人工智能大模型迭代优化。对输电样本数据进行重新标注，将无法准确识别的场景输入输电大模型再训练，促使大模型能力的迭代升级，形成正向循环的数据飞轮体系。

通过 AI 飞轮的推进，实现持续优化输电缺陷检测的人工智能大模型识别效果，提高了输电人工智能大模型的准确性和鲁棒性，使其能够更好地适应各种复杂场景，将极大地提高输电缺陷检测的人工智能大模型的识别效果，为输电系统的安全和稳定运行提供了强大的技术支持，有效降低了安全事故和故障的发生概率，提升了输电大模型整体的运维效率和可靠性。基于 AI 飞轮算法的大模型迭代优化流程如图 2 所示。

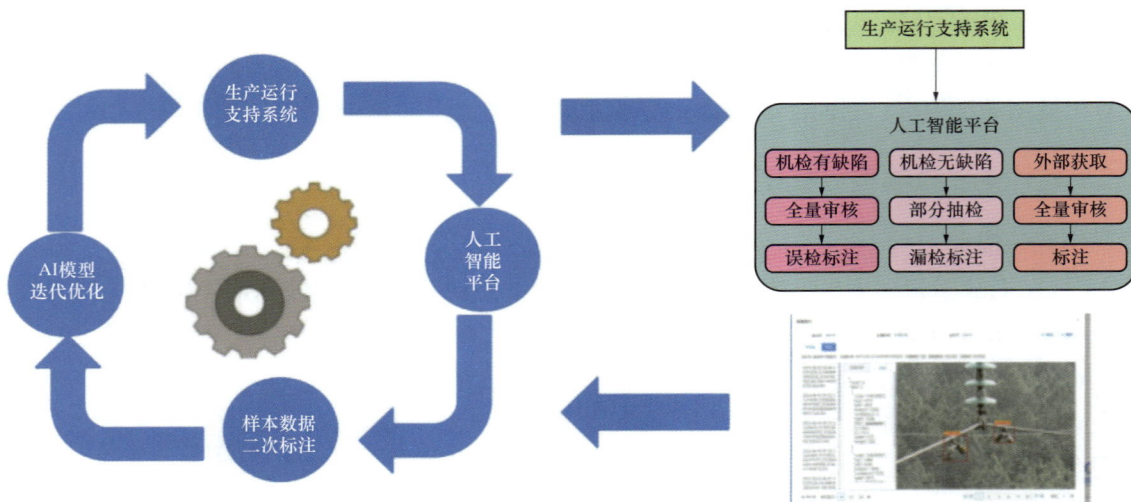

图 2　基于 AI 飞轮算法的大模型迭代优化流程

三、实施成效

广西电网公司输电人工智能大模型可以为电网企业的管理决策提供基于数据驱动的决策支持。模型通过对大量的故障数据、维护记录和设备信息的分析，发现潜在的缺陷和故障模式，为电网企业管理人员提供决策支持，帮助管理人员识别系统的薄弱环节、改进管理策略，并提供相应的预防措施和优化建议。

此外，输电人工智能大模型在资源优化和成本控制方面为电网企业提供支撑，实现智能化和高效化的运营管理。输电人工智能大模型通过对设备和线路的状态进行实时监测和预测，提供了设备寿命预测、维护周期优化等方面的建议，为电网企业的合理安排资源投入、降低设备故障率提供技术支持，有效降低了输电线路的维护成本和损失，提高输电系统的管理效率和可靠性，减少故障风险和停电时间，进一步推动电网企业的数字化转型发展。

四、经济效益及推广前景

1. 经济效益

广西电网公司无人机自主巡检已实现架空输、配电线路全覆盖，2023 年，广西电网公司无人机巡检图片超 1400 万张，通过调用小模型算法识别缺陷数量达到 9.7 万个，但小模型缺陷识别存在覆盖种类不全、识别准确率不高的问题，需要耗费大量人工进行复核，工作量大，耗时长，效率低。

广西电网公司机巡管理平台和输电运行支持系统已实现与输电大模型的对接调用，可实现输电线路缺陷的智能识别，大大提高了缺陷处理效率，实时预警，及时发现并处理输电线路中的潜在风险，实时生成输电线路通道隐患预警信息，辅助决策者快速响应，提高电网设备安全稳定运行水平，保障电能安全、稳定、不间断传输。

广西电网公司输电人工智能大模型目前已经完成 20 类常见输电缺陷隐患识别算法的研发适配，累计进行巡视照片识别 942 万张，平均缺陷识别率为 91.24%，较之前部署的小模型算法提升约 15%，达到电力行业领先水平。依照每人每天处理 1200 张图片计算，处理 2023 年输电机巡全量图片，小模型需要 6558 人天，使用大模型识别需要 1115 人天，累计节约人力成本超 133 万元。

2. 推广前景

（1）赋能更多场景。大模型的泛化能力和学习能力使其能够处理各种复杂的问题和任务，而不仅仅是在最初训练时所针对的任务，这种能力使得大模型可以被广泛应用到更多生产领域中。在电力生产领域，大模型可以融合变电领域和配电领域的专业知识和海量数据，全面赋能电力生产业务。拓展大模型的能力到变电和配电领域，提升生产效率、可靠性和可持续发展水平，为公司和整个电力行业的数字化转型做出重要贡献。

此外，大模型还可以用于电力市场的预测和决策。通过对历史电力市场数据的深度学习，大模型可以预测未来的电力需求和供应情况，为电力企业制定合理的生产和销售策略提供决策支持。

（2）赋能更多地区。立足广西、服务全网，广西电网公司将在南方电网五省等更多省份地区共享和推广输电人工智能大模型，提高南方电网输电系统的智能化水平和电力供应的稳定性和可靠性，广西电网将与其他省份共同推动输电行业的技术创新和应用，为构建智能、绿色、高效的现代能源体系贡献广西力量。

五、项目主要完成人

广西电网有限责任公司朱时阳、刘莹、黄汉华、董赟、刘凯杰、鹿可可、谢菁、韦宗慧，南方电网人工智能科技有限公司董召杰、赵必美。

第二部分

绿色发电与
储能类

新能源多时空尺度精确预测技术研究

中国南方电网有限责任公司、南方电网科学研究院有限责任公司

一、案例简介

1. 项目背景

构建以"新能源"为主体的新型电力系统迫切需要从全网统筹的角度对新能源功率进行更加精确化的预测。南方区域地形地貌丰富、气候复杂多变、新能源场站点多面广、基础条件参差不齐，传统以单场站为预测对象、单一算法为技术路线的新能源功率预测方法难以保证对区域新能源功率预测的快速全覆盖，以及适应复杂多维场景下的精确预测，而全面、准确的区域新能源预测结果是调度部门统筹全网资源，进而提升新能源消纳能力的关键。另外，新能源预测模型适应性差、预测结果可信度不高、极端天气下预测"失灵"等关键共性问题，也是制约当下新能源预测能力提升的主要障碍。近年来南方电网在示范工程中涌现出局部级的新能源预测应用试点，但尚未构建全局性预测联动机制和平台，亟须通过数字智能技术创新与应用进行突破。

2. 解决的问题

当前提升南方电网新能源预测水平主要存在以下问题：预测模型方面，南方区域地形地貌丰富、气候复杂多变、新能源场站点多面广、基础条件参差不齐，预测难度大，极端天气下预测"失灵"，模型适应性差；基础数据方面，缺少高质量生产实际数据支撑，难以通过海量历史数据训练高适应性预测算法；预测技术方面，传统以单场站为预测对象、单一算法为技术路线的新能源功率预测方法难以保证对区域新能源功率预测的快速全覆盖，以及适应复杂多维场景下的精确预测；预测平台方面，缺乏统一、标准的测试评价平台，难以提供可弹性开发的技术架构和数据环境。针对上述问题，南网总调开展了新能源多时空尺度精确预测技术研究，并依托研究项目发布了国内首个新能源功率预测价值生态圈培育计划，研发了新能源多时空尺度精确预测智慧平台，成功构建涵盖气象服务机构、预测厂家、高等院校、科研院所、新能源发电企业及电网调度机构的新能源功率预测价值生态圈。培育计划基于公平、公正的现场测试和统一评价，从全球范围内不同技术路线的参赛队伍中筛选出适合南方区域不同场景下的新能源预测技术，提出精细化新能源组合预测方法，建立"网省地场"一体化协同预测联动机制。

3. 价值意义

案例成果不仅提高区域级新能源功率预测精度和不同应用场景下新能源预测结果的匹配性，还带来了一定的经济效益和社会效益，具有广阔的推广前景。2024赛季新增超短期赛道，正式启动超短期预测计分排名，并纳入综合评价，不断满足新能源预测需求。下一步，南方电网将依托培育计划进一步构建全国新能源资源及功率预测多方会商平台，打造南方电网在新能源领域对内对外交流合作的窗口，促进行业人才交流、技术创新、产业发展，立足南方电网"能源产业价值链整合商"的战略定位，实现新能源功率预测产学研用的全链条贯通，助力新型电力系统建设。

二、技术方案

本案例结合新型电力系统建设主题，围绕南方区域"网省地场"一体化联动的新能源多时空尺度精确预测这一核心技术主线，从 5 个方面开展与新能源功率预测相关的数据智能技术研究。

（一）关键技术及技术路线

研究内容 1：适应高原山地及海洋气候特征的新能源功率预测多时空精确建模及算法提升技术研究。主要针对南方区域地形地貌丰富、气候跨区域范围变化明显、缺乏有效的"中长期电量"及"周时间尺度电力"预测、预测建模周期长、模型适配度不高等实际问题，开展精确化的预测建模和算法提升研究，构建适应南方区域高原山地及海洋气候特征的新能源预测模型库和算法库。技术路线如图 1 所示。

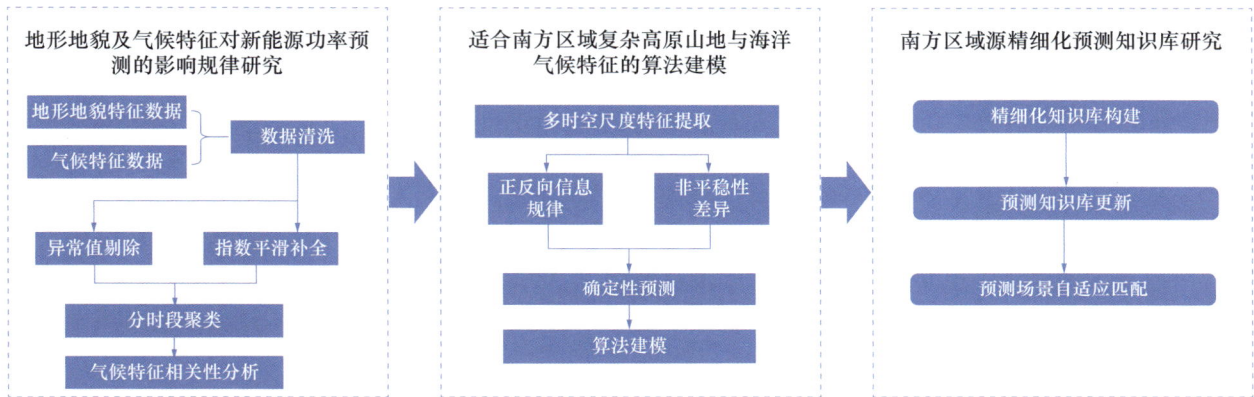

图 1 适应高原山地及海洋气候特征的新能源功率预测多时空精确建模及算法提升技术路线图

研究内容 2："网省地场"一体化联动的新能源功率协同预测技术研究。主要针对新能源场站新并网或陆续并网场景下历史数据不足、局部区域预测精度低等实际问题，开展"网省地场"一体化联动的新能源功率协同预测技术研究，提出南方区域新能源"网省地场"一体化协同预测流程规范及协同机制。技术路线如图 2 所示。

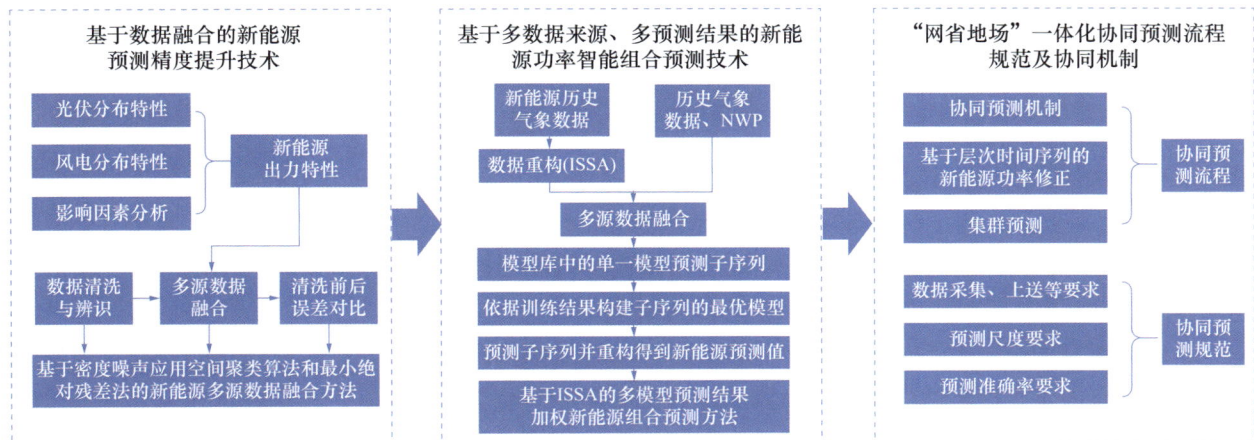

图 2 "网省地场"一体化联动的新能源功率协同预测技术路线图

研究内容 3：应对极端天气的新能源功率预测定制化修正技术研究，路线如图 3 所示。针对极端天气影响新能源设备运行状态，导致新能源预测算法出现较大偏差的实际问题，开展应对极端天气的新能源功率预测定制化修正技术研究，通过极端天气演变过程分析，提出定制化在线修正方法，提升极端天气场景下的预测精度。

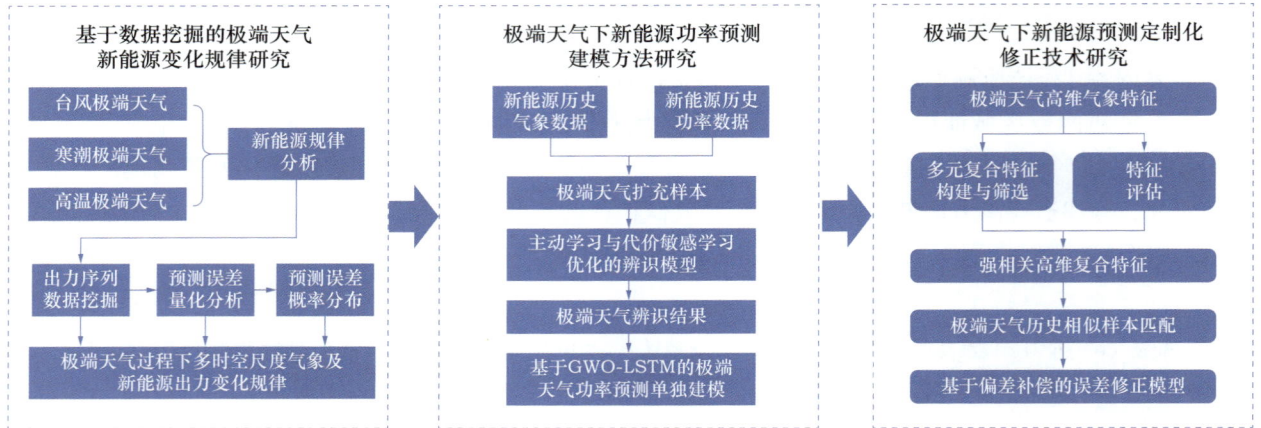

图 3　应对极端天气的新能源功率预测定制化修正技术路线图

研究内容 4：新能源功率预测全流程精细化误差溯源及预测评价技术研究，路线如图 4 所示。主要针对南方区域缺乏对预测各环节引入误差进行精细化分析及统一评价管理等实际问题，开展新能源功率预测全流程精细化误差溯源及预测评价技术研究，构建覆盖全流程的精细化预测误差溯源方案及评价指标体系。

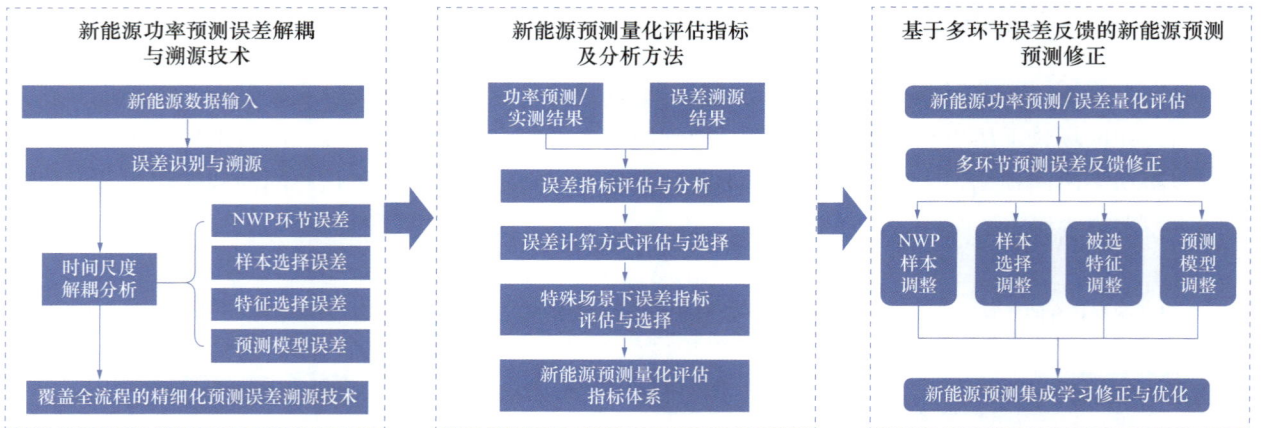

图 4　新能源功率预测全流程精细化误差溯源及预测评价技术路线图

研究内容 5：南方区域新能源多时空尺度一体化精确预测技术支持系统研发及示范应用。集成上述 4 方面研究成果，开展系统研发及示范应用。

各研究内容的逻辑关系如图 5 所示。研究内容 1 开展精确化的预测建模和算法提升研究，为研究内容 2 至研究内容 5 提供适应高原山地及海洋气候特征的多时空尺度精确化预测模型库及算法库。研究内容 2 在研究内容 1 的基础上，开展"网省地场"一体化联动的新能源功率协同预测技术研究，并为其他研究内容提供网省地场一体化协同预测流程规范及协同机制。研究内容 3 基于研究内容 2 的一

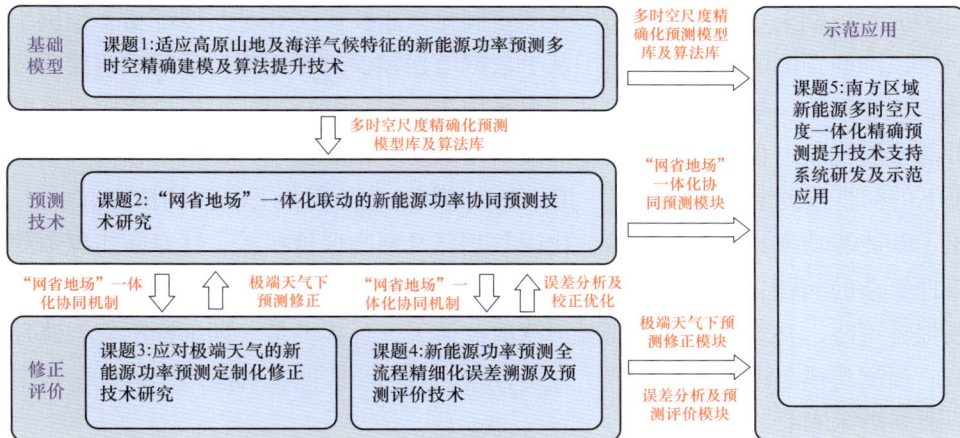

图 5　各研究内容逻辑关系

体化协同机制，研究应对极端天气的预测建模方法，为其他研究内容提供极端天气下的定制化预测修正模型。研究内容 4 针对预测结果进行预测误差的溯源及预测评价，并反馈给研究内容 2 的协同预测机制，通过闭环在线优化进一步提升预测精度。研究内容 5 将研究内容 1 至研究内容 4 的关键技术成果进行应用集成，并开展系统研发及示范应用，通过实际应用效果反馈指导本案例关键技术、模型的改进优化。

（二）应用场景

新能源功率预测价值生态圈培育计划以全面提升南方区域新能源预测水平为目标，邀请全球范围内的预测厂商、高校、科研院所、团体及个人参与南方区域的实景新能源预测"赛马"比拼。变革了现有基于单一厂家算法的新能源功率预测技术路线，创新了多算法、多场景、多时空尺度测试筛选及评价机制。从 2023 年 4 月起，南方电网正式对社会每月滚动公开发布新能源功率预测价值生态圈培育计划情况，向社会各界公布包括参赛队伍预测准确率评价结果等在内的南方区域新能源功率预测最新动态，并基于测试评价结果，优选出适应南方区域的 8 ～ 10 套先进预测算法，用于探索面向多维度预测目标的多算法组合预测技术，研发新能源功率组合预测系统，进一步筛选出 3 ～ 5 套先进预测算法在系统运行中进行广泛部署，支撑南方电网新能源发电计划制定、平衡消纳分析、市场交易等实际生产业务。

（三）创新点及先进性

本案例通过建立新能源多时空尺度精确预测智慧平台，构建新能源功率预测价值生态圈，从技术、管理、商业模式上创新突破，解决制约新能源预测能力提升的主要障碍。

1. 技术创新

（1）提出了适应高原山地及海洋气候特征的新能源功率预测多时空精确建模及算法提升技术。提出了新能源预测知识库的构建技术，通过分析复杂高原山地与海洋气候特征对新能源预测精度的影响规律、聚类新能源预测相关数据、训练典型深度学习模型，降低了模型精度对输入特征的依赖，使模型在输入特征不全，历史信息较短情况下仍然保持较高精度；同时将数据特征信息、典型预测模型参数和超参数及模型适用场景信息转化为三元组形式存储在知识库中，便于调度运行人员理解和适用相关预测知识。

（2）提出了应对极端天气的新能源功率预测定制化修正技术。针对新能源功率预测中极端天气事件样本稀少、难以准确预测的问题，提出了基于数据增强和误差修正相结合的预测建模方法。首先根据极端天气演化规律提取误差敏感气象特征，再采用 TimeGAN、CGAN 等先进生成对抗网络进行样本扩充，随后针对不同气象过程独立建立基于深度学习的功率预测模型，并采用相似日偏差补偿技术对极端天气场景下的初步预测结果进行修正，相比现有建模方法有效提升了预测精度。

（3）提出了新能源功率预测全流程精细化误差溯源及预测评价技术。针对新能源预测误差来源环节多、形成机理复杂的问题，提出了覆盖全流程的精细化误差溯源技术并针对各误差产生环节构建了定制化的精度提升策略，有效涵盖了新能源预测的数值天气预报环节、训练样本集构建环节、特征构建与选择环节、预测建模与模型选择环节，并结合国、行标与南网工程应用实际进一步凝练了适用于南网的新能源预测指标体系。

（4）提出了"网省地场"一体化联动新能源功率协同预测技术。针对新能源场站新并网或陆续并网场景下历史数据不足、局部区域预测精度低等实际问题，考虑新能源出力特性和影响因素，开展精细化的南方区域新能源"网省地场"一体化协同预测流程规范及协同机制研究，结合数据重构、数据清洗与辨识、多源数据融合方法与气象信息，提出基于多数据来源、多预测结果的新能源功率智能组合确定性预测技术，实现高精度的新能源短期/超短期预测。

2. 管理创新

管理创新方面，通过"开放式"预测测试和组合优化解决多主体来源的先进预测算法灵活应用问题；商业模式方面，通过开放式平台优中选优，根据实际应用的占比分配资金，鼓励生态商持续创新优化提高预测准确率；构建预测生态方面，依托南网资源优化大平台，发挥协同预测及海量多源数据管理技术优势，通过价值挖掘和协同竞争提升新能源预测水平。

具体工作思路是南方电网承担主体共性工作，提供公平开放的平台，行业内各方生态厂商专注算法开发，达到共赢共利的目标。具体实施路线是通过在南网云研发和部署新能源精确预测技术提升及标准化评测平台，引进国内最新的预测算法，集众家所长，根据应用场景优选出合适的算法，以组合式预测的形式部署到实际生产运行支持系统中，以支持预测结果的工程应用。

根据上述思路，南方电网研发了新能源多时空尺度精确预测智慧平台，核心功能包括新能源数据管理、预测模型及场景管理、预测算法调试管理、预测算法测试评价管理和组合预测五个模块。通过统一、标准、开放的平台，实现预测算法的生态化开发，各预测商公平参与全网预测、分省地场预测、新并网场站预测、极端天气预测等不同场景，利用海量的南方电网五省区真实生产数据，对新能源预测模型进行可持续的迭代优化。通过源源不断的新数据输入、新生态加入、新算法接入，形成业务处理的良性循环，构建南方区域新能源功率预测新生态。

三、实施成效

案例有效提升了新能源功率预测技术水平，案例成果在加快推动新能源预测领域的大数据、人工智能应用、构建新型电力系统等方面起到了重要作用。本案例完成了适应高原山地及海洋气候特征的新能源功率预测多时空精确建模及算法提升技术、"网省地场"一体化联动的新能源功率协同预测技术、应对极端天气的新能源功率预测定制化修正技术和新能源功率预测全流程精细化误差溯源及预测评价技术四项技术研究，并依托新能源功率预测价值生态圈培育计划构建了新能源多时空尺度精确预测智慧平台，该平台预测场景覆盖南方区域"网—省—地—场"多元维度，接入了南方五省区调管全量新能源场站的运行数据、气象数据等超 16 亿条海量数据。案例成果有效提高了南方区域级新能源功率预测精度 9% 以上，目前网级风、光日前预测准确率达 88%、93%，省级风、光日前预测准确率达 81%、91%，超过国家标准约 15%，预测指标全面优于南方区域新版"两个细则"考核要求。

案例成功构建了新能源功率预测价值生态圈，打破了学术界、科研界与产业界之间的壁垒，推动产学研用形成合力，培育计划参与队伍如图 6 所示。首先，培育计划为新能源功率预测提供了实景数据和平台。培育计划的发布引起了业内的广泛关注，目前已经有包括预测厂家、高等院校、科研院所、新能源发电企业等超 220 家新能源预测单位报名，63 家提交公共算例，36 家完成区域级算法部署。为了破解南方区域新能源预测的难题，中国南方电网电力调度控制中心联合南方电网科学研究院自主研发新能源多时空尺度精确预测智慧平台，为参赛队伍提供了可弹性开发的技术架构和数据环境，实现了资源共享。2024 年培育计划新增超短期预测赛道并纳入计分排名，培育计划进一步发挥了其带动作用。其次，培育计划为高校人才培养提供了新思路，促进了知识、技术和信息的自由流动，促进人才培养与产业需求的对接。培育计划邀请了华南理工大学等高校学生参观培育计划比赛现场，为他们介绍培育计划赛制并进行交流互动。依托培育计划，高校学生能够在实际应用中不断迭代优化预测技术，从而提升预测准确率。最后，培育计划为预测服务商持续迭代优化提供了应用的沃土。上海远景科创智能科技有限公司的李润东是培育计划的积极参与者，作为新能源功率预测解决方案负责人的他表示，南方电网承担了数据准备及治理、验证等主体共性工作，提供了公平、开放、灵活的平台，让各预测服务商可以专注于不同场景的预测算法生态化开发，并基于统一的数据资源和评价机制对预测模型进行持续迭代优化，形成业务处理的良性循环，共同提升新能源预测准确率。

图 6　培育计划参与队伍

案例积累了丰富的创新成果。在研究过程中发表和录用了共 10 篇论文，提交申请 10 项发明专利，获得 1 项软件著作权，依托成果编制 5 项南方电网标准。此外，培育计划"赛马制"的比赛形式吸引了众多优秀的团队，为新能源功率预测技术的持续创新注入了源源不断的动力。2024 年赛季，培育计划开辟了"超短期"赛道，后面也将持续开辟"中长期""分布式"等多融合赛道，不断满足行业的实践需求，促进技术迭代升级。同时，南方电网将积极探索通过"开放式"预测和 AI 组合优化方法，解决多主体来源的先进预测算法灵活应用问题，将最适合南方区域的优胜算法，以组合式预测的形式部署到南网总调实际生产运行环境，以实现国内最先进预测算法的工程应用。

案例发挥了南方电网的领头带动作用，具有显著的社会效益。案例成果入选南方电网公司《新型电力系统发展报告（2021—2023）》成果、中国电力技术市场协会 2023 年全国智能发电技术大会创新成果、首届中国国际供应链促进博览会优秀案例，获央视总台、央视财经频道、中国电力报等行业权威媒体广泛报道，彰显了案例的独特价值。接下来南方电网将常态化开展新能源功率预测价值生态圈培育计划，建成部署新能源功率预测全景调度运行系统，支撑调度生产实际需求，形成所筛选优选算法在调度域的全面应用。2023 年 12 月 1 日，由南网总调、南网科研院与多个发电企业、科研机构、高校和设备厂商共同发起成立的博鳌新型电力系统协会新能源技术专业委员会成立大会在广州顺利召开。新能源技术专业委员将通过建立健全会员单位之间常态化的沟通互动机制，共享行业内外优质资源，共同营造良好产业发展生态，持续服务新型电力系统建设。下一步南方电网将依托培育计划构建全国新能源资源及功率预测多方会商平台，打造南方电网在新能源领域对内对外交流合作的窗口，促进行业人才交流、技术创新、产业发展，立足南方电网"能源产业价值链整合商"的战略定位，实现新能源功率预测产学研用的全链条贯通，助力新型电力系统建设。

四、经济效益及推广前景

1. 经济效益

自本案例筹备及实施以来，相关参与单位依托本案例为能源企业、电网公司和科研院所提供了产品和咨询服务，通过技术咨询及技术服务、技术开发及转让、软件销售等渠道累计签署合同额 2160.85 万元，新增利润 431.14 万元。

本案例有效提升了南方区域新能源消纳水平、减少碳排放量。案例实施前，南方区域全年弃风、弃光弃电量分别达 7.8 亿 kW·h、0.3 亿 kW·h；案例实施后，可再生能源利用率达到 99.8%，基本实现新能源全额消纳。按照减少新能源弃电量 8.1 亿千瓦时估算，约减少煤炭消耗 23.5 万吨标煤，减少二氧化碳排放 58.8 万吨，经济节支效益及生态效益显著。

2. 社会效益

本案例发布了国内首个新能源功率预测价值生态圈培育计划，构建了涵盖气象服务机构、预测厂家、高等院校、科研院所、新能源发电企业及电网调度机构的新能源功率预测价值生态圈。实现包括南方五省（区）区域级和全量超 1400 座新能源场站级等预测场景的"网—省—地—场"一体化新能源功率预测，联合高校、科研机构以及产业链上下游企业，共同开展技术研发、产品创新和市场应用，提高了区域级新能源功率预测精度和不同应用场景下新能源预测结果的匹配性。极大地促进了新能源预测技术变革，提高了新能源预测生态圈各方"共商、共建、共享"的积极性。

3. 推广前景

构建新能源功率预测生态，通过价值挖掘和协同竞争提升预测精度是未来新能源功率预测的发展方向。本案例通过构建最广泛的预测生态，协同攻克新能源功率预测领域的预测模型适应性差、极端天气预测"失灵"、组合优化等关键技术难题，力争构建新能源预测的新面貌、新业态。

随着新能源场站的陆续并网以及新能源调管范围的优化调整，新并网场站以及地调对于新能源功率预测业务的需求增大，本案例提供的多预测厂家预测结果评价可以为新并网场站优选新能源功率预测厂家提供决策参考，同时本案例提出的组合预测解决方案也可以为各级调度机构新能源预测业务提供参考借鉴，实现成果在南方区域内的快速推广应用。

本案例可有效提升调度部门对区域新能源波动的宏观把控能力，进一步发挥大电网资源优化配置和灵活调节能力，促进"双碳"目标下南方区域新能源的有效消纳。

五、项目主要完成人

中国南方电网有限责任公司李崇浩、王皓怀、邓韦斯、王凌梓、刘显苗、刘佳乐，南方电网科学研究院有限责任公司周保荣、卢斯煜、戴仲覆、程铭。

电力调度生产运维中心光储直柔典型示范

国网河北省电力有限公司雄安新区供电公司

一、案例简介

1. 背景

雄安新区已进入大规模建设和承接非首都功能并重阶段，光储直柔技术作为一种集光伏发电、储能、直流配电、柔性用电于一体的新型建筑配电技术，是新型电力系统的重要组成部分，更是实现"双碳"目标的关键技术路径。在新区层面使用并推广光储直柔技术不仅有利于助推雄安新区实现绿色、低碳的城市发展，还有助于雄安新区构建高效、智能的电力系统，形成可再生能源和传统能源优势互补的能源结构。对雄安新区清洁能源利用率、能源效率提升以及能源转型过程中的节能降碳战略目标实现，具有深远的社会和经济意义。

雄安电力调度生产运维中心是雄安新区电力系统信息处理、监视、控制和管理的枢纽机构，作为雄安新区电力枢纽，负责所辖供电区域内的电网运行和维护管理工作，具有调度生产、综合管理等功能，同时兼具科研教育、体验展示等延伸功能。本项目集成运用多模光伏系统、安全储能系统、站网互动系统、灵活直流系统及柔性控制系统等新型电力系统技术，探索新型电力系统在建筑领域示范应用，引领雄安新区光储直柔系统建设。

2. 项目概况

结合雄安电力调度生产运维中心可利用空间，通过多模光伏系统、安全储能系统、站网互动系统、灵活直流系统及柔性控制系统等技术措施将大楼转变为具有发电、储能、用电和调节等多重功能楼宇综合体。

根据屋面实际环境，因地制宜开展光伏建筑一体化建设，光伏装机容量达 636kWp，预计首年发电量约 76 万 kW·h，通过 750V 直流母线为充电及照明负荷提供清洁电能。直流母线包含750V–375V–48V 三层电压等级，其中 750V 用于充电桩及储能负荷，375V 用于后续大功率直流电器，48V 用于西楼公共区域、茶水间、车库等 80kW 的区域照明。配备两套 100kW/100kW·h 储能，可在新能源消纳、需求响应、照明应急保障以及离网运行等多种运行方式下灵活无缝切换，实现对剩余光伏电量的存储和消纳，并能在离网时为重要负荷提供不小于 2h 的电源支撑。充电桩负荷预计可达 1152kW，对内实现 15 ～ 120kW 动态可调的充电功率分配，对外配合储能实现功率倍增和柔性补强。光储直柔系统与交流配电室连接，光伏出力不足时可通过市电进行补充，充足时可逆变至交流负荷予以消纳。

二、技术方案

结合雄安电力调度生产运维中心可利用空间，通过多模光伏系统、安全储能系统、站网互动系统、灵活直流系统及柔性控制系统等技术措施将大楼转变为具有发电、储能、用电和调节等多重功能楼宇综合体，打造雄安新区首座面向新型电力系统的近零能耗建筑，为雄安新区绿色低碳建筑发展提供标杆样板。

1. 多模光伏

（1）充分利用建筑表皮，综合考虑屋面（单晶硅）、南楼飘顶（20% 透光碲化镉）、运动场馆玻璃天棚（40% 透光碲化镉）及景观等区域，最大化提升光伏装机容量并兼顾建筑风貌。单晶硅组件光电转换效率高于 22.26%，20% 透光碲化镉组件高于 11.2%，40% 透光碲化镉组件高于 8.15%。采用高效率 DC/DC 接入直流网络，变换效率较交流逆变器高 1%。装机总容量 636.6kWp，预计首年发电量可达 76 万 kW·h。

（2）其他配套，光伏座椅利用太阳能进行供电，具备照明灯光、手机 USB/ 无线充电等扩展功能。小型低速风机位于楼顶东西两侧，发电机类型为磁悬浮，利用叶轮的旋转运动发电，通过风机控制器接入交流配电箱并网。

2. 新型储能

（1）建设 2 套 100kW/100kW·h 直流一体化储能系统，实现站网互动系统及光储直柔系统负荷调节。储能电池采用高安全性能的钛酸锂储能介质，在尖针穿刺、高温烘烤等破坏性环境下，不会发生冒烟、起火、燃烧、爆炸。钛酸锂电池储能循环寿命可达 25000 次，能量衰减远低于磷酸铁锂。储能以集装箱形式布置于室外东西两侧景观楼梯下，集装箱内配备独立的消防系统，设置电池模组和电池柜两个保护区，每个保护区都采用复合探测与火灾抑制于一体的洁净气体（全氟己酮）消防系统，既不影响建筑美观又保障安全。

（2）材料特性：相比磷酸铁锂电池能量衰减率低、全生命周期更长（钛酸锂循环寿命在 25000 ～ 30000 次，磷酸铁锂电池循环寿命 4000 ～ 8000 次）、快速充放电能力强（钛酸锂离子电池的充电倍率有 10C、普通石墨负极材料的电池充电倍率仅有 2 ～ 4C）、工作温度范围更广（钛酸铁锂 –40 ～ 60℃，磷酸铁锂 –20 ～ 50℃）、抗外破安全系数高（挤压测试时不冒烟、不起火、不爆炸、热稳定性好）。

3. 直流网架

（1）综合考虑系统输配高效性、用电安全性以及设备适用性，直流网架架构采用单母线分段接线方式，电压等级使用采用 750、375V 和 48V 三个层级。配置 2×630kVA 大容量变流器实现交直流系统互联，光伏系统、储能系统直接接入 DC 750V 母线，直流照明分布在西楼全域公共区域及南楼车库区域通过 DC 48V 供电。系统采用浮地供电技术，提高供用电的安全性。直流网架电源取自大楼配电室 0.4kV 低压出线，光伏出力无法满足直流负荷用电时可由市电进行供电。直流网架采用单母分段接线方式，系统可实现双电源供电，提高供电可靠性。

（2）控制策略。在光伏出力小于直流负荷时，储能放电，维持直流微网的电力平衡；在光伏出力大于直流负荷时，优先储能充电，促进光伏电力优先在直流微网内消纳，若储能容量已充满，则光伏电力通过 AC/DC 逆变至配电变压器交流侧进行消纳；极端情况下，光伏出力大于直流负荷和交流负荷之和时，则可通过降低光伏出力，避免光伏返送交流。

4. 柔性充电

综合考虑占地面积、物理空间结构，在运维中心南楼地下二层打造智慧主动式站网互动系统。系统部署四台充电主机采取一机拖六桩运行模式，站控能量管理系统通过对功率的灵活柔性分配控制 24 把充电枪线的充电功率，充电枪线功率 15 ～ 120kW 动态可调。对外配合储能实现功率倍增和柔性补强，形成充电站对电网的快速有效响应。聚合有序充电桩，推动车网互动应用场景。

5. 能碳系统

系统通过接入楼宇光储直柔系统实时运行数据、各楼层弱电子系统照明、插座、充电桩、空调、电梯、温湿度及办公设备数据，共计 145 个设备和 251 个点位，实现各系统运行状态监控和能碳分析，并结合优化策略通过对光储直柔和弱电系统控制器进行策略下发和控制，实现建筑低碳运行和精细化管理。通过汇聚分析监测光储直柔、建筑弱电子系统等各类能源数据，实现建筑用能优化运行、智慧运维、运营辅助、精准调控等功能，有力支撑建筑用能碳排放量及用能强度等关键指标的精准计算和管理。

三、实施成效

光储直柔技术是一种集光伏发电、储能、直流配电和柔性电力调度于一体的综合能源利用技术，在雄安新区建筑能源、交通运输、美丽乡村方面具有重要的应用价值。

建筑能源利用：光储直柔技术可以应用于建筑能源系统中，通过太阳能光伏发电系统将太阳能转化为电能，并将多余的电能储存起来，以供夜间或低光照时使用。同时，柔性电力调度技术可以根据建筑的能源需求进行智能调度，实现能源的高效利用和节约。雄安新区当前处于大规模建设阶段，本项目技术在公共建筑、住宅和工业园区中均可以得到广泛应用。

交通运输领域：雄安新区将绿色低碳理念贯穿于城市交通领域，明确提出，到 2035 年起步区绿色交通出行比例达到 90%、公共交通占机动化出行比例达到 80% 的目标要求，出台《河北雄安新区充换电设施建设运营管理办法》。目前，新建成投用的容东、容西片区按照不低于停车位 20% 的比例建设了充电设施，100% 预留了充电设施建设安装条件。本项目光储直柔技术可以应用于充电站的建设中。通过太阳能光伏发电系统和储能设备，可以为电动汽车提供清洁能源充电服务，并实现对电力的柔性调度，以满足不同时间段和不同需求的充电需求，促进雄安新区电动汽车普及和低碳交通发展。

农村领域：围绕雄安新区美丽乡村建设行动方案，以发展农村光伏发电为核心，以推动新能源汽车下乡为手段，以构建农村能源网络为基础，推动光储直柔技术在雄安新区落地、应用、推广，助力新区打造一批设施配套、功能完善、环境优美、保持自然风光、突出历史记忆和地域特色的宜居宜业和美乡村，全面推进雄安新区乡村振兴，实现乡村农业生产、农村建设、乡村生活生态良性循环。

本项目技术先后在雄安新区王家寨、容东供电服务中心、雄安高铁站、剧村变电站等场景实现推广应用。

应用实践场景一：王家寨绿色智能微网示范工程

时间：2020 年 10 月。

成效：项目按照"1 个全绿电示范村，村级、邻里级、家庭级三个层级微电网"模式完成实施。建设以风光生物质为代表的能源侧供给系统，以低压直流、智慧精品台区、一二次融合开关为代表的坚强智能配电网，应用 5G 网络、北斗、全景规划平台、柔性控制、多微电网群调群控等信息支撑手段，与以电动船、空气源热泵、储能为主的绿色消费系统智能柔性互动，建成国内首个基于风光储协调互补、冷热电群调群控的区域能源互联网项目。

应用实践场景二：国网容东供电服务中心楼宇级"光储直柔"微电网

时间：2022 年 3 月。

成效：雄安首个近零碳的清洁化楼宇，在建筑内高效利用太阳能光伏发电、合理配置储能、直流供电以及实现柔性用电等技术手段，包含（光）140.33kW 单晶硅光伏系统、（储）100kW/400kW·h

铅碳电池储能系统、（直）75kW 直流能量转换系统、（柔）站级柔性能源管理系统，接入新一代调度技术支持系统，满足新型电力系统灵活控制的需要，实现有效调峰和快速响应。每年可节约用电超过 20 万 kW·h，相当于节约标准煤约 66.68 吨，减少碳排放超 47%，相当于植树 32 万米²。

应用实践场景三：雄安站站房屋顶分布式光伏项目

时间：2020 年 12 月。

成效：位于雄安站站房顶部，屋面发电系统敷设面积约为 4.2 万米²，采用 17808 块多晶硅电池组件，总容量为 5.97MW。项目在设计上对标国际一流，采用建筑一体化理念，利用 BIM 技术，确定组件安装角度，在确保组件发电效率的同时，满足了雄安站"青莲滴露"的设计寓意。依托城市智慧能源管控系统（CIEMS），把运维、监控的每一个环节都变成数字，融入智慧大脑，实现光伏电站数字孪生场景的构建，保证了电站的安全、可靠运行。项目每年发电量达 580 万 kW·h，每年可节约标煤约 1800t，相应减少二氧化碳排放 4500t，同时减少二氧化硫、氮氧化合物、烟尘等污染物排放，相当于植树 12 公顷。

应用实践场景四：剧村 220kV 变电站屋顶花园

时间：2021 年 5 月。

成效：利用变电站景观亭及廊道顶部空间建设了 410m²、总容量 54kW 的分布式薄膜光伏系统，并配置了 20kW·h 储能。光伏发电系统通过低压直流供电技术实现光伏发电的 100% 消纳，为站内地下照明、5G 基站等直流负荷提供了日间稳定电源。储能为北斗增强站、气象监测点提供全天稳定电源。该项目光伏发电系统年发电量约 6.72 万 kW·h，每年可节约标准煤 2.4t、减排二氧化碳 6t、减排粉尘 0.23t。

应用实践场景五：市民服务中心"绿能魔盒"智慧直流屋

时间：2018 年 11 月。

成效：项目具有完整的直流系统架构，从电源、配电网络、用电设备、能源管理等方面搭建了完整的低压直流配电系统。用能系统安全可靠，直流 400V 和 48V 两种规格分层布置。实现清洁能源的智慧管理，采用 CIEMS 能量系统，实现光伏发电、储能、用电的一体化管理。

四、经济效益及推广前景

光储直柔系统以其独特的集成方式，实现了高效能源利用、能源灵活管理、降低碳排放等多项功能，其应用场景广泛，无论是雄安或者河北，都可在住宅、商业建筑、工业园区、光储充一体化电站、农村等场景进行推广应用。

（1）住宅场景。在住宅场景，光储直柔系统可以实现家庭级的能源自给自足，减少对外部电网的依赖。通过屋顶安装的光伏板收集太阳能并转换为直流电，储存在家庭储能设备中，再通过直流配电系统供电给家中的直流电器，例如，LED 灯具、直流空调、直流电视等。此外，利用家庭储能系统在电力需求低谷时段储电、高峰时段放电，不仅有助于削峰填谷、平衡电网负荷，也可以利用峰谷价差套利实现经济节省。对于拥有电动车的家庭，光储直柔系统还可以支持电动车的智能充放电，使其成为家庭能源系统的一部分，进一步提高能源利用率与灵活性。

（2）商业建筑场景。商业建筑包括购物中心、办公楼、酒店等，其建筑体量大、能源消耗量高，采用光储直柔系统能在更大程度上实现能源优化管理。商业建筑的屋顶面积较大，适合安装光伏板，收集的太阳能通过储能设备储存，再通过直流配电网络供应给建筑内部的照明、电梯、空调系统等设施，直流配电可以减少能量转换的损失，提高整体能源效率。同时，商业建筑还可以通过光储直柔控制系统实时监控能源使用情况，根据电价和电网需求动态调整能源使用策略，如调整中央空调的运行时间、管理电动车充电桩的充电功率等，实现负荷柔性管理，推动虚拟电厂应用。

（3）工业园区场景。工业园区通常占地面积大，屋顶和场地空间充足，适合布置大规模的光伏发电设施。结合储能系统和直流配电技术，可以为工业生产提供稳定的清洁能源供应，尤其是对于一些高能耗的生产过程，通过生产排班优化调整，可以在太阳能发电高峰期进行生产作业，以降低能源成本。同时，工业园区的光储直柔系统可以与电网进行互动，实现需求响应和负载管理，为电网提供调节服务，提升整体能源系统的灵活性和稳定性。

（4）光储充一体化电站场景。光储充一体化电站是将太阳能发电、电能储存和电动车辆充电功能集成于一体的新型能源站点。利用停车场车棚布置分布式光伏，将分布式光伏发出的直流电通过直流配电网直接给换电站的直流充电桩进行供电，减少中间转换环节，提高系统发电效率，减少系统投资。是分布式光伏结合储能的极佳的运行场景。

（5）农村场景。在农村地区建筑屋顶资源丰富，发展以"光"为核心的"光伏+"系统，自发自用、余电外送，围绕农村建筑屋顶和周边场地的太阳能资源全面开发，结合电动汽车下乡、乡村振兴等政策，开展农户、农旅、农业等场景的光储直柔技术应用，推动农村用能电气化、农业机具电动化、用电管理有序智能化，建设村级直流配电网和蓄电蓄热设施，促进光伏发电的高效利用和充分消纳。

五、项目主要负责人

国网河北省电力有限公司雄安新区供电公司李津、刘敬文、侯磊、曲锋、杨天阔。

安全长寿命数字储能关键技术研究与规模化应用

中国长江三峡集团有限公司科学技术研究院、清华大学、

云储新能源科技有限公司、北京汇思慧能科技有限公司

一、案例简介

随着全球能源结构的转型和新能源的快速发展，电力系统面临着前所未有的挑战。风电、光伏等新能源的间歇性和不稳定性要求电网具备更高的调节能力。电化学储能系统作为关键的电网调节手段，其安全性和循环寿命成为制约其广泛应用的主要瓶颈。本项目"安全长寿命数字储能关键技术研究与规模化应用"应运而生，旨在突破这些技术障碍，适用于新能源大规模并网和电网调频调峰等多个领域。

本案例针对电化学储能系统在新能源并网中存在的安全性与循环寿命短、成本高等问题，确立了提升系统安全性、延长电池循环寿命、降低度电成本的目标。通过深入研究，开发了创新的数字储能技术，实现了电池模组的动态重构和精确控制，有效解决了传统电池系统中的一致性问题，提升了系统整体性能和安全性。案例采用先进的数字控制和电池管理策略，通过模组级故障隔离技术，实现了毫秒级别的故障检测与隔离，防止故障扩散，显著提高了系统的稳定性和可靠性。同时，电池动态可重构技术的应用，优化了电池模组的使用，延长了电池寿命，减少了维护成本。

本案例在三峡乌兰察布新一代电网友好示范电站建设 50MW/100MW·h 数字储能示范电站，电站的能量效率达到 85% 以上，电池模组差异性容忍度达到 100%，支持模组级并联与故障在线检测和自动隔离解决了从创新理念、实验室技术到成熟的商业化、规模化应用中面临的一系列技术问题，有效降低了储能系统的一次性经济投入，可显著延长储能系统寿命，全面验证了数字储能技术解决方案的可行性、先进性，成果具备良好的应用与推广价值。

本案例通过技术创新在技术、社会和经济层面实现了多维度的突破，不仅显著降低了新能源发电侧的储能成本，提高了电网的调节能力和供电可靠性，有效推动了新能源的大规模开发和能源结构的绿色转型，而且通过降低储能系统的建设和运维成本，为参与单位创造了显著的经济效益。此外，案例通过提升电力供应的稳定性，提高了居民生活质量，保障了关键基础设施和重要产业的稳定运行，对社会经济的稳定发展起到了至关重要的作用。总体而言，本案例的技术成果不仅推动了储能技术的发展，更为构建一个安全、经济、绿色、可持续的现代电力系统提供了坚实的支撑。

二、技术方案

在构建新型电力系统的伟大征程中，安全长寿命数字储能关键技术研究与规模化应用案例以其

创新的理念和技术突破，展现出引领行业发展的潜力。本案例技术方案的制定，基于对现有电力系统储能需求的深刻洞察和前瞻性思考，旨在通过一系列先进技术的融合与应用，实现储能系统性能的全面提升。这些技术不仅包括 数字储能技术、动态可重构电池网络、模组级故障隔离，还涵盖了自律分散架构等前沿领域，共同构筑起一个高效、智能、安全的储能解决方案。以下将详细阐述本案例的技术路线、关键技术的创新点，以及它们在新型电力系统建设中的应用场景和潜在的推广价值。

（1）关键技术。数字储能研究电池网络智能重构算法、研制毫秒级数字能量交换装置，将传统储能系统中电池固定串并联组合方式转变为柔性、可动态重构的电池数字能源网络，按照主动均衡策略实现模组的动态投切进而容忍不同电池间差异，不同荷电状态（SOC）、健康状态（SOH）电池模组可同时工作，达到系统循环寿命接近电池循环寿命的目标，为实现低成本、长寿命储能技术的规模化应用提供支撑。

（2）技术路线。本案例采用机理研究、关键技术研究、核心 装置研发、首台试制与验证、设备批量定制、规模化示范应用的技术路线开展，解决了数字储能技术从先进理念、创新技术、实验室系统，最终形成成熟产品与解决方案的系列关键技术问题，形成了数字储能核心装置、数字储能集成系统、数字能量管理与智能运维三项核心技术成果，最终在三峡乌兰察布新一代电网友好示范电站建成 50MW/100MW·h 数字储能示范电站，各项技术指标全面达成。

（3）应用场景。本案例研制的数字储能技术及集成系统，主要针对风电和光伏发电的间歇性和不稳定性，实现平滑发电输出，快速响应电网需求，有助于电网频率的稳定和负荷平衡，提高电网的灵活性和可靠性，可全面应用于新能源发电侧储能、独立储能电站中，为电网的安全稳定运行提供有力保障，同时也可以应用于用户侧工商业储能项目中。

（4）技术创新点。本案例针对如何进一步提高储能系统的安全性，延长储能系统循环寿命、降低储能度电成本，支撑电网友好型送出为目标，提出将传统储能系统中电池固定串并组合方式转变为数字化柔性、可动态重构的电池网络，实现电池状态的实时精准监测与动态投切控制的创新方案，研究系列智能评估控制技术与核心装备，为实现系统循环寿命接近电池循环寿命，实现高安全、长寿命、低成本数字储能技术的规模化应用提供了创新实践。

创新点 1：基于动态可重构的储能电池智能算法策略与数字能量交换装置设计。研究基于储能电池动态可重构的智能算法与数字能量交换装置，实现由电力电子开关控制的储能电池柔性连接，支持模组级动态投切与故障隔离，容忍电池差异，显著提升储能系统安全性、延长循环寿命。

创新点 2：基于自律分散的储能物联网架构下边云协同的能量管理和智能运维。为了克服现有大规模储能系统集中控制方式下响应速度慢、控制精度不高、可靠性低等问题，提出边云协同架构进行储能系统的运行管理方式，实现海量储能数据的有效管理和储能状态的实时感知，并基于自律分散思想建立系统的一致性控制策略，保证储能系统响应的速度和准确性。

创新点 3：面向电网安全稳定运行的储能系统控制方法及与变流器高效协同策略。针对面向电网典型工况场景储能系统故障识别与隔离的难题，采用整体 / 局部动态隔离、均衡等控制策略实现运行中的绝对安全的控制方法，将模组可靠性需求和安全性约束纳入电力电子网络拓扑动态优化重构方案，在运行中提升薄弱环节可靠性水平，形成面向多场景应用的规模化储能系统协同运行策略，实现储能系统长寿命、低风险运行。

（5）技术先进性。本技术的先进性主要包括高安全性，提升可用容量、延长储能系统运行寿命、降低运维成本等方面。系统通过细化储能电池簇管控的力度，实现模组级故障监测与毫秒级故障隔离，显著提升系统安全性；通过模组级的电池运行工况下的动态均衡，降低模组之间的不一致性，可提升储能系统的可用（有效）容量；通过容忍电池之间的差异，支持新旧电池混用，降低单个模组老化带来的短板效应，还可直接转入梯次利用模式下运行，提升储能系统的运行寿命；通过自律分散架构实现了储能系统的智能化运维，提高系统可靠性，减少人工干预，降低运维成本。

三、实施成效

在推进安全长寿命数字储能关键技术研究与规模化应用案例的实践中，取得了一系列实质性的成果，这些成果不仅在技术层面实现了突破，更在实际应用中展现了显著的效益。以下是对案例实施成效的概述，包括技术应用的具体情况、产生的经济效益以及对社会和环境的积极影响。

本案例成果应用主要包括数字储能核心装置（系统）的生产销售、数字储能示范电站的建设与运行、新型储能技术研究等方面。数字储能核心装置（系统）包括数字能量交换系统、数字储能集成系统、能量管理与智能运维平台。其中：数字能量交换系统由能量网卡、能量集线器、能量交换机以及能量适配器等设备组成。能量网卡采用多组 MOS 场效应管执行毫秒级开关动作，实现电池模组的动态投切与旁路；能量集线器采用可编程逻辑单元与高精度采样模块，实现对模组的电压、温度的监测及上层投切指令的下达；能量交换机是系统的大脑，采用嵌入式集成电路与 CAN 总线，实现对电池簇的集中监测、状态评估、故障诊断，并根据电池模组状态评估结果发送控制指令；能量适配器是电池簇的总控，采用高功率绝缘栅双极晶体管（IGBT）等实现电池簇的投切控制与保护功能等。

数字储能集成系统是以数字能量交换系统为基础构建的容量为数字储能集装箱，包含多组独立的数字储能电池簇及变流器（PCS），通过数字能量网关实现对电池簇的集成管控，每个电池簇簇包含 3 并 14 串电池模组，支持全选、三选一、三选二模式运行。

能量管理与智能运维平台利用工业物联网、大数据、机器学习等技术，实现对数字储能场站的集成管控与智能运维。能量管理系统通过接入风光储协控与上层能量调配系统，实现电站状态信息上送及调度指令的分解下达，智能运维支持百万级节点的电池状态数据采集、存储与运行评估。

核心装置生产与销售取得的成果方面。基于本案例的研究成果进行知识产权转化，成功培育一家新型储能集成企业（云储新能源科技有限公司）。基于市场对该技术成果的充分认可，目前该公司已经完成多轮融资，融资金额高达几亿元，目前公司估值几十亿元。同时，该公司在本项目中完成 184 套数字能量交换系统生产与 46 台数字储能集成系统定制，直接取得数字储能设备制造合同收入 9000 万元，并将该成果推广到其他项目中，近年来完成多个 100MW·h 级数字储能集成系统的批量供货。

数字储能示范电站的建设与运行方面。本项目在三峡乌兰察布新一代电网友好示范电站建设 50MW/100MW·h 数字储能示范电站，该电站由 46 台单机容量为 1.075MW/2.15MW·h 的数字储能集成系统组成，目前系统已经全面并网，运行良好，各项技术指标达到设计要求，相关技术先进性与经济效益指标逐步显现。

同时，本项目围绕钠离子电池储能技术开展研究与应用，成果支撑"面向新型电网调频调度的功率型高安全钠离子电池储能系统"科研项目与 2022 年度储能与智能电网国家重点研发计划"百兆瓦时钠离子电池储能关键技术研究"项目，为构建高安全、高效率、长循环寿命的钠离子储能解决方案提供了关键技术支撑。

四、经济效益及推广前景

在综合评估本案例的多维度影响时案例不仅在技术层面实现了创新突破，更在实际应用中产生了显著的经济效益和社会效益，同时为未来的市场推广和技术发展描绘了广阔的前景。

1. 经济效益

安全长寿命数字储能关键技术研究成果可广泛应用于新型电力系统建设中，成套设备可应用于新能源发电侧，可降低规模化储能系统的一次性经济投入约 0.05 元 /Wh，通过更换电池模组可延长储能系统寿命约 40% 以上，同时，系统安全性提升带来的经济效益更加显著。

云储新能源科技有限公司直接取得数字储能设备制造合同收入 9000 万元，并将该成果推广到其他项目中，近年来完成多个 100MW·h 级数字储能集成系统的批量供货，累计收入可达 2 亿元以上。

北京汇思慧能科技有限公司通过本项目及关联项目实现 2000 万元以上销售收入，基于本项目研发的储能能量管理与智能运维系统具备批量应用与市场推广价值。

2. 社会效益

安全长寿命数字储能系统的推广应用，在新型电力系统建设中具有显著的社会效益。首先，该系统通过动态可重构电池模组延长储能系统寿命的机制，提高了设备的使用效率和经济性，减少了资源浪费和环境污染。这种可持续性的设计思路，有助于推动整个能源行业的绿色转型，符合当前全球可持续发展的趋势。

此外，云储新能源科技有限公司和北京汇思慧能科技有限公司在 2023 年基于该系统取得的显著经济成果，不仅为公司带来了可观的利润，也表明了市场对于高效、安全储能技术的需求。这种需求的增长，将激励更多的企业投入到新能源技术的研发和创新中，进一步推动整个行业的技术进步。

最后，从社会角度来看，安全长寿命数字储能系统的广泛应用，能够为社会提供更加稳定可靠的电力供应，特别是在电网不稳定或电力需求高峰时期。这不仅能够提高居民的生活质量，还能保障关键基础设施和重要产业的稳定运行，对社会经济的稳定发展具有重要意义。

3. 未来推广前景

（1）市场发展趋势与需求分析。面对全球能源结构的转型和对可持续能源体系的追求，数字储能技术展现出巨大的市场潜力。随着可再生能源比例的增加，电网对于高效储能解决方案的需求日益迫切。本项目的技术以其高安全性、长寿命和经济性，预计将在新能源发电侧、电网辅助服务以及微电网系统中得到广泛应用。特别是在国家政策的推动和市场需求的双重作用下，数字储能技术的市场前景十分广阔。

（2）社会经济影响与长远展望。推广本项目技术将对社会经济产生深远影响。它不仅有助于减少对化石能源的依赖，降低温室气体排放，还将促进新能源产业的发展。本项目的技术，凭借其创新性和前瞻性，将成为推动能源转型和社会发展的关键技术之一。

五、项目主要完成人

中国长江三峡集团有限公司科学技术研究院林恩德、于琦、李雨欣、唐博进、庄宇飞、苏一博、孙长平、高潮，清华大学慈松、程林、周杨林，云储新能源科技有限公司张明、高明、王运方，北京汇思慧能科技有限公司郭永水。

"电－氢"成金
——基于绿电就地消纳的"氢"点子

国网河北省电力有限公司石家庄市栾城区供电分公司

一、案例简介

（1）国家层面：2021 年 3 月 15 日，习近平总书记在中央财经委第九次会议上提出"构建以新能源为主体的新型电力系统"。国家《氢能产业发展中长期规划》提出，发展重点放在可再生能源制氢，即绿氢。"双碳"目标指引下，大规模分布式光伏接入已势在必行。氢能在能源、交通、工业建筑等领域具有广泛的应用前景，可以作为能源互联转化的重要媒介，有利于能源结构的优化，促进能源革命，对于"碳达峰　碳中和"发挥重要的作用。

（2）国家电网公司层面：2024 年初，国家电网公司两会提出，以服务"双碳"目标为战略引领，打造数字化智能化电网运营试点示范，在新能源和储能并网、氢电耦合等领域制定一批具有意义的示范项目，在能源供给侧，推动氢能利用，在能源消费侧，推动电制氢技术应用。

（3）国网栾城公司层面：石家庄市栾城区作为全国 676 个整县屋顶分布式光伏试点之一，计划装机容量 160MW，而高比例分布式光伏的接入，可能影响电网安全稳定运行。如何在确保电网安全可靠运行前提下，发挥好电网主导作用，促进整县光伏有效全额消纳、有序健康发展，推动电网和公司构建新的发展格局，培育新的效益增长点，需要进行深入研究。

（4）电网痛点：随着 170MW 光伏接入，可能给电网带来以下影响：一是就地消纳难，易出现弃光、反送电现象。二是增加电网配套投资。光伏与输配电通道建设节奏和成本难协同，且投资大。三是影响安全稳定运行。光伏接入导致电网灵活性降低、保护误动等问题。

二、技术方案

国网石家庄市栾城区供电公司积极服务能源转型，以栾城区创建国家级整区屋顶分布式光伏试点为契机，立足保障电网安全和就地消纳，整合区域氢能行业资源，在河北南网首个提出"绿电绿氢绿城"理念，积极推动"绿电氢园"项目落地，项目被列入《石家庄市氢能发展"十四五"规划》，依托华电福新公司、中集安瑞科、合斯康、中车集团、石煤机等企业优势，补强短板，共同建设绿电制氢示范项目，打造氢能装备制造基地。结合栾城整区分布式光伏建设，以装备制造产业园区西南区域为试点，投入资源和技术，通过实施高质量的绿氢示范项目为先导，开展氢能前沿技术的设备验证与示范应用，带动氢能产业落地。项目在栾城装备园区选址建设容量 15MW 的分布式光伏，配套绿电绿氢智能微电网，建设 10MW 电解水制氢加氢一体站一座，该站占地 4600m²，年耗电量 5400 万 kW·h，年生产氢气能力 884t，加氢能力 1000kg/ 天，可存储氢气 6400kg。日消纳能力 15 万 kW·h，可调负荷为 5 ～ 10MW。可满足周边企业和 100 辆公交车的加氢需求。

1. 配套电网建设部分

本项目以栾城区整区分布式光伏为电源，并通过在河北装备制造产业园区建设微电网对分布式光伏电力进行汇集。在 110kV 窦妪站、35kV 洨西站及周边建设分布式光伏，在周边建设分布式光伏汇集点并配置储能及制氢装置，利用锂电储能和氢气作为微电网的储能方式，用以消纳光伏多余出力，并作为光伏出力不足时的主要补充。

工程包含微电网控制系统，采用源网荷储分层分级调度技术，统筹"主、配、用"可调资源，建立群调群控、柔性互动、多目标协调控制体系，推进各级电网全面可观、精确可测、高度可控、柔性可调。

2. 光伏发电系统

建设容量 15MW 的分布式光伏，在彩钢板屋顶、混凝土屋顶、地面车棚上布置，采用组串式逆变器布置方案，"自发自用、余电上网"模式。年发电量约 1800 万 kW·h，25 年预计总发电量约为 42000 万 kW·h，25 年平均发电量约为 1680 万 kW·h/ 年，年均有效发电小时数为 1120h。

3. 制氢部分

制氢系统选用碱性水电解槽制氢（ALK），技术成熟、设备简单，运行和管理较为方便，制取氢气纯度较高，无环境污染。电解槽以 5MW 为一个单元，采用 2 台 1000 标方 /h 制氢装置，氢气产品控制指标为 99.999% 的纯度，氢气温度不高于 40℃、氢气压力 2.0MPa。

4. 储氢部分

氢气存储采用高压气态储氢：在高温下，将氢气压缩，以高密度气态形式储存。优点有成本较低、技术成熟、充放氢快、能耗低、易脱氢、工作条件较宽；目前发展最成熟、最常用的技术，也是车用储氢主要采用技术。

5. 运氢部分

采取高压长管拖车气态储氢为主，考虑本项目 2000 标方每小时的产氢能力，配置两台压力等级为 20MPa，水容积为 25.1 米^3 的高压氢气长管拖车，单次运氢 400kg，可保障项目氢气的高效运输，运输车辆总投资在 120 万元左右。根据长管拖车运输成本测算，项目运氢主要集中在栾城区域内，运输距离在 100km 以内，运输成本约在 5 元 /kg。

6. 加氢部分

加氢能力 1000kg 每天，设置两套加气机，可满足日常加氢应用。

7. 用氢部分

项目设置氢燃料公交车专线、氢燃料物流车、氢燃料环卫车、发电机组氢气掺烧、氢能家庭热电联供系统、医药化工用氢等应用场景。绿色氢能在物流、交通、医药、化工等领域有着非常广阔的应用前景，增加绿氢在能源消费终端的占比，降低传统化石能源的使用，有利于促进节能减排，推动栾城区建造绿色城市。

三、实施成效

国网石家庄市栾城区供电公司与华电福新公司共同构建的新型电氢互补绿色能源供需体系，以电解水制氢气，就地消纳高比例光伏电量，在光伏富集区建设 10MW 电解水制氢站，年耗电量 5400 万 kW·h，年产绿氢 884t，可存储氢气 6400kg，日消纳能力 15 万 kW·h。同时，将制氢、储氢、加氢等设备接入省级智慧能源服务平台。围绕多能转换与多能互补利用，推动负荷侧与电网灵活互动，打造柔性电能替代项目。可降低"弃光率"、减少向上级电网反送电、增强电网消纳能力和提升电网效益，并解决分布式光伏接入后给电网带来的峰谷差大、时段性供需紧张、电网灵活性低等问题。

1. 创新成效

一是创新电—氢协同场景。在光伏富集区就地制氢，制氢存储，就地满足终端氢能需求。创建了氢能与电能互相转化、高度协同的能源网络。二是创新源网荷储协同联动模式。配合国网首个落地"新能源电制氢系统协同控制与电网辅助服务技术研究与示范应用"课题。三是创新消纳方式。就地消纳冗余的高比例光电，减少反送电、弃光现象。四是创新储能介质。储氢就是储能，储 1kg 氢气相当于 16 度电。五是创新需求侧互动响应载体。在负荷高峰时减产、停产，在谷段开满负荷，实现削峰填谷。六是创新资产利旧模式。选址于退运淀西变电站，盘活废旧资产。

通过绿电制氢可实现：一是清洁电量可消纳：平滑电网负荷曲线，减少配网投资，提高线路的利用率。二是安全稳定有保障：具有宽功率、秒级响应的特性，可供调峰调频，提高电力系统的安全性、可靠性、灵活性。三是多元场景促发展：也可参与需求侧响应，削峰填谷。

2. 典型经验

一是保安全。积极探究"光伏 + 储能 + 绿氢"的新型电网发展模式，打造电氢耦合新示范，充分发挥好电网主导作用，探索适合大规模分布式光伏接入后的综合最优消纳模式，构建以新能源为主体的新型电力系统，研究在确保电网安全可靠运行前提下，发挥好电网主导作用，促进整县光伏有效全额消纳、有序健康发展。

二是谋发展。落实国网公司"一体四翼"发展布局，聚焦新兴产业，攻坚改革创新。以分布式光伏全额就地消纳为底线，聚合绿电、储能、绿氢、电动汽车等新型能源和负荷，搭建虚拟电厂运营平台和绿电交易平台，强化电源侧灵活调度作用，挖掘配套电源的调峰潜力，实现各类电源的互济互补，形成以绿电为主，绿氢为辅，配合绿电交易、碳交易、绿氢交易，形成新型电氢互补的绿色能源供需体系，打造新的商业模式。推动电网和公司构建新的发展格局，培育新的效益增长点。

四、经济效益及推广前景

（一）企业增效方面

一是减少电网投资，经测算，减少配套线路投资 13km/300 万元。二是促进电网安全运行，提高电能质量，降低电压波动的影响，提高线路供电可靠性。三是增加售电收入，年耗电量 5400 万 kW·h，以平均电价 0.6 元计算，售电收入达 3240 万元。四是增加租赁费。年收入租金 7.5 万元。五是减少储能投资。储能效果相当于投资 1.5 亿元电化学储能。六是增加需求响应红利。功率大，响应快，可调节性极强。能承担栾城区 1/3 的响应压力，响应一小时可获得 3 万元。七是增加产品收益。绿氢年收入 3000 万元绿氧年收入 212 万元。八是打造千亿氢产业链。挂牌"河北氢能装备制造产业示范基地"，华电、安瑞科等涉氢企业"手拉手"补齐产业链，构建栾城"氢、新、医、智、航"五大产业发展格局。九是减少碳排放。每年绿电制氢 884t，较灰氢减少碳排放约 14000t。

（二）推广前景构想

1. 栾城氢电耦合发展思路

按照栾城发展氢能产业的总体思路"一个目标""三个阵地""三个示范""三张名片"，如图 1 所示，国网石家庄市栾城区供电公司与华电福新公司共同构建的新型电氢互补绿色能源供需体系，积极探索氢能与电力融合转换、氢网与电网的有机融合、氢储能及氢能与电能的互补支撑以及终端综合能源系统下多种能源的互联互通，以电解水制氢气，就地消纳高比例光伏电量，降低"弃光率"，减少向上级电网反送电、增强电网消纳能力和提升电网效益，有效解决分布式光伏接入后给电网带来的峰谷差大、时段性供需紧张、电网灵活性低等问题，实现电力系统峰谷调节和能源的时空调节，推动新能源消纳和深度零碳替代，支撑能源互联网建设，助力"双碳"目标实现。

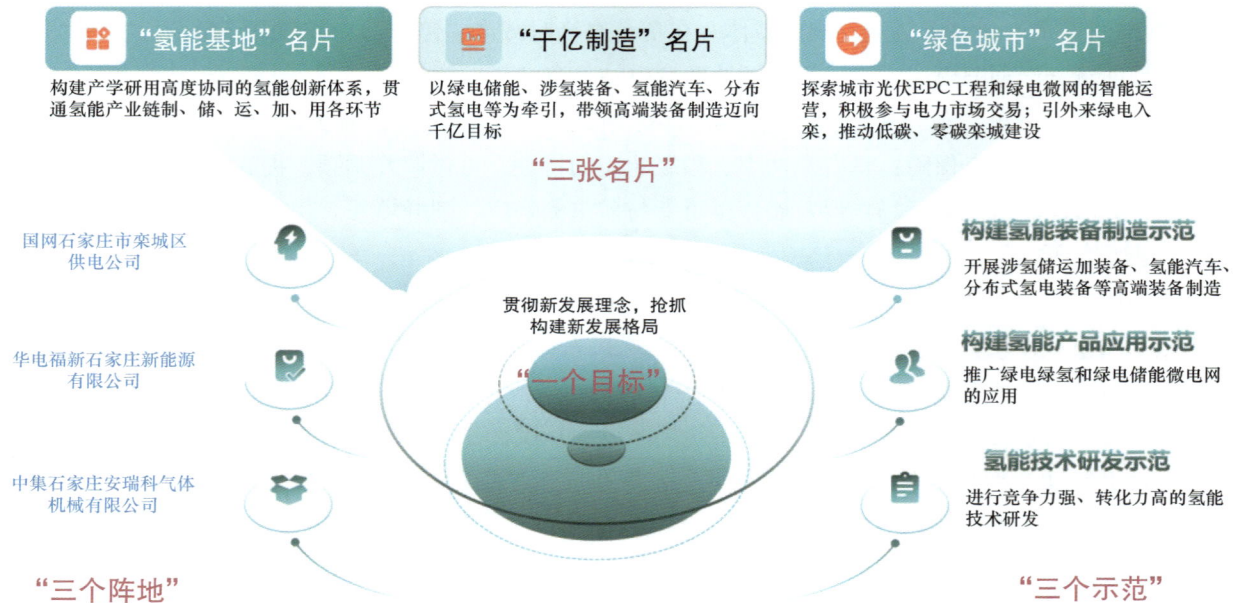

图 1　栾城氢能发展框架

2. 栾城氢电耦合发展策略（见图 2）

栾城积极打造氢电耦合新示范，充分发挥好电网主导作用，探索适合大规模分布式光伏接入后的综合最优消纳模式，构建以新能源为主体的新型电力系统，研究在确保电网安全可靠运行前提下，发挥好电网主导作用，促进整县光伏有效全额消纳、有序健康发展。

（1）电源侧。依托氢能产业示范区建设，以解决新能源消纳和波动为主线，一是开展并网型电解水制氢的技术攻关和项目试点。加强可再生能源发展、电网输送通道建设及电制氢项目同步规划建设，加强集中式可再生能源自发自用制氢＋余电上网项目大规模接入对电网影响分析，因地制宜布局电氢融合基础设施，促进形成可再生能源电制氢与电网协调互动的建设格局。二是开展可再生能源制氢系统耦合电网的控制策略研究，在满足制氢系统并网安全稳定性的前提下，实现制氢系统与电网的最佳匹配容量运行，进一步提升系统弃风、弃光电量的利用率。

（2）电网侧。将氢能纳入新型电力系统基本元素，以保障电网安全稳定运行为根本，充分发挥氢能跨季节、长周期存储和快速调节特性。一是统筹可再生能源电制氢与配电网发展，合理引导电制氢规划布局。开展电制氢局部电网规划与接入方式前瞻性研究，发挥电制氢负荷的灵活性价值，提升谷电利用率，引导可再生能源电制氢规范发展。二是在大规模新能源汇集、负荷密集接入、调峰调频困难等关键电网节点，开展氢储能电站布局规划，发挥调峰、调频、调压、爬坡等作用。三是加强电制氢辅助服务市场机制研究，建立健全辅助服务机制，为电制氢通过提供辅助服务获得收益创造良好的市场条件，鼓励和引导电制氢参与电网辅助服务。

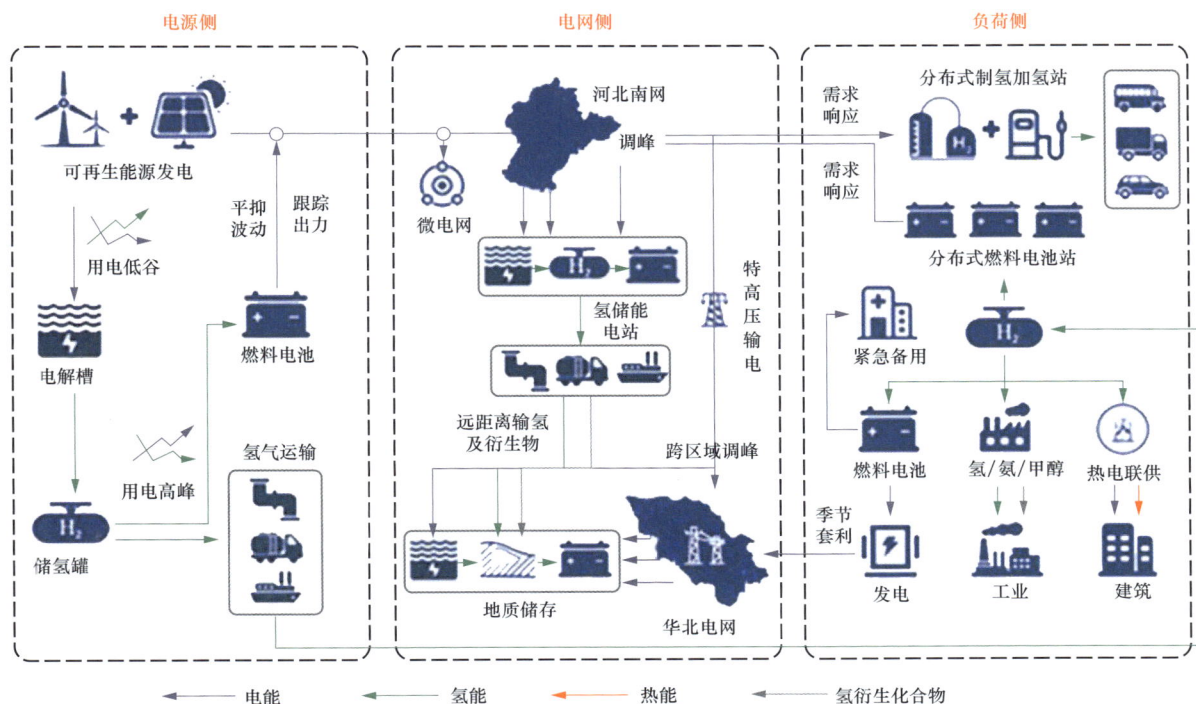

图 2　栾城电氢融合发展策略

（3）负荷侧。聚焦终端用能脱碳，以拓展公司战略性新兴产业规模为导向，拓展分布式制氢、氢燃料电池、热电联供和多能转化等综合能源业务。一是开展氢电耦合技术应用场景挖掘，通过适当降低过网费用等策略，开展与政府、发电企业、用氢企业等的合作，促进绿氢产业融合发展。二是针对钢铁、化工等重点行业，加强电解水制氢的氧气、余热等副产资源的利用，通过多元化收益提高项目经济性，加快氢电耦合技术的商业化推广。三是开展荷侧电制氢局部电网规划与接入方式前瞻性研究，发挥电制氢负荷的灵活性价值，提升谷电利用率，引导分布式可再生能源电制氢规范发展。

（三）应用场景构想

发展氢能，构建氢电耦合系统是加快能源低碳转型进程的重要途径之一。氢能产业链的上游可通过电解水制氢等方式促进可再生能源的消纳；下游可作为电力、工业、交通以及建筑等行业的绿色能量来源，以氢能作为原料、燃料及氢储能"海绵"作用，促进各行业间深度耦合。

1. 需求侧"电—氢"单向氢电耦合的应用场景

以绿色氢能为燃料，为氢能车、重卡车和河流船舶提供动力，从应用地区来看，西北、东北等地区都在推动氢能重卡等工具车的应用；在规模能力上，根据中国氢能联盟研究院的预测，到 2030 年交通用氢折算用电约 1650 亿 kW·h，对应的电解装机 4000 万 kW。

2. 电源侧"电—氢"的单向氢电耦合应用场景

在应用模式上，是新能源—电力—氢能的单向转化，在新能源出力高峰时期进行转化存储。从规模能力上看，根据中国氢能联盟研究院预测，2030 年我国具备电解槽 8000 万～1 亿 kW 的装机，至 2060 年具备电解槽 5 亿～8 亿 kW。

3."氢—电"单向氢电耦合应用场景

应用模式是通过氢能电站协同掺氢／纯氢燃气轮机，在负荷高峰时提供顶峰作用，在规模能力上，随着技术成熟和产业规模化发展，氢储能参与顶峰发电将在中远期具备一定的市场空间。

4.电—氢—电"双向氢电耦合应用场景

在应用模式上，在新能源大发或用电低谷时制氢，在用电高峰或新能源不足时利用氢能发电上网。在规模能力上，单纯的氢储能调峰电站配比较少。

绿氢在交通、制造、电力、建筑等行业具有巨大的脱碳潜力，通过借鉴国内外氢电耦合发展经验，充分考虑栾城区地域、经济、产业等多种因素，提出新型电氢互补绿色能源供需体系，积极探索氢能与电力融合转换、氢网与电网的有机融合、氢储能及氢能与电能的互补支撑以及终端综合能源系统下多种能源的互联互通。探索适合大规模分布式光伏接入后的综合最优消纳模式，构建以新能源为主体的新型电力系统，从电源侧、电网侧、负荷侧三个维度提出栾城电氢耦合新示范关键举措。基于氢能产业链上下游产业，创新提出需求侧"电—氢"单向氢电耦合、电源侧"电—氢"的单向氢电耦合、"氢—电"单向氢电耦合、"电—氢—电"双向氢电耦合 4 类氢电融合应用场景。

五、项目主要完成人

国网河北省电力有限公司石家庄市栾城区供电分公司孙钊、申芳荣、黄玉龙、张心阳、苏凯耀、卞策。

支撑新型电力系统建设的风电／火电智慧场站数智化运维关键技术及系统应用

华北电力科学研究院有限责任公司、国网冀北电力有限公司、陕西榆林能源集团横山煤电有限公司

一、案例简介

近年来，新型电力系统中各类新能源发电设备数量快速增长，以风电为代表的可再生能源的难以预测性、高故障率的特点为电力系统可观、可测、可控能力提升带来巨大挑战。同时，为支撑大规模可再生能源消纳，传统火电灵活调节运行逐渐成为常态化，发电设备长期运行在非设计工况，其可靠性面临严峻挑战，亟待进一步提高设备智能化水平，加强各类传感器信号的融合分析，提升电力装备综合感知能力。因此，新型电力系统对新能源、传统能源的发电设备／场站的数字化、智能化水平提出了新的要求，亟须深化数智化技术落地应用，为新型电力系统建设和能源可靠供应提供坚实技术支撑。

另外，随着能源数字化转型发展，应用数据赋能电力生产精益运维和精准调控，也是实现能源高效利用和可靠运行的重要途径，目前火电、风电等行业积累了大量历史数据，然而其数据价值亟待进一步挖掘，因此亟须开展火电、风电数智化运维方面的关键技术研究。

本项目提出了支撑新型电力系统建设的风电／火电智慧场站数智化运维关键技术，解决了机组故障早期预警、健康状态评价、性能诊断分析和量化评价等难题，并开发了智能管控平台，实现了四方面技术创新：突破了适用于风电／火电设备的通用异常监测与故障早期预警技术，提出了风电／火电设备健康状态综合评级方法，研发了基于数据驱动性能分析的数据量化评价技术，研制了自主知识产权的风电／火电智能运维平台。

项目申请发明专利 12 项，其中授权 5 项，发表论文 7 篇，获得软件著作权 6 项，其关键技术指标达到国际先进水平。项目成果示范应用于天津国投津能发电有限公司 4 台 1000MW 机组，解决了机组运行状态分析和优化调整难题，提高劳动生产率 213%，提升了运行监控水平，节资金额 160 万元。依托项目成果建立了冀北电科院"动力源数字仿真与智能运维技术平台"，目前平台已接入 10 余台火电机组、1 座风电场的运行数据，提升了对区域风电、火电等多种发电机组的技术服务、技术监督水平，支撑了电力生产智慧场站建设，为新型电力系统建设提供数智化技术支撑。

二、技术方案

新型电力系统背景下，风电作为新能源代表，是实现温室气体减排、助力国家"双碳"目标实现的重要力量；火电作为传统主力能源，其稳定性和可靠性是保障国家能源安全的基石。通过风电／火电的精益化运行管控，提高电力生产的效率和质量，已成为实现能源绿色、可靠供应的重要保障。随

着能源数字化转型发展，应用数据赋能电力生产精益运维和精准调控，是实现能源高效利用和可靠运行的重要途径，本项目旨在采用数智化技术提升风电、火电等电源的可观、可测、可调、可控水平，实现发电机组智能监控和精细化运维，助力新型电力系统背景下风电、火电等智慧场站的建设，通过开展智慧场站数智化运维关键技术研究及系统开发应用，形成了机组故障早期预警、健康状态评价、性能诊断分析和量化评价、智能管控平台开发等4方面创新点。

1. 技术创新点

创新点1：突破了适用于风电、火电设备的通用异常监测与故障早期预警技术。提出了基于发电设备正常行为建模的全参数实时预测方法，发明了基于3σ原理的动态预警偏差带技术，比传统预警提前5min，有效提升了运行监控预警的时效性，为运行人员操作设备预留了充足时间，避免了重大事故发生。

（1）基于发电设备正常行为建模的全参数实时预测方法。首次提出适用于发电设备的全参数实时预测通用方法，通过获取设备历史正常运行数据，基于正常行为模式建立全参数实时预测模型，设计了适用于风电、火电等多种设备通用建模流程，如图1所示，实现了发电设备参数的实时精准预测。

（2）基于3σ原理的动态预警偏差带技术。基于发电设备历史正常数据，采用上述全参数实时预测方法，得到参数实际值与预测值的残差分布特征，采用3σ原理分析出残差报警偏差带，实现故障早期预警，比传统预警提前5min，如图2所示。

创新点2：提出了风电、火电设备健康状态综合评级方法。建立了考虑机组出力相关性的发电机组参数改进劣化度模型，基于组合赋权法与模糊隶属度函数，研发了覆盖"参数—设备—机组"多层级的健康状态综合评级方法，为机组检修维护提供依据。

（1）考虑机组出力相关性的发电机组参数改进劣化度模型。根据与机组出力的相关性，将发电机组参数分为出力强相关参数、出力弱相关参数，并基于BP神经网络算法提出参数改进劣化度模型，实现"越小越优型""中间越优型""BP预测残差越小越优型"三类劣化度计算，实现了不同类型机组参数与不同类型"劣化度"的精准匹配，避免了传统"劣化度"定义不适用于"优劣标准动态变化"的缺点。

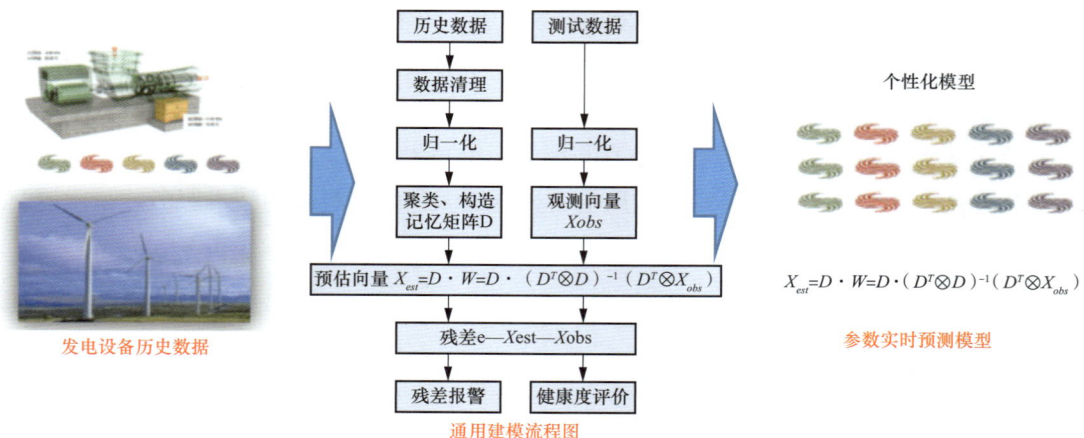

图1 发电设备通用建模流程

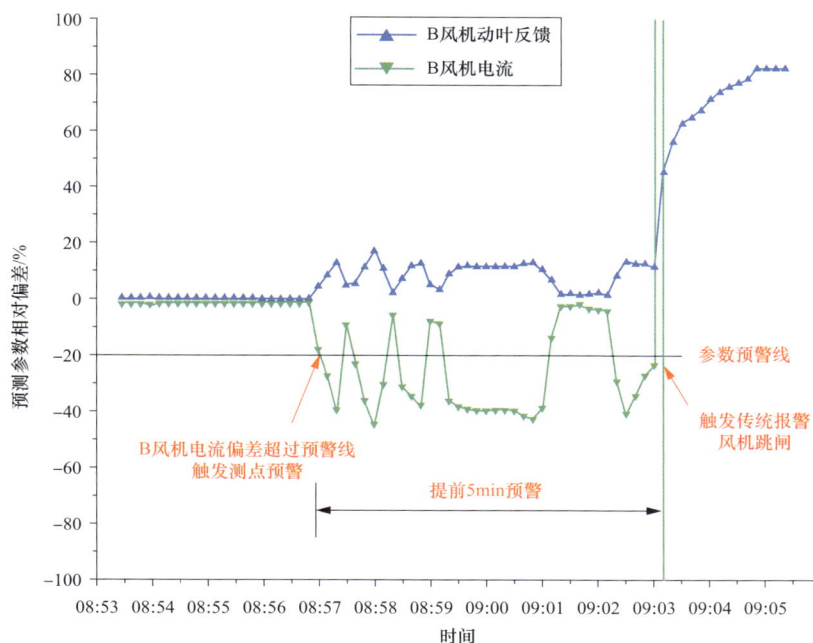

图2　动态预警效果

（2）覆盖"参数—设备—机组"三层级的健康状态综合评级方法。构建发电机组"参数—设备—机组"三层级评价架构，选取层次分析法确定各层级主观权重，熵权法确定各层级客观权重，利用最小鉴别信息原理将主观权重与客观权重相融合得到组合权重，以综合考虑专家经验和客观数据的信息；采用模糊隶属度函数建立模糊综合评价法，实现机组健康状态综合评级，为机组检修维护提供依据。

创新点3：研发了基于数据驱动性能分析的数据量化评价技术。提出风电机组风能利用效率、转矩特性、偏航动/静态偏差评估方法；开发出火电受热面壁温、风机性能曲线数据监视方法，采用量化分析方法提升了发电机组性能分析的准确性。

（1）风电机组能效及控制特性量化诊断技术。开发了基于区间面积偏差的风能利用效率量化评价方法，为风电机组能效评价提供依据；提出了考虑转矩性能、偏航动/静态偏差的控制特性诊断技术，与现场测试结果相比误差小于5%，为风电能效和控制特性诊断评价提供了一种时效性更强、成本更低的方法。

（2）火电机组锅炉运行状态评价技术。开发了锅炉受热面壁温安全在线监测技术，构建壁温变化速率、超温次数、偏均及相似度等多维度评价指标，实现对受热面整体运行状态评估；开发火电厂风机设备运行状态可视化监测技术，构建失速裕度量化诊断指标，提高了火电设备性能分析的效率。

创新点4：研制了自主知识产权的风电/火电智能运维应用平台。开发了面向风电/火电企业、电网公司、政府监管机构等多类型客户，支撑业务模型模块化部署的自主知识产权风电/火电智能运维应用平台，接入华北地区10余台高参数火电机组、1座风电场的运行数据，为发电集团提供精细化运行监控、设备健康状态评价、设备性能量化分析等服务，为电网公司提供机组可靠性分析评价、风电出力特性评价、火电深调能力实时预警等支撑，为政府、能源局等监管机构提供可靠性监管、能源保供相关等决策依据。

2.与国内外同类技术的主要参数、效益及市场竞争力对比

本项目开发的支撑风电/火电智慧场站建设的数智化运维关键技术及系统开发应用相比同类技术的先进性在于，实现了国际先进的异常监测与故障早期预警、健康状态综合评级风电、火电运行特性量化评价，表1为主要技术性能指标与国内外同类技术的比较情况。

表 1　　　　　　　　　　　　国内外主要技术与参数对比

技术成果	比较对象	国内外现状	本项目
异常监测与故障早期预警技术	适用设备	只适应特定发电机组的设备，已有针对风电、火电等	适用设备类型广，适应所有类型发电机组，包括风电、火电、水电等
	预警提前时间	未提供实测数据	至少 5min
健康状态综合评级方法	劣化度模型对参数类型的适应性	仅适应"越小越优型""中间越优型"2 类参数	适应"越小越优型""中间越优型""残差越小越优型"3 类参数
风电运行特性量化评价	风能利用效率评价方法	基于整个风速区间面积，适应性差	借鉴微分逼近原理，采用区间面积偏差的曲线相似度评价方法，适应性强
	转矩、偏航动/静态偏差诊断方法的时效性和易用性	主要基于现成测试和检查，时效性差，不易实施。	基于 SCADA 运行数据，诊断及时、容易实施
火电运行特性量化评价	锅炉受热面壁温分布监测指标	壁温实时值，最大值等 2 类实时指标	壁温实时值、最大值、屏间偏差、变化速率、超温次数、相似度等 6 类实时指标
	电站风机运行工况监测指标	风机压头、流量等 2 类实时指标	风机压头、流量、效率、失速裕度、出力裕度、平衡度等 6 类实时指标

3.技术先进性

本成果具体技术先进性体现在：

（1）对各类发电设备具有强适应性和通用性。本成果所提出的异常监测与故障早期预警技术、健康状态综合评级方法，通过提炼发电设备运行状态本质特征和规律，拓展了应用范围，可广泛适用于风电、火电、水电等各类发电设备上，本项目已在风电直驱、双馈、不同容量机组，火电各类型、不同容量设备上进行了广泛验证。

（2）故障预警提前时间长。本成果开发的异常监测与故障早期预警技术，可以实现与参数历史正常状态数值的自动分析和预警，相比传统的热工定值报警，可提前 5min 准确预警。

（3）基于数据特征的性能分析技术时效性更好，实施成本更低。本成果提出的基于数据特征的风电/火电机组性能分析技术，只需根据 DCS、SCADA 等实时监测数据，即可实时自动计算出反映设备运行工况和性能的性能指标，相比于传统的 DCS、SCADA 等监测数据，具有对设备更强的针对性，相比于现场试验具有更好的时效性，更低的实施成本。

4.实施成本

（1）技术开发成本低。本项目技术方案成熟详尽，绝大部分技术已依托科技项目完成开发，并拥有所有关键技术的自主知识产权；通过设计标准化实施流程完成通用技术部分的实施，只需针对客户需求定制化开发个别个性化技术，因此具有相对较低的开发成本。

（2）软件开发成本低。本项目技术成果通过支撑风电、火电等智慧场站建设的数智化运维系统形式进行体现，因此需要针对特定场站进行软件开发和部署；本项目提供一套标准化系统功能和页面，并可根据客户需求进行个性化设计和开发，不过由于大部分技术内容已经成熟，因此软件开发部分主要涉及前端、后端，因此软件开发成本相对较低。

（3）硬件成本低。本项目所开发技术和软件系统需要部署到风电、火电等场站，由于不需要额外增加监测测点或者装置，只需要从 DCS 或者 SCADA 等现有监测系统获取实时数据即可，因此只需要增加一套服务器硬件设备进行部署，硬件成本较低。

5. 技术和性能参数

（1）故障预警提前量：至少提前 5min。

（2）劣化度模型对参数类型的适应性：至少包含"越小越优型""中间越优型""残差越小越优型"3 类参数。

（3）风电机组控制特性诊断技术误差：与现场测试结果相比误差小于 5%。

（4）锅炉受热面壁温分布监测指标：至少包含壁温实时值、最大值、屏间偏差、变化速率、超温次数、相似度等 6 类实时指标。

（5）电站风机运行工况监测指标：至少包含风机压头、流量、效率、失速裕度、出力裕度、平衡度等 6 类实时指标。

三、实施成效

（1）基于项目成果，建立了华北电科院动力源数字仿真与智能运维技术平台，助力区域风电、火电等多种发电机组技术服务水平的提升。平台已接入 10 余台火电机组、1 座风电场的运行数据，提高了冀北电科院对区域发电机组的技术服务、技术监督水平。

（2）成果已推广应用于发电企业，提高发电企业数字化水平，提高劳动生产率，为发电企业的数字化转型发展提供坚强支撑。本项目成果已推广应用于天津国投津能发电有限公司 4 台 1000MW 机组，包括机组主辅机及环保设备的智能预警、状态监测、辅助监盘、工况寻优等功能，解决了机组运行状态分析和优化调整难题，提高了发电设备故障诊断和根源分析的效率，使机组设备状态监测环节的平均耗时从 19.7min，减少到 6.3min，提高劳动生产率 213%，达到了运行监控减员增效的目的，节资金额 160 万元。

四、经济效益及推广前景

1. 经济效益

（1）直接经济效益。依托自主研制的风电/火电智能运维应用平台开展的数字化技术服务，目前已与多家发电公司签订了技术服务或科技服务相关合同，累计形成销售收入约 385 万元。按照利润 20% 计算，新增利润 385 × 0.2=77 万元。

本成果已推广应用于天津国投津能发电有限公司 4 台 1000MW 机组，解决了机组运行状态分析和优化调整难题，提高劳动生产率 213%，达到了精细化运行维护的目的，节资金额 160 万元。

（2）间接经济效益。依托项目成果开发的动力源数字仿真与智能运维技术平台接入 10 余台火电机组、1 座风电场的共计 7440MW 容量的运行数据，提高了风电、火电机组的运行可靠性和发电效率，使场站年平均故障修复时间降低约 1.5h，有效提升了风电场的故障诊断效率，缩短故障停机时间，提高机组发电量，累计提升发电量 558 万 kW·h/ 年，提升了风电、火电运行的精益化及数智化管理水平。

2. 社会效益

（1）提升华北区域风电、火电等电源运行可靠性，有力保障能源供应安全。通过项目成果建成动力源数字仿真与智能运维技术平台，提高了华北区域的风电、火电等电源的运行管控水平，提高了场站运行可靠性，有力保障了华北地区能源供应安全。

（2）为新型电力系统建设提供重要数字化技术支撑。项目以风电、火电数字化应用为应用案例，开展技术研究并形成了包含机组故障早期预警、健康状态评价、性能诊断分析和量化评价、智能管控平台的成熟成果和应用平台，具有对风电、火电、水电、光伏等各类发电设备的广泛适用性和通用性，后续可在能源电力领域广泛推广应用，为新型电力系统建设提供重要数字化技术支撑。

（3）支撑国家"双碳"目标实现。通过项目成果提升风电、火电场站精细运行和维护水平，降低风电场故障风险和发电量损失，同时提高火电机组运行可靠性和灵活调节性能，支撑大规模消纳可再生能源，支撑国家"双碳"目标实现。

3. 未来推广前景

（1）可推广于风电场站或火电厂，提升发电机组的运行可靠性，助力场站精益化和智慧化运行。本案例成果可推广于风电场站或火电厂，通过异常监测与故障早期预警技术，实现对发电机组运行状态的全景监控，提高机组的故障预警率以及预警的时效性，在故障早期进行识别和干预，最终避免发电机组重大故障的发生，提高机组运行可靠性，助力场站精益化和智慧化运行。

（2）可推广于发电集团，支撑集团 / 区域能源大数据管控中心建设，为发电集团的数字化转型发展提供坚强技术支撑。本案例成果可推广于发电集团，通过机组故障早期预警、健康状态评价、性能诊断分析和量化评价等涵盖"运行监控—检修维护—性能诊断"电力生产全流程的数字化管控技术方案，支撑集团 / 区域级能源大数据管控中心建设，为发电集团的数字化转型发展提供坚强技术支撑。

（3）可推广于发电设备制造商，提升发电设备的设计制造水平和产品性能。本案例成果可推广于发电设备制造商，通过应用本成果的性能诊断分析和量化评价技术，可实现对发电设备性能的量化评价，为设备的设计优化提供依据，进而提升发电设备的设计制造水平和产品性能。

（4）可应用于能源 / 政府监管机构，为区域发电运行水平监管提供数字化技术支撑。本案例成果可应用于能源 / 政府监管机构，对区域发电机组的可靠性、经济性进行全面评价和预警，实现与行业内优秀机组的对标分析，为能源 / 政府监管机构的决策制定、资源优化配置、监管效率和透明度提升，提供数字化技术支撑。

五、项目主要完成人

华北电力科学研究院有限责任公司张晓璐、程亮、李金晶、佟博恒、李战国、张天浴、姜龙、刘高军、刘成永、孙亦鹏，国网冀北电力有限公司彭鑫霞、齐宇诺，陕西榆林能源集团横山煤电有限公司高利孝。

风机本质安全智能保护及预警系统

大唐东北电力试验研究院有限公司、大连大唐海派新能源有限公司

一、案例简介

风电行业对风机作业人员行为安全管控多采用工作票制度，就效果而言，风电违规作业导致的安全事故时有发生。当前无论是主机生产制造厂家还是风电运维公司，都没有对该问题提出系统性、规范化的解决方案，只是对风机存在的部分危险点提出相应技术改造方案。在人工智能、物联网、云计算等技术及国内外众多安防公司的驱动下，智能安防市场逐渐拓展并进入了快速发展时期，但智能安防系统的普及率尚不高。在发电行业中，由于其本身的特殊性，智能安防的发展缺乏针对性，仅存在少量的通用性产品。

本项目属于电力生产行业本质安全领域，项目的设计宗旨是利用硬件装置配合软件系统对作业过程中的人身安全进行监管及保护。针对发电行业作业人员数量多、作业面复杂、安全监管易存在死角等特殊性，开发风电作业现场人员安全管控、生产作业现场行为识别、安全防护用品佩戴检测等功能，将先进的摄像头、传感器等设备布控在风机作业现场，以风电作业"两票"系统和高空作业危险点辨识为依据，结合风电作业过程中的典型违章行为，用人工智能、大数据分析等技术，采集分析作业人员行为信息、佩戴安全防护信息、设备运作状态信息，当系统判断存在安全问题时，自动通过高音广播的方式发出警示信息，同时将现场违章作业画面等信息同步传送至集控室大屏幕弹出显示，集控值班人员可远程介入，及时阻止违章作业，防止发生事故，从而在事故发生的初始阶段就通过装置智能主动检测到危险的存在，将事故消灭在萌芽阶段，有效避免事故的发生，保护人身安全，达到降低高空坠落、触电、机械伤害等重大事故发生概率，提升安全生产管理水平的目的。

本成果不仅适用于风力发电机组的机舱、塔基、箱式变压器和升压站等场景，也适用于火电、水电、光伏等具有高风险作业的场景。

二、技术方案

（一）技术路线

1. 前端数据采集分析平台研究

（1）建立安全作业状态分析模型。系统布置的信息采集终端采集图像信号，通过网络传输到现场安装的边缘计算盒子，边缘计算盒子中已部署了自主研发、训练好的图像识别模型，识别模型通过高速运算识别图像与模型的相似度，实现对视频信号的智能分析、识别，将识别结果传送到智慧安全管理平台，由管理平台发出报警信息提示。

1）行为识别功能研究。行为识别包括作业人员跌倒不起、违章作业等内容，本项目只做人员倒地长时间不起行为识别。当系统识别到人员跌倒并维持一段时间不变后，即时发出报警信息，提示附近作业人员施救，并将现场图像显示在远端智慧指挥平台，保证作业人员能够得到及时救治，避免事故扩大造成更大损失。

2）安全防护用具检测功能研究。安全帽（带）检测设备应在生产现场部署摄像头，并对其进行实时监测。采用摄像头作为视频采集终端，对数据进行传输，在后台服务器搭建 GPU 环境，通过对视频流的实时解码分析与图像处理实现对连续视频帧的安全帽（带）检测。

3）火焰识别功能研究。火焰图像识别检测是利用火焰燃烧的状态特征，用识别算法识别火焰状态，并通过报警联动方式发出报警信号，实现火焰智能识别预警要求。火焰图像识别模型结合热成像技术将显著提高火焰图像识别的准确率。

4）烟雾识别功能研究。烟雾图像识别检测是利用烟雾的状态特征，用识别算法识别烟雾状态，并通过报警联动方式发出报警信号，实现烟雾智能识别预警要求。烟雾图像识别模型结合烟雾传感器将显著提高烟雾图像识别的准确率。

5）人脸识别功能研究。人脸识别检测是利用塔基图像采集设备采集作业人员面部特征，用识别算法识别作业人员身份，与"两票"系统中录入的作业人员信息进行核对，避免非作业人员参与作业。

6）温度识别功能研究。在电控柜内安装红外热成像摄像头，实时监测柜内电器元件发热情况，形成带有温度数值显示的图像数据。当温度超出限值或温度变化速率超出限值时，触发告警信息。

（2）建立安全作业行为分析模型。模拟现场人员作业流程，建立标准化作业流程管理模型，该模型以"两票"系统中规定的各项安全防护措施为逻辑判断节点，以实时采集的风机状态量信息和人员身份信息为逻辑判断条件，以安全防护措施是否落实到位为逻辑判断结果，将逻辑判断结果传送到智慧安全管理平台，由管理平台发出报警信息提示。

2. 智慧安全管理平台研究

研究开发智慧安全管理平台，用于接收、处理前端数据采集分析平台发来的报警信息，进行远程监护、远程指挥。开发报警规则设置、用户及设备管理、报警信息存储调用、日志管理等功能。

3. 现场实施与应用研究

（1）智能安防设备选型。选择具有感知、分析、推理、决策、控制能力的智能安防设备，配置 4G/5G、WiFi、蓝牙等无线通信模块，具备在线通讯能力及远程数据传输能力，以满足工业化环境的使用需求。

（2）布置智能感知及识别终端。针对性部署智能感知终端与数据采集设备，实时监测风电安全管理过程中的全要素、多维度、多尺度状态信息。

在风电机组内部设置一定数量的摄像头，监视机舱内主要设备的运行情况、人员作业行为；在塔筒外部安装摄像机，保证能够 360° 无死角监视外部环境，实现对周围环境的监视和录像，也可实现云台操控，实现对各个点位的细节观看。

（3）搭建智能安防通信网络。基于风电场内的网络结构，参照安全管理相关规定，充分利用云计算、大数据、物联网、移动互联网等现代信息技术，实现智能识别系统内信号的数字化采集、传输和存储，在信息化、自动化基础上，实现信息数据泛在感知与智能融合。

（二）创新点

1. 建立一种电力安全综合监管体系

基于图像识别算法、传感器、两票系统，将人工智能技术、智能传感器、安全管理系统有机结合起来。对人员、设备、作业环境进行实时监控，形成综合安防体系，提高了企业的安全生产质量，为企业的整个生产流程保驾护航。

2. 提出一种"小样本"模型训练方法

基于正样本建模技术自主研发了"短时过滤的正样本平稳模型"，解决了因行业内故障样本数量少而导致的模型检测能力弱的问题。

3. 改进的数据去噪方法

基于深度去噪技术，结合多分辨率自引导网络，形成一种高可靠性的去噪方法，将数据中的噪声进行滤除，有效减少数据源噪声对识别结果的影响，使模型更适应发电行业作业现场复杂的环境，保证人工智能技术在工业落地应用的合理性。

（三）关键技术

1. 提出一种风机机舱作业人员安全管控技术

风机机舱内环境复杂且危险，通过在机舱内布置摄像头，对作业人员的作业行为进行实时监控，采集风机机舱危险区域人员作业状态信息。当出现危险状况时，系统发出警告提示。

2. 提出一种个人安全防护用具佩戴智能检测技术

本装置设计了可实时检测作业人员的安全防护用具佩戴和使用状况的功能，当发现佩戴不符合安全规定时，装置在现场即时发出报警语音提示，避免造成人身高空坠落伤害。

3. 提出一种融合了身份认证与图像识别的作业行为分析技术

装置设计可自动实现作业人员身份、作业权限、专业资质等信息识别、认证。基于自学习技术建立了典型高风险作业标准操作模型库，可智能记录、辨识作业过程中的危险行为，装置自动向现场发送报警提示信息，提醒作业人员及时纠正错误，避免事故的发生。

4. 提出一种基于正样本的数据建模技术

基于正样本建模技术，开发了一套基于正样本训练的深度学习训练方法，用于对抗小样本带来的模型精度不佳。通过计算输入图像与正样本之间的偏差从而对数据中包含的信息进行判断。

5. 提出一种模型工业化部署优化技术

首次将知识蒸馏与剪枝相结合的方法应用于模型的工业化部署中，通过知识蒸馏与剪枝技术压缩模型尺寸，减少模型参数使得复杂的深度学习模型适用于工业化环境部署。

6. 提出一种图像压缩处理方法

结合作业现场实际情况，提出采用图像压缩策略解决现场带宽不足的问题，通过图像压缩策略可极大地降低生产现场带宽传输的压力。

三、实施成效

1. 大唐海派风电场

大唐海派风电场利用本项目研究成果，在风电场内 5 台风机上安装风机本质安全智能保护及预警系统，以计算机代替人脑、摄像头代替人眼，对生产作业现场进行全时段安全管理。该系统以风电作业危险点辨识为依据，结合风电作业过程中的典型违章行为，用人工智能、图像识别、大数据分析等技术，采集分析作业人员行为信息、佩戴安全防护信息、设备运作状态信息，当系统判断存在安全问题时，自动通过高音广播的方式发出警示信息，同时将现场违章作业画面等信息同步传送至集控室大屏幕弹出显示，集控值班人员可远程介入，及时阻止违章作业，在项目为期一年的运行时间里，有效减少了违章作业的发生及设备故障的报警。

采用风机本质安全智能保护及预警系统，能够规范作业人员安全作业行为，及时发现违章作业和不佩戴安全防护用具的情况，有效避免了因麻痹大意而造成的安全事故，保护人身安全；同时对设备的安全状态监测能够有效保障风电机组的安全运行，减少停机检修造成的发电量损失，具有良好的经济效益和社会效益。

2. 大唐锐驰风电场

大唐锐驰风电场为了响应中国大唐集团安全生产"十四五"规划的相关建议与要求，将厂区现有监控系统接入到大唐东北电力试验研究院自研的风机本质安全智能保护及预警系统。实现监控系统的智能化改造。改造后的系统可对不佩戴安全帽、不穿工作服、吸烟、跌倒、火焰、烟雾等常见风险进行报警，建立风险热点分布机制，形成智能安防数字化监管体系，加速企业数字化发展与转型。

该平台可快速接入厂区原有监控系统，协助安监人员进行安全管理工作。系统运行后形成了有效的安全监管手段，提高人员安防意识。本系统的部署极大地降低了安全监管人员工作强度，对违章行为产生威慑力，减少违章行为发生频次。经安全监管人员测试，本系统对违规行为的综合检测精度约为95%，满足替代安全人员审查视频监控的任务需求。

四、经济效益及推广前景

1. 经济效益

项目整体计划投资 50 万，主要用于系统平台开发、硬件设备购置、装置研发和数据库模型搭建等各项工作，还包含后续对系统平台优化、数据库升级和装置产品化改进等内容。后续项目推广过程中，成本投入只需考虑设备的采购、安装和调试费用，预计因销售数量的增多会显著降低产品生产成本，按照当前市场原材料及人工成本进行估算，平均单台机组技改销售费用可控制在 7 万元左右，其中包含设备采购费用为 6 万元，安装调试费用为 1 万元，项目落地后，每年在安全生产方面节省的费用至少 100 万元。

2. 社会效益

随着出质保风机数量的增多，风机性能也呈下降趋势，登塔检修作业次数越来越多，作业风险显著增大，安全管控工作压力倍增。一旦发生高空坠落等重大人身伤亡事故，后果不堪设想，企业的经济损失和企业形象损害将是巨大的。

在新能源行业快速发展的今天，新技术、新设计的应用和创新必将引领和推动行业的发展。能源企业创造的价值不仅体现在为社会提供的电能上，也体现在对环境保护、安全生产理念的诠释上。缔造良好企业形象，实现安全、绿色、生态化发电，这是企业的社会责任和光荣使命。

3. 未来推广前景

本项目基于"无人值班、少人值守、集中监控、区域化检修"的原则，当前主要在智慧风电领域进行示范应用，已在应用过程中不断完善产品性能、提高产品适用性，可在大部分机型上广泛应用，实现风电场的数字化、网络化、智能化、无人化管理。随着智能化技术的不断发展，风机本质安全智能保护及预警系统还可以与其他智能化设备进行联网，形成整个风场的智能化管理系统，为风场的安全、稳定和高效运行提供技术保障。因此，风机本质安全智能保护及预警装置的未来推广前景非常广阔，可以为风电行业的发展注入新的活力和动力。

五、项目主要完成人

大唐东北电力试验研究院有限公司杨彦冬、李宣谕、杨凯钧、胡嘉铭，大连大唐海派新能源有限公司贾伟杰、李颖、葛廷岩、张晓峰。

大风沙尘等多特殊气象特征下新能源功率预测提升与应用

国网新疆电力有限公司、北京金风慧能技术有限公司、华北电力大学（保定）

一、案例简介

新疆作为我国重要的能源生产基地，风能资源储量、太阳能年辐射总量均居全国前列。近年来，新疆充分发挥能源资源禀赋优势，大力发展可再生能源，持续推进能源结构调整，在沙漠、戈壁、荒漠地区加快建设大型风电光伏基地项目，初步实现了新能源规模化、集约化开发利用，新能源产业规模不断壮大，预计 2024 年新能源将首次成为新疆第一大电源，光伏比例将超过 50%。由于光伏发电与天气条件紧密相关，会受天气条件、云的运动、湿度和太阳辐照时长等因素的影响而产生随机波动，同时部分地区的沙尘天气特点突出，沙尘天气发生过程、覆盖面积将会直接影响光伏电站发电出力水平，给电网安全稳定运行带来严重威胁。亟须针对地区天气特点，研发极端天气预警系统，分析沙尘对光伏电站发电能力影响，构建沙尘天气环境下的功率预测订正模型，为功率预测风险防控和优化方案提供有力的数据支持。

基于新能源功率预测系统，研发沙尘预警模块，通过卫星遥感技术获取大范围能见度空间分布情况，基于大气化学模型模拟大气中的化学反应，从而预测气溶胶光学数值，使用大气化学模式（WRF-Chem）对大气中沙尘的起沙、传输与沉降等过程进行预测，并计算沙尘对不同光伏场站的能见度和气溶胶光学厚度，研判场站所处地的扬沙等级并进行预警。从全网、地区、场站多维度总结分析沙尘天气下光伏电站出力特征，对光伏功率预测修正，结合沙尘预警时间和等级，选择不同时间段进行折损系数调整，有助于提升功率预测的准确性。

通过以场站为点、区域为线、全网光伏的全方位预警，可以帮助电网合理安排备用电源的启动，以应对可能出现的电力供应不足。同时可以帮助新能源场站应对极端天气，有效提升异常灾害天气下的发电出力预测精度，减少准确率考核，保障稳定出力，提升功率预测准确率，通过沙尘极端天气预警技术，可以预测异常气象的发生情况并做出功率预测调整优化，修正后的功率预测能让电网提前做好电力调配，确保在沙尘天气下满足用电需求，优化电力调度，合理调整发电计划，避免不必要的发电成本增加，维护电网稳定并提高韧性，通过预测极端天气，可以降低电网调度运行安全风险，提升对新能源消纳能力。增强应急响应能力，提前制定应急预案，在极端天气发生时能够迅速采取措施。

二、技术方案

1. 研究内容

（1）基于地面观测与天基卫星遥感数据，开展沙尘暴等极端天气规律性研究，研发沙尘极端天气预警系统。采集沙尘天气下的地基观测与天基遥感数据形成沙尘天气历史案例库，研究沙尘天气发生前、沙尘天气发生过程中以及沙尘天气结束后的气象环境参数变化规律，研究地区地形地貌对沙尘天气发生与传播的影响机理，建立沙尘天气辨识及其行进路线预测模型。

（2）分析沙尘冰等极端天气的对光伏发电能力影响，建立沙尘天气影响下的光伏电站出力特性模型。研究沙尘天气发生过程中对光伏电站发电出力的实时影响，建立沙尘影响下的地表辐照度衰减模型，研究沙尘天气后积尘、积沙对光伏电池组件发电效率的长时间尺度影响规律，建立沙尘天气影响下的光伏电站出力特性模型。

（3）建立极端天气及局部微气象环境下的功率预测模型，提高对沙尘等极端天气条件下的光伏发电功率预测水平。研究基于星、地观测数据耦合的沙尘天气过程动态建模方法，实现对沙尘天气范围、趋势、规模等特性的参数化量化表征与预测，基于光伏场站运行数据与光伏电站出力特性模型，构建以沙尘天气参数为输入的光伏发电功率修正模型，提高沙尘天气条件下的光伏发电功率预测精度。

2. 应用场景

本项目围绕沙尘极端天气规律性研究与预警系统，沙尘天气影响下的光伏电站出力特性模型，以及面向沙尘极端天气环境下的光伏发电功率预测模型展开研究，涉及气象、电气交叉学科领域，从理论分析到工程应用，各研究部分之间紧密联系，环环相扣，逐步深入，相互支持，具体关系及项目总体研究技术路线如图1所示。

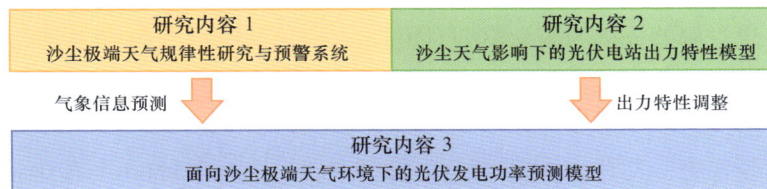

图1　项目总体研究技术路线

（1）基于地面观测与天基卫星遥感数据，开展沙尘暴等极端天气规律性研究，研发沙尘极端天气预警系统。沙尘暴的定量描述指标主要包括能见度、地面风速、PM30、PM10、大气降尘、浅层土壤湿度，上述指标均可通过专业地基环境监测设备获取。面向地区沙尘极端天气获取相关地基观测信息，对起沙模型关键参数进行本地参数优化，使得更加定量准确地模拟和预报出我国新疆沙尘暴等沙尘天气的范围和程度。

实际地表有各种植被和较大颗粒的砾石等粗糙元覆盖，它们对地表粗糙度的改变会影响沙尘微粒的临界摩擦速度。同时土壤中黏土比例以及土壤湿度对临界摩擦速度也有影响，临界摩擦速度 $u*t(d)$ 写为：

$$u*t(d)=R \cdot u*t_0(d)$$

式中，R 是由土壤类型、土地利用类型、植被覆盖情况和土壤湿度决定的修正函数。

另外，由于沙尘暴多发区往往自然条件恶劣，测站稀少，找出沙尘暴发生的源地以及移动路线通常比较困难，因此利用气象卫星遥感技术对沙尘暴进行监测也是一种有效方法，可以弥补地面常规观测资料水平分辨率的不足。

通过卫星遥感记录沙尘天气的广域分布数据，可以从大空间尺度上对沙尘的起沙、发展、消散过程进行全面监测，在此基础上得到沙尘扩散方向、移动速度等定量化参数信息，从而实现对新疆全区域的沙尘预测。

（2）分析沙尘冰等极端天气的对光伏发电能力影响，建立沙尘天气影响下的光伏电站出力特性模型。沙尘暴天气发生时风速骤升，将地面沙尘扬起，同时大气层结状态不稳定（气象因素变化剧烈），使空中扬起的沙尘易于悬浮，强风卷入空中的沙尘使空气浑浊，造成沙尘气溶胶浓度成倍上升，对太阳辐照的吸收和散射作用加强，其中吸收的辐射量大于散射加强的量，最终显示为削弱地表接收到辐射，总体表现为辐照度的减小。风沙在中间过程及结束后同样会造成影响，沙尘天气过程中，沙尘颗粒因重力不断沉降，在光伏组件上积沙，若得不到及时清理，将持续降低光伏板接收辐射，使光伏出力降低。决定光伏组件发电功率的最重要的因子包括短路电流、开路电压、最大功率（包含最大电流和最大电压）。例如，光伏电池板上粉尘积累会降低短路电流、断路电压，不同灰尘沉积情况下的光伏组件的输出特性曲线也会发生改变，一般随着灰尘沉积的增多，最大功率点功率会明显下降。

因此项目研究需针对沙尘天气中与沙尘天气后两个时间维度，充分利用光伏电站的监测数据和沙尘数据建立历史案例库，并通过机器学习的方法构建沙尘过程中与积沙影响下的光伏电站功率输入输出特性关联数据库，实现沙尘天气影响下的光伏电站出力特性建模。

（3）建立极端天气及局部微气象环境下的功率预测模型，提高对沙尘等极端天气条件下的光伏发电功率预测水平。为了实现沙尘天气影响下的光伏发电功率准确预测，需要从气象、电气两个层面对光伏发电功率影响因素进行预测建模。首先根据天气地理环境特点研发沙尘天气预警系统，提前预警沙尘预计覆盖面积、覆盖厚度等关键因素的参数量化指标；然后提出沙尘天气对光伏电站发电能力影响计算方法，分析沙尘天气对光伏出力影响程度；最后建设基于起沙模型的光伏电站智能功率预测，充分利用光伏电站的监测数据和沙尘数据建立历史案例库，通过机器学习的方法自动诊断出针对沙尘对发电功率的影响，建立偏差分析的概念模型对模式的预报结果进行订正，从而着力提升模式预报能力，功率预测风险防控和优化方案提供有力的数据支持。

3. 技术创新性

研发沙尘天气预警系统，具有沙尘规律总结（时间特性、空间特性）与沙尘预警、沙尘天气光伏电站出力特征分析及光伏电站功率预测修正（沙尘预测模型）3大应用功能，如图2所示。

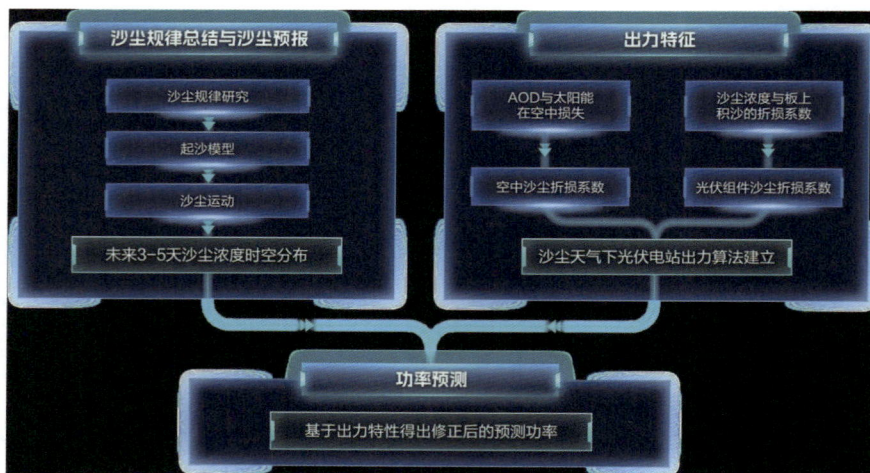

图2　沙尘天气预警系统

三、实施成效

1. 应用情况

（1）沙尘规律总结功能。内容包含：一是新疆各地区年度每月沙尘分布情况；二是时间特性统计；

三是空间特性统计；四是每月全疆和各地州预警次数、预警等级、影响天数、影响地区等。

时间特性：从全年来看，2023 年全年沙尘发生 110 天，次数 66 次；从季节变化看，2023 年春季发生 35 天（32%），次数 22 次（33%）；2023 年夏季发生 36 天（33%），次数 16 次（24%）；2023 年秋季发生 15 天（13%），次数 15 次（23%）；2023 年冬季发生 24 天（22%），次数 13 次（20%）；主要出现在春夏季，其次是秋季，冬季最少。空间特性：盆地沙尘天气远远多于北疆。沙尘天气东部强于西部，被扬起西进的沙尘，由于受昆仑山和西天山阻挡，在西部和阿克苏等地停留；冷空气从"三十里""百里"风区泻入吐鲁托盆地和哈密地区，强风将地面沙尘吹起，造成东疆（吐鲁托盆地和哈密）沙尘天气。

（2）沙尘地图预警功能。

内容包含：一是展示未来三天沙尘预警；二是传递过程进行可视化动态预警；三是沙尘强度动态变化；四是展示各地区气溶胶与能见度数据。

预警发布逻辑：一是通过卫星遥感技术获取大范围的能见度空间分布情况；二是基于大气化学模型模拟大气中的化学反应，从而预测气溶胶光学数值；三是通过大气化学模式（wrf-chem）模型对大气中沙尘的起沙、传输与沉降等过程进行预测，并计算沙尘对不同光伏场站的能见度和气溶胶光学厚度，从而研判判断场站所处的扬沙等级并进行预警。预警条件见表 1。

表 1　　　　　　　　　　　　　地区预警条件

等级	无预警	扬水或浮尘	沙尘暴	强沙暴
气溶胶光学厚度	［0 ~ 1）	［1 ~ 2.5）	［2.5 ~ 4）	［4 ~ ∞）
能见度	［∞ ~ 10kM）	［10kM ~ 5kM）	［5kM ~ 1kM）	［1kM ~ 0）
标识		黄色	橙色	红色

（3）沙尘天气下光伏电站出力特征分析。

内容包含：一是分别从全网、地区和场站三个维度展示沙尘的出力曲线，如图 3 所示；二是修正前后的预测结果进行可视化对比；三是显示受影响地区、影响场站数量和受影响装机总量。

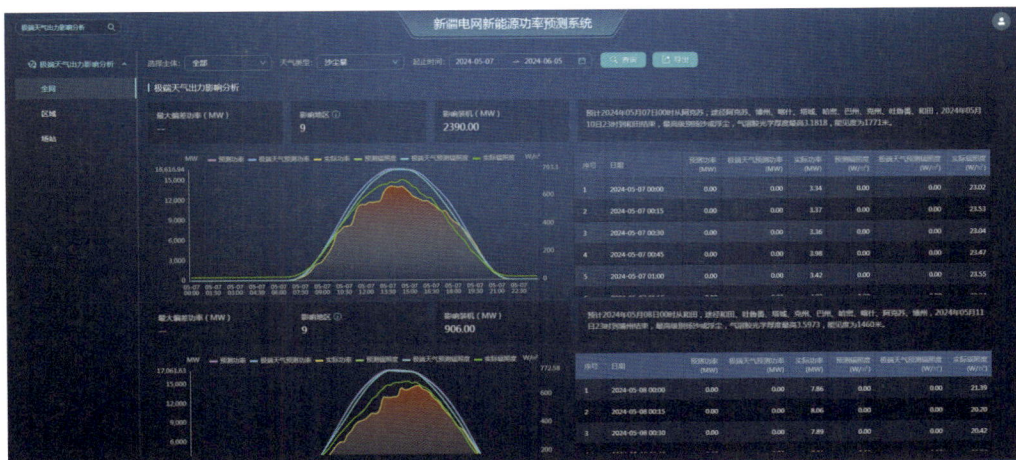

图 3　全网及区域出力曲线（一）

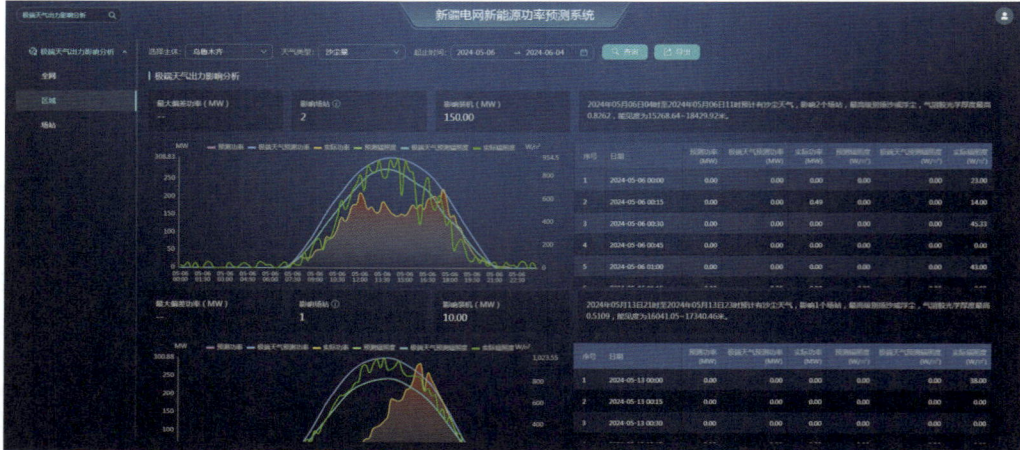

图 3　全网及区域出力曲线（二）

2. 应用效果

从修正次数统计来看：2024 年 1 ～ 5 月，累计修正 39 次，其中修正次数最多的月份为 3 月和 5 月，当月累计修正各 13 次，2 月修正次数最少，当月累计修正 1 次，如图 4 所示。

从修正后单日结果对比来看：2024 年 1 ～ 5 月修正后单日准确率提升最多为 5.59 个百分点，提升最少为 0.3 个百分点。

从修正后月度结果对比来看：2024 年 1 ～ 5 月月均准确率提升 0.4 个百分点。5 月月均准确率提升最多，共提升 0.9 个百分点，如图 5 所示。

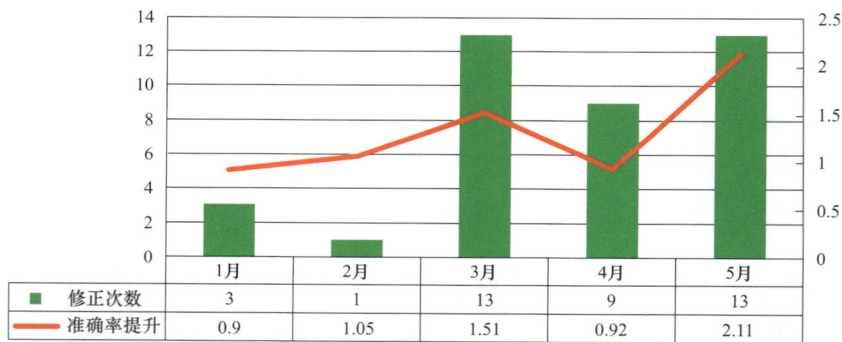

	1月	2月	3月	4月	5月
修正次数	3	1	13	9	13
准确率提升	0.9	1.05	1.51	0.92	2.11

图 4　修正天数准确率提升情况

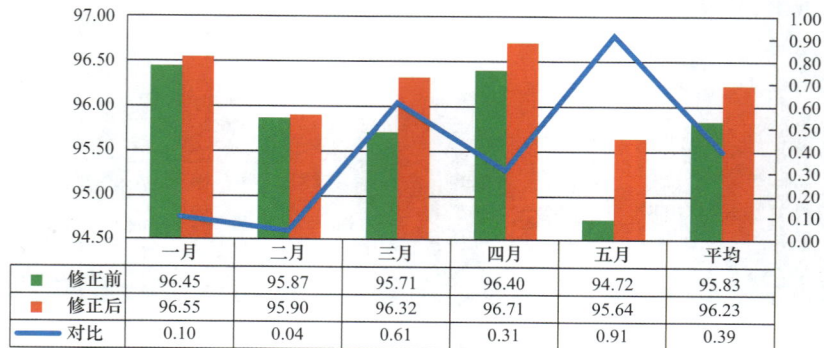

	一月	二月	三月	四月	五月	平均
修正前	96.45	95.87	95.71	96.40	94.72	95.83
修正后	96.55	95.90	96.32	96.71	95.64	96.23
对比	0.10	0.04	0.61	0.31	0.91	0.39

图 5　每月月均准确率提升情况

四、经济效益及推广前景

1. 经济效益

一是优化发电资源配置，提升利用率。功率预测能够帮助电网更精准地调配各类发电资源。在沙尘天气可能影响可再生能源发电时，提前增加传统能源发电的比例，避免电力短缺导致的损失。二是提升稳定性。提高电网的供电可靠性和稳定性，增加电网的售电收入。降低运营成本，提升整体经济效益。将有力提升沙尘暴等极端天气下光伏功率预测建模效率，提高短期和超短期功率预测精度，为未来新疆能源合理高效利用奠定基础。三是提高结算电价。降低偏差考核成本、优化电力交易策略、增强市场竞争力以及提升风险应对能力。

2. 社会效益

一是推动能源管理智能化，为实现更高效的能源管理和碳排放控制提供数据支持和决策依据，促进能源行业向智能化、低碳化方向发展。二是促进新能源高质量发展，更高的功率预测准确率使得电网能够更好地接纳可再生能源的电力。这将鼓励对可再生能源的进一步投资和开发，扩大其在能源供应中的份额，减少对化石燃料的需求，从而减少碳排放。三是优化能源结构，准确的功率预测有助于更合理地安排不同能源的发电比例。四是支持储能系统的有效利用：准确的功率预测可以优化储能系统的充放电策略。储能系统在可再生能源发电过剩时存储电能，在需求高峰或发电不足时释放电能，从而减少了因电力供需不平衡而导致的额外发电需求，降低了碳排放。

3. 推广前景

未来推广前景：此项技术的推广至全疆乃至西北地区，将具有深远意义。首先，项目首次结合多源卫星遥感数据感知了地区的沙尘分布特征，建立服务于电网的沙尘分布预报模式，能较好地预测出沙尘发生与运动的趋势。其次，评估了沙尘对未来光伏出力的影响，提升了沙尘天气下光伏功率预测的准确率。最后，建立了服务于电网的沙尘预报模式，为支持沙尘造成的光电出力预警工作提供有力的科学支撑。项目的研究成果和应用经验可推广应用于国家电网公司系统内其他省级调度机构，有助于促进新能源光伏消纳，具有显著的经济效益和社会效益。

五、项目主要完成人

国网新疆电力有限公司施惟、李国庆、刘大贵、孙谊嫚、肖桂莲、张斌，北京金风慧能技术有限公司马辉，华北电力大学（保定）王飞、甄钊。

光伏电站设备故障诊断与健康监测系统

湖南大唐先一科技有限公司

一、案例简介

1. 成果提出背景

2022 年 1 月工业和信息化部等五部委印发《智能光伏产业创新发展行动计划（2021—2025 年）》（以下简称"行动计划"），行动计划提出推广应用智能光伏发电监控系统、运维系统、项目管理系统，建立智能区域集控中心和移动运维平台，实现无人 / 少人、集中与远程管理，支持采用智能机器人、无人机等技术替代人工运维管理，降低运维成本，提升服务效率。

2. 成果解决的问题

光伏电站现有的控制和管理系统包括计算机监控系统（SCADA）、升压站 NCS 系统、继电保护、视频监控、消防系统、光功率预测、环境监测、生产管理等系统。各发电集团区域公司陆续建立了区域运维中心，并逐步试点进行了智慧光伏场站建设，但是智慧化设备厂家众多，系统相对孤立，无法达到区域统一管理集中运维的需求。

本成果在分公司建立光伏场站无人值守智慧运维一体化平台，将场站侧智能设备统一管理，各类数据进行统一分析，将各类异常数据与安全生产管理流程深度融合，助力区域运维精益管理及光伏场站"无人化"管控。

3. 成果目标

本成果通过 AI 算法对光伏电站生产数据、机器人巡检数据、视频巡检数据、无人机巡检数据、安防监视数据进行分析，按照新能源企业的生产、经营和管理需求，自下而上，打造统一的平台，将各类智慧化设备及系统进行统一管理，并应用到生产管理流程中，与缺陷、两票等功能融合，通过 AI 赋能新能源企业智慧化、一体化管理。

4. 适用范围及价值意义

成果适用于新能源集控及光伏场站智慧化管理，成果可避免系统杂乱及重复建设，贯通运行、检维、管理流程，提高检维效率，通过"机械化代人、智慧化减人"助力光伏场站提质增效。

二、技术方案

（一）关键技术

1. 智能预警与故障诊断算法

基于电站基础生产数据及统计分析指标，针对光伏组件、汇流箱、逆变器、箱变等设备，采用人工智能、模式识别和先进的大数据挖掘技术，基于企业设备实时 / 历史运行数据，分析设备参数间的关联关系，实现设备运行状态的在线监测、故障预警、诊断分析并进行快速有效定位。

本项目提出一种基于环境修正归一化系数的光伏发电数据分析、故障诊断方法，翻滚时间窗的历史数据寻优结合基于滑动时间窗的设备趋势分析，利用梯度下降法通过归一化系数的时间维度纵向趋势分析及设备维度的横向偏差率分析，可以准确识别设备的劣化趋势及故障原因，较常规光伏设备故障诊断方法具有更好的准确性及鲁棒性。

2. 三维云渲染技术

云渲染解决方案通过引擎级别的支持，将引擎实时渲染的画面直接传输到用户的各类设备上，从而解放本地终端的算力。云渲染技术的优势如下：

（1）云渲染技术是通过引擎内核来支持图像截取的，相对于一般的录像软件，绕开了 Windows 的桌面合成引擎，降低了延迟。

（2）可支持现在主流云服务供应商，采用基于位置的服务器分配策略，在用户使用地附近分配服务器资源，尽可能地消除因为距离而产生的延迟。

（3）可支持码率自适应，带宽占用小。

（4）兼容性方面常见的浏览器均支持。

（5）在性能方面支持所有的渲染特性，支持 URP、支持 HDRP，也可以支持 Builtin 管线。

数据安全方面相对于一般在线的 WebRTC，云渲染技术并不需要把任何数据下载到本地，传到本地的其实只有视频流，用户只能看到画面，拿不到任何数据。

基于云渲染技术、结合光伏电站三维建模，兼顾三维渲染效果、操作便利性以及数据安全性，为三维虚拟光伏电站提出新的解决方案。

3. 基于物联网技术的发电企业智能数据服务平台

随着光伏电站无人化、智慧化水平的不断提升，许多光伏电站建设了安防监视及无人机巡检系统，但是系统相对孤立，只能用于日常监视及巡检。

本项目通过物联网平台采集安防设备及系统信息，安防设备通过安防管理模块与监视设备关联，监视设备采用安生设备 KKS 码与安全生产业务流程及告警事件关联，通过 KKS 码串联起全部安防设备及业务流程。

无人机巡检系统设备巡检结果与设备 KKS 码关联，通过 KKS 码再关联督办事件、安全生产缺陷管理、工单管理等流程。集成无人机巡检数据，结合生成运行指标体系，对电站设备进行综合诊断分析。

基于数据平台对分散业务数据统一管理，对光伏电站分散业务进行整合，实现安防、无人机巡检及安全生产管理的无缝对接，真正实现数据融合、业务贯通，提高光伏电站智慧化管理水平。

（二）应用场景

1. 辅助监盘

智慧辅助监盘以提高电厂监盘智能化水平为宗旨，以大数据平台为支撑，依托各类先进的机器学习算法，精准发现参数与设备状态异常，降低运行人员监盘压力；通过建立各类系统和设备的预警模型，在设备故障早期进行预警，并对所发生预警信息进行故障识别与故障处理指导，提高机组运行水平和设备健康水平。

2. 运行优化

新能源管理面临点多、面广、线长等困难，无法实现对众多场站、海量设备的精益管理和运行管控的问题。运行优化主要应用大数据技术，结合系统／设备历史运行特性和最优化方法进行特定系统／设备的最优化运行方式计算，建立各类分析优化决策模型，并将运行优化结果通过组态画面等发布出来，为运行优化指导提供数据支撑，提高机组运行经济性。

3. 智慧安防

目前新能源场站"无人值班、少人值守"模式已经得到大量推广，但是新能源场站运维人员撤离后，设备的安全问题成为隐患。由于新能源场站分布广阔、环境恶劣，新能源场站运行巡检工作困难、危险性高，突发故障不能及时处理，这给新能源场站日常生产安全、财产安全、运行管理带来诸多不便。而现有的安防系统智能化程度较低，各子系统（包括视频、消防、门禁、环境监测等）之间没有实现信息共享和平台统一，极大地影响了新能源场站运行安全性和运营维护成本。通过建立统一安防平台，实现新能源场站"智能、高效、安全、可靠"运行。

（三）技术创新点

（1）项目提出了一套基于多源数据融合的设备故障诊断技术和基于多工况下设备和系统运行评判标准，实现了光伏电站设备和系统运行超限预警、故障主因诊断、劣化趋势分析，提高了监盘效率。

（2）基于三维云渲染及数字孪生技术，结合光伏电站设备和系统运行数据，开发了光伏电站的三维数字孪生平台，实现了虚拟空间与光伏电站智能运维业务高度融合、光伏电站漫游导航及电站运行状况的实时监视。

（3）通过资产、数据的标准化管理将分散业务及流程串联起来，实现了从运行到检维再到管理的全流程贯通。

三、实施成效

1. 应用情况

本成果已在大唐华银益阳新港光伏、海南万宁光伏、贵州新能源木引、丁旗、八步智慧场站等项目应用。通过生产运行大数据分析实现了设备故障识别及自动推送，为场站日常监盘及故障分析提供支撑；将无人机、视频、门禁等智能设备的集中管控，实现了电站远程智能巡检及安防监视。通过与新能源安全生产管控系统的对接，实现了智慧巡检、智慧安防、智慧分析与生产管理流程的交互能力。

2. 应用效果

成果助力项目实现了监盘效率提升及场站智慧化减人等目标。

在华银益阳智慧光伏，通过设备智能预警结合三维数字化地图，实现告警预警可视化呈现，大大提高了监盘效率。

贵州新能源通过搭建新能源运维管一体化平台，在新能源集控中心即可实现三个场站无人机、机器人、摄像头的巡检任务制订下发，并将巡检结果生成自定义报告，巡检异常转入缺陷流程，将场站智慧巡检与新能源安全生成管控流程贯通，实现了减人增效。

四、经济效益及推广前景

1. 经济效益及社会效益

（1）经济效益。通过设备预警、智能巡检、智能安防与安全生产管理深度融合，助力实现区域化检修，无人化光伏场站，通过减人增效，平均每年每场站减少 3 人，每电站每年节约人力成本 30 万。

通过多源数据的集中分析管理及运维工作的统一调度，提高运维效率，减少故障损失电量，以 100MW 光伏电站每年十亿度上网电量，上网电价（湖南）0.45 元 /（kW·h），按每年增发电量 2% 计算，每 100MW 光伏每年增发电量产生收益 90 万元。

（2）社会效益。通过物联网、大数据、人工智能算法等技术，实现业务融合、数据贯通，为生产管理决策、安全生产监管、运维检修提效提供支持手段。降低人为巡检工作量，避免人工巡检的安全隐患；通过大数据分析的设备故障预判预知极大地提高了设备事故预防能力，提高电站设备的安全管理水平；基于智能识别算法加强了现场运行人员行为安全管控及电站边界安全防护，在无人值守集中运维模式下对加强安全监管、减少安全生产事故具有重要作用。

2. 推广前景

在光伏装机不断创新高的背景下，光伏电站智慧化需求前景广阔；本成果按产品化开发，能够满足多项目并行部署。成果具有平台化、专业化、模块化、标准化特点，功能涵盖面广，扩展性强，业务分析及数据治理以生产实际需求为导向，适用性强，根据电站需求定制功能模块，推广性强。

成果具有较强的竞争力，适合在光伏发电行业全面推广，为光伏发电企业提高运维管理效率、提升安全生产管理智能化水平、增加运营收益，实现光伏电站"少人化、无人化、智慧化、科学化"管理提供平台支撑。

五、项目主要完成人

湖南大唐先一科技有限公司周宏贵、李龙、王飞、姜鑫、伍铁忠、文雯、丁伟、周新桐、彭中付、彭波、旷文祥、刘朔、邹佳兴、许富钧。

新能源场站频率主动支撑能力建设
典型案例

国网内蒙古东部电力有限公司、国网内蒙古东部电力有限公司电力科学研究院

一、案例简介

新能源的间歇性和波动性较大，容易对电网的频率和电压产生影响。通过一次调频及惯量响应功能，可以确保新能源发电站与电网的同步运行，减小电网的不稳定性，从而确保电力系统的安全稳定。目前，按照《东北能源局两个细则》、GB/T 40594《电力系统网源协调技术导则》等规程的要求，新能源场站需具备一次调频及惯量响应性能。然而新能源场站的一次调频技术应用尚不成熟，需要不断进行研究和改进，以提高调频效果和可靠性；而且蒙东地区新能源装机容量占全网总装机的 40%，新能源场站一次调频及惯量响应相关技术应用与性能需求大幅增加，需加快完成新能源场站一次调频及惯量响应的推广应用。

本典型案例为推进蒙东地区新能源参与一次调频及惯量响应能力建设，提升新能源对于电网的主动支撑水平做出显著的工作，具体经验及成果如下：

一是把控场站调频性能进程，推进蒙东频率主动支撑。立足蒙东实际，逐步推进调频能力建设，建立了新能源场站一次调频检测能力，优化测试流程，联合新能源场站、调频厂家开展调频推进交流会，跟进行业标准编制，制定蒙东调频要求及建设方案，把控场站并网调频能力审核，推进新能源频率主动支撑的快速应用。

二是完善主站考核补偿建设，部署远程测试能力。完善蒙东地区一次调频主站建设，将新能源场站调频关键信息上传主站，加强新能源场站一次调频的监控和管理；部署主站的远程测试功能，实现调频性能的常态化测试，节省人力、物力成本的同时，进一步提升工作效率。

三是开展 RTDS 硬件在环测试，强化设备入网把控。针对调频技术路线多、装置厂家杂、场站调频考核未达标的问题，蒙东院依托 RTDS 开展了调频装置与 AGC、能管功能验证，严把设备入网关，做到从源头发现和治理问题，为增强新能源并网系统的频率稳定性和可靠性提供有力支撑。

二、技术方案

1. 开展了场站一次调频技术路线梳理，加强了对新能源场站频率主动支撑的认识

新能源一次调频是指当电力系统频率偏离额定值时，新能源响应于系统频率偏差并快速调整自身有功功率的功能，使电网频率维持稳定的自动控制过程，风电机组参与电网一次调频的方法主要有：转子动能控制、桨距角控制、转速控制和外加储能单元。按照一次调频装置与 AGC 系统功率指令执行路径的不同，目前主流场站一次调频技术路线包括以下三种：

（1）一次调频装置与 AGC 系统进行并联。适用于待改造的风电场，已有 AGC 系统，AGC 不需要

升级，AGC 信息流不改变，风机能管系统需要升级。

一次调频装置与 AGC 系统进行并联，新能源场站 AGC 系统与一次调频装置实现有功功率控制，由风机能管系统协调一次调频与 AGC 功率控制，系统结构如图 1 所示。

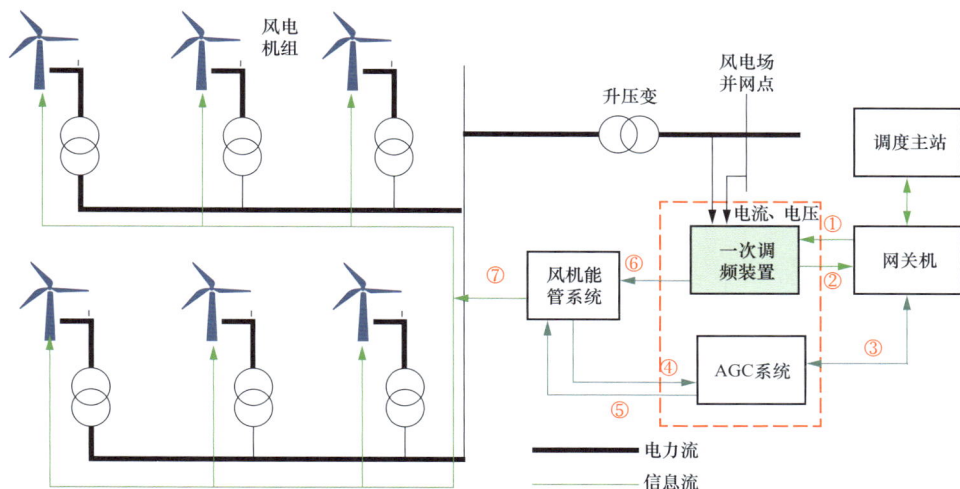

图 1　一次调频装置与 AGC 系统进行并联系统架构

（2）一次调频装置与 AGC 系统进行串联。适用于待改造的风电场，已有 AGC 系统，AGC 系统与风机能管系统不用改造，AGC 信息流改变。

一次调频装置串接于 AGC 系统与风机能管系统中，由新能源场站 AGC 系统与一次调频装置实现有功功率控制，由一次调频装置协调一次调频与 AGC 功率控制指令。系统架构如图 2 所示。

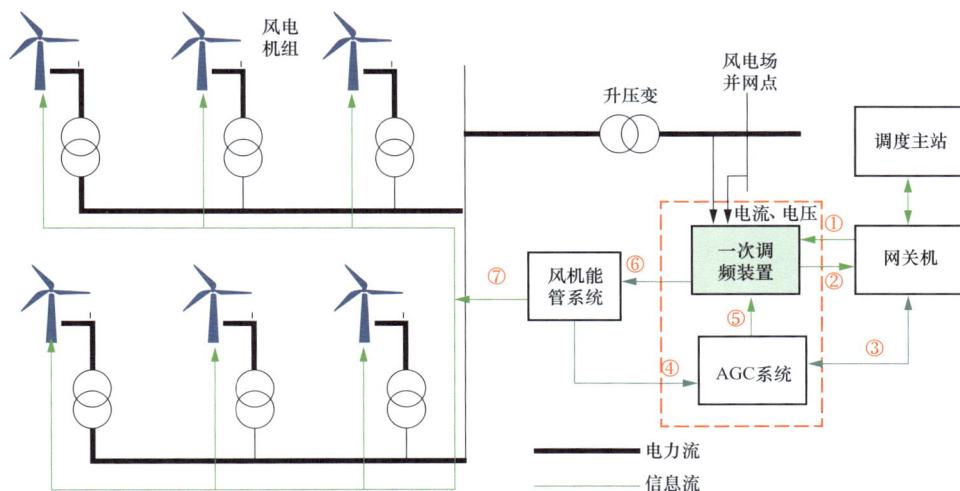

图 2　一次调频装置与 AGC 系统进行串联系统架构

（3）一次调频与 AGC 功能合一。适用于新建风电场，一次调频与 AGC 功能合一。

风电场配置功率控制装置，实现一次调频、一次调频在线监测与 AGC 功能，功率控制装置采集并网点电流电压，实时计算电流、电压、频率、有功，实现一次调频功能，并接收调度主站 AGC 调节指令，实现 AGC 功能。系统架构如图 3 所示。

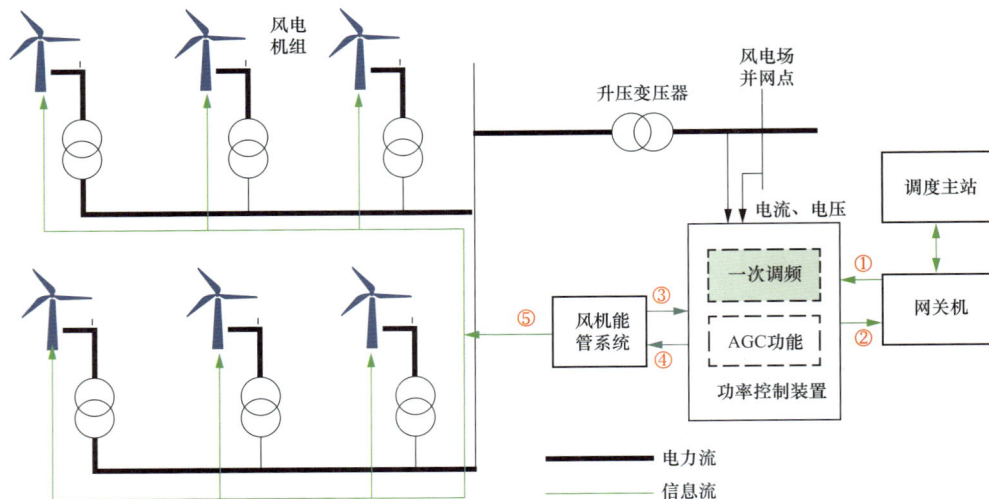

图 3　一次调频与 AGC 功能合一系统架构

2. 开展典型场站测试，积累风、光、储测试经验

目前蒙东电网新能源装机容量已接近 2379 万 kW，占全网总装机的 51%，随着新能源占比进一步提升，电网调频能力持续下降，亟须推进新能源参与一次调频及惯量响应能力建设，提升新能源对于电网的主动支撑水平。

自 2021 年起开展新能源场站一次调频技术攻关与技术储备，建立了新能源场站一次调频检测能力。2022 年下半年，由国网蒙东调控中心牵头推进蒙东地区新能源场站一次调频试点工作，国网蒙东电科院作为技术支撑单位，一方面充分调研相关标准要求，借鉴火电机组一次调频测试要求和方法，配合蒙东调控中心制定蒙东电网新能源场站一次调频技术指标与评价体系，并编制了详细的风储联合电站一次调频及惯量响应方案；另一方面积极与业主、厂家进行沟通协调，多次论证俊昌风电场风储联合系统的一次调频及惯量响应实施方案，为测试的顺利开展奠定了基础。2023 年 3 月 2 日，国网内蒙古蒙东电科院完成了通辽明阳俊昌风电场一次调频性能测试。俊昌风电场风电装机 600MW，配置 115MW/345MWh 储能系统，是目前东北电网装机规模最大的风储联合系统。本次测试是东北电网首座大容量风储联合电站一次调频及惯量响应性能测试，吹响了蒙东地区新能源场站向具备频率主动支撑型电源转型的号角。

截至 2024 年 5 月底，已完成 19 座新能源场站，总计 345 万 kW 装机的现场测试及报告出具工作，包含了风电场、光伏电站、"风电 + 光伏""风电 + 储能""光伏 + 储能"各种类型场站形式的测试，对不同发电形式的一次调频及惯量响应性能有了深入的认识。

3. 优化测试流程，推进新能源频率主动支撑的快速应用

随着测试工作的深入推进，新能源场站及设备厂家对于新能源一次调频及惯量响应的认识良莠不齐，蒙东地区一次调频、惯量响应性能测试均为首次开展，相关场站对技术要求认识不够深入，现场组织协调工作量大、存在边调试边试验的情况，同时测试项目多达 100 余项，存在测试周期内自然风光不可控等困难，单场站测试周期长。同时，部分风电场由于 6 ～ 8 月小风期高功率段性能测试尚未完成测试，对于蒙东电科院来说 9 ～ 12 月测试工作量巨大。

为进一步提升测试效率，国网蒙东电科院认真总结上一阶段的一次调频及惯量响应测试经验，不断迭代完善测试方法、测试流程与评价方案，主要包括：

一是 2023 年 4 月向调管范围内的新能源场站下发了《风电场、光伏电站一次调频（及惯量响应）自测报告模板》，指导新能源场站高效完成设备调试，提高现场测试效率；

二是总结现场测试过程中发现的一次调频装置、AGC、储能功率协控等相关设备的问题，编制《一次调频装置调试技术》，指导测试队伍及设备厂商快速处理测试发现的调节精度、调节速率不足等问题，进一步压缩现场问题处理时间；

三是将新能源场站按照不同一次调频装置厂家型号、不同技术路线进行精细化分类，做到同一装置型号一对接人、同一发电集团一负责人，提高沟通效率，有效保障现场的组织协调管理。

上述三项措施的实施有序推进了蒙东电网新能源场站一次调频及惯量响应测试工作，为完成 2024 年 900 万 kW 装机的新能源一次调频性能测试重点工作目标提供了保障。

4. 推进新能源一次调频主站建设，开发部署远程测试功能

东北两个细则等文件要求网源协调在线监测接入信号要包含新能源场站关键信号；同时电网实际运行中难以对新能源一次调频性能进行常态化的监视和管理，事故状态下新能源一次调频能力也难以提前感知，因此，亟须开展新能源站一次调频性能的在线监视、主动测试和分析评估等工作。

为此，蒙东调控中心积极开展蒙东地区一次调频主站建设，组织召开蒙东电网近期投运的新能源场站一次调频功能建设推进会，下发《国网蒙东电力调控中心关于下发蒙东电网近期投运的新能源场站一次调频功能建设推进会议纪要的通知》（蒙东电调控传文 2023 年 60 号），蒙东调控中心就新能源场站一次调频装置调试、信息上传、一次调频功能认证等工作进行了部署，要求新能源场站在开展一次调频及惯量响应调试、自测时应将一次调频关键信息上传至蒙东调度蒙东新能源场站一次调频 WAMS 主站，主站界面如图 4 所示。

同时，蒙东调控中心不断完善主站功能，主站端加入一次调频性能验证及测试功能，实现对新能源一次调频性能进行常态化的监视和管理，完成了基于 PMU 装置的《新能源一次调频性能在线主动监测与评估系统建设方案》的编制，同时基于庆州风电场完成一次调频远程测试系统的开发部署，加强对一次调频性能监视和管理，同时节省人力、物力成本的同时，进一步提升工作效率。

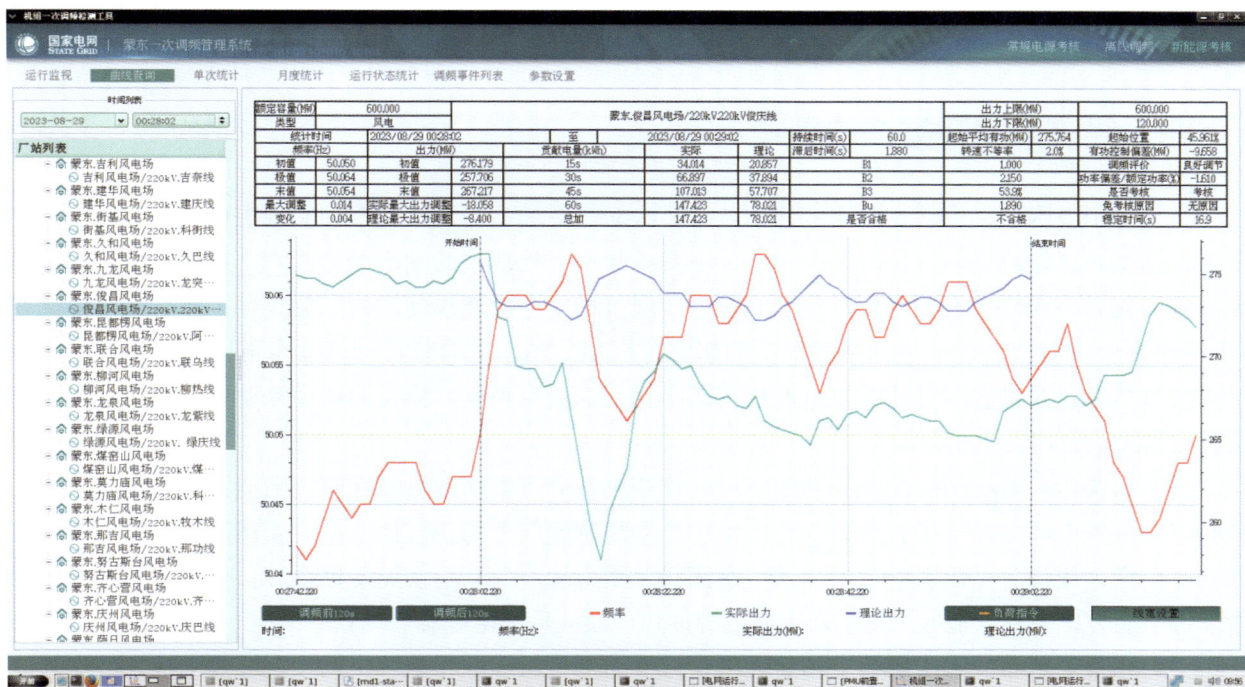

图 4　蒙东新能源场站一次调频主站

三、实施成效

经过实施上述方案，取得了以下实施成效：

一是通过对场站一次调频技术路线的梳理，提升了蒙东调控中心、蒙东电科院对新能源场站频率主动支撑的认识，对现有具备一次调频能力的新能源场站的把控能力进一步加强，同时也有效地为后续不具备一次调频能力的新能源场站提供了科学的指导。

二是国网蒙东电科院在蒙东调控中心的领导下在快速频率响应方向积极做好技术储备和能力建设，参与编制了中华人民共和国能源行业标准《风电场并网性能测试规程》一次调频及惯量响应部分、参与国家标准《光伏发电站接入电力系统技术规定》一次调频部分的编制研讨，对一次调频及惯量响应的测试项目及测试工况提出具体意见。随着《东北区域电力运行管理实施细则》《东北区域电力辅助服务管理实施细则》（模拟运行稿）的发布，开展了多个新能源场站一次调频模拟运行实践，为国网蒙东电力企业标准《新能源场站一次调频能力测试规程》的编制修订积累了宝贵的运行经验。

三是通过对风、光、储不同电源形式的典型场站测试经验的积累，对不同发电形式的一次调频及惯量响应性能有了深入的认识。通过自测模板、归类聚合等措施的实施有序高效地推进了蒙东电网新能源场站一次调频及惯量响应测试工作。截至 2024 年 5 月，国网蒙东电科院已完成 19 座新能源场站的一次调频性能现场实测工作，总计装机容量 345 万 kW；完成 7 座新能源场站的惯量响应性能现场测试工作，总计装机容量 200 万 kW。其中有 7 座新能源场站配置储能，总计装机容量 200 万 kW；有 6 座风电场同时具备一次调频及惯量响应功能，总计装机容量 150 万 kW。

四是通过推进新能源一次调频主站建设，开发部署远程测试功能，因此加强了对新能源一次调频性能进行常态化的监视和管理，实现了新能源站一次调频性能的在线监视、主动测试和分析评估。

五是通过探索新型电力系统下的一次调频新模式，开展实验室功能验证，开发电化学为主体的新型储能系统具备快速灵活调节能力，为电网提供紧急控制、调峰、调频、调压等多种服务，提高新能源消纳和系统安全稳定水平。

四、经济效益及推广前景

（1）基于电网频率主动支撑裕度评估技术，为新能源场站的调频的多种实现提供有效方案。针对未配置储能的新能源场站在自由发电模式下不具备频率下扰期间的功率上调能力，进一步挖掘储能的灵活调节能力，积极探索并采用"共享储能"实现多场站一次调频性能的相关技术工作，同时建立以"机端频率＋机组状态评估＋功率预测"的精细化模型，动态实时分析计算蒙东电网并网电源一次调频可调节功率，并可实时评估蒙东电网抵抗频率扰动的稳定裕度，为日前调度和调频辅助服务市场的决策提供理论及实践依据。

（2）加快新能源场站一次调频功能建设，依托主站分析电网运行特性制定新能源调频方式，可为调频辅助服务市场做好支撑，并调动各市场主体参与调频服务的积极性。推广新能源场站频率主动支撑功能认证，逐步将全部发电单元纳入一次调频及惯量响应的有功快速支撑系统，整体上提高场站的频率调整能力，为蒙东地区大规模新能源电源的建设及应用奠定基础。

（3）完善蒙东地区一次调频主站建设工作，推动全量新能源场站一次调频在线监测接入，将新能源场站一次调频装置调试、运行、动作、测试等信息上传主站，加强新能源场站一次调频的监控和管理，推动全部新能源场站完成远程测试功能的部署，开发自动周期性全量场站一次调频远程测试功能，动态评估场站一次调频在大频差下的能力，为维护蒙东地区以新能源为主体的电力系统稳定性提供强有力支撑。

五、项目主要完成人

国网内蒙古东部电力有限公司黄松涛、胡浩、李原、陈璐、苏鹏，国网内蒙古东部电力有限公司电力科学研究院陈肖璐、刘春晖、陈浩然、陈鑫跃、鲍音夫。

大龙山高原山地智慧风电项目

大唐丘北风电有限责任公司

一、案例简介

大龙山风电场位于高海拔山区，环境恶劣、地处偏远、面广点散，采用传统的人工方式，监盘、巡检、维护等工作需要花费大量的时间与精力，故障消缺与检修作业大部分处于被动状态，导致现场劳动强度大、设备管理难、生产效率提升遭遇瓶颈。随着投运时间的增长，大龙山风电场所有风机设备已全部出质保，由于生产人员紧缺、新员工占比大、工作经验少，现场运维压力进一步增大，生产运营面临巨大挑战。

为解决生产痛点难点，提高运营管理水平，大龙山风电场以"集中监控、无人值班、少人值守、区域运维"为目标，将传统工业技术与新兴数字技术相结合，部署智能感知前端与数据采集设备，针对传统工业设备开展智能化改造，建成集中监视、风机智能巡检、无人机智能巡检、开关柜局放和温度监测、智能单兵、移动应用六大功能模块，采用 Mesh 无线自组网技术搭建覆盖全场的通信系统，为智能感知前端与移动端的数据回传提供支持，实现了风电场设备的远程统一监视管理与故障预警推送，风机内部环境、关键设备以及人员生产作业行为的智能识别分析，集电线路、塔架及风机外观的自动化智能化巡检，开关柜局部放电和温度的实时监测与超限预警，检修作业的实时远程指导与三方会商等，降低了劳动强度，提高了生产水平，为构建全面智慧运营模式打下坚实基础。

二、技术方案

大龙山高原山地智慧风电项目以数据、平台、网络、算法为关键要素，分为感知与网络层、数据与知识层、智慧应用层和智慧决策层四个层级，建设具有状态自感知的风电机组、运营智能化的风电场，利用区域公司建立的智慧安全生产系统 KKS 编码为基础，确定了风电场各类设备的唯一标识，实现了融合化、标准化、智能化安全生产管理等，同时，结合集控中心远程监控、智能报表、故障诊断预警与效能分析等能力，形成智慧化的生产管理体系。具体建设内容如下。

1. 集中监视系统

通过集控中心安全三区采集整个风电场设备的运行数据，把不同协议的数据转换成统一标准的模型数据，实现风电场总体状况与设备运行状态的远程监视管理，具备实时监视和历史查询、实际应发电量计算、统计指标展示比对、首发故障告警等功能，通过监视界面中可总览风电场基本信息与运行概况，点击升压站或风机矩阵视图，可详细查看各设备信息，在人机交互上突出业务重点，提高了监视效率。

2. 风机智能巡检

通过在风机内部安装前端感知设备，利用缺陷检查、位置状态、红外测温、趋势判断等智能识别技术，通过获取机舱内部环境、人员生产作业、关键设备外观及风机塔筒、基础、重要部位螺栓等情况进行分析，及时发现各类异常并进行告警，实现风机安全的智能感知。

（1）风机视频巡检。在风机内部结合实际布设不同类型的摄像头，采集设备外观、温度和人员行为等信息，采用"通用硬件平台＋边缘操作系统＋算法应用容器"的框架，构建后端智能图像监控系统，接入并存储摄像头采集到的可见光与红外影像数据，依托图像编码压缩、图像识别、故障定位、设备监控告警分析等算法，实现传动链系统、液压系统、偏航系统、发电机系统等关键部位缺陷及人员违章行为的识别与反馈，并作出实时告警。

（2）螺栓在线监测。在风机内部安装法兰间隙传感器，利用电磁感应方式实现法兰间隙位移的精确测量，实时采集各监测点数据并传输至后台进行分析，建立风机三维数据模型直观展示被观测部位状态，当被测螺栓发生松动、断裂时触发报警并精确定位。

（3）塔基沉降及塔筒垂直度监测。在风机塔筒顶部、塔筒底部内壁分别加装倾角、晃动传感器与沉降系统采集仪等，采集平面的倾斜角度，基于时频域绘制倾角数据、三轴位移数据、塔筒晃动波形等各类图谱，通过数据趋势变化对塔筒、塔基状况进行评估，自动生成监测分析报告，实现对塔基不均匀沉降、塔筒垂直度的实时监测。

3. 无人机智能巡检

通过工业级无人机搭载双光云台，配备车载式移动智能机场，以适应山地风电场面广、线长、机位分散、地势起伏大等特性。应用 RTK 定位、激光雷达与视觉识别等技术，准确获取塔架、线路与风机空间信息，采集图像数据进行缺陷识别与定位，自动统计故障信息，出具巡检报告，为检修维护提供依据。

（1）塔架与线路巡检。利用激光雷达系统获取风电场的真实情况，构建出电力塔架和集电线路高清激光点云模型，完成航线规划与巡检航点的设置。无人机沿预设航线自主飞行，采集线路、杆塔等可见光与红外图像信息，针对异物挂载、杆塔倾斜、绝缘子破损、导线发热放电、周边环境威胁等常见缺陷隐患进行分析判别。

（2）风机外观巡检。采用具备差分功能的无人机获取各风机点位，确认其海拔、经纬度信息录入数据库，并将风机三维模型导入后台，以便航线规划时快速调取使用。无人机通过摄像机实时采集轮毂轴线方位角、叶片与塔筒角、叶片前缘及正反面等图像信息进行智能分析，使风机无论停成任意角度，都可基于航线规划算法与图像处理算法，自动生成最佳航线，最大程度接近风机，采集到清晰的画面，识别出风机塔筒脱漆、锈蚀以及叶片开裂、腐蚀、脱层等缺陷。

4. 开关柜局放和温度监测

通过在 35kV 开关柜中安装超高频传感器、无源无线温度传感器，采用非接触的方法获取开关柜中局部放电与温度信号，并配置高性能的噪音传感器来排除外界噪声信号干扰，提高监测精度，准确测量局部放电幅值、频次、放电点相对位置以及运行温度等，一旦超限立即告警，及时发现绝缘缺陷。

（1）局部放电监测：依据"场"原理，通过超高频传感器接收局部放电过程中产生的电磁波辐射脉冲信号来进行监测。

（2）温度监测：利用温度传感器接收柜内温度信号，采用无线通信传输，具备优异的绝缘性，能隔离开关柜高压，直接安装到高压电缆接头需要温度监测的位置，实时监测开关柜运行温度。

5. 智能单兵

通过建立智能单兵系统，以智能眼镜为承载工具，运维专家与现场人员可进行实时视频对话，发送文字、图片、短视频、作业书等文件进行指导，并可根据需求添加多位专家进行多方会商，提升运维消缺效率。同时，运用 AR 技术，运维专家可在后台回传画面上进行画笔区域标识，同步显示到现场人员的手机和智能眼镜上；运用 GPS 技术，可实时查看运维人员地理位置，实现运维人员实时定位、紧急呼叫、专家远程指导、三方会商等功能。

6. 移动应用

通过手机 APP，实现大龙山风电场总体状况与设备运行状态的移动监视、缺陷信息与故障报警的推送、风机与无人机智能巡检报告的查看等功能。

三、实施成效

本项目在大龙山风电场实施应用，取得了积极成效。集中监视、移动应用建成后，管理人员可通过办公内网与手机 APP 远程查看风机设备运行状态与故障告警信息等，随时随地掌握生产情况，极大提高了工作的便捷性；风机智能巡检建成后，一方面，实现了风机环境与设备部分状态的实时监测与预警，为异常分析提供依据，一定程度上减少了人工巡检的劳动强度与停机时间，提高了预防性维护水平；另一方面，实现了人员作业行为的实时监测，自动识别未佩戴安全帽等违章行为并及时告警，降低因人员麻痹、侥幸、执行不到位等因素造成的安全风险；无人机智能巡检建成后，能够更好地发现日常人工巡检中难以发现的隐患和缺陷，大幅提升了巡检的效率与质量，经计算，全场 72 台风机及三条集电线路的巡检时间约需 4 人 60 天，通过无人机智能巡检系统可缩短至 2 人 30 天，节省 180 个工日，且每个故障点查找时间可节省约 30min；开关柜局放和温度监测建成后，能够全天候监测设备放电与温度趋势变化，及时发现异常并预警，有助于运行人员提前做好事故预想和防控措施；智能单兵建成后，不仅实现了 SOS 紧急呼叫与定位，当作业人员遭遇突发情况，可及时触发告警，为救援提供帮助，还能够通过远程专家指导辅助生产人员安全高效地开展检修作业，应对各类难题，提高检修效率，减少故障停机时间，帮助经验缺乏、技术薄弱的新员工提升专业技能，推动人才建设。

四、经济效益及推广前景

1. 经济效益

本项目在安全性方面，通过部署前端感知终端，运用智能分析技术，及时发现设备故障、缺陷与劣化趋势，科学控制维护机组，确保设备安全可靠运行；及时发现人员违章作业行为、环境异常情况并发出告警，降低现场作业因人员麻痹、侥幸、执行不到位等因素造成的安全事故。在经济性方面，利用智能化手段，提升设备健康水平，提高发电效率，减少现场重复性定期工作，让职工更专注、更高效参与公司的智慧运营工作上，促进减员增效，提升生产水平，从而促进经济效益提升。在社会性方面，数字化是当今世界科技、经济与社会发展的重要趋势，是推动生产力实现新跨越的重要手段。随着电力体制改革，发电企业间电力市场竞争加剧，智慧电厂建设以数字化带动工业化，规范管理流程，提高管理效率，降低管理成本，是提高企业效益和综合竞争能力的重要手段。

2. 推广前景

目前，我国处于能源转型和新能源开发的重要阶段，新能源的占比逐年增加，在平价上网、竞价上网等行业政策因素影响下，风电企业的经营压力逐渐增大，为减少成本支出的同时实现更高效的运维，迫切需要利用成熟的自动化控制技术、互联网技术、物联网技术和人工智能技术等高新技术逐渐改造传统的新能源电站运维模式，实现"集中监控、区域运维、无人值班、少人值守"。

本项目从用户实际需要出发，建设出功能完善、设备齐全、管理方便的风电智慧化应用，解决了部分生产运营中的难点痛点。选用了技术成熟、运行稳定的产品，可在恶劣环境下有效工作。采用先进的技术和设备，使其具有强大的发展潜力，在尽可能长的时间内满足业务需求增长。遵从各个相关行业的标准与规范，使系统满足标准化设计与管理的要求，具有较好的安全性、开放性与扩展性，在设计与实施考虑今后发展的需要，满足在不系统迭代的情况下，增加有效的硬件可以用于支撑系统的扩容。使得本系统在产品系列、容量与处理能力等方面有扩充与换代的可能，满足不同时期的需要。

五、项目主要完成人

大唐丘北风电有限责任公司赖永林、兰春明、陶文柱、梁静蕾、玉桂安、李恒安、覃金文、张健忠、郑贤烨、李翔。

光伏制氢项目万安培级 IGBT 运用典型案例

中国三峡新能源（集团）股份有限公司建设管理分公司

一、案例简介

目前国内外尚无一例稳定连续运行的年产万吨级电解制氢项目投产，制氢电源作为本项目的核心装备之一，缺少大规模工程应用验证经验。5MW 级制氢电源装备及其多台并联供电系统在研发、制造、测试、应用环节均存在工程化问题亟待解决。

传统电化学整流器在氯碱或其他电解行业的运行方式主要有几个工作模式，如待机、启动、停机、故障等，由于电来源于电网，为提高工厂启停运行收益以及电源本身的调节限制，通常运行过程都为满功率运行，功率可调幅度小，控制模式简单。

光伏输出具有波动性和间歇性的特点，对制氢场站供电的电能质量带来不良影响，全控制氢电源作为能源的输入控制装置，需要具备适应极端供电条件的调节能力。如何在供电端电压、谐波、无功等参数到达极限值的情况下做电源控制调节，以保障稳定连续产氢？如何在供电故障情况下做制氢电源的保护控制，以达到制氢厂区的连锁安全停机？如何设计多台套全控制氢电源的通信交互，以保障与电源交互的装置能够协同一致运行？因此多台套全控制氢电源装备的优化控制、故障保护以及和整场的 DCS 通信交互都至关重要，直接影响制氢厂区的安全、稳定、高效运行。

鄂尔多斯纳日松 40 万 kW 光伏制氢产业示范项目首次大规模应用国产化大电流 IGBT 全控制氢电源。项目在绿电制氢行业首次大规模使用国产化万安培级 IGBT（绝缘栅双极性晶体管）全控型制氢电源装备，突破传统闸管电源技术，解决了电制氢的电网友好性、波动响应、电能转换损失和多套制氢电源的安全控制问题，推动了行业先进技术的应用。

二、技术方案

水电解制氢需要使用多种大功率甚至超大功率的直流电源，整流电源的性能指标直接关乎行业所生产氢气的质量、成本及电能的利用率，是电解水产业在生产过程的重要保证环节。目前常用的电解水制氢电解槽基本都使用半控型晶闸管（SCR）作为电源变换核心器件，其结构简单，单管功率大，成本低，相对其他电力电子器件耐受性好，其技术成熟、性能可靠，已得到了广泛的应用。随着国民经济的飞速发展人们对生产过程工艺、生产的效率以及电能消耗的水平等的要求不断提高，传统电解水电源表现出许多缺点。第一，电解水行业中电能消耗生产占整个制氢成本的 70% 以上，在低压大电流的输出领域，传统电解水电源能耗较高、效率较低，其功率调整范围窄，功率因数低，谐波污染大，响应速度慢，需要连接于稳定强壮的工业电网上应用；第二，因为有载调压变压器的存在，使电源装置整体体积较大、过于笨重，随着铜、铁等原材料资源的日趋紧张，装置的整体造价不断爬升；第三，传统整流电源的电能利用率低、交流电网侧电流的谐波含量大，通常需要配备相应的无功补偿和谐波治理装置进行治理，增加了系统总体成本；第四，传统整流电源装置的控制精度低，经过大量研究表明输出直流纹波严重氢气的产量，造成大量冗余电能的损耗；第五，由于需要调整有载变压器挡位，动态响应速度慢，无法快速匹配新能源波动性。其对比见表1。

表1　　　　　　　　　　　　　IGBT 方案与 SCR 方案对比

项目	IGBT 方案	SCR 方案
谐波畸变率	＜ 3%	＞ 6%
功率因数	0.99	0.9
无功支撑	具备	不具备（需配备 SVG）
调节响应时间	100ms 级	10s 级
系统效率（含变压器及 SVG）	97.5%	97%
输出精度	≤ 0.2%（V、I）	≤ 0.5%（V、I）
直流纹波	≤ 1%-Vpp	≤ 5%-Vpp

而可再生能源制氢项目多就近建设于风电场和光伏电站，但此类电站又大多处于偏远的电网末端，电网比较弱，采用传统的晶闸管水电解制氢电源可能会由于谐波大，功率因数低等因素导致不能正常工作甚至威胁电力系统安全。综合电力电子器件发展和可再生能源风电光伏能量转换单元 IGBT 功率器件多年来现场的良好应用和积累，研究基于 IGBT 器件的新型可再生能源制氢电源，以提高开关频率、降低谐波含量、缩短响应时间、提高功率因数，可以有效解决晶闸管电源的固有缺陷（谐波大、响应慢、占地空间大、功率调整范围窄等），使得电源系统与电解水制氢系统的适应性更好。同时，通过 IGBT 全控制氢电源的研制应用，形成三峡集团内针对全控制氢电源的技术规范、测试规范、验收规范、运行规范，助力集团规范化、规模化可再生能源制氢工程。本项目的实施将获得新技术和新产品，促进科研成果的转化和产业化，可显著提升绿电制氢系统的电能质量、效能和设备智能化水平，并在减员增效的同时，进一步提升设备管理水平，提高绿电制氢系统的经济效益，对促进行业经济可持续发展及提升我国相关产业竞争力具有重要作用。

三、实施成效

（1）实现项目降本增效。规模化制氢的 5MW IGBT 全控电源新技术和新产品的应用，有力促进科研成果的转化和产业化，可显著提升绿电制氢系统的电能质量、效能和设备智能化水平。并在降本增效的同时，进一步提升设备管理水平，提高绿电制氢系统的经济效益，对促进行业经济可持续发展及提升我国相关产业竞争力具有重要作用。

（2）培养工程化团队。IGBT 整流电源的成功规模化应用，助力团队高质量如期完成纳日松规模化光伏制氢工程建设，并为公司规模化制氢工程全过程项目管理建成电源装备技术管理能力，为电源装备的全流程质量、成本管控及工程设计优化积累宝贵经验，为以后的大规模制氢项目培养科研技术团队和工程化团队。

（3）形成自主知识产权。项目应用积累为构建针对规模化制氢工程全控电源应用关键技术及装备的技术、测试、监造、集成、验收、运行、评价全套规范体系提供了实证经验，为参与制定标准打下基础。

四、经济效益及推广前景

基于 IGBT 的规模化制氢电源采用高频 IGBT 全控型功率器件和 PWM 控制技术，在电网友好性、功率响应速度、电压纹波、综合效率等方面具有突出优势，更加适配大规模新能源制氢场景。因此，本项目对于未来大规模新能源制氢的发展和广泛应用具有重要的意义。

经过本项目组成员的共同努力，目前拥有制氢电源、制氢装置及系统应用等多方面专项专利，具备大批量生产和交付的能力。同时，在柔性制氢中应用制氢电源也为行业提供了先进经验和思路。制氢电源产品基于多年电力电子转换技术积累及经验沉淀，采用 IGBT 全控型功率器件及 PWM 控制算法，转换效率高、响应速度快、电网接入友好、输出精度高、安全可靠，同时具备良好的电网支撑能力，有力支撑了柔性制氢技术发展，已在国内多个项目中成功应用。

基于 IGBT 的规模化制氢电源关键技术的推广和应用可在未来实现制氢系统与风、光、储、网等多种能源形式及多种应用场景的柔性融合，构建灵活、高效、友好的绿电制氢系统。在制氢电源的规划过程中，将持续引领柔性制氢及电氢耦合技术，通过该技术成果转化和应用将引领制氢整流电源技术规范，从而推动水电解制氢领域标准化建设和行业高质量发展。

五、项目主要完成人

中国三峡新能源（集团）股份有限公司建设管理分公司李超、滕智楚、鲁成成、马万震、孙锐、马智新、徐成雷、李静菲、糟晨、唐霜。

新型电力系统下的水光蓄互补联合发电系统工程示范应用

阿坝水电开发有限公司、四川小金川水电开发有限公司

一、案例简介

随着全球经济的快速发展，人类生活对能源的需求越来越大。太阳能发电作为最具潜力的能源替代技术之一，同时也作为"节能减排"要求的重要技术，已经成为我国制定可持续发展战略的重要方向，光伏电站的渗透率也在不断提高。截至 2018 年 6 月底，我国累计光伏发电装机容量已超过510GW，其中，我国 2018 年新增光伏装机 45GW，累计装机 176.1GW，均居世界第一。然而，分布式光伏发电出力受太阳辐照度的影响较大，天气情况如晴天、阴天、温度、降雨、降雪等因素都会影响其发电情况，其固有的非连续和瞬时波动特性将会严重影响电网的实时功率平衡，造成电网电压和频率发生波动，直接影响电网稳定性。此外，这种随机波动会给电网调度带来诸多不确定性，增大了系统的安全运行风险，严重限制了电网的接纳能力，造成弃光问题严重。

为了促进光伏发电等间歇性能源并网消纳，国内外学者根据各种能源发电功率特性，提出了多能互补打捆并网的运行方式。我国中西部地区分布着丰富的水力资源和光伏资源，许多地方已建设了光伏发电站和流域梯级水电站，水电在调峰性能上有很大优势，具有启动灵活、调节速度快等优点，充分结合我国优势的水能资源，将其作为光伏发电等间歇性能源的一种重要互补电源，进行水光互补协调运行，是一种新的思路。在我国，小水电数量多且分布范围广，小水电与分布式光伏在空间分布和资源特性上具有很好的互补特性，为了更好地掌握梯级小水电和分布式光伏的出力互补规律，实现水光蓄互补联合发电系统工程示范，提升水光清洁能源资源的并网消纳水平。

新型电力系统下的水光蓄互补联合发电系统工程示范应用属于多能互补科学技术领域，该应用不仅适用于水电、光伏和抽蓄领域，还可以推广至大水电、水泵、化学储能、风电等多能源领域。还可进一步向杂谷脑河、卧罗河、鸭嘴河等流域，以及西藏、青海、贵州、安徽、云南等地方推广应用，支持我国能源结构清洁化转型，并可向共建"一带一路"国家水光资源丰富地区推广，为全球能源转型贡献中国智慧，具有非常显著的经济效益与社会意义。

在项目实施过程中，因集成应用了具备自主知识产权的新技术、新工艺超过 66 项，在社会、行业发展新时期和新形势下，项目示范工程取得的成果大大超出预期，在行业内引起巨大反响和高度评价。小金川公司建成投运了世界上第一个梯级水光蓄互补联合发电系统示范工程，不仅实现了传统小水电企业产业结构升级内在需要，而且为国家实现了从 0 到 1 的跨越，更对国家构建新型电力系统、实现"双碳"目标具有重要意义。

二、技术方案

本项目属于应用示范研究类型，项目依托于中电建水电开发有限公司开展，参与单位包含四川小金川水电开发有限公司、国电南瑞科技股份有限公司、国网四川电力科学研究院、中国电力科学研究院有限公司、四川大学以及西华大学。

项目紧密围绕在小金川流域建成变速恒频抽水蓄能电站及梯级水光蓄互补联合发电系统示范工程，通过梯级小水电、光伏、水库、抽水蓄能的协同优化调度与控制，实现示范区水光蓄联合安全经济友好运行的目标。

本项目包含 4 个研究内容，分别为：示范区水、光、蓄容量配置及抽水蓄能选址方案，小金川河流域梯级水光蓄互补联合发电系统工程建设方案，互补系统中常规水电机组和抽水蓄能机组运行特性测试与评估，小金川河流域梯级水光蓄互补系统特性分析及应用效果评价。项目组围绕以上四方面内容开展技术攻关：完成了示范区水光蓄容量配置，提出了基于常规梯级水电站扩建全功率变速抽水蓄能机组的设计方法，提出了全功率变速抽水蓄能机组启动调试方法，提出了水光互补系统中常规水电机组水轮机偏工况运行区域划分及预警技术，建成了春厂坝全功率变速抽水蓄能示范电站和小金川流域梯级水光蓄互补联合运行发电系统示范工程，实现了梯级小水电、光伏、变速抽蓄和梯级水电站水库的优化协同控制。

1. 研究示范区水、光、蓄容量配置及抽蓄选址方案

收集示范区已建成水电和光伏历史运行数据，分析水光电站出力特性，并结合负荷特性曲线，基于所研发的规划优化软件，研究示范区水电、光伏与抽水蓄能容量优化配置方案。针对示范工程拟利用已有水电站扩建变速恒频抽蓄机组存在的问题，研究利用已建成电站长引水管道新建抽水蓄能机组的可行性，研究利用现有水电站扩建抽蓄机组对原机组稳定性影响，研究水电站最大允许扩建的抽水蓄能机组容量，确定抽水蓄能最优容量配置方案，确定抽水蓄能机组选址方案。

2. 研究流域梯级水光蓄互补联合发电系统工程建设方案

依据拟安装抽水蓄能机组电站的现有条件，研究满足原有电站安全运行的引水系统改建方案，研究抽水蓄能机组厂房布置优化方案，研究抽水蓄能机组水工和施工设计方案，研究抽蓄机组安装与调试方案，研究抽蓄机组与原电站常规机组的协调运行策略。

研究示范区已有通信设施改造方案，搭建互补系统数据传输通道，确定互补系统信息接入方式；研究示范区内各电站由独立运行向联合互补发电模式转换期间运行特性，形成过渡期安全稳定运行策略，制定互补系统软硬件部署时序方案；研究水光蓄互补系统稳定控制评估标准，制定互补联合发电系统调试方案。

3. 研究互补系统中常规水电机组和抽蓄机组运行特性测试与评估

开展互补系统中常规水电机组性能调节特性测试与评估，研究水光互补对常规水电机组运行的影响，提出机组调速系统及本体运行性能评价和预测方法，为常规机组参与水光互补调节工作过程中的操作边界确定提供参考；开展互补系统水电机组偏工况运行时稳定性测试，研究水光互补后机组偏工况运行时内流场流动与外特性的关系，提出水光互补后机组偏工况运行预测方法与预警机制，为机组参与水光互补可靠性提供参考依据。

4. 流域梯级水光蓄互补系统特性分析及应用效果评价

分析小金川河流域梯级水光互补联合发电系统建成后的运行特性，研究互补发电系统运行的出力特性，研究并确定互补系统联合调度运行方式；开展软硬件设备试验验证工作，分析互补发电系统稳

态特性和暂态特性；评估小金川河流域梯级水光蓄互补系统运行的经济性和稳定性，评估各课题示范应用成果的有效性，保障互补系统长期运行。

本课题总体技术路线如图 1 所示。

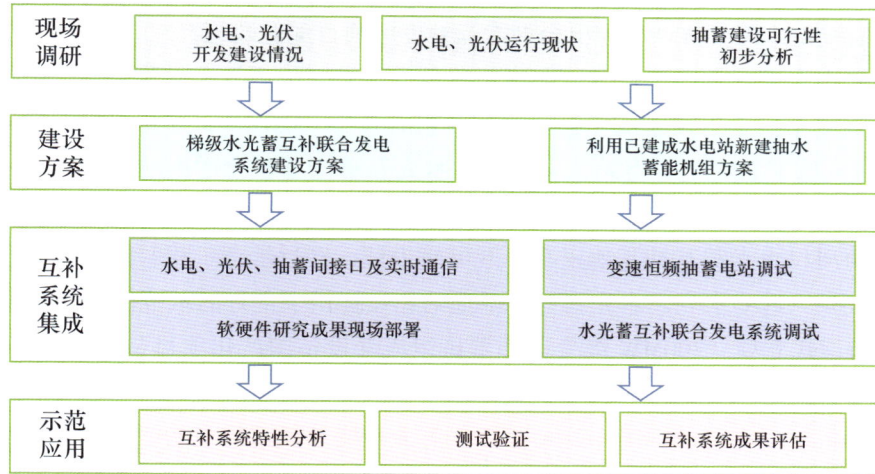

图 1 技术路线

三、实施成效

通过收集示范区已建成水电和光伏历史运行数据，研究示范区区水、光、蓄容量配置及抽蓄选址方案。并结合梯级各电站建设情况、水库调节性能、工程建设条件，以及示范区水电站均为长引水式电站，针对长引水系统扩建变速恒频抽蓄机组存在的问题等，开展示范区新建抽水蓄能机组的可行性分析，最终确定扩建抽水蓄能机组选址为春厂坝水电站，并根据研究成果形成春厂坝水电站扩建 5MW变速恒频抽蓄机组预可行性研究设计报告、可行性研究报告。有效解决了梯级小水电、光伏电站、抽蓄机组的协同调度与控制问题，如何科学合理地确定抽蓄机组装机规模是实现梯级水光蓄互补联合发电系统工程的关键技术之一。项目通过分析当地电网水光系统的储能需要，太阳能的有效利用，并充分考虑春厂坝水电站水库调节库容、流域水资源条件和新增抽水蓄能机组工程建设条件等，初拟了5MW 和 4MW 两个装机容量方案。在此基础上，进一步从径流调节计算、电力电量平衡、平抑光伏波动和建设经济指标四个方面进行深入比较和研究，选择确定最优方案，以实现示范区水光蓄联合安全经济友好运行。完成了梯级水光蓄互补系统建设方案，研究常规水电运行与新建工程的施工配合施工方案：基于春厂坝水电站发电工况下，通过在已建成水电站引水压力钢管接入段岔管处设置闷头等措施可以保证缩短已建水电站停水工期。通过采取安装闷头等措施，在有效确保原水电站发电效益的同时，也给水电站运行带来了安全风险。项目通过采用压力容器、球形岔管、三维有限元等模型和计算方法对水电站带闷头运行工况安全性进行复核，总结分析了闷头运行情况，阐明了在梯级小水电基础上实现水光蓄互补联合发电系统改造工程的施工技术路线，以及水电站在带闷头工况下运行的安全性和合理性。建成了梯级水光蓄互补联合发电系统示范工程。利用已建成的春厂坝水电站扩建 5MW 级变速恒频抽蓄试验机组，与小金川流域木坡、赞拉、猛固桥和春厂坝 4 座小水电，以及美兴光伏电站共同形成流域梯级水光蓄互补联合发电系统，实现小金川流域梯级水光蓄互补联合运行控制与智能调度。完成春厂坝、杨家湾、木坡和猛固桥四电站水电机组调速系统及本体运行性能评价和预测研究，得出互补系统中常规水电机组性能调节特性评估（孤网方式）特性，春厂坝电站机组在孤网运行的情况下超调量、调节时间，确定水轮机全工况相对最不稳定调节区间。从系统平稳性指标、系统出力波动率、系统出力平滑度等三个稳定性指标来看互补运行有利于提升联合发电系统的稳定性，从总投资收益率来看，梯级水光互补蓄互补联合发电系统整体具有较好的经济性，但单独新建抽蓄电站经济性较差，互补系统后续推广需要推动政府出台多能互补发电项目配套政策。

项目研究成果水光蓄互补联合系统已在贵州象鼻岭水光互补项目完成示范推广。象鼻岭"水光多能互补"清洁能源电站位于贵州省威宁县，水电装机容量 2×120MW，光伏一期装机 48MW，电站以 I 回 220kV 线路接入威宁 220kV 变电站，项目通过水光互补实现联合送出功率的平滑稳定。目前，雅砻江两河口水光互补基地已经开工建设，大渡河长河坝水光互补基地、大渡河双江口和瀑布沟水光互补基地、雅砻江两河口水光蓄互补基地正在开展可研论证，经过示范工程验证的梯级水光蓄互补联合发电技术及研究成果为这些水光及水光蓄互补基地的建设提供了良好的示范作用和技术支撑。2022 年 5 月，国家能源局正式立项"300MW 级变速抽蓄机组成套设备国产化项目"，由国网新源控股有限公司和南方电网调峰调频发电有限公司共同牵头，该项目的所有研制单位均参与了春厂坝变速抽水蓄能电站的装备研制和机组启动调试等工作，示范工程为大型变速抽蓄机组的研制和运行提供了有意义的经验。2022 年 3 月，国家能源局发布了《国家能源局综合司关于开展全国主要流域可再生能源一体化规划研究工作有关事项的通知》，四川省能源也委托课题参与单位中国电建成都院开展四川省内相关规划，本项目成果完全可以支撑通知明确的"以水电调节能力为核心，实现水风光的一体化资源配置、规划建设、调度运行和消纳"的可再生能源开发思路。

此外，课题成果除了在四川的应用以外，梯级水光蓄互补联合发电技术还可以进一步向西藏、青海、贵州、安徽、云南等地方推广应用，支撑我国新型电力系统建设和能源结构清洁化转型，并可向共建"一带一路"国家水光资源丰富地区推广，为全球能源转型贡献中国智慧，具有非常显著的经济效益与社会意义。

因参与流域多能互补联合发电，中电建水电开发集团有限公司所属木坡、杨家湾（赞拉）和春厂坝共 15.9 万装机水电 2022 年获得政府补偿的 200 小时装机利用小时电量，按水电电价 0.234 元每千瓦时计算，新增收益 15.9×200×0.234=744.12 万元，截至 2022 年 9 月已经取得收益 744.12 万元。春厂坝变速抽水蓄能机组并网后，按照 5MW 变速抽水蓄能机组汛期利用 1500 小时计算，年新增收益 0.5×1500×0.234=175.50 万元，截至 2022 年 9 月已经取得收益 175.50 万元。中国电建集团成都勘测设计研究院有限公司依托项目成果，中标雅砻江流域《两河口水光一体化专项设计、锦屏一级水风光一体化专项设计》项目，合同收益 1388.88 万元。基于研究成果，国网四川电科院为华电四川公司提供了俄日—红卫桥梯级水光互补系统容量配置技术服务，合同收益 25 万元。项目总计已取得直接经济收益 2333.50 万元。

四、经济效益及推广前景

国内首台全功率变速恒频抽水蓄能机组在春厂坝变速抽水蓄能电站实际投运，标志着我国打破了国外在变速抽水蓄能机组设计、制造和控制领域的技术垄断，实现了系统集成的全国产化，预期可以降低同类设备价格 20% 以上，相关研究成果获得国家电网报、中国电力报、中国能源报、四川日报等多方报道。春厂坝变速抽水蓄能电站总投资 7800 余万元，带动小金县 GDP 增加 0.15%，新增就业岗位 980 个，对于带动当地经济社会发展，服务乡村振兴具有重要意义。示范区小金县既是革命老区，又是藏羌民族聚集区，但由于地质灾害多发，小金电网可靠供电能力较差，小金川梯级水光蓄互补联合运行发电系统示范工程的建设实现了梯级小水电、光伏、抽水蓄能以及梯级水电站水库的优化协同控制，解决了小金电网分布式光伏与梯级小水电联合供电与送出问题，提升了小金电网的安全可靠供电能力，对地区经济发展和民族团结意义重大。

五、项目主要完成人

阿坝水电开发有限公司薛玉林、卢彦林、孟帮杰、曹伦、江月周、蒋勇、伍周、杨明、吴翠莲，四川小金川水电开发有限公司杨炳全、钟季耘、巫里尔沙、张向军、唐炯、兰超。

新能源发电侧互济协同，构建新型电网支撑型风电场

山西龙源新能源有限公司、龙源电力集团股份有限公司

一、案例简介

1. 提出原因

当前，新能源接入电网的位置愈加偏远、愈加深入低电压等级；系统运行控制对象主体，由同质化的常规发电机组变为异构的新能源机组；电网、负荷、储能侧均出现全新类型的控制对象；系统惯量降低、调频能力下降、无功支撑不足、电压稳定问题突出、功角稳定特性复杂，不确定性增加。为了解决当前一个时期难点热点问题，从现有的风电场出发，有必要研究解决风电机组及场站主动支撑与运行控制监测技术、安全能效智慧管理、电网友好型新能源发电，构建电网支撑型新型风电场。

2. 解决的问题

（1）风机在复杂湍流下频繁启停。采用常规控制策略的风电机组，湍流波动下触发欠速保护停机，风速大于切入风速仍需要完成系统状态自检，方可启机并网。复杂湍流下存在频繁启停机的问题，加剧了输出功率波动，造成风能利用率及设备可靠性下降。

（2）调频问题。新能源发电设备逐年增多，调峰调频的需求逐步增大，大量的火电机组长期承担调峰调频任务，燃煤效率偏低，频繁调峰调频造成的火电机组的设备疲劳和磨损，需要风电场参与一次调频。

（3）解决弃光弃风问题，探索风光储出力互补。新能源发电出力具有波动性、随机性、间歇性以及时间错配等特点，当电网的可调节资源不足时，不可避免地会产生弃光弃风现象，导致新能源电力无法被完全消纳。

（4）蓄电池退役，数量激增，造成了能源和资源的双重浪费。

（5）新能源机组单机容量小、地理位置分散、配网侧涌现海量可控对象，总体控制规模呈指数级增长，监视、控制及管理难度大幅提升。

3. 目标

解决大湍流地形下风电场机组频繁启停问题，探索解决风电场一次调频、风光储多能出力互补、蓄电池循环利用等问题，改进风电运行控制与监测技术，提高风电机组及场站主动支撑能力。

通过发电侧集约协同，安全能效智慧管理创新，将安全能效智慧管理、电网友好型新能源发电、市场竞争力提升相融合，实现风电场的高效运行。

4. 适用范围

适用于各新能源场站。

5. 价值意义

综合利用风电、光伏、储能系统的精细化协调控制与能量管理，开展新能源场站主动支撑能力建

设，实现高比例新能源发电侧智能化协同调度，对于提高我国大规模可再生能源利用能力和水平具有重要意义。

二、技术方案

（一）风电机组及场站主动支撑与运行控制监测技术

1. 负转矩控制＋单机模块化储能，解决风机复杂湍流下频繁启停问题

通过对机组控制策略升级，采取先进的负转矩控制，同时进行外部模块化储能支撑，解决频繁启停问题。

负转矩控制核心逻辑是风机在获取风能减少，导致叶轮转速低于并网转速时，机组发出负转矩指令，变流器配合发电机短时充当电动机运行，保证叶轮转速维持在并网转速以上，条件满足后维持并网发电，根据大湍流地带风能间歇、波动的情况，在负转矩控制的基础上研发了一套机组单机配置的模块化储能系统。储能系统动态吸收能量并适时释放的特点，正负转矩切换能有效弥补，风能间歇性、波动性缺陷，改善风电场输出功率的可控性，有效增强风电机组的平滑输出能力、增大电力系统的风电穿透功率极限。装置已在大湍流山地风电场试验稳定运行，并获得相关专利受理。

2. 风电场储能联合参与一次调频

某风电场通过1MW飞轮+6MW/6MW·h磷酸铁锂电池储能+风机联合一次调频成功，实现了国内四个首次，即大规模储能在风电场35kV侧并网、风电场储能联合参与一次调频、大规模储能快速协调控制、储能优化调度。

3. 梯次利用退役蓄电池，减少弃风支撑厂用电

场站蓄电池逐步退役，数量激增，退役电池虽然容量下降，但仍有70%～80%的剩余电量，可通过储能设施资源化利用，充分利用其剩余容量。在满足安全运行条件，将旧蓄电池及UPS装置制作储能系统，通过控制系统控制，吸收限电时段无法消纳的过剩功率，非限电时段对厂用电设备供电，支撑厂用电。

4. 风电场"风＋光＋储"新型低碳风电场探索

开展了"风＋光＋储"协同控制，通过"风＋光＋储"多能出力互补，站内已安装的容量103.5kW分布式光伏系统，采用"自发自用"模式，实现场区电气设备供电。增设容量为20kW·h堆叠低压储能系统，开展发电侧能源协同控制研究。在现货市场模式下，创造"高放低储"新型增收模式。站内光伏余电可实现完全消纳，降低综合厂用电率，提高上网发电量。在辅助服务方面，实现削峰填谷、调频调压、平滑功率输出、修正功率曲线。

（二）发电侧集约协同安全能效智慧管理创新实践

1. 新型电力系统发电侧智慧管理创新

新型电力系统发电侧智慧管理创新，将安全能效智慧管理、电网友好型新能源发电、市场竞争力提升相融合，如图1所示。实现安全生产经营过程中，各阶段资源的统一调配，构建新型安全能效智慧管理体系，促进新质生产力发展。

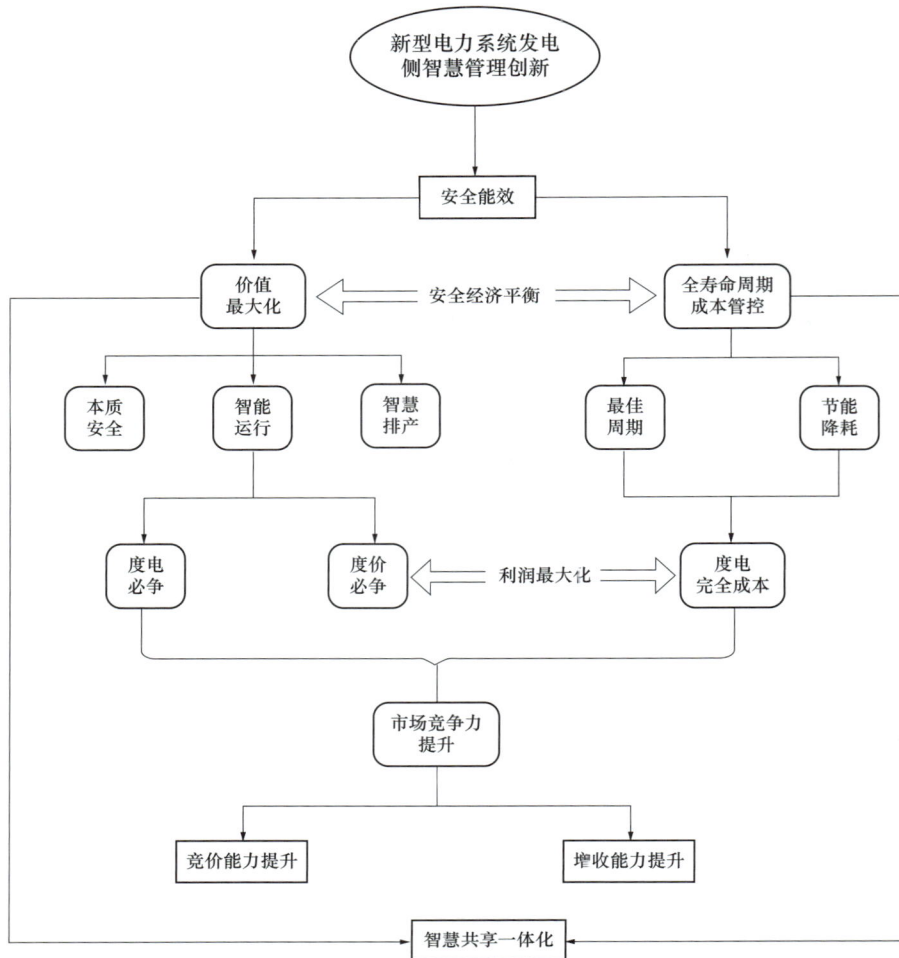

图1　新型电力系统发电侧智慧管理创新框图

2. 发电侧集约协同与一体化调度优化

建设区域集控项目作为区域级平台和枢纽，对新能源场群进行集约化管理、远程调度提升能源利用效率、降低运营成本、加速数字化转型和推动生产组织变革。

3. 本质安全和智慧排产创新实践

（1）多模型融合判断方法建模及四维发电能力预测。功率预测模型单一，导致风功率预测准确性较低。山西地形地貌复杂，通过多层级功率预测，从分区域、场站分区、分扇区到单机位级，将影响风功率准确性的因素逐步分解，逐步解决，从根本上解决风功率准确性较低的原因，提升功率预测准确性，为智慧排产、发电计划、现货交易提供数据支撑。

（2）本质安全提升创新。通过智能故障预警诊断开展预防性状态检修，合理规划作业时间，避免检修人员在恶劣天气下，面对突发故障准备不足；减少大风低电价和低电价时段设备出力，降低机械磨损疲劳、大电流过热等造成的设备问题。

（3）安全智能运行及智慧排产提升创新。在行业首创"能效损失"指标，该指标以效益最大化为原则，实现了从数量指标到质量指标的创新，关联生产电量和现货市场电价，将设备停运时间与该时间段对应电价结合，"量、价"精度提升至分钟级，管理细化分解到人到设备，能效损失指标特性如图2所示。

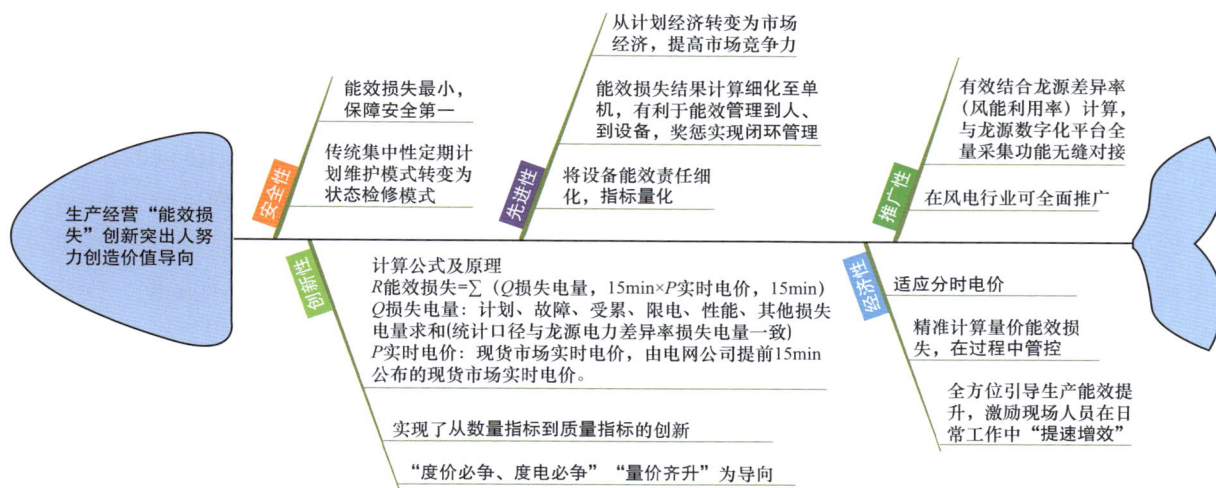

图2 能效损失指标特性

计算方法为：在全天 24h 范围内，以 0:00 为起点，每 5min 为一段划分颗粒度，对停机时长进行划分，划分方法如图3所示。

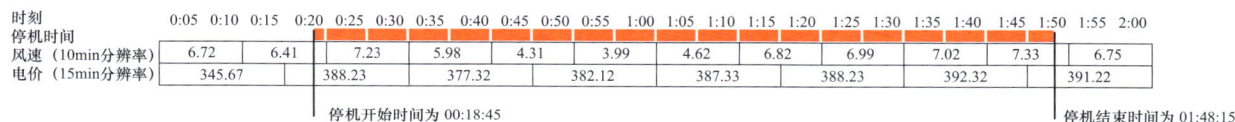

图3 时间颗粒度划分方法

对划分的停机记录进行能效损失计算，计算公式如下：

$$R_{损失} = \sum_{i=1}^{i} R_{损失,i} = \sum_{i=1}^{i} \sum_{n=1}^{n} (Q_{应发,n} - Q_{实发,n}) P_{实时,n}$$

应发电量 $Q_{应发} = \sum_{n=1}^{n} \dfrac{t_n}{5 \times 12} [f(v)]$

实际发电量 $Q_{实发} = \sum_{n=1}^{n} \dfrac{t_n}{5 \times 12} (P_{实际,n})$

式中，$f(v)$ 为风电机组应发功率曲线；$P_{实际,n}$ 为第 n 个时段风电机组实际平均功率；n 为第 n 个时段；t_n：为第 n 个时段的市场，$\min$。

智慧排产打破传统计划生产模式，采用自主开发的"新能源电力市场下风电场机组能效损失指标计算软件"，提取历史数据和停机记录进行分析，结合电力现货市场价格，计算能效损失指标，对各种损失电量进行评价，按照"安全第一、能效损失最小原则"安排检修作业时间，以实现市场电价最高时间发电损失最小。

研发了基于现货电价及电量损失的能效管理指标算法并已上线运行，以"度价必争、度电必争""量价提升"为导向，实现了从数量指标到质量指标的创新。

4. 全寿命周期设备管理创新实践

建立全寿命周期收益 – 完全成本计算模型。分析主要部件大修、辅助部件定期批量更换的最佳周期以及技改项目的经济性。

综合计算市场交易收益、备件成本、人工成本、电量损失对比等因素，核定最优的设备维护方案。

三、实施成效

1. 负转矩 + 单机模块化储能

应用情况：在某风电场山地湍流风况下，风电机组运行稳定，有效解决了频繁启停问题。

应用效果：低风速阶段（1～2m/s 附近），转矩给定以及变流器反馈转矩可到 −3.5%～−4.5%，在此期间机组始终运行在并网转速附近，没有因为小风直接切出，保持在并网状态。有效减少风速波动风机的停机再启动等待时间，通过正负转矩切换，有效弥补风能的间歇性、波动性缺陷，改善风电场输出功率的可控性，提升上网电能品质。

经济效益：基于风力发电机组负转矩控制改造后，机组年可利用小时数可提升 30h 以上。针对山地一般湍流地区风机可提升利用小时数 5h 以上，主要提升在高电价时段发电能力。

2. 风电场储能蓄电池循环节能利用

应用情况：对某风电场变电站直流系统退役蓄电池进行梯次利用，将退役旧蓄电池及 UPS 装置制作储能设备，通过电压继电器控制装置自动对储能装置控制。

应用效果：利用调度限电期间，将无法上网的电量通过储能装置进行储能，待调度未限电时，利用蓄电池放电为综合楼内生活用电供电，既增加了上网电量，又降低了风电场综合场用电率。

经济效益：每年可以节约站用电量 24 万 kW·h，经过实际运行综合场用电率同比明显降低。

3. "调频、调压、削峰填谷" 新型储能技术

应用情况：安装新型储能装置，通过 "1MW 飞轮 +6MW/6MW·h 磷酸铁锂电池储能" 主要调频试验。实现了风电场储能联合参与一次调频、大规模储能快速协调控制、大规模风能储能优化调度。

应用效果：电网友好型调峰调频，响应速度快，调峰调频能力强，能够弥补风电太阳能的不稳定性和间歇性，可以大幅提升电网对风电和太阳能的接纳能力。

经济效益：山西能监办印发了《山西电力一次调频市场交易实施细则（试行）》，电力一次调频市场结算分为服务收益和费用分摊两部分。报价范围为 5.0～10.0 元/MW，通过新型储能参与一次调频有偿服务，利用储能盈利新模式。

4. 风电场 "风 + 光 + 储" 新型低碳风电场探索

应用情况：在某风电场开展了 "风 + 光 + 储" 新型低碳风电场建设，利用站内已安装的容量 103.5kW 分布式光伏系统，采用 "自发自用" 模式。实现场区电气设备供电。增设容量为 20kW·h 堆叠低压储能系统，提升发电侧出力灵活性。

应用效果及经济效益：风光储多能的出力互补，站内光伏余电可实现完全消纳，降低综合厂用电率，提高风电场上网发电量，确保绿电应发尽发。

5. 多模型融合判断方法建模及四维发电能力预测

应用情况：对场站功率预测进行优化，预测准确率大幅度提升。

应用效果：采取异常数据智能识别与还原、区域间风资源历史对应关系模型、场站级分区建模、单机位功率关系等关键技术；结果证明 "多维度多层级功率预测优化" 适合在山地风电场功率预测领域进行推广，对山地风电场风功率预测具有很强的 "针对性"。

经济效益：功率预测准确，确保现货交易中交易策略的正确制定。为智能排产，小风检修等提供数据支持，降低计划停机电量损失。

6. 发电侧集约协同安全能效智慧管理

应用情况：现场采用发电侧集约协同与一体化调度优化、能效损失指标、本质安全和智慧排产等

创新技术。

利用发电侧集约协同与一体化调度技术，建设区域集控项目，通过整合不同类型的新能源资源（如风电、光伏等），可以实现能源的互补和综合利用，提高能源系统的稳定性和可靠性。

集约化管理：完成了"一区域一集控"调控功能，完成专线建设，具备满足风电机组远程控制功能，通过集中监控、管理和调度一定区域内的新能源场群，可以充分发挥规模优势，优化资源配置，提高管理效率。这包括统一的数据采集、处理和分析，统一的运行控制和优化策略等。

远程调度：使管理者能够实时监控新能源场群的运行状态，并根据需求进行灵活调度。提高电网的稳定性和可靠性，还可以根据市场情况调整发电策略，实现经济效益最大化。

数字化转型：区域集控项目是新能源数字化转型的重要载体。通过引入先进的信息技术和数据分析方法，可以实现对新能源场群的智能化管理和控制，提高能源利用效率和管理水平。

生产组织变革：区域集控项目的实施将推动生产组织的变革。传统的分散式管理模式将被集中式管理模式所取代，实现资源的统一调配和优化配置。这将有助于提高生产效率，降低运营成本。

风电机组健康状态监测：在数字化转型的背景下，风电机组健康状态监测变得更加智能化。通过引入人工智能、机器学习等技术，系统可以自动学习和识别机组的正常和异常状态，实现自动预警和故障诊断。这不仅提高了监测的准确性和效率，还降低了人工干预的需求，同时基于风电机组健康状态监测的数据，管理人员可以制定更加精准的维护策略。例如，可以根据机组的实际运行情况和故障预测结果，制定个性化的维护计划，避免不必要的停机时间和维护成本。

四、经济效益及推广前景

1. 经济效益

通过风电机组及场站主动支撑与运行控制监测技术、发电侧集约协同安全能效智慧管理创新等技术，优化增收 8374 万元，提升结算电价 32.04 元 /（MW·h）。其中：2023 年优化增收 6608 万元，提升结算电价 33.2 元 /（MW·h）；2024 年一季度优化增收 1766 万元，提升结算电价 28.34 元 /（MW·h）。

2. 社会效益

（1）综合利用风电、光伏、储能系统的精细化协调控制与能量管理，开展新能源场站主动支撑能力建设，实现高比例新能源发电侧智能化协同调度，对于提高我国大规模可再生能源的利用能力和水平具有重要意义。

（2）综合考虑电站经济效益和调度灵活性能实现综合考虑安全生产、运维成本、发电效益以及调度灵活性的综合能源系统经济收益优化策略，提高新能源场站整体的安全性和经济性。

（3）高精度的风功率预测系统可以助力电网合理预留备用容量，调整机组组合方案，优化发电计划，提高电力系统安全、稳定运行的能力。高精度的现货价格预测及良好的交易策略可帮助新能源发电企业提高售电收益，鼓励低碳绿色能源发展，积极响应国家"碳达峰碳中和"的政策目标。

（4）智慧能效评价管理指标，可以助力以场站收益最大化为导向开展排产决策，实现全闭环管理，提高企业的盈利能力。

（5）实现山地低风速下风电机组电网友好性和发电能力双提升，可在不改变机组硬件和部件负荷的前提下广泛应用于山地大湍流地区的风电机组，提高机组低风速发电能力。

3. 未来推广前景

截至 2024 年上半年，全国可再生能源装机达到了 13.22 亿 kW，增长规模和速度惊人。随着新能源在全国电力装机占比快速提升，以新能源为主体的新型电力系统加快构建，电力系统对灵活性调节资源的需求也愈发迫切。新能源发电侧互济协同，构建新型电网支撑型风电场需求持续旺盛。

风电机组及场站主动支撑与运行控制监测技术是大规模风电并网、实现风电可持续发展的必然选择，风电机组及场站需具备主动支撑电网运行、参与系统电压和频率调节的能力。其次，改进和优化风电机组运行控制与监测技术，提升风电装备并网可靠性水平，是风电技术发展的最新趋势。因此，亟须突破风电电网友好型主动支撑与运行控制关键技术，提升高比例风电系统安全稳定运行水平，为新型电力系统的构建提供高效可靠的技术解决方案。

五、项目主要完成人

山西龙源新能源有限公司和军梁、杨辉、师明、杨军、黄仁泷，龙源电力集团股份有限公司宫宇飞。

第三部分

电力市场与电网智能调度类

配微电网灾害性天气穿越精准调控关键技术及工程应用

国网上海市电力公司金山供电公司

一、案例简介

近年来，全球台风、暴雨等灾害性天气日益频发，高强度、大范围、多次生等特点日趋显著，对电网安全稳定运行产生严重冲击，尤其与用户直连的配电网更是不可避免地遭受到多点、散发、牵连型的受灾停电，损失惨重且复电极其困难，传统配电网抗灾保电应对手段匮乏，复电时间在小时级以上并遭遇成效天花板。随着新型电力系统下的微电网、分布式电源、电动汽车等灵活资源大量接入，如何高效挖掘灵活资源协同潜能，以精准调控实现配微电网灾害天气快速复电和穿越保供已成为电力行业具有重大现实意义的课题。

在国家电网公司等科技项目支持下，为实现灾害气象下的配电网全天候可靠穿越，团队经过六年联合攻关，产学研用协同，攻克了灾害天气下配微电网协同保供三大难题：灾害微时空分布感知难、保电复电精准决策难、自治自愈操作实施难，并取得以下成果：

（1）揭示灾害天气下配微电网关键设备"灾害—故障—恢复"关联机理，提出设备受灾感知和生存性网格评估方法，发明节点畸变校正的故障精准定位技术，研发基于北斗的电力线路故障精准定位装置，实现对配微电网供电全要素的信息采集，形成面向灾害天气的配微电网全系列设备状态灵敏感知体系。

（2）提出灾害瞬变多场景的分布式灵活资源优化配置理论，发明基于优先指数的多元化抢修资源优化配置方法，建立基于信息熵理论的功率时序平衡和多元主体协同调度体系，开发适用于灾害场景下配微电网能量应急管理和调控平台，实现对弱信息交互状态下的分布式灵活资源与配微电网的有效协同调度，填补配微电网灾害天气穿越调控的技术空白。

（3）提出分布式自治供电恢复与网络自愈控制协同调节理论，突破"配微协同预控，台区自治调节"的自适应控制技术，研制柔性互联应急转供、配微协同控制保护和故障快速恢复等系列化装置，形成自主可控的配微电网灾害天气穿越全系列装备，实现配微电网"用户－台区－馈线－网格"的多层级快速传导复电。

授权发明专利 20 件（成果转化 1 件），行业标准 1 项，论文 32 篇（SCI/EI 收录 24 篇），软著 4 项，开发终端和系统平台 4 类共 7 种产品，建成投运首个配微电网灾害性天气穿越调控系统。项目成果被鉴定为"整体达到国际领先水平"。

项目成果已在上海、浙江、江苏、福建等网省公司投运，完成接入各类设备终端 120 万台，保障供电负荷 3200 万 kW，服务电力用户 1100 万户，三年销售产值共 20402 万元。上海、浙江、福建等沿海地区应用互联应急转供装置、配微电网协同调控软件等成果，抗击台风"梅花""烟花"取得显著成效，实现受灾区域分钟级快速复电，《人民日报》《中国能源报》《国家电网报》等多家媒体广泛报道，有力推动电力保供从"可控资源高冗备用"转变为"灵活资源协同互动"模式，极大提升灾害天气下配电网生存能力，助力灵活资源实现从"增效元素"向"保供主体"的新质跨越。

二、技术方案

随着分布式发电、储能、电动汽车等灵活资源的大量接入，给配微电网注入了规模可观的灵活可调资源，以精准调控实现配微电网"故障快速定位、源荷自适应组网、停电自动恢复"的灾害天气穿越保供已成为新形势下的必然要求。但因配微电网设备海量异构、不可控设备主体多元、监测和调节手段匮乏等影响，无法满足抗灾保电预案偏差调控要求，对灾情预测偏差和突变情况的容灾容错能力差。实现配微电网灾害性天气精准穿越，需攻克灾害微时空分布感知、保电复电精准决策、自治自愈操作实施等三大难题。

在国家电网公司等科技项目支持下，国网上海市电力公司牵头，攻克了多元随机交互型配微电网快速灵活组网和精准调节难题，形成自主可控的配微电网"设备监测—故障定位—灵活转供—自愈恢复—精准调节"系列化装备和"灾情推演—应急计算—优化指挥"系列化软件，全面增强了电网抵御极端灾害冲击的能力。建成的配微电网灾害性天气穿越调控系统在灾害性天气等级、保供电用户规模、保供电负荷重要性水平上居全国首位，推动我国灾害天气下电力保供模式转型升级，整体技术路线如图1所示。

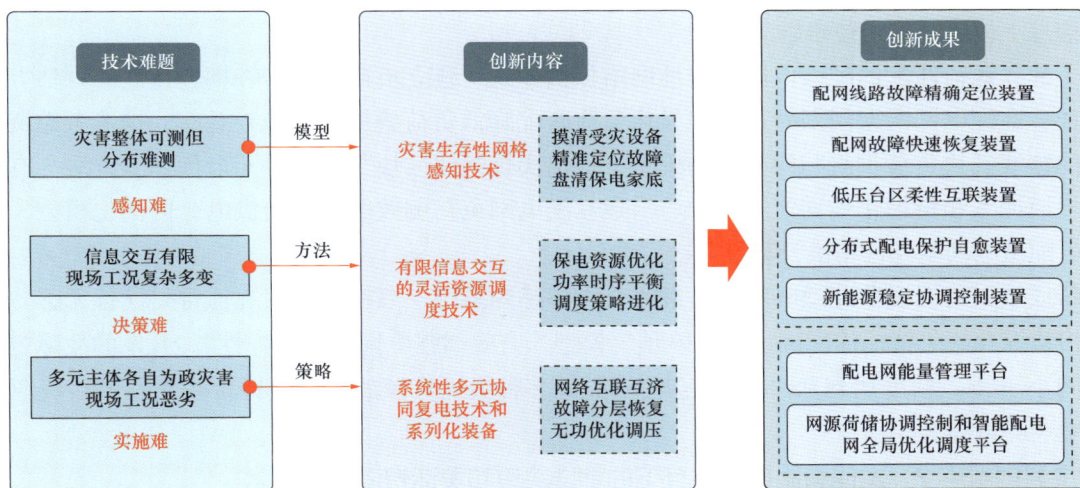

图1　整体技术路线图

1. 主要创新点1：提出配微电网灾害生存性网格感知技术

灾害天气下配微电网"灾害—故障—恢复"关联模型，揭示配网全系列设备灾害—故障演化机理，发明节点畸变校正的配微电网故障定位技术，研发全自主可控的基于北斗电力线路故障精准定位装置，形成配微电网全系列设备感知体系和源荷匹配的"设备—最小保供单位"的网格保供体系，如图2所示。

（1）提出配微电网设备受灾感知方法和容灾能力评估方法。基于配微电网设备结构强度、材料耐久性、备份和冗余设计，开发电力线路和配电房微气象环境监测系统、地下站房水情监测系统等，考虑设备之间的协同作用和整体系统韧性，计算设备对整体系统脆弱性的影响，评估设备在灾害发生时的抵御能力和恢复能力，揭示了灾害天气下配微电网关键高故障设备灾害—故障演化机理。

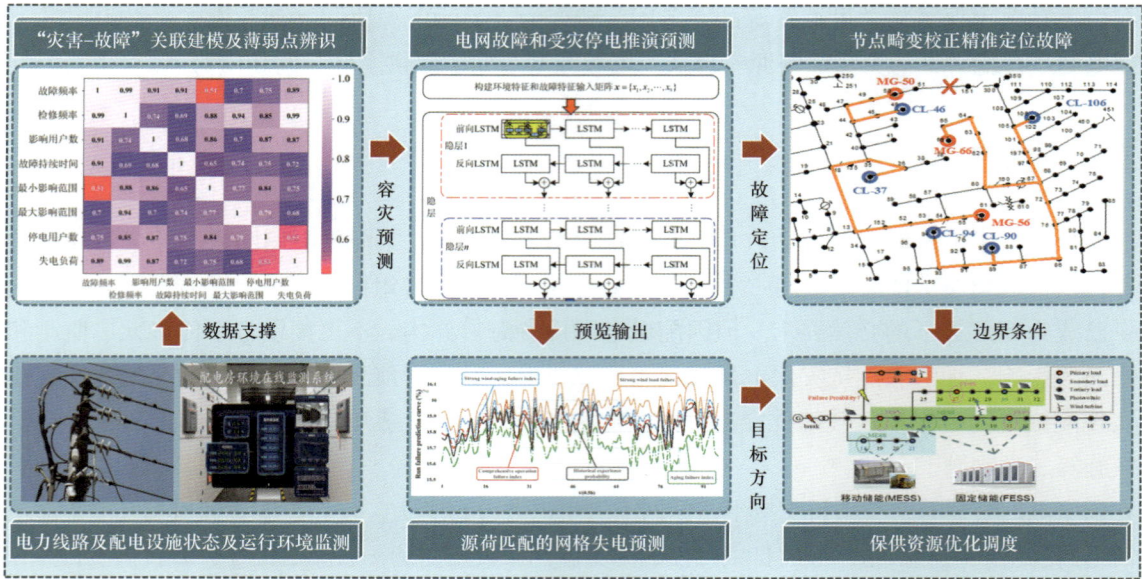

图 2　配微电网灾害生存性网格感知体系

（2）发明节点畸变校正的配微电网故障精准定位技术。通过自主开发的基于北斗的电力线路故障精准定位装置开展数据驱动的故障定位，结合系统拓扑和设备连接关系，精准定位故障区段，突破有限量测信息下故障准确定位难题。

（3）建立源荷匹配的配微电网生存性网格保供体系。建立负荷数据峰谷耦合特性的评估方法量化负荷特征，在配电网网架规划时进行差异化负荷匹配降低负荷叠加后的峰谷差率，构造考虑负荷间调节能力的馈线区块负荷重组和网架重构模型，提出实现馈线区块与供电单元最优划分方法，有效缓解配电网规模庞大和精细化规划之间的矛盾，建立配电网负荷侧效能提升的供电分区优化模型，实现灾害天气下配微电网生存性精准计算。

创新成效：建立涵盖配微电网全要素的全设备感知系统，填补配电系统辅材类设备无感知能力的空白，构建综合气象特征的配网设备风险预警模型，有效增强电网"气候弹性"。开发的故障定位系统定位时间小于 2s，精度达到 98%，建立源荷储 30 多种灵活资源的生存性评价系统，灵活资源种类和评估精度业界最高。

2. 主要创新点 2：发明有限信息交互下的精准决策和灵活资源调度技术

提出灾害瞬变多场景的分布式灵活资源优化配置方法，发明基于优先指数的储能等抢修资源快速配置模型，建立基于信息熵理论的功率时序平衡机制，开发多元主体协同机制建模和调度策略进化平台，如图 3 所示。

（1）提出灾害瞬变多场景的分布式灵活资源优化配置方法。基于共享储能、移动发电车、电动汽车 V2G 等灵活资源构建灾时多平衡区，发明基于优先指数的储能等抢修资源快速配置模型。

（2）建立基于信息熵理论的功率时序平衡机制。构建源—荷—储协同两阶段优化方法，提出模型与数据双驱动的分布式资源运行调度方法，动态调节灵活资源响应能力，实现基于时序概率模型的配电网与多微网协调调度。

（3）开发多元主体协同决策和鲁棒调度策略进化平台。通过建立多智能体模型和博弈论模型耦合多元主体关联关系，有效捕捉多主体间相互影响机理，并通过人工智能技术进行深度学习，持续提升平台整体性能。

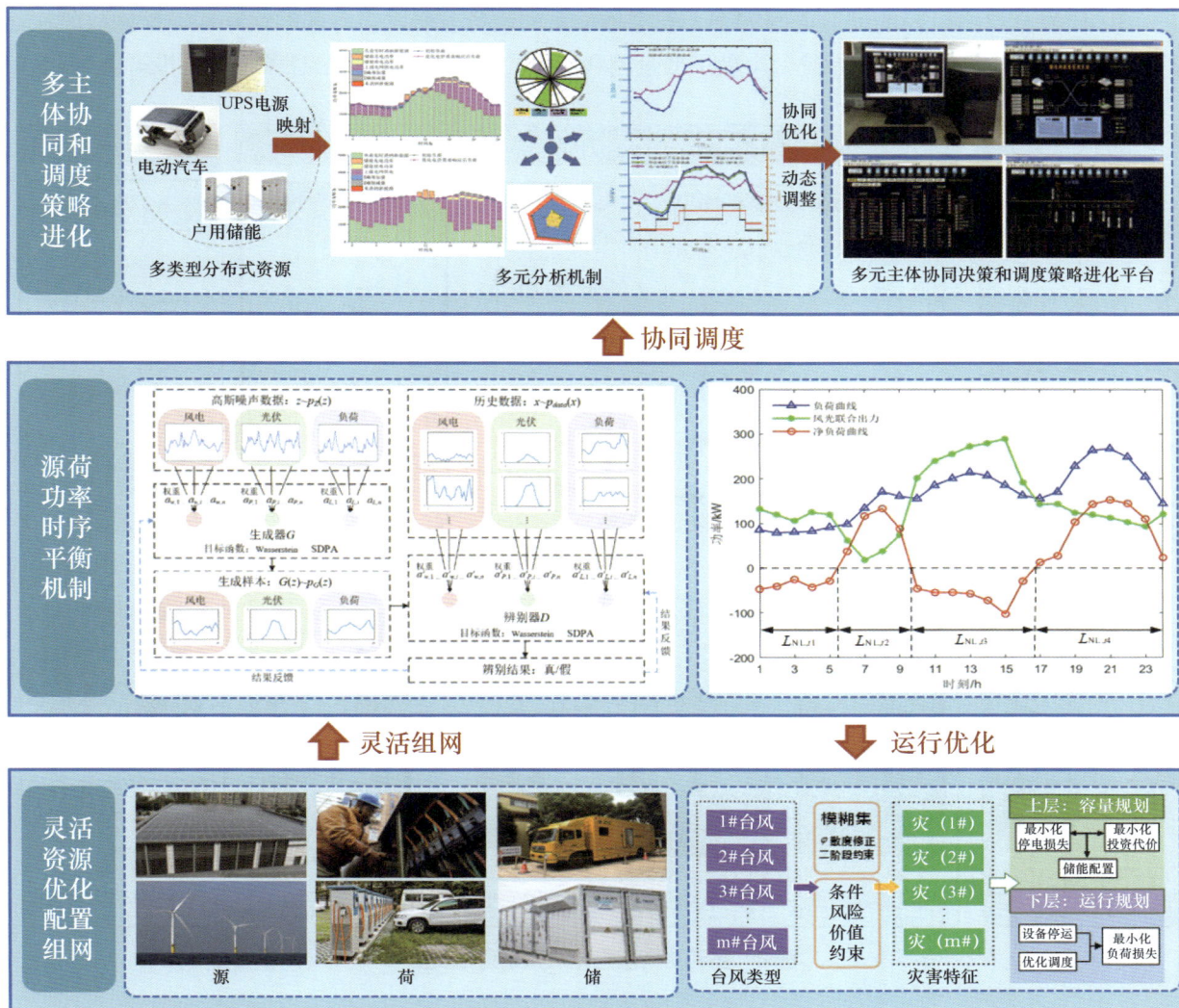

图 3　有限信息交互的灵活资源调度体系

创新成效：建成适用于灾害场景下配微电网能量管理和协同调控平台，实现对弱感知状态下的分布式灵活资源的联合优化调度，填补调控盲区，有效增强电网"调节柔性"。相对传统调度方法，优化速度从小时级提升至分钟级，极大提升调控效率，优化灵活资源种类达 30 种，每配调单位可减少 5 名人员投入。

3. 主要创新点 3：首创系统性多元协同复电体系和系列化装备

构建配电网抗灾互联新型网络形态，提出配微电网集中—分布协同的自愈控制架构和供电恢复方法，突破"配微协同预控，台区自治调节"的自适应控制技术，发明配网故障快速恢复、分布式资源稳定协调控制等装置及系统，如图 4 所示。

（1）发明柔性互联的抗灾型配微电网新形态。提出差异化负荷匹配的网架构建方法，突破灾害场景下网格化快速互联与组网难题，实现可靠互联和高效互济。

（2）提出配微电网分布式自治供电恢复与网络自愈控制协同调节理论。发明基于馈线阻抗比的 SOP 有功—无功协同调压和多模态协同调压控制方法，通过网格化分层分区协同控制，实现"用户—台区—馈线—网格"的配微电网快速传导复电。

（3）研发全自主可控的配微电网灾害天气穿越全系列装备。研发多台区柔性互联、配网故障快速恢复、稳定协调控制等装置和系统，突破了低量测和弱可控配微电网有限信息条件的精准调度难题。

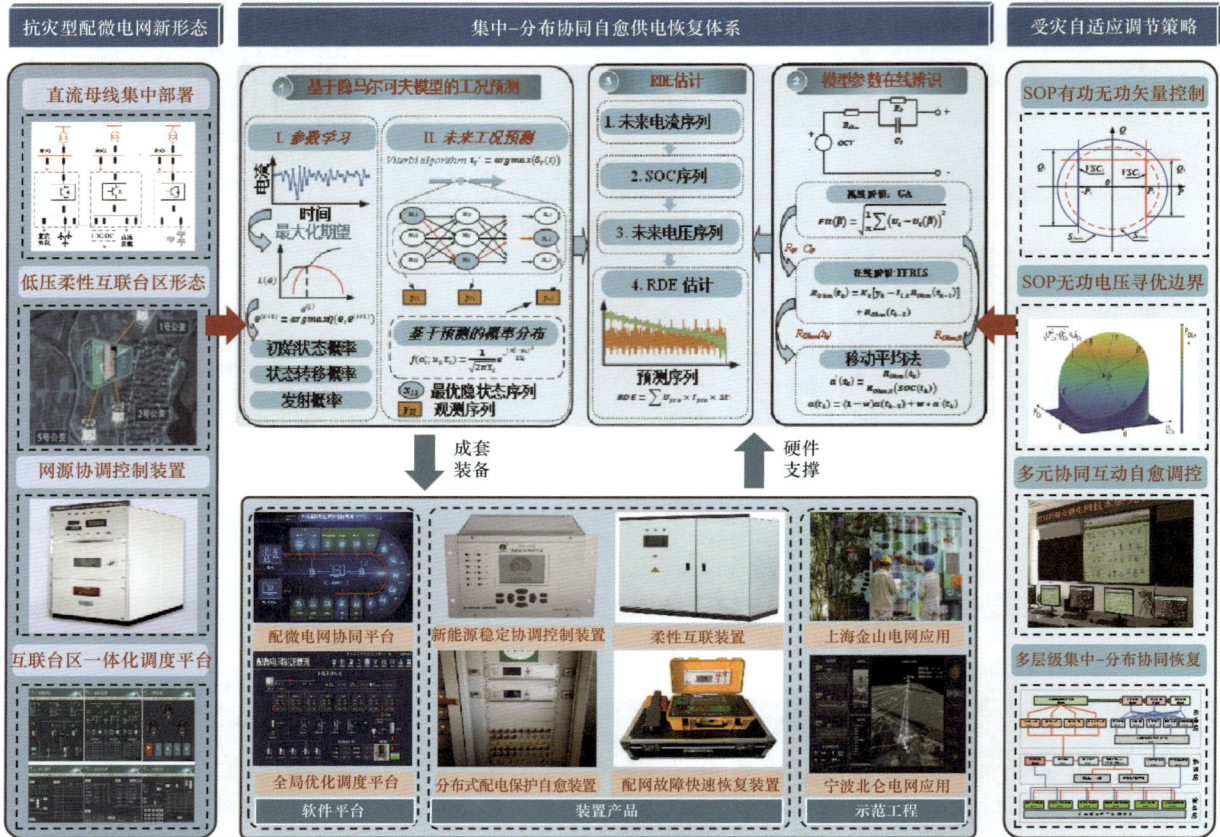

图 4　多元协同复电体系和系列化装备

创新成效：率先在上海、浙江宁波等地建成防灾型应急保电系统，经受住台风"梅花""烟花"检验，因灾停电户数降低 90% 以上，灾害天气时配网台区复电速度最快为 0.15s，网格复电速度最快为 5min，显著增强配电网韧性，有力保障了社会经济发展和民生安全，助力上海打造"全球最安全城市之一"的新名片。

4. 与当前国内外同类研究、同类技术的综合比较

与当前供电企业普遍使用的配电网受灾保供技术相比较，见表 1，本项目成果在设备受灾感知水平等关键指标显著提升。

表 1　　　　　国内外同类研究、同类技术指标综合比较

技术指标		国内外同类技术指标	本项目指标	对比结果
灾损精准定位和灾害穿越能力评估	设备受灾感知水平	主变压器、线路等主设备	主变压器、线路等主设备和引流线、扎线、绝缘子、分布式电源	填补了配电系统辅材类设备无感知能力的空白
	配电网故障定位	定位精度 90%，时间 5s	定位精度 98%，时间 2s	定位精度提升 8%，时间缩短 3s

技术指标		国内外同类技术指标	本项目指标	对比结果
精准决策和网络自平衡	灵活资源优化配置计算速度和种类	方案人工生成，配置时间为小时级，种类包含发电车等10种资源	方案智能生成，配置时间为分钟级，种类包含移动储能等30种资源	从小时级提升至分钟级，优化变量增加20种
	配微电网灾害穿越调控方式和工作量	人工方式、多名调度员和操作人员协同	智能调控、1名调度员	人员工作量减少90%以上
网络重构复电和调控	台区负荷转供方式	平均复电时间28min	柔性互联转供，平均复电时间1min	复电速度显著提升，实现瞬时复电
	快速恢复决策时间	收敛率86.34%，计算时间120.91s	收敛率100%，计算时间26.33s	收敛率提高13.66%，计算时间缩短78%

三、实施成效

1. 成功打造配微电网灾害性天气穿越调控系统

配微电网调控系统在上海全域应用，接入终端120万台，保障供电负荷3200万kW，服务用户1000万户，有力支撑上海极端天气下应急保供和进博会等重大保电任务。

2. 研发分布式配电保护自愈、柔性互联等系列化软、硬件装置

在浙江北仑、上海金山等地应用柔性互联集装箱和配网故障快速恢复装置3套；在浙江萧山、江苏泰州、福建福州等5地建设270座低高程配电房环境监测和332回10kV线路微气象环境监测系统，应用635套故障定位装置；在浙江台州、江西鹰潭等9地部署配网故障快速恢复、分布式配电保护自愈等装置368套；在上海、浙江、江苏等5个省级电网部署网源荷储协调控制和配电网能量管理等系统86套。

3年累计销售收入20402万元，有力促进国产配微设备技术提升和装备升级，配网灾害组网优化和转供技术实现发明专利许可转化100万元。

3. 支撑上海、浙江、福建等地抗击台风重大保电等任务

（1）浙江宁波北仑建成国内首个低压台区柔性互联系统示范项目，2021年"烟花"过境时，低压台区柔性互联系统将故障台区下200多户居民及时转移至其他互联台区，大幅度缩短停电时间，新华网等多家媒体进行报道，成果示范效益显著。

（2）成果整体应用于上海金山，2023年抗击"梅花"保电工程中，依托国网上海市电力公司气象监测网络及精细化气象数据，10kV主线停电后以内部灵活资源柔性互联方式实现水淹失电68户居民的快速复电，新民晚报等进行广泛报道。

4. 牵头制定行业标准

牵头制定行业标准《馈能装置接入配电网技术要求》（DL/T 2590—2023），涵盖灾害天气下配电网中馈能装置接入配电网的容量与电压等级、电能质量等，为灾害性天气下快速组网和恢复供电提供标准规范和技术样板。

四、经济效益及推广前景

1. 经济效益（见表 2）

表 2　　　　　　　　　近三年直接经济效益（加盖财务专用章）　　　　　单位：万元人民币

项目总投资额	0		回收期（年）	0
栏目 年份	新增销售额	新增利润	新增税收	节支总额
2021	3925.08	320.6	80.62	—
2022	7123.75	723.84	189.76	—
2023	9353.86	560.69	159.01	—
累计	20402.69	1605.13	429.39	—

国网上海能源互联网研究院有限公司、国电南瑞科技股份有限公司应用本项目配微电网灾害性天气穿越精准调控技术，主要在网源荷储协调控制系统、智能配电网全局优化调度软件、柔性互联装置、稳定协调控制装置和配网故障快速恢复装置等方面产生利润与直接经济效益。近三年新增销售额20402.69 万元，新增利润 1605.13 万元。

项目成果通过"一种基于差异化负荷匹配的配电网网架构建方法"专利转让收益 100 万元。

2. 推广前景

（1）引领配微电网抗灾保电技术跨越式发展。首次建立配微电网关键设备受灾故障机理模型，填补了配电系统辅材类设备无感知能力的空白，提高配微电网自治自愈自修复能力，实现从设备到网格层面的保供电管理，实现精准保供，有力支撑社会经济发展。

（2）促进新能源消纳和储能产业发展。通过灵活资源的协同互动，实现配微电网灵活资源精准配置和一体化联合优化调度，有力保障电网安全平稳运行，有效提升清洁能源利用水平，推进新型电力系统建设与能源结构转型。

（3）促进配微电网抗灾保电领域装备技术升级。研制多点故障定位装置、配微电网抗灾互联和功率互济装置、配微电网多元协同互动自愈装置和配微电网无功自适应调控装置，实现故障精准定位和快速恢复供电，为电网保供电提供了装备保障，引领抗灾保电技术和产业升级。

五、项目主要完成人

国网上海市电力公司金山供电公司孙俭、沈东明、徐冰雁、张莹、唐丹红、陈云峰、叶影、郭磊、沈杰士、翟万利。

特高压混合直流主设备质量保障关键技术研究及工程应用

中国南方电网有限责任公司超高压输电公司电力科研院

一、案例简介

我国能源储备和电力负荷分布极不均衡，建设发展特高压输电是优化能源配置的必然选择。多端直流由于其低损耗，更具灵活性，多端直流输电在新型电力系统中发展潜力日益显现。多端直流可靠性直接影响国资委对电网企业的考核指标：直流综合能量可用率，多端直流可靠性主要依赖直流主设备质量。

然而，近年来曾发生多起由于直流主设备质量控制不到位导致设备供货不及时，影响工期，甚至隐患设备在现场发生炸裂故障，严重危害电网和人身安全。如断路器灭弧室漏装轴销导致灭弧室炸裂，直流穿墙套管制造过程临时停电，导致成品局放量超标，影响产品供货。

因此，实现提升特高压多端直流主设备质量保障尤为迫切，但面临多端直流主设备组部件及原材料质量管控延伸不足（不可控）、运行边界及工况不可知（不可知）、首台套试验检测标准缺乏（不可测）等三大挑战。

为解决以上难题，南网超高压输电公司牵头整合优势资源，联合荣信汇科电气股份有限公司、西安派瑞功率半导体变流技术股份有限公司、浙江金凤凰电力科技股份有限公司等单位开展产学研用科研攻关。牵头开展特高压多端直流主设备质量保障关键技术及工程应用"技术攻关，力求解决多端混合直流主设备及关键组部件质量保障的关键技术问题，研制出具有国际领先水平的高可靠性特高压多端直流主设备。其中，多项柔直主装备（柔直变压器、桥臂电抗器等 6 项装备）入选国家能源领域"首台套"重大技术装备清单，设备运行至今未发生重大风险故障，确保了直流输电装备自主可控，推动能源技术创新发展和产业持续变革。

二、技术方案

（一）项目总体思路

项目依托国家重点工程需求，以攻克特高压混合直流主设备质量控制中的技术难题为导向，研究柔直换流阀等"首台套"设备运行边界，提出验证方案，支撑柔直换流阀等"首台套"设备质量管控；建立组部件、原材料精细化的质量管控体系，确保核心设备的制造工艺水平；完善直流设备技术标准体系，突破"材料部件管控—设备性能检验—技术标准完善"全链条质量控制技术，提高直流主设备运行安全及可靠性。具体技术路线如图 1 所示。

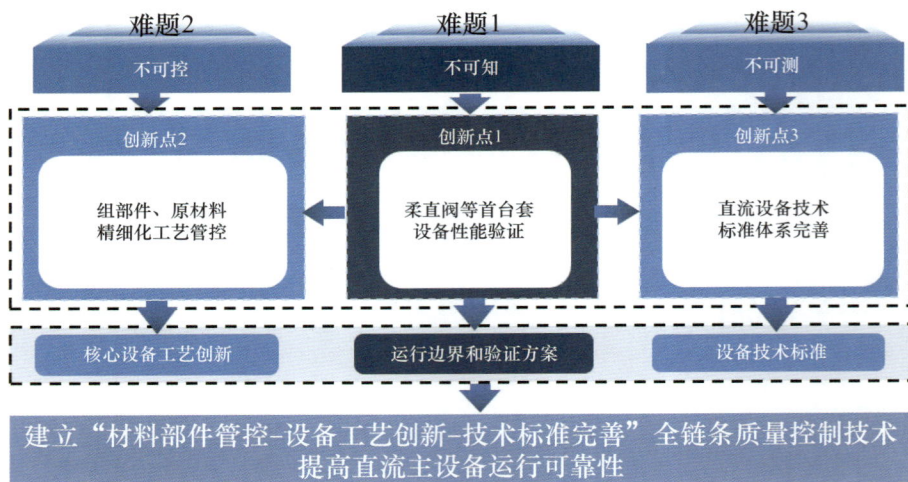

图1 项目总体思路和技术路线

（二）项目技术方案

1. 项目内容

（1）构建全链条品控业务模式。深度参与技术规范书审查和设计联络，综合设备运维经验、典型缺陷、反措要求和技术分析成果等从技术参数、设备选型、生产工艺等方面累计提出 50 项优化建议并被采纳。系统开展厂家技术文件审查，重点是型式试验覆盖性审查，对重大试验方案组织开展专家审查。加强品控技术专项监督，检查的内容包括技术规范书执行、关键工艺控制、反措落实、关键外购件及原材料质量管控、装配和存放环境等。开创品控"云监造"模式，对部分设备开展了远程见证，如图 2 所示。

品控策略模块库

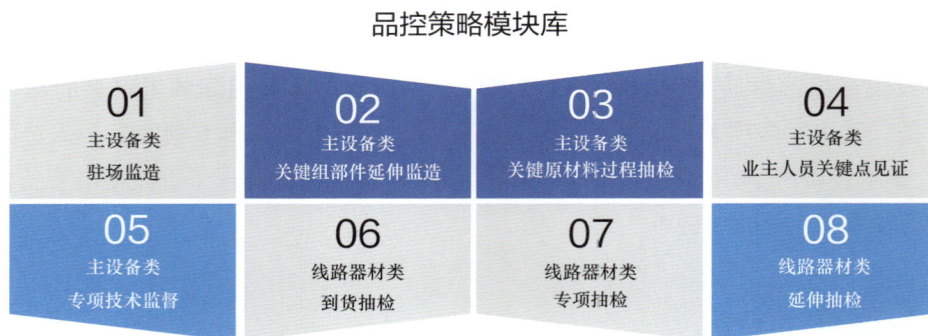

图2 项目品控策略模块库

（2）制订差异化品控策略。直流工程具有物资品类繁杂、供货厂家众多、供货周期短、涵盖专业面广等特点，昆柳龙直流工程涵盖三个站点及 1500km 直流线路、16 大类约 150 余种物资品类。运用风险控制理论，从单体价值、制造成熟度、故障后果、设备复杂度等维度综合评估，对不同品类制订了驻厂监造、关键组部件延伸监造、重要原材料过程抽检等 8 种差异化品控策略，实现资源精准投入。柔直换流阀作为核心设备，对阀功率模块的关键元件 IGBT 器件、过压旁路晶闸管、直流支撑电容、旁路开关等均开展了延伸监造。

（3）建立"首台套"设备协同攻关机制。昆柳龙工程涉及大量"首台套"设备需全新研发，技术难度大、研发窗口短、相关经验缺乏。南网超高压输电公司充分发挥协同引领和资源统筹优势，组织成套设计、监理单位、制造厂、科研院所及试验机构等产业链上下游单位，对"首台套"设备开展联合攻关，在昆柳龙工程中共解决了典型疑难问题 50 余项，包括柔直换流阀提出了从功率模块到阀段、阀组和阀控系统完整的试验方法；GIL 三支柱绝缘子开展了 6 项补充试验，对可靠性进行全面验证；换流变压器和柔直变压器联合设计了阀侧防火防爆封堵一体化结构并首次在直流工程运用；桥臂电抗器解决了金属汇流排温升超标、包封热点温升异常等问题；HSS 开关搭建了燃弧试验回路并在世界上首次完成大电流直流燃弧试验，如图 3 所示。

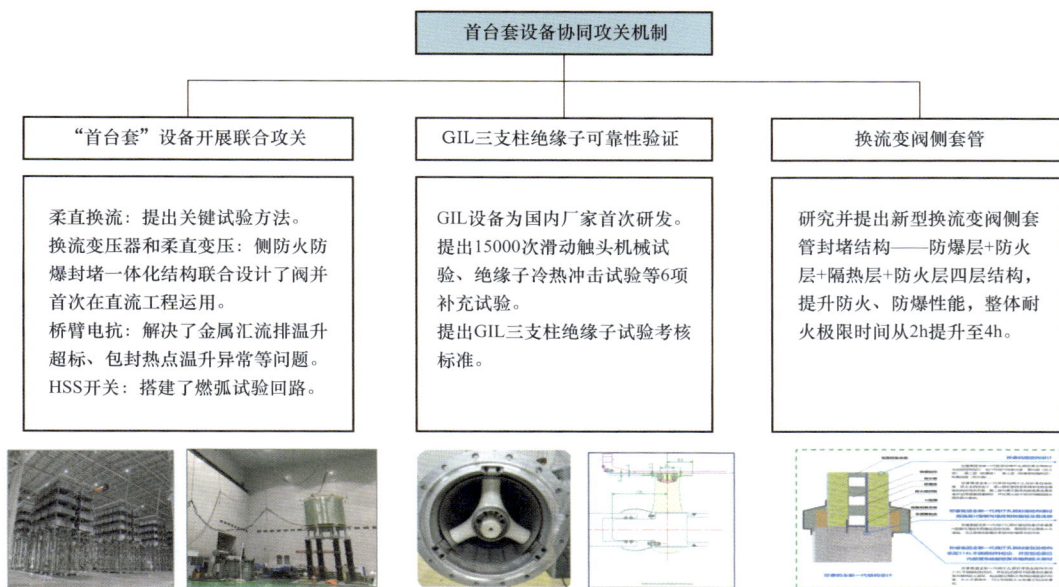

图 3 "首台套"设备协同攻关机制体系

（4）健全高压直流主设备品控技术标准体系，如图 4 所示。经过多年积累沉淀，南网超高压输电公司已经建立了涵盖常规直流、柔性直流、融冰装置等完备的品控技术标准体系，其中常规直流标准 68 项、柔性直流标准 8 项，并积极推动上升为高等级标准。2019 年以来，共牵头开展了 5 项国家标准、12 项行业标准、10 项团体标准制修订工作，显著提高南网超高压输电公司乃至南方电网在行业的影响力和话语权。

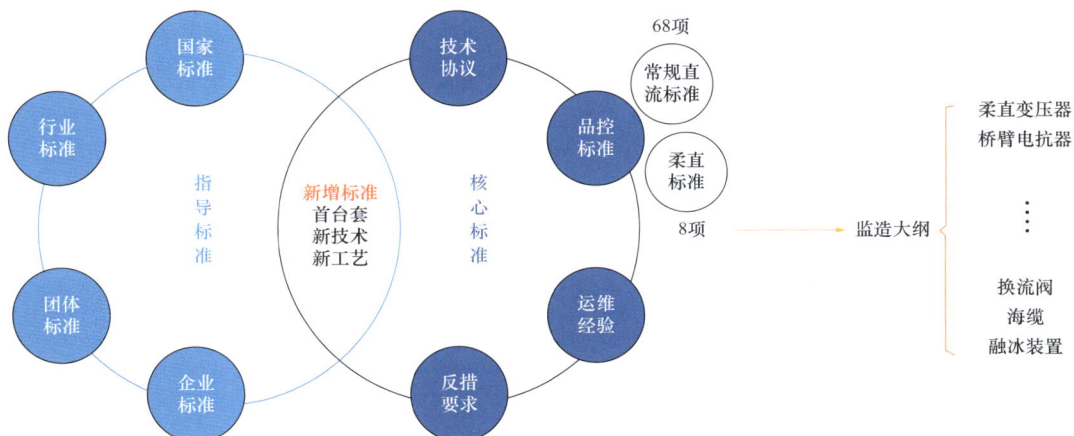

图 4 高压直流主设备品控技术标准体系示意图

2. 项目创新点

（1）柔直换流阀元件器件—功率模块—成套装置全链条性能验证。基于特高压柔直换流阀的运行边界，提出了换流阀用 4500V/3000A 大功率 IGBT 器件失效后短路通流试验、直流支撑电容（2.8kV/9mF）阻尼放电试验、旁路晶闸管击穿电压分散性和通流稳定性测试等特殊性能验证方法，研制特高压柔直换流阀功率模块全载测试装置，可实现 3400V 下可靠关断 6000A 电流，首次构建了柔直换流阀涵盖元件器件—功率模块—成套装置全链条的性能验证试验，如图 5 所示。

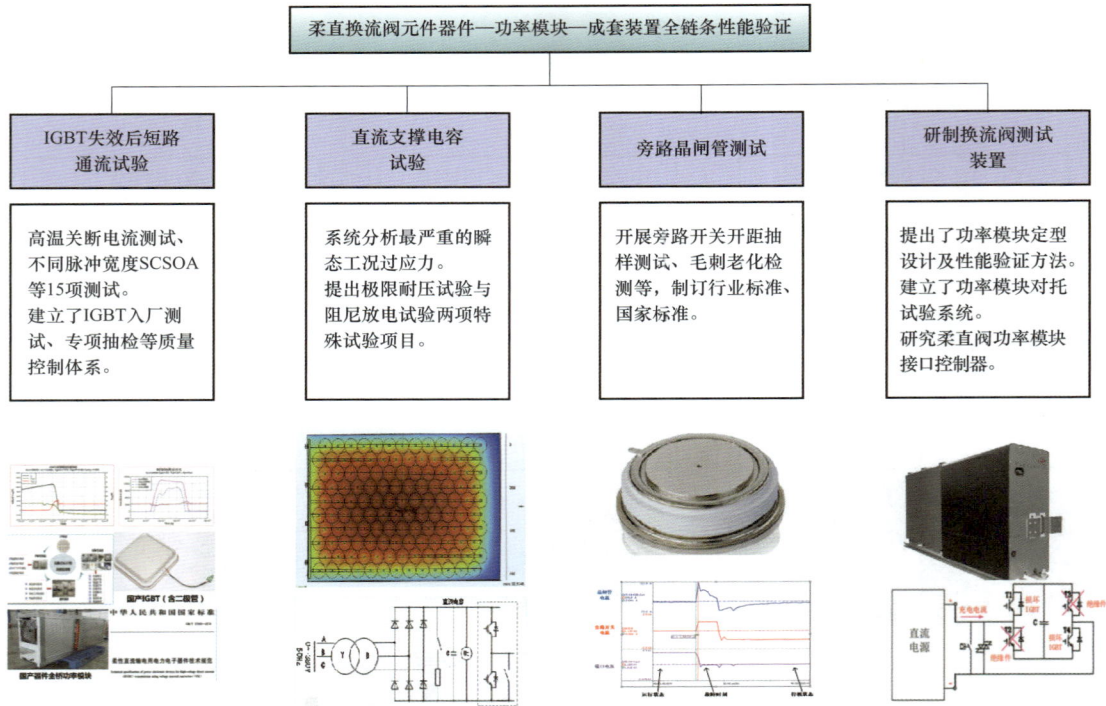

图 5　柔直换流阀元件器件—功率模块—成套装置全链条性能验证示意图

（2）特高压混合直流核心装备工艺创新。一是提出了大直径实心支柱绝缘子整体连续拉挤工艺，界面性能优良，介质均匀性好，弹性模量高；二是提出启动电阻的陶瓷电阻片均压设计及精准压接工艺，提高了大冲击电流下的能量耐受能力。

（3）特高压混合直流主设备材料试验方法及技术标准完善。提出了大容量启动电阻全电压全电流下冲击能量耐受试验、纯光 CT 光纤全程进行消光比及损耗测试的高低温循环试验、换流变压器绝缘纸板及纸质绝缘成型件 X 光检测等性能试验，验证了混合直流关键设备在极端工况下的设备性能，如图 6 所示。

3. 项目先进性

项目依托国家重点工程需求，在南方电网重点科技项目支持下，以攻克超 / 特高压混合直流主设备质量控制中"不可知""不可控""不可测"技术难题，研究提出柔直换流阀等"首台套"设备运行边界和验证方案，建立组部件、原材料精细化的工艺管控，完善直流设备技术标准体系，突破"材料部件管控—设备性能检验—技术标准完善"全链条质量控制技术，提高直流主设备运行安全及可靠性。项目主要成果业内首创，国内外对比情况见表 1。

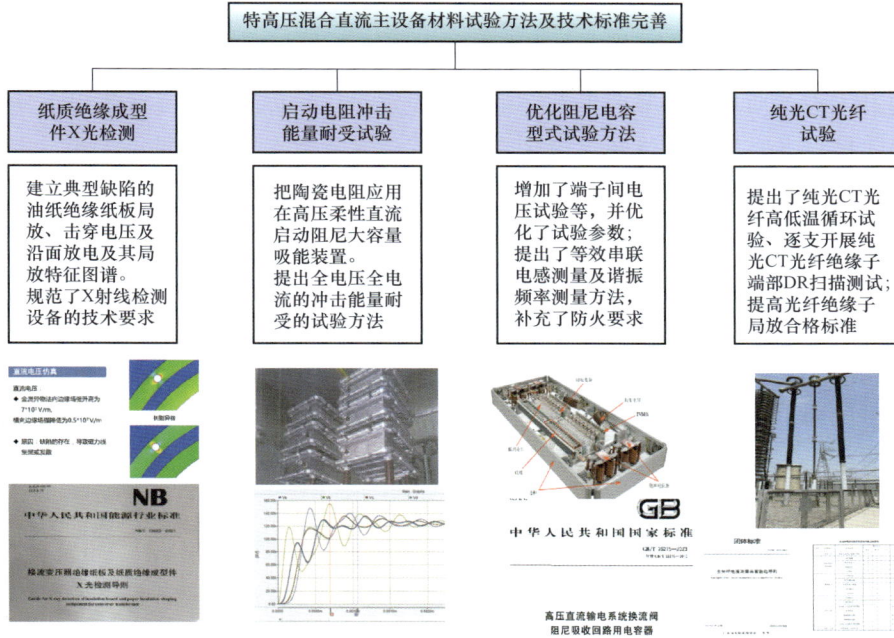

图6　特高压混合直流主设备材料试验方法及技术标准完善示意图

表1　　　　　　　　　　特高压混合直流主设备直流保障研究技术先进性比较

技术成果		国内外原有技术	本项目技术	与原有技术对比
材料部件管控	IGBT器件	缺乏相关器件失效后通流能力测试方法	新增3000A/4500V压接式IGBT器件失效后短路通流试验,通流时间168h,电流3000A,通态压降1V	填补空白
	功率模块	子模块过压短路试验未见相关报道	新增全桥和半桥子模块过压云(4200±100)V䒷短路试验,小电流充电状态3A,解锁运行状态1965A	填补空白
	旁路开关	未开展此两项测试	新增X光开距测试云(2±0.1)mm䒷和主回路dv/dt(8kV/μs)测试	填补空白
	旁路晶闸管	未开展此两项测试	新增击穿电压分散度测试云(4200±100)V䒷和短路电阻测试(0.5mΩ)	填补空白
设备性能检验	启动电阻	冲击吸收能力仅为32MJ,电阻器端间暂态耐受电压540kV/2s,峰值电流165A	模拟交流系统极端故障下全电压全电流的冲击能量耐受的试验方法,冲击吸收能量达64MJ,电阻器端间暂态耐受电压达825kV/2s,峰值电流165A,持续403ms	填补空白
	功率模块试验装置	高压柔直阀功率模块全载测试装置未见相关报道	首次研制特高压柔直阀功率模块测试装置,具备开展4500V/3000A功率模块全功能性能测试,3400V下可靠关断6000A电流,电流上升率:≥10A/μs,2800V下短路可靠保护,额定试验电流3000A	填补空白
	旁路晶闸管	未开展此两项测试	新增击穿电压分散度测试云(4200±100)V䒷和短路电阻测试(0.5mΩ)	填补空白
技术标准完善	阻尼电容	原标准等效串联电感测量	增加等效串联电感测量,优化端子间电压试验、端子与外壳间交流电压试验、局部放电试验方法,牵头修订GB/T 26215—2023《高压直流输电系统换流阀阻尼吸收回路用电容器》	填补空白
	直流支撑电容	以往开展冲击放电,未开展此两项试验	提出直流电容端子间极端工况耐受电压试验、阻尼放电试验,牵头制订NB/T 11388—2023《柔性直流输电换流阀用直流支撑电容器》	填补空白

三、实施成效

成效一：提升主设备质量，保障西电东送主网架稳定运行。直流输电系统主设备质量保障技术应用于禄高肇直流、昆柳龙直流、粤港澳大湾区中南通道背靠背柔直等国家重点工程，避免了主设备恶性故障的发生，投运初期的闭锁、非计划停运次数等可靠性指标稳步提升，助力昆柳龙重点工程提前半年投产，经济效益显著，并获"国家优质工程金奖"。

成效二：项目成果质量管控显著，得到央媒肯定宣传。项目成果有力保障了多项"超级工程"的圆满建成，获得南方电网新闻以及微博"国资小新"的多次专题报道，项目负责人受邀参加第五届共青团中央组织的"中国制造日"讲述"大国重器"的品控模式，并在《新闻联播》进行了报道。

成效三：提升国内电工装备制造水平，助力特高压柔直换流阀等 6 类主设备入选国家能源局重大装备"首台套"清单。支撑特高压直流穿墙套管、直流干式电容、特高压 HSS 开关、常直换流阀用阻尼电容国产化研制及工程运用。

成效四：扩大国家电工装备的国际影响力。项目成果应用于菲律宾 MVIP、土耳其 VAN 城背靠背和巴基斯坦默拉等直流工程，新增出口额约 2 亿元人民币，实现直流核心装备走出国门，推动我国电工装备"走出去"。

1. 项目成果

（1）基于特高压多端直流工程主设备机电热运行边界，研究了设备特殊性能验证试验方法、设备监造控制要点及技术标准，开展"首台套"重大装备研制；建立组部件、原材料精细化的工艺管控体系 1 套；研究成果已应用于禄高肇直流工程、昆柳龙直流工程、粤港澳大湾区中南通道等国家重点工程。

（2）项目成果获授权发明专利 13 项和实用新型 18 项、外观设计专利 6 项；发表论文 8 篇；牵头制订国家标准 1 项、行业标准 4 项、团体标准 7 项，参与制订国标、行标和团标 18 项；出版专著 1 部。

（3）本项目相关成果曾获南方电网公司价值创造一等奖、设备管理协会创新成果一等奖、中国质量协会质量技术奖二等奖。

2. 应用效果

项目成果昆柳龙重点工程提前半年投产，获评 2020 年央企十大超级工程，并获"国家优质工程金奖"；"首台套"设备总体运行情况良好（未发生过恶性故障导致的长时间系统停运），有力保障了"西电东送"大通道的安全运行。截至 2023 年 12 月底，共输送电量超过 700 亿 kW·h，经济效益显著。

四、经济效益及推广前景

1. 经济效益

（1）提升国内电工装备制造水平。助力项目组研制的柔直换流阀、直流穿墙套管、桥臂电抗器、交直流滤波器电阻器实现自主设计生产，累计销售额接近 52.08 亿元，创造直接利润约 33449 万元。

（2）项目提出的优化设计、试验验证和质量控制等研究成果应用于昆柳龙特高压多端直流工程、如东海上风电柔直工程、白鹤滩到江苏特高压直流等国家重点工程，助力工程提前投运。仅以昆柳龙工程为例，截至 2022 年年底，累计输送电量超过 500 亿 kW·h，按售电价 0.35 元/（kW·h）、利润 0.075 元/（kW·h）计算可得项目的间接经济效益为：新增销售额 175 亿元，新增利润 37.5 亿元。

（3）上述工程产品在调试和运行阶段均未发生导致直流系统紧紧停运、强迫停运事件，有效避免了非计划停运造成的送电损失。按单台主设备故障（现场通常采取故障设备整体更换方式处理）导致直流单极闭锁、停电 4 天更换计算，以龙门单极退出为例，每年单次主设备导致功率损失 $2500000kW \times 24h \times 4$ 天 $=2.4$ 亿 $kW \cdot h$，近三年每年新增送电量 7.2 亿 $kW \cdot h$。按照利润 0.075 元/（$kW \cdot h$）计算，新增利润 5400 万元。

2. 社会效益

（1）树立行业质量技术创新标杆，形成 50 项标准和 66 项专利，助力昆柳龙重点工程提前半年投产，经济效益显著。

（2）建立质量管控体系，实现了高可靠性产品批量化生产。

（3）项目成果质量管控显著，助力四类特高压柔直换流阀、柔直变压器、桥臂电抗器、纯光 CT 等六类主设备入选国家能源局重大装备"首台套"清单，促进了创新链与产业链的深度融合，有力提升国内电工装备制造水平，在远海风电送出、藏东南和西北清洁能源输送发挥积极作用。

3. 推广前景

本项目立足国家重大战略需求，以攻克超/特高压多端直流主设备质量控制中"不可控""不可知""不可测"技术难题，建立组部件、原材料精细化的质量管控体系，研究柔直换流阀等"首台套"设备运行边界和验证方案，完善直流设备技术标准体系，突破"材料部件管控—设备性能检验—技术标准完善"全链条质量控制技术，提高直流主设备运行可靠性，取得了良好的经济效益、社会效益。后续计划进一步将成果在藏粤直流等国家重点工程进行推广应用。

五、项目主要完成人

中国南方电网有限责任公司超高压输电公司电力科研院孙勇、邓军、黎卫国、张长虹、王泽瑞、姜克如、周海滨、唐金昆、崔彦捷、卢文浩。

面向新型电力系统的 5G 应用关键技术及产业化推广

南京南瑞信息通信科技有限公司

一、案例简介

随着新型电力系统建设，大量新能源接入电网，2023 年公司经营区累计风光发电装机占电源总装机的 38%，电网状态采集、实时调控要求大大增强，控制类业务向末端延伸，采集类业务终端大幅增长，对终端通信网的覆盖、业务承载能力、安全性、实时性等提出更高要求。

5G 作为支撑经济社会数字化转型的关键新型基础设施，已被列为国家"新基建"重点部署的七大领域之一，是国家电网公司发布"数字新基建"十大重点建设任务，但开展规模化应用还面临以下挑战：①在涉控类业务承载方面，时延抖动指标难以满足配网差动保护、精准负荷控制、分布式馈线自动化等业务需求，通信通道安全性仍需加强；②在海量采集类业务承载方面，存在终端功耗大、成本高，现有安全机制资源消耗大等问题；③在网络资源调度管理方面，无线、承载和核心网域可能分属电力公司和运营商，存在切片构建和调整复杂，故障预警与定位难等问题。

项目针对新型电力系统 5G 应用需求，在网络性能增强、终端轻量化设计、多域网络协同管控等方面开展了深入研究。主要创新成果如下：

①提出了多链路选优时延稳定增强技术和智能多站点协作波束赋形覆盖增强方法。研制了 5G 低时延抖动终端，业务端到端平均时延从 12.22ms 降低至 10.05ms，抖动从 1.46ms 降低至 1ms，其中延时大于 80ms 的帧占比从 3.26% 降低至 0.01%，研制了 5G 微型纵向加密终端，实现了电力涉控类业务的安全可靠承载。

②提出了云边协同智能功率控制方法，研制了基于国产化芯片平台的多形态轻量化电力 5G 通信模组和终端，平均功耗从 3.2W 降低至 1.65W，满足用采集中器通信模块功耗小于 2W 的要求；提出了基于无线信号指纹特征的可信认证技术，满足终端的轻量化可信接入需求，实现了海量采集类业务的灵活高效承载。

③提出了基于层次化管控、横向协同的跨域切片管控方法，实现了切片自动构建和灵活调整；提出了基于 GRU 多特征提取分析的流量预测与动态调整机制，网络资源利用效率从 46.3% 提升至 71.5%。研发了电力 5G 切片网络综合管理系统，实现了故障实时预警与智能定位，5G 终端在线率从 94.91% 提升至 99.35%。

项目授权发明专利 20 件，登记软著 3 项，发表论文 30 篇，发布国网企标 3 项，研制了 19 款 5G 模组、终端和管理软件，经中国电机工程学会鉴定，创新成果整体达到国际领先水平。

项目研发的 5G 终端在省公司规模化部署超过 10 万套，管理系统在国家电网公司总部及 27 个省公司实现统推，累计新增合同额超 13 亿元，经济效益显著。项目成果引领了 5G 行业应用，提升了自主可控水平，有效支撑了电网安全稳定运行。

二、技术方案

本项目在政府和国家电网公司项目支持下，开展产学研用协同攻关，遵循"需求驱动—技术突破—定制开发—产业推广"的技术路线，面向涉控、采集业务承载和网络资源调度与管理方面建立完整的电力 5G 规模化应用技术及产品支撑体系，有力推动电力 5G 规模化应用。

创新点 1：针对 5G 无线信道随机性带来的时延及抖动大问题，提出基于终端报文复制和冗余消除的多链路选优时延稳定增强技术、基于智能多站点 Cell-Free 的 MIMO 协作波束赋形覆盖增强技术；研制了 5G 低时延抖动终端，业务端到端平均时延从 12.22ms 降低至 10.05ms，抖动从 1.46ms 降低至 1ms，其中延时大于 80ms 的帧占比从 3.26% 降低至 0.01%，研制了 5G 微型纵向加密终端，实现涉控业务的安全可靠承载。

（1）针对电力保护业务对通道的时延、抖动要求高，5G 无线信道环境时刻变化，瞬间时延过大易导致业务逻辑异常等问题。提出基于报文复制和冗余消除机制的多链路选优时延稳定增强技术，终端侧经由不同的无线路径发送两路相同数据（双发），在接收端选择优先到达的正确信号（选优），实现低时延、高可靠数据传输。

（2）针对大多数电力应用场景中，对终端上行传输可靠性要求高的特点，基于分布式基站（Cell-Free）架构，提出一种多基站联合波束赋形方法，可以实现无线资源的协作调度，使终端可以同时获取周围多个站点的无线资源，保证终端能够获得业务所需的通信性能。

创新点 2：针对海量采集类终端低功耗和计算资源轻量化需求，提出面向电力业务数据时延和颗粒特征的云边协同智能功率控制方法，研制了基于国产化芯片平台的多形态轻量化电力 5G 通信模组和终端，平均功耗从 3.2W 降低至 1.65W，满足用采集中器通信模块功耗小于 2W 的要求；提出基于无线信号指纹特征的可信认证技术，满足终端的轻量化可信接入需求，实现了海量采集类业务的灵活高效承载。

（1）5G 模组应用场景多，不同应用的数据量、数据类型、报文长度和实时性不同，这些都对模组的功耗有影响。提出面向电力业务数据时延和颗粒特征的 5G 模组功耗控制策略，通过报文重组、4G/5G 多网协同、云边协同传输，实现功耗控制效果。通过采用闭环控制 PID 算法，根据当前的负载及温度通过比例与积分算法确认可以分配的功率，限制 CPU 分配的频率和核数，匹配不同温度情况下的温度控制策略，实现功耗自适应调整。

（2）将生成的射频指纹特征与预先存储在指纹库中对应的指纹特征进行对比，对无线设备进行认证。避免了证书分发的环节，减少了由于分发证书带来的网络负荷和管理负担，解决了资源受限条件下海量通信终端高效认证的难题。提升了在电力多业务场景下的安全防护水平。

主要创新点 3：针对切片构建和调整复杂，故障预警与定位难问题，提出基于层次化管控、横向协同的跨域切片管控方法，实现了切片自动构建和灵活调整；提出了基于 GRU 多特征提取分析的流量预测与动态调整机制，网络资源利用效率从 46.3% 提升至 71.5%。研发了电力 5G 切片网络综合管理系统，实现了故障实时预警与智能定位，5G 终端在线率从 94.91% 提升至 99.35%。

（1）针对多域场景下电力业务协同承载以及不同类型设备资源粒度不同的问题，提出了基于跨域切片协同编排架构以及相应的软件功能结构，实现跨域切片的调度编排与主动调整，为全网设备的统一控制奠定基础。

（2）采用改进的 GRU 切片流量预测算法实现了切片资源的实时调整，捕捉流量空间特征和时间长短程特征，通过在线学习对流量的准确估计，实时为切片调整提供数据支撑；预测误差从 8% ～ 10%

降低至 5%；带宽利用率从 46.3% 提升至 71.5%。

（3）设计了基于贝叶斯网络的故障分析引擎，利用设备告警、网络质量数据、故障记录、信令流程等信息，以及终端侧、网络侧、业务侧分段拨测结果，基于贝叶斯网络进行分析定位，快速预测并准确定位通信故障，缩短故障时间，5G 终端在线率从 94.91% 提升至 99.35%。

与国内外同类产品相比，本项目成果在多个技术指标方面达到了领先水平，具体见表 1。

表 1　　　　　　　　　　　　国内外同类产品对比

类别	创新技术对比项	国内外指标	本项目指标	结论
电力涉控类业务承载通信性能优化与安全增强	5G 端到端平均时延	12.22ms	10.05ms	时延降低 17.8%
	5G 端到端平均抖动	1.46ms	1ms	抖动降低 31.5%
	时延大于 80ms 帧占比	3.26%	0.01%	满足主流配网差动保护厂家设备需求
	电力控制业务承载	3GPP 通用算法不满足电力控制类业务承载要求	电力专用加密算法安全承载	达到电力控制类业务承载安全要求
电力采集类业务终端低功耗及计算资源轻量化	终端平均功耗	3.2W	1.65W	功耗降低 48%
	终端认证	基于证书认证	基于无线信号特征的轻量级认证	终端认证效率提升
自主可控水平	终端元器件国产化率	现有行业 5G 终端存在国产化率低的问题	实现完全国产化	提升了自主可控水平
面向多域异构网络的端到端切片管理与自适应调整	网络切片构建	无线域和有线域分别构建，人工拉通	无线域和有线域协同、自动构建	构建过程简单快速
	网络切片调整	人工调整	业务驱动的自主调整	实时调整、灵活高效
	资源利用率	46.3%	71.5%	资源利用率提升 54.4%
	终端在线率	94.91%	99.35%	提升 4.4 个百分点

三、实施成效

项目成果已在国家电网公司实现规模化应用。本项目多形态终端在 16 个省公司应用超过 10 万套，有效支撑了配电自动化、差动保护、用电信息采集等 20 余种业务的 5G 接入及安全、稳定、高效承载；电力 5G 管理系统在国家电网公司总部及 27 个网省公司统推部署，有效保障了网络及终端运行可靠性。

1. "轻量化"实现低成本、低功耗

难点：5G 终端性能与功耗尺寸难平衡。

解决方案如下：

（1）第一阶段：终端轻量化。基于 OpenCPU 方案，复用模组计算、存储资源，降低终端成本。

（2）第二阶段：模组轻量化。从 R15 核心芯片的外围电路入手，在支持频段、射频通道、天线接口、PCB 板层数和复杂度等方面进行裁剪，降低模组成本。

（3）第三阶段：芯片轻量化。采用 R17 RedCap 基带芯片，通过性能、功能裁剪及工艺放宽，从终端成本占比较高的芯片层面，降低终端成本。

多形态轻量化电力 5G 通信模组和终端如图 1 所示。

图1　多形态轻量化电力 5G 通信模组和终端

2."集成化"实现高可靠、高安全

难点：无线空口开放性导致信道质量及安全性低。

解决方案如下：

（1）轻量级可信认证技术实现终端安全启动、固件防篡改，增强终端本体安全。

（2）终端集成安全接入 SDK、微纵、安全 TF 卡等方式，实现对终端的认证及数据通道加密，增强终端通道安全。

（3）采用机卡绑定等措施，通信终端地址分配采用固定 IP，业务终端至业务系统设置安全接入区，采用业务终端与通信终端一体化设计，或微型纵向加密装置与通信终端一体化设计，在业务终端与业务系统间进行双向认证，进一步保障终端业务安全。

国产化电力 5G 终端安全管理技术如图 2 所示。

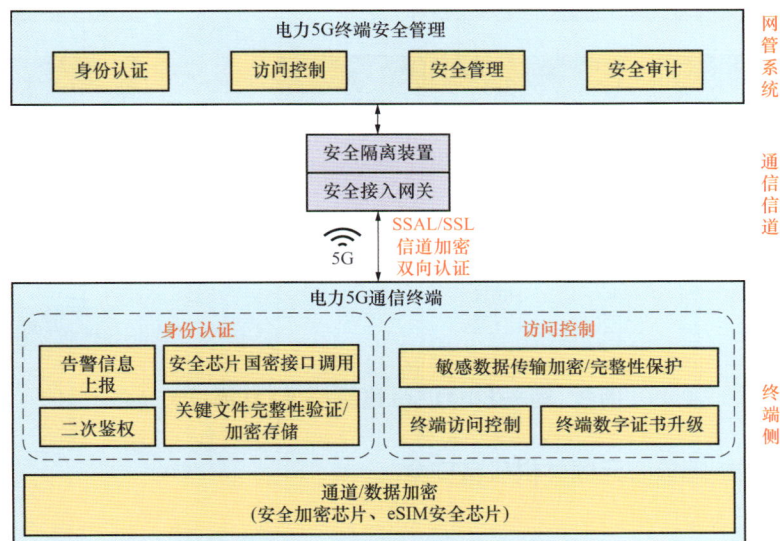

图2　国产化电力 5G 终端安全管理技术

3. "智能化" 实现终端接口可复用、运维管理可观可测可控

难点：多业务场景终端适配复杂、海量终端管理难度大。

解决方案如下：

（1）基于 eSIM 芯片实现内网终端远程开卡与跨运营商码号切换，如图 3 所示。可根据运营商网络服务质量、资费等因素，快速实现运营商网络切换，从而降低 5G 使用及运维工作量，终端在线率有效提升。

（2）预留 B 码授时接口。利用空口 B 码授时的方式，通过 5G 无线网络，将时钟传递给通信终端，再给到业务终端，无须布线即可以满足端到端小于 10μs 的时钟误差要求的高精度时间同步。

（3）智能化网络监测功能。通过部署监测 Agent，采集分析电力业务丢包、乱序、重传、中断、劣化等性能指标，智能实现涉控业务故障定位—隔离—复电的闭环自愈，缩短从故障产生到现场抢修的响应周期，提高供电可靠性。

（4）公专融合自适应切换功能。除了支持 5G 公网外，还支持电力 1800MHz 无线专网，内置自适应切换算法，可根据业务类型、流量特征、网络环境等指标智能选择网络制式。

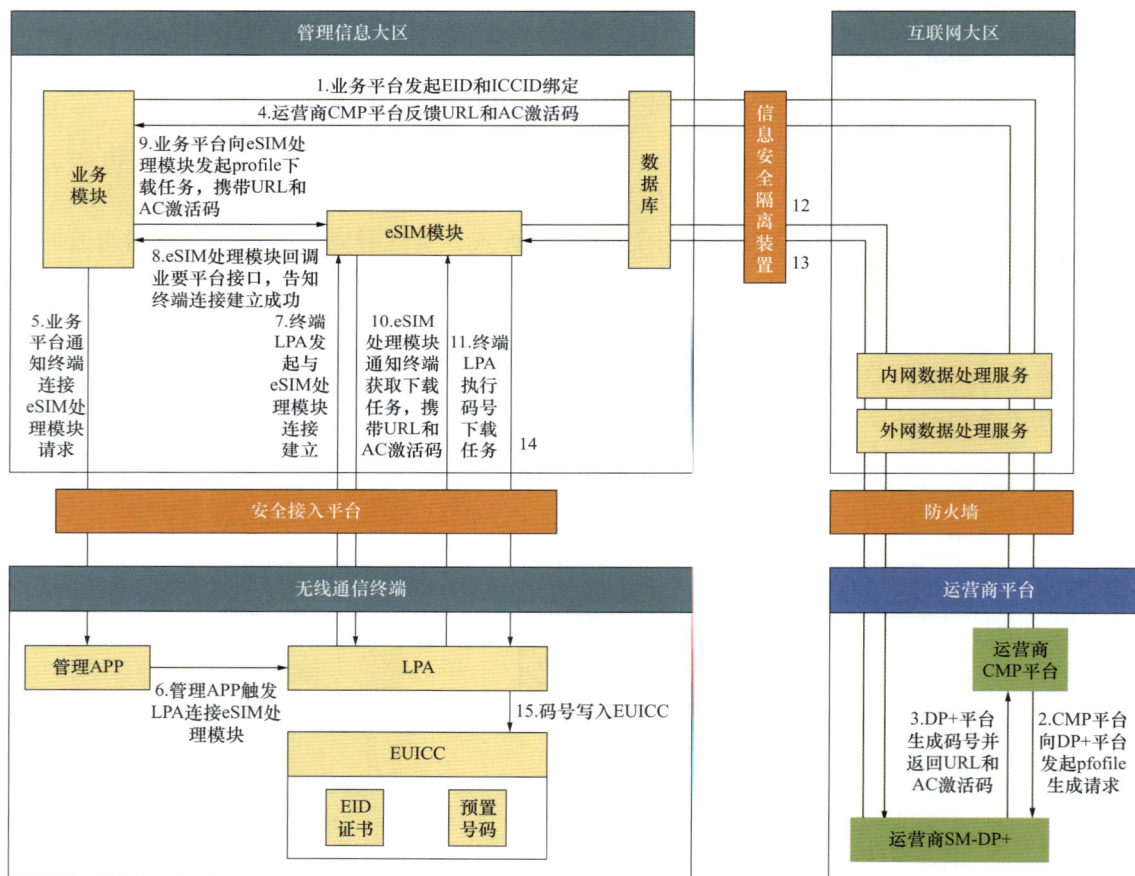

图 3　国产化电力 5G 终端 eSIM 切换技术

4. "国产化" 实现终端核心元器件供应链安全

难点：核心元器件选型困难。

解决方案如下：

（1）核心套片国产化。采用基带芯片 + 电源管理芯片 + 射频芯片全国产化方案，采用紫光展锐、

海思、卓胜微等优质国产芯片供应商，优化功耗设计、器件散热、射频通道等关键方案。

（2）分立器件替代。针对国产芯片集成度较弱的问题，考虑使用分立器件电路方案进行替换，优化器件布局，预留拓展空间。

四、经济效益及推广前景

本项目在 5G 电力应用中的低延时、低抖动、低功耗以及管理与安全技术终端、管理、安全等方面关键技术取得重大突破，并规模应用，为 5G 行业应用打造了技术、产业和应用示范。本项目研发的多形态终端在国网公司 5G 规模化应用项目中广泛应用，在江苏、山东、重庆、河南、福建、冀北、天津、宁夏等地应用超过 10 万套，接入了配电自动化、配电云主站、用电信息采集、配网差动保护等多个业务系统，有效支撑了电力业务安全、稳定运行。研发的电力 5G 终端管理系统、电力 5G 切片网络综合管理系统在国网总部及 27 个省公司统推部署，示范效果明显。相关成果可推广到其他相关行业，为推动 5G 行业应用技术升级，全面提升相关行业数字化、智能化水平提供有力技术支撑。

五、项目主要完成人

南京南瑞信息通信科技有限公司李洋、赵高峰、马涛、龚亮亮、刘锐、张影、杨爽、曹委、丁忠林、付江豪。

百万千瓦秒级可中断负荷用户接入

浙江华云电力工程设计咨询有限公司

一、案例简介

1. 成果提出原因及解决的问题

随着浙江清洁能源示范省的深化建设，直流输电、新能源等非同步电源占比大幅攀升，以常规燃煤机组为代表的同步电源占比不断下降，浙江电网在系统安全、新能源消纳、电网利用效率等方面矛盾日渐突出：

一是受电规模持续增大，高受电比例特征突出，浙江将是国家电网系统内首个外来电比例超过 40% 的省份，一旦发生直流闭锁、受电通道破坏等严重故障，将造成大幅功率缺失，频率稳定、断面过载等问题十分突出，电网安全运行面临严峻挑战。

二是应对电网故障的处置手段较为单一，目前主要依靠常规机组调节和批量负荷调节，特别是在直流闭锁的严重故障下，需要短时间内调节大量负荷，现有批量负荷调节方式简单粗放，容易对社会生产造成严重影响。

三是新能源快速发展，截至 2021 年浙江省新能源装机容量 1497 万 kW，占全省总装机容量近 15%，特别在光伏发电的影响下浙江统调负荷呈现两头高、中间低的"鸭子曲线"特点，电网电力平衡调节压力巨大。

四是峰谷差持续扩大，2021 年调度口径最大峰谷差 3436 万 kW，是国家电网系统中峰谷差最大的省份之一，调峰极其困难，春节、国庆、五一等节假日期间更为严重，新能源濒临弃电。

五是传统"源随荷动"调度模式下电网控制手段已几乎用尽，电动汽车、储能设备等新型负荷以及负荷聚合商、智能楼宇等新的用能形式不断涌现，亟须依托浙江物联网、电力市场等建设，拓展电网调控资源，优化控制模式。

因此，在大受电、交直流混联、高比例清洁能源背景下，亟须建设国网浙江百万千瓦秒级可中断负荷快速响应系统，聚合公司系统及社会上的海量资源，采用刚性精准控制和柔性互动的方式，应对设备及断面越限、备用不足等问题，推动传统的"源随荷动"调度模式向"源网荷储多元协同"模式转变，提升大电网安全稳定水平和运行效率，促进电网高质量发展。

2. 适用范围、目标及价值意义

建设百万千瓦秒级可中断负荷快速响应系统，汇聚社会上各层级的海量可中断负荷资源，在国网浙江省电力公司及 11 个地市供电公司部署秒级可中断负荷调节功能，在用户侧开展秒级可中断负荷接入功能建设。

系统针对预先选定的可中断负荷签约用户下发负荷调节指令，在所需供电区域实现对可中断负荷的快速精准切除，根据电网需求实现秒级负荷调节，确保快速恢复电网供需平衡，避免传统"一刀切"的全线停电对用户生产经营造成更大影响，从而在保障电网稳定运行的基础上，实现对用户损失的最小化。

二、技术方案

1. 总体架构设计

建设百万千瓦秒级可中断负荷快速响应系统，汇聚社会上各层级的海量可中断负荷资源，为国网浙江省电力公司多元融合高弹性电网智慧调度平台提供负荷可观、可测和可调功能的基础支撑，在国网浙江省电力公司及 11 个地市供电公司部署秒级可中断负荷调节功能，在用户侧开展秒级可中断负荷接入功能建设。通过两期项目搭建完成三层级可中断负荷秒级响应系统，2020 年完成全省 720 户工业用户接入工作，可调节负荷量 100 万 kW；2021 年继续开展 765 户工业用户接入，可调节负荷量 100 万 kW；共计接入 1485 套 HYED-392 秒级负荷控制终端，可调节负荷量超 200 万 kW。

系统采用分层结构设计，分为主站层、子站层和用户接入层 3 个层级，如图 1 所示。

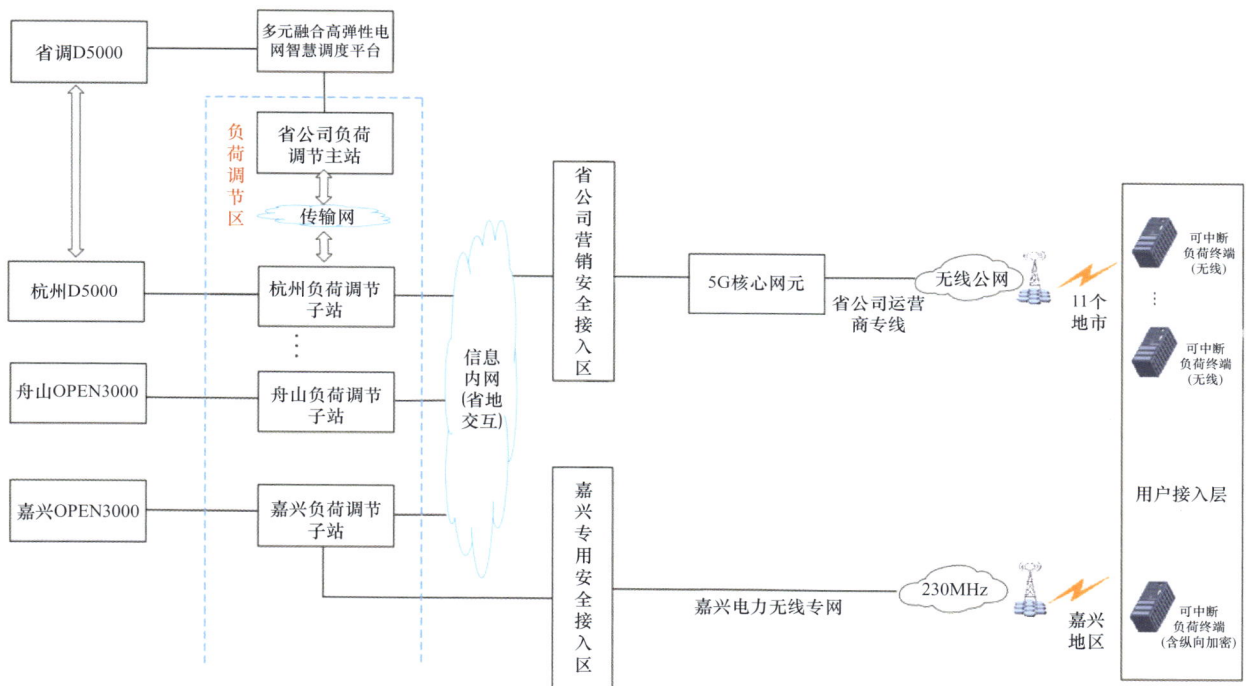

图 1　总体架构图

2. 主站层

主站层的主体为秒级可中断负荷控制系统主站，包括多元融合高弹性电网智慧调度平台配套功能、省调 D5000 系统配套功能以及地调 D5000/OPEN3000 系统配套功能和省公司负荷调节主站，如图 2 所示。

3. 子站层

地市子站层的主体由全省 11 个 100 万 kW 秒级可中断负荷控制系统子站构成，通过与用户接入层可中断负荷终端交互，实时采集、汇集用户负荷信息，将本地区可中断负荷总量上送至主站层；负荷调节子站接收调度系统下发的调节总量需求，将其分解成为接入可中断负荷终端的调节指令，并下发调节指令，同时将执行结果反馈给负荷调节主站和地调 D5000/OPEN3000，如图 3 所示。

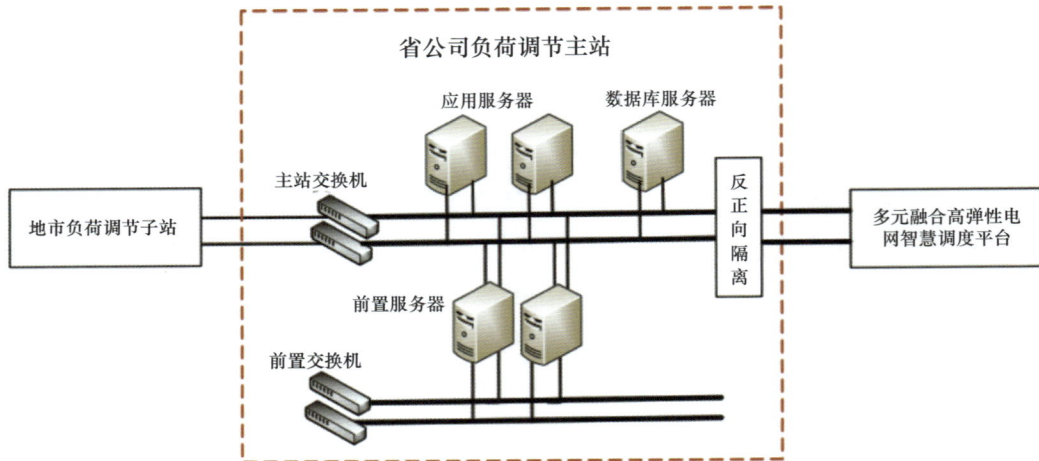

图 2　省调主站层架构图

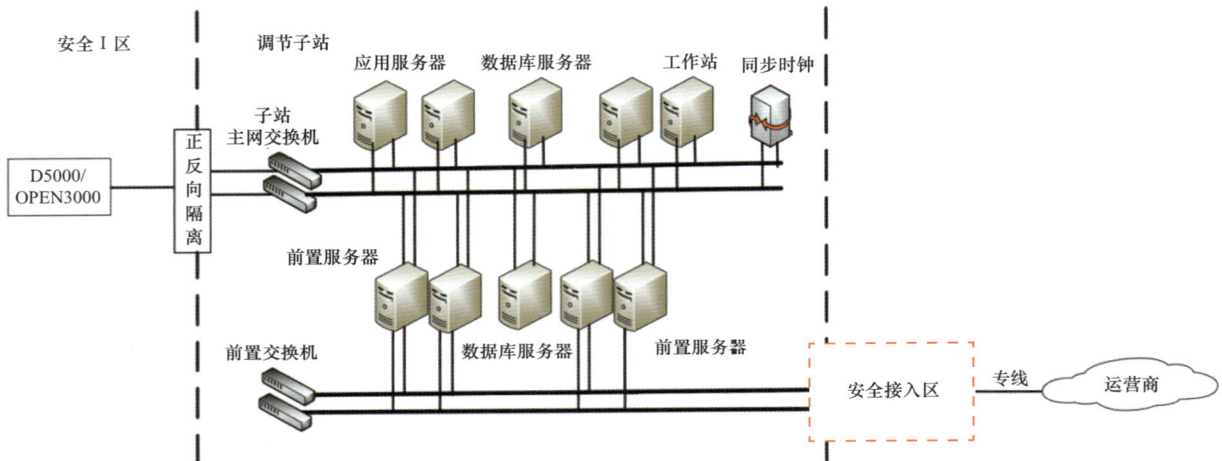

图 3　地调负荷子站层架构图

4. 用户接入层

用户侧可中断负荷终端收集并向系统子站上送可中断负荷总量信息，同时提供装置故障和异常信息，以便在可中断负荷统计和发送切负荷命令时剔除此异常装置；接收并执行系统子站下发的切负荷和"提醒负荷恢复"命令，如图 4 所示。

5. 系统控制策略

在全网或局部供区电力供应出现紧急缺口情况时，区别于传统有序用电需提前几个工作日通知用户做好断电准备，本系统创新设计秒级可中断负荷控制系统，不需通知用户，电网调度侧可直接对用户下发负荷调节指令，实现可中断负荷的秒级快速切除响应，如图 5 所示。

6. 技术创新点及先进性

（1）切除负荷设计多样性。传统营销侧负荷控制系统主要针对用户侧低压进线进行负荷切除，本工程秒级可中断负荷控制系统可根据实际应用情况，在用户侧专项设计部署高/低压可中断负荷控制终端，实现负荷多样性选择，可切除 380V、10kV、20kV、35kV 及 110kV 等电压等级负荷开关。

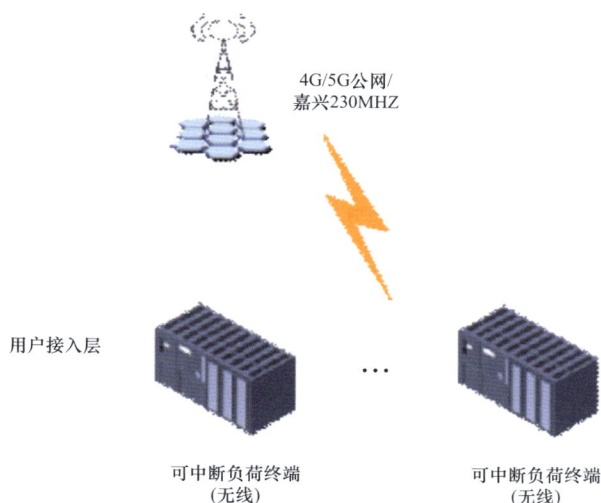

4G/5G公网/
嘉兴230MHZ

用户接入层

可中断负荷终端
（无线）

…

可中断负荷终端
（无线）

图4　用户接入层架构图

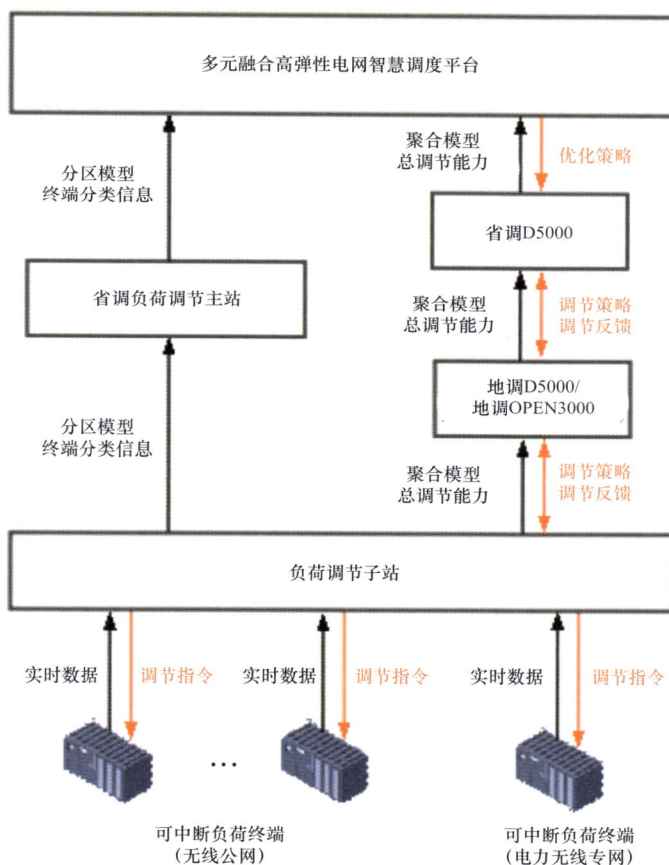

多元融合高弹性电网智慧调度平台

分区模型
终端分类信息

聚合模型
总调节能力

优化策略

省调D5000

省调负荷调节主站

聚合模型
总调节能力

调节策略
调节反馈

地调D5000/
地调OPEN3000

分区模型
终端分类信息

聚合模型
总调节能力

调节策略
调节反馈

负荷调节子站

实时数据　调节指令　实时数据　调节指令　实时数据　调节指令

可中断负荷终端
（无线公网）

…

可中断负荷终端
（电力无线专网）

图5　系统数据流程图

（2）负荷恢复方案更快捷精准。传统的电网限电方式下，负荷恢复由电网调度员通过人工操作的形式将已切除线路逐条送出，用户再根据厂内情况恢复用电，总体用电恢复时间长。本工程系统设计用户在直接接收到系统发出的可恢复送电指令后，即可恢复用电，响应速度更快、更精准，区域负荷实时曲线如图6所示。

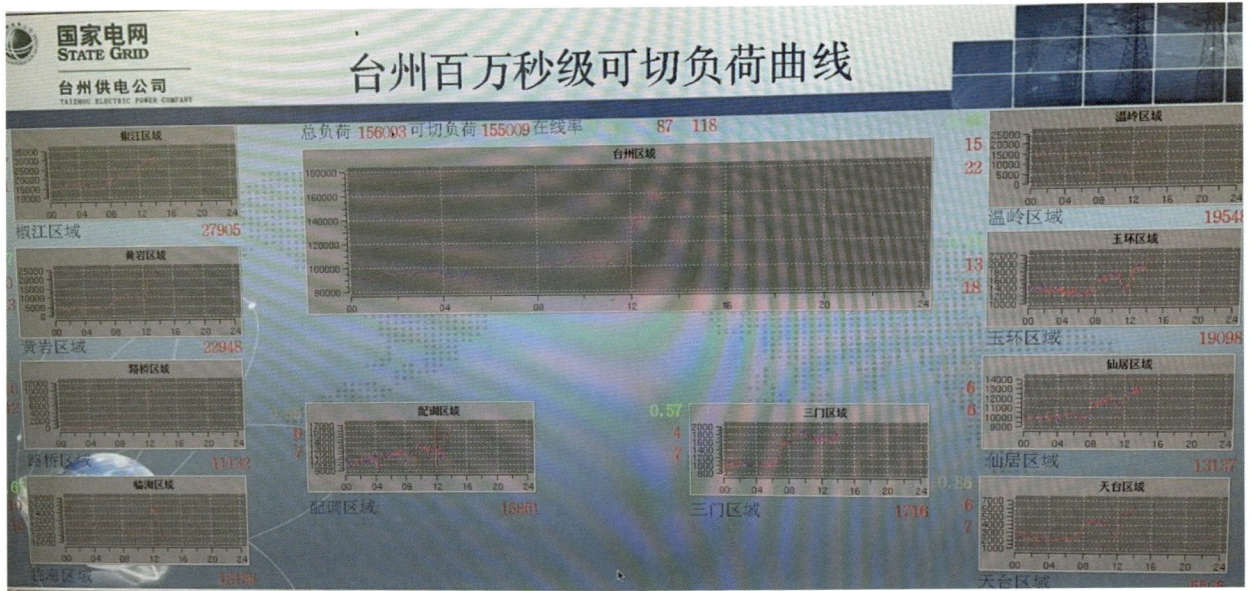

图 6　区域负荷实时曲线图

（3）首次探索与运营商的新型商业合作方案。在电力核心网机房设计部署 5G 核心网元，将运营商核心网部分控制面功能落地于电网侧，为今后 5G 电力业务的应用推广提供了试点基础。

电网数据通过电力机房的 UPF 接入 MEC 平台及内部网络。公网数据通过电力机房的 UPF 及运营商侧 UPF 接入到 Internet。

（4）设计采用 MEC（边缘计算）技术。系统设计采用 MEC（边缘计算）技术，在数据源头的网络边缘侧，部署融合网络、计算、存储、应用的开放平台，就近提供边缘智能服务，可以将业务侧对网络的需求，通过平台和网络的接口实时转化为网络侧可执行的策略，满足行业数字化在敏捷连接、实时业务、数据优化、应用智能、安全与隐私保护等方面的关键需求。

（5）设计采用 5G 通信方式，实现 4 遥信息通信。区别于传统的光纤传输方式，该项目设计采用无线公网方式，通过运营商网络建立可中断负荷终端和系统子站之间的连接。每套可中断负荷终端配备 5G SIM 卡、5G 路由器等，上联通过 5G 网络接入运营商核心网，实现 5G 模式下 4 遥信息通信，如图 7 所示。

（6）设计试点 230M 电力无线专网遥控业务。230M 电力无线专网作为电网通信内网，目前实际应用匮乏，本工程设计在嘉兴已建 230M 电力无线专网的基础上进行业务试点：在用户侧部署 230 CPE 设备，上联通过 230M 无线专网接入嘉兴 230M 电力无线专网核心网，下联接入新增的路由器中，在新增的路由器下联分配 1 个接口作为用户业务接口，与终端设备对接，如图 8 所示。

（7）采用私密协议，提高无线传输安全性。SSAL 协议下的无线信息加解密首次应用于调控业务，与纵向加密等常规的安全加密装置相比，SSAL 协议为国家电网公司自主定义的私密协议，协议脚本保密性更好，加密芯片受控性更高。

在国网浙江省电力公司设计部署安全接入网关：网关与可中断负荷终端之间进行密钥协商，对终端进行身份认证，并对 SSAL 协议进行加解密，如图 9 所示。

图 7　运营商无线接入方式

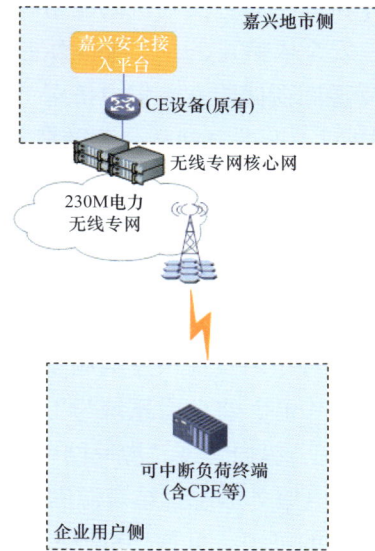

图 8　230M 电力无线专网接入方式

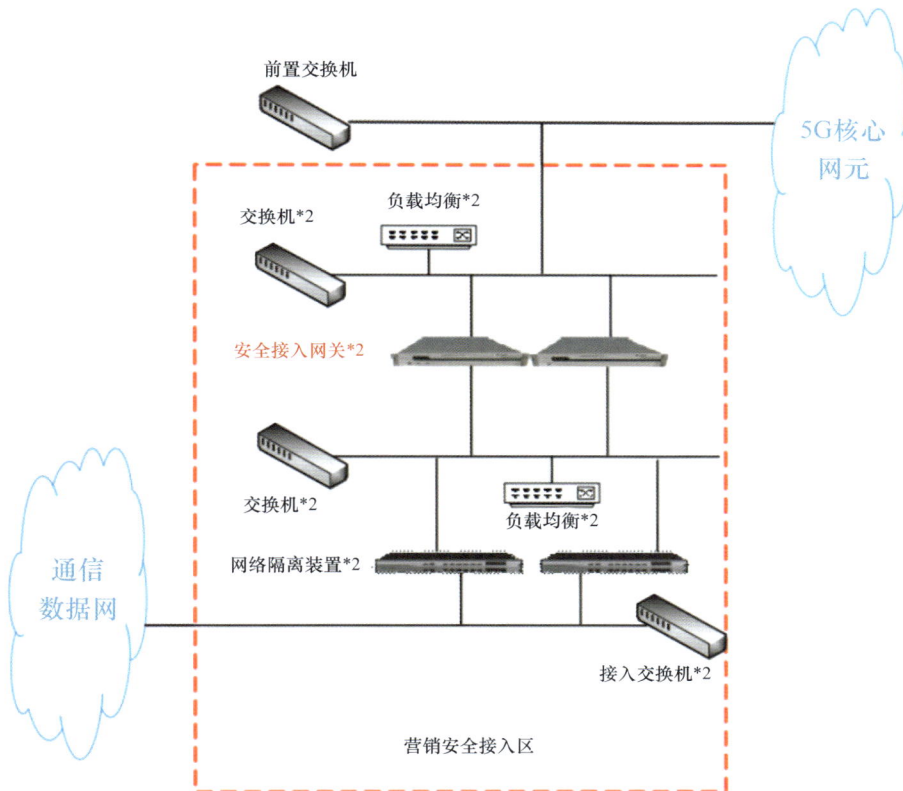

图 9　营销安全接入区示意图

三、实施成效

当前，浙江电网发展面临深刻变化和转型需求，电源侧发电类型丰富，达 13 种之多，外来电比例达超 40%，新能源发展迅速，调节能力持续下降；电网侧安全红线不断箍紧，设备和运行冗余度大；

负荷侧资源处于沉睡状态，交互机制能力尚未建立；储能侧设施配置少、难利用、无政策。电网面临源荷缺乏互动、安全依赖冗余、平衡能力缩水、提效手段匮乏等四大问题。

电网发展受源网荷储四方面集中挤压，国网浙江省电力公司亟须加快建设能源互联网形态下多元融合的高弹性电网，推进电网从"源随荷动"转变为"源荷互动"，从"电力平衡"转变为"电量平衡"，从"增量扩容"转变为"挖潜增效"，从"先安全后效率"转变为"安全效率双提升"。

国网浙江省电力公司率先开展能源互联网形态下多元融合的高弹性电网建设，实现海量资源被唤醒、源网荷储全交互、安全效率双提升的电网，有高承载、高互动、高自愈、高效能四大核心能力，努力打造具有中国特色国际领先的能源互联网企业的重要展示窗口。

百万千瓦秒级可中断负荷快速响应系统综合运用"云大物移智"等先进技术，以互联网技术为基础，以电力系统为中心，将电力系统与工业、交通、建筑系统等紧密耦合，横向实现电、气、可再生能源等"多源互补"，纵向实现"源—网—荷—储"各环节高度协调，生产和消费双向互动，形成"互联网+"下新型供电服务形态。结合源网荷储各类资源特性，构建大规模源网荷储友好互动体系，为源网荷储各类资源的可观、可测、可控、可调提供基础支撑，结合浙江源网荷储各类资源特性，构建形成大规模源网荷储友好互动系统。

1. 应用情况

项目搭建完成三层级可中断负荷秒级响应系统，2020 年该系统已经完成全省 720 户工业用户接入工作，可调节负荷量 100 万 kW，应用自研制负荷控制终端装置 720 套；2021 年继续开展 765 户工业用户接入，可调节负荷量 100 万 kW，推广应用自研制负荷控制终端装置 765 套；共计 1485 套 HYED-392 秒级负荷控制终端，可调节负荷量超 200 万 kW。

2. 应用效果

浙江省历史最大负荷超 1 亿 kW，按照《国家电网有限公司新型电力系统建设评价体系（试行）》指标 41（负荷资源控制能力）计算方式：负荷控制能力 = 可控制负荷资源规模 / 历史最大负荷 ×100%。

可控负荷资源规模占比 =200 万 /10000 万 =2%。

四、经济效益及推广前景

1. 经济效益

项目通过挖掘可调节负荷，以用户侧负荷资源多场景规模化响应和精细化落实缓解电网调峰压力，形成"需求弹性、供需协同"的"海绵城市电网"，延缓电网配套设施建设投资，减少电网建设投资约 10 亿元。

2021 年 10 月 9 日，浙江省调下发调节指令，启动秒级可中断负荷系统，系统显示，切除前总可切负荷量为 60.8 万 kW，通过系统切除指令，实际切除 27.8 万 kW，切除百分比为 45.7%，中断时间按 1h 计算，减排二氧化碳约 277t，为"能耗双控"作出有效支撑。

2. 推广前景

2020—2021 年期间，可中断负荷秒级响应系统推广应用自研制 HYED-392 秒级负荷控制终端共计 1485 套，可调节负荷量超 200 万 kW。

浙江电网已制定推广计划，预计 2025 年将负荷接入量增加至 1000 万 kW。届时，浙江省作为超 1 亿 kW 的用电大省，该系统的运行将为全省电力有序供应和社会稳定提供重要保障。同时，国网浙江省电力公司正在全力推动政府有关部门出台可中断负荷补偿机制和尖峰电价机制等方面的政策落地，拥有可中断负荷资源的用户后续还可以通过为电网提供调峰、备用等辅助服务来获得一定的补偿收益。将来，随着浙江电力现货市场的进一步成熟发展，拥有可中断负荷资源的用户还可以通过对资源聚合功能的升级来实现对电力现货实时电价的快速响应，提升用户用能管理能力和经济效益。

五、项目主要完成人

浙江华云电力工程设计咨询有限公司吴笛、骆侃、倪彦峥、成菲、林帅、柳来、刘虎。

基于新型电力负荷管理系统的省域
需求侧管理探索与实践

国网浙江省电力有限公司

一、案例简介

1. 建设背景

浙江省作为能源"小"省，用电"大"省，随着"双碳"目标推进和新型电力系统建设，省内新能源大规模高比例并网后，受新能源波动性和间歇性影响，"大装机小出力"特征明显，用户侧夏季冬季电力负荷"双高峰"特征日渐显著，电力供需平衡调节面临极大挑战，阶段性缺电问题将更加突出。

随着浙江全省用电需求的持续快速增长，叠加可再生能源发电出力不稳定、外来电年度计划执行困难、极端异常天气等因素影响，电力供需形势呈现极大的复杂性和不确定性，2021年全省首次在用电淡季出现较大面积、较长时间电力缺口，最大供需缺口突破900万kW，国网浙江省电力有限公司系统2600多名员工每日工作超过15h，连续实施有序用电32天，打赢了电力保供"攻坚战"。

2022年夏季，全国大面积经历极端高温天气，浙江省面临历史同期最高平均气温、最高用电负荷、最不确定外来电、最大供电缺口"四叠加"的严峻局面，经历三轮46天高温大负荷、全社会真实负荷25天破亿千瓦的冲击。特别是8月第三轮高温时间长、气温高、范围大，加之全国性缺电导致外来电紧缺、省内机组疲劳出现故障等影响，最大缺口达1070万kW、占全社会负荷的10%，电力负荷最大峰谷差持续增大，电网调节难度极大。

因此，亟须打破传统"人海式"负荷管理模式，基于新型电力负荷管理系统，构建更加高效化、自动化、人性化、便捷化的"一键响应"需求侧管理新模式，实现负荷管理的精细化、柔性化、市场化、数字化。

2. 解决问题

本成果主要解决如下问题：

一是需求侧用户资源数量庞大，传统"人海式"负荷管理模式通过人工处理海量用户信息，耗时耗力，疲劳低效，需要大量的人力资源和时间成本投入，无法实现用户精细化管控。

二是现有负荷管理方案编制标准不统一、科学性和精准性不足，全省各地市企业的产业链上下游关系、生产设备负荷特性等特征差异明显，各地方案缺乏统一、标准的编制原则，管理"粗放"，缺乏统筹考虑，造成同类型用户执行方案呈现多样化的情况。

三是无序用电和限电管理"一刀切"的粗放式负荷管理模式，人工决策为主的工作方式存在主观判断过强、次生安全隐患等弊端，导致用户不满情绪加剧，大大增加一线单位的工作难度。

3. 建设目标

基于新型电力负荷管理系统，充分利用数字技术和智慧能源技术，促进源网荷储灵活互动、高效协同，打破以"人工决策、人工通知、人工管控"为主的传统负荷管理模式，创新构建面向全业务、全区域、全时间尺度的营调"一键响应"需求侧管理新模式，实现负荷资源统一管理、统一调控、统一服务，推动"双碳"目标与新型电力系统建设，服务能源低碳转型和电力数字化转型。

4. 适用范围

本成果属于用电技术领域，主要应用于省域需求侧管理，适用需求侧管理的资源接入、方案编制、负荷管理措施实施、执行监控、成效评估等业务环节。

5. 价值意义

开展本项目研究实践，围绕新型电力系统建设，进一步结合政策赋能、丰富储能、科学用能、坚决节能四轮驱动战略，深度挖掘源网荷储调节潜能，提出满足当前发展要求、引领未来发展需求的"一键响应"新模式，对于保证电网安全、稳定、经济运行具有重要的支撑性、指导性意义。

深入开展本成果的推广和应用，以安全效益、管理效益、经济效益、社会效益提升为基础，以电网调节能力提升为目标，科学评估应用项目技术后的电网调节能力挖潜提升比例，落实满足安全可靠、经济等约束下电网调节能力提升的创新型研究工作，形成一套系统性的可复制、可推广的试点建设方案，助力新型电力系统省级示范区建设。

二、技术方案

1. 关键技术

国网浙江省电力有限公司在国网营销部指导下，创新"需求侧柔性可调资源感知接入技术"和"一键响应资源互动运营技术"，通过同步开展现场需求侧柔性资源池建设和新型电力负荷管理系统建设，平台纵向贯通总部新型电力负荷管理系统，横向与调控中心调度技术支持系统、设备部电网资源中台数据共享，广泛接入聚合商接口、i国网、网上国网等应用服务。

2. 技术路线

（1）典型工业用户感知接入技术方案。在用户和 DCS 系统厂家配合支持下，通过对控制软件进行组态编程，一方面通过用户 DCS 系统可获知各可调负荷资源设备的运行状态信息，如生产工艺当前运行状态、电流、压力等。评估计算用户是否可在响应时段进行控制以及可调节量。并将相关数据通过网关或者模拟量信号传递给需求响应终端。另一方面增加实时需求响应用户交互界面，实现响应事件信息的及时有效传达与用户反馈；制定在需求响应事件发生情况下的生产调度预案，供用户在进行需求响应时选择执行，做到快速调控和快速恢复生产，提高需求响应的执行速度和恢复生产的效率。详细部署方案如图 1 所示。

（2）空调负荷感知能力接入技术方案。通过"弱电通信对接 + 强电回路接入 + 温湿度传感采集"的不同物联组合，梳理形成基础监测型、增强监测型、分钟级调控型和聚合平台型 4 大类、14 小类末端感知技术方案，对具备独立供电回路的中央空调用户，通过安装测控单元接入系统，提升空调负荷监测控制能力。对具备直接调节终端空调设备负荷的用户，可通过安装智慧能源单元（负荷管理终端）接入系统，提升空调负荷调节能力。对聚合空调负荷规模较大、较为成熟的聚合商平台，通过"云云对接"等模式，实现空调设备运行数据实时监测，通过负荷聚合商云平台分解执行指令。具体技术路线如图 2 所示。

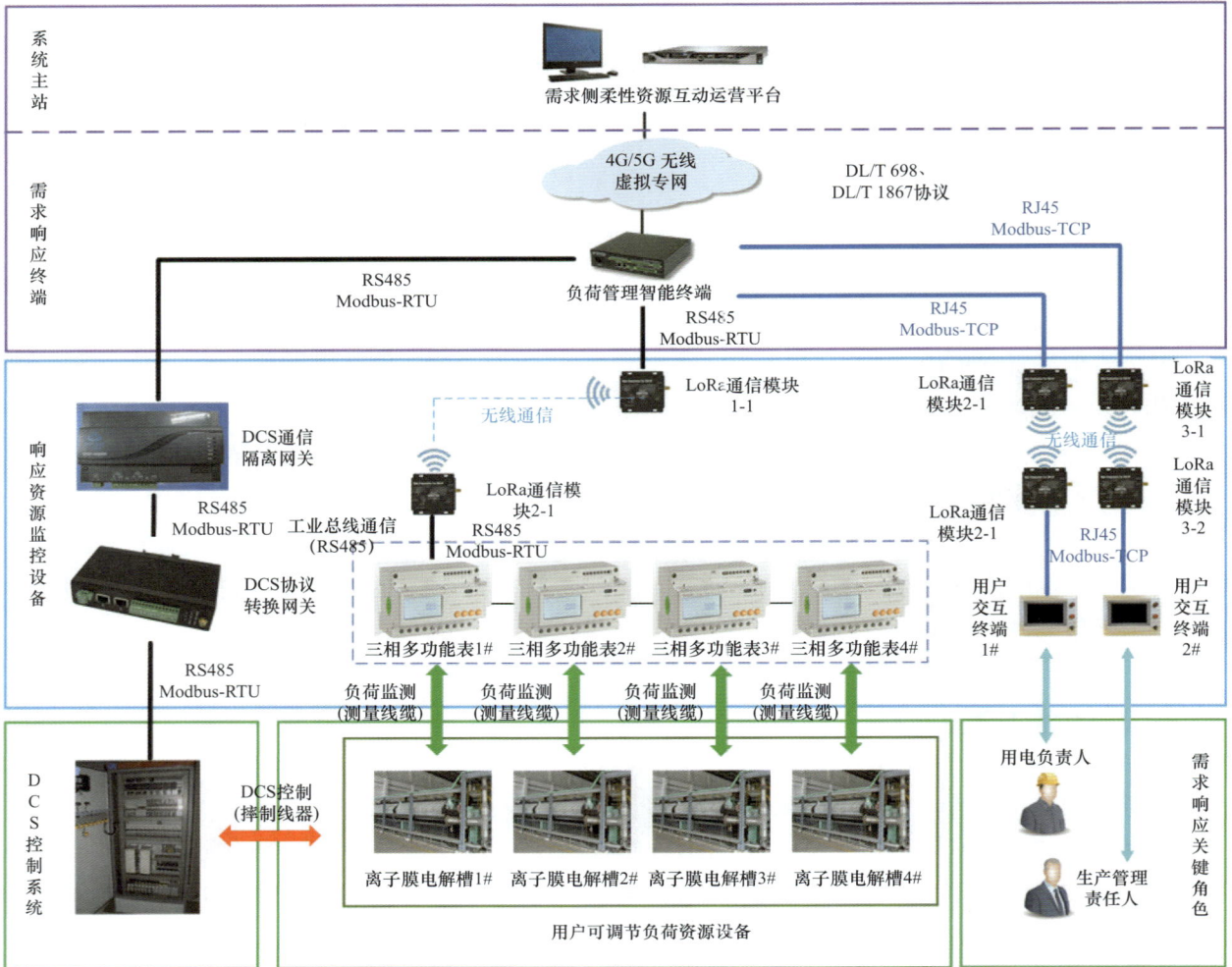

图1 工业用户感知接入典型部署方案

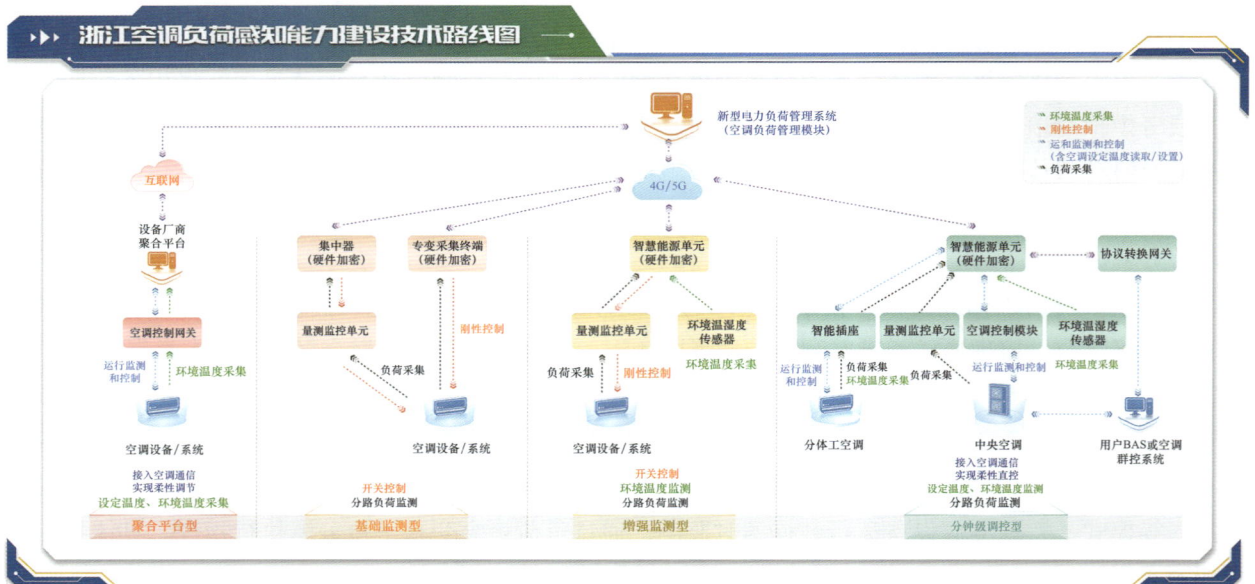

图2 空调负荷感知能力建设技术路线

（3）混合求解的方案智能生成策略。通过线性混合整数规划的求解算法，实现调控方案的智能生成。混合求解算法实现了基于标签优先级的调控方案初步规划，通过设置多级方案调控目标（本策略以 A–F 六级为例），充分考虑全省需求响应用户调控的公平性与经济性，以大权重用户率先调控为目标，引入调控比例公平公正、调控负荷充裕、周错日错方案合理分布等约束，并考虑重点行业内企业关联调控、周错用户连停连产等用户友好服务约束，按总调控负荷最小的目的，通过分支定界法对参与方案的用户资源调控方案配置进行最优求解，进一步得到用户调控比例、调控负荷、调控时长等方案信息。主要流程如图 3 所示。

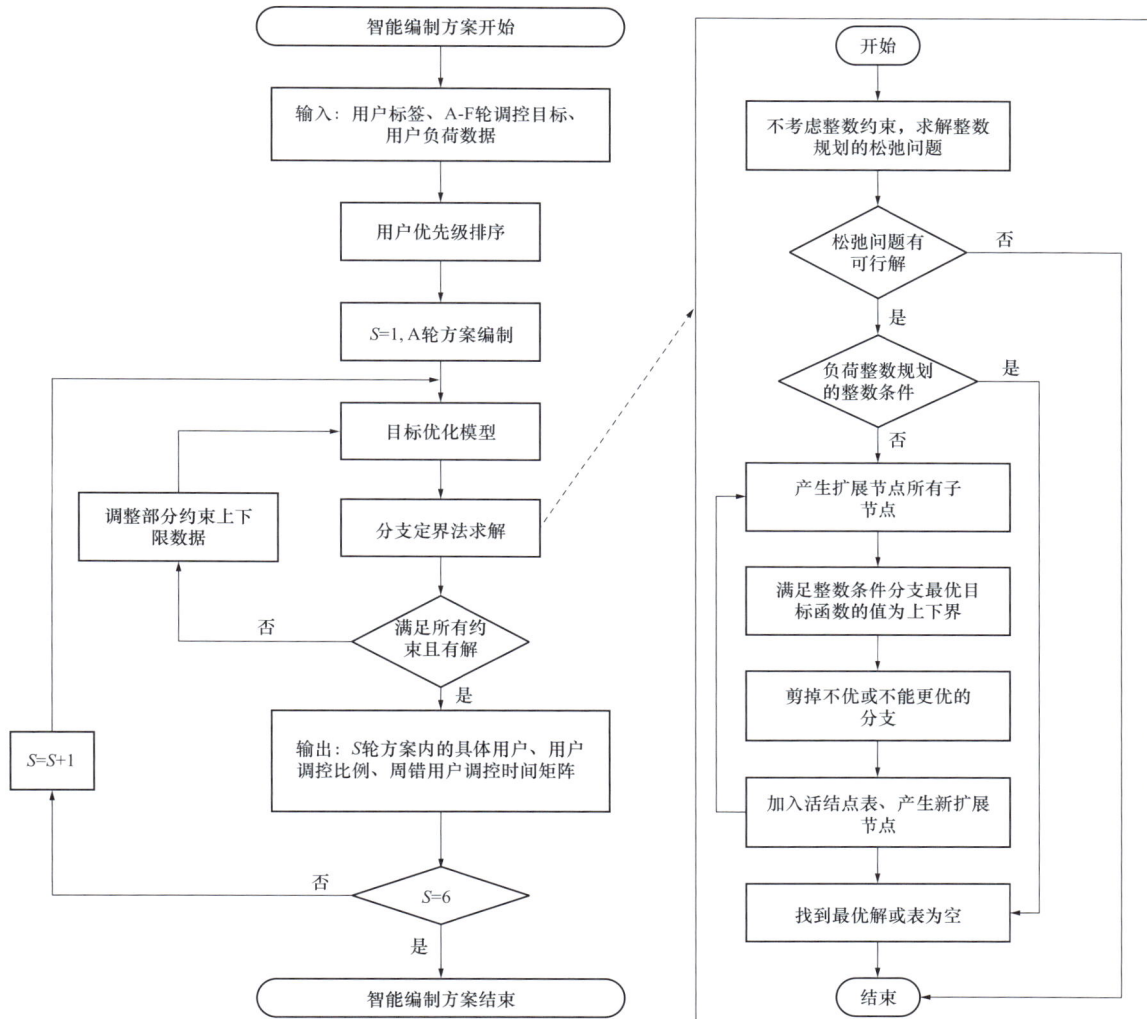

图 3　混合求解的方案智能编制算法流程

3. 应用场景

通过基础支撑、数智服务、业务应用、综合监测、决策支撑五大应用层级，构建"需求响应""有序用电""紧急调控""空调负荷管控""移峰填谷管理"等五大业务应用场景。

4. 技术创新性和先进性

本项目成果研发了需求侧柔性资源互动运营与交易平台及配套终端，在需求侧资源感知接入、互动运营等方面取得了突破且具有明显的技术优势。主要创新点如下：

创新点 1：创新构建了营调"一键响应"需求侧管理新模式。主动突破原有以"人工决策、人工通知、人工拉限"为特点的"人海式"负荷管理模式，优化升级负荷管理全业务全时域场景，构建精细化、柔性化、市场化、数字化的"一键响应"新模式，实现了需求侧可调资源状态全面感知、信息高效处理、应用便捷灵活。

创新点 2：创新开发了需求侧柔性可调资源需求响应系列装置，针对不同互动场景、部署环境、负荷类型等需求，支持 6 种扩展模组以及 5 类通信协议，基于实时边缘计算分析功能实现策略自动匹配。对工业用户设计了简易监测型、类 DCS 控制型、DCS 控制型和分路可中断型部署方案，对建筑空调用户设计了基础监测型、增强监测型和分钟级调控型三类需求侧柔性资源调控装置部署方案，实现柔性可调负荷可观、可测、可调、可控。

创新点 3：创新研发了需求侧柔性资源互动运营平台，接入终端超 300 万台，覆盖 3000 余万用户。针对省域千万用户级负荷调控需求，设计了支持需求侧资源柔性互动的数字交互体系，基于运营平台提出了方案自动生成、资源高效协同、效果自动校正的"一键响应"调控策略。

三、实施成效

1. 应用情况

该项成果已在全省推广应用，通过新型电力负荷管理系统深化建设，2022 年迎峰度夏期间，精准实施 19 天有序用电，最大错避峰负荷 1470 万 kW，累计错避峰电量 21 亿 kW·h；开展 10 天需求响应累计有效响应电量 2.5 亿 kW·h。近 3 年单次最大削峰 679 万 kW·h，累计填谷 1396 万 kW·h，常态化参与削峰填谷、旋转备用等辅助服务 528 次。

2. 应用效果

（1）实战检验，在电力保供中取得显著成效。2022 年浙江面临了历史同期最高平均气温、最高用电负荷、最不确定外来电、最大供电缺口"四叠加"的严峻局面，经历了 46 天高温、25 天负荷需求破亿、最大缺口超千万千瓦的巨大压力考验。国网浙江省电力有限公司坚决贯彻国家电网公司决策部署和庞总调研指示要求，以主观能动性破解客观不确定性，打好保供主动仗攻坚仗，实践检验了需求侧管理新模式，精准实施 29 天负荷管理措施，守住了不拉闸限电底线，保障了供电平稳有序。有序用电期间，共通知用户 130 万户次，执行时长 305h。8 月 22 日最大压降负荷达 1470 万 kW，有效降低浙江电网最大负荷，延缓电网建设投资（电网建设成本约 4000 元 kW）。

（2）提质增效，在数字赋能中获得全面肯定。基于新型电力负荷管理系统的"一键响应"需求侧管理的数字化转型，获得充分肯定。一是获得各级政府的肯定。根据国家发展改革委《有序用电工作指引》等要求，充分考虑企业的生产连续性、亩产效益、行业类别等特性，遵循两高优先、有保有压、层层包含、公平公正等原则，制定有序用电方案"一键编制"策略。各级政府先后出台需求响应补贴、推动负控建设（省级出台）、建立负荷管理中心等相关政策，肯定和保障公司负荷管理工作。二是获得电力用户的肯定。全面立足用户需求，从需求侧角度分级调控、从用电行业角度合理分配，使用户错避峰负荷与各级有序用电方案精准匹配，实现公平、精准、有序的负荷控制管理，力争用户用电综合价值最优，负荷管理社会影响最小。负荷管理期间，基层客户经理主动上门服务，基于新应用为用户错避峰生产提供指导，一企一策制定个性化方案，与用户沟通，在全省供电缺口下携手共度难关。三是获得公司各级员工的肯定。"一键响应"新模式方便了负荷管理的方案编制、下达、执行监测和评价等，通过数字化手段降低人工工作量，精准高效提升负荷管理水平。"一键方案编制"功能立足基层切实工作需求，精准解决基层工作人员编制方案时面对海量用户数据入手难，耗时长等问题，方案编制人员对功能表示肯定并根据实际工作情况提出相关意见，同步促进功能迭代优化。全省 10 余万户用户的迎峰度夏（冬）负荷管理方案编制，基层工作量从平均 7 天减少到 1～2 天。

（3）创新引领，在应用领域中实现技术突破。探索负荷管控向用户侧表后非重要负荷延伸的新路径，迅速研发应用水泥、钢铁、纺织等工业负荷，数据中心、冷链冷库、5G 基站、充电桩等新兴负荷；积极探索通信运营商、小微园区等负荷聚合模式下的负荷精细化监测及调控。加快分路负控建设，推动省、市两级政府出台支持文件，明确用户清单、政企责任，为业务开展提供政策保障。落实新型电力负荷管理系统建设思路，建成可中断负荷全生命周期运维体系，明确各地市可中断负荷建设工作计划，规范开展现场建设、周期试验、常态运维等工作，实现可中断负荷实时可监、可测、可控。通过数智化算法分析海量用户电力数据和生产经营特性，充分挖掘客户需求响应潜力，精准匹配需求响应类型，实现需求侧资源的优化配置，推动可控负荷能力不断提升。目前，已完成 800 万 kW 可中断负荷、130 万 kW 可调节负荷资源建设，通过分路负控建设改造，只接入用户中断后不造成事故和损失的生产分路，提高负荷控制精细化水平，有效降低负控带来的经济损失。

（4）真抓实干，在管理中建立长效节能机制。国网浙江公司按照"千瓦可控必控、度电应调尽调"目标，创新探索空调负荷数字化柔性化精准化调控模式。一是构建"数字牵引、分类施策"应用体系。根据空调种类、应用场景、响应效果，分类制定改造方案，梳理形成四大类、14 小类末端感知技术方案。二是建立"政企联动、行业主管"管控机制。推动建立能源主管部门牵头、行业主管部门为管理主体、供电公司支撑的空调负荷管控工作机制，以数字化牵引为手段，全面开展商业、党政机关等建筑楼宇的感知能力建设，实现空调负荷"可观、可测、可调、可控"。浙江省发展改革委发布《关于进一步加强空调负荷柔性调控、促进全社会节能提效的指导意见》。三是实行"试点突破、由点及面"推广路径。瞄准公共机构、商业楼宇、家电云平台，制定空调负荷管理三年行动方案，目前已通过新型电力负荷管理系统聚合空调用户超 3 万余户，聚合空调可调节资源 274 万 kW。

四、经济效益及推广前景

1. 经济效益

按 1000 万 kW 负荷参与迎峰度夏/度冬的负荷管理测算，每年的综合效益评估结果如下：电源侧容量效益为 350 元/（kW·年），每年可节省燃煤电厂固定成本 35 亿元/年；电网侧容量效益为 380 元/（kW·年），每年可节省输变电设备折旧、运维费 38 亿元/年；负荷侧碳效益为 0.6 元/（kW·年），每年可节省碳成本 600 万元/年。

2. 社会效益

本项目成果主要社会效益在以下三个方面：

（1）促进标准化建设，推动相关产业发展。形成了针对需求侧管理模式的标准体系，有效地保证了设备和系统建设的一致性，提升了不同厂商设备和系统的兼容性，降低了设备制造和系统开发成本。通过引导、推动产业化、规模化应用，将促进了整个行业的技术发展。

（2）提升需求侧调节能力，促进能源资源优化配置。成功构建了需求侧柔性可调资源池，掌握了资源的互动运行特性和资源综合利用情况，可以有效发掘和利用需求侧可调节资源在供需调节方面的潜力，提升了需求侧资源参与电网互动的智能化、信息化、数字化水平，推动"源随荷动"传统模式向"源荷互动"协同模式转变，提升需求侧资源综合利用效率。

（3）保障用户可靠用电，助力供需平衡。项目成果在浙江省推广应用，在全省"迎峰度夏""迎峰度冬""亚残运会"等电力保供期间，发挥了重要作用，极大提升了负荷控制可靠性，助力了电网供需平衡调节，为浙江电网安全稳定运行提供了重要保障。

3. 未来推广前景

电力保供是大部分省份都需要面对的难题，国网浙江公司遵循新型电力系统发展趋势，基于新型电力负荷管理系统进行深化建设，打造"一键响应"需求侧管理新模式，符合大部分省份业务需求，可在各省推广，本项目成果已经在浙江全省范围内推广应用，相关管理功能及成效获得国网系统和用户广泛认可。"一键响应"需求侧管理新模式有效减少传统"人海式"负荷管理模式容易产生疲劳低效、主观判断、次生安全隐患等弊病，由系统平台代替了大量人工操作，交互人性化，操作简便化，运算智能化，员工接受快、易上手，在全国电力行业、全省各公共事业行业具备推广应用价值。

五、项目主要完成人

国网浙江省电力有限公司杨玉强、何文其、裘华东、沈百强、王辉东、李磊、芦鹏飞、邓岚、罗丹、闻铭。

调相机规模化、数字化建设及其稳定运行关键技术工程应用

国网青海省电力公司电力科学研究院、上海交通大学

一、案例简介

1. 案例背景

青海省作为发展清洁能源新兴产业的重要区域，目前正扎实推进国家清洁能源示范省建设，随着特高压直流工程的大规模建设投产，电力系统网架结构和运行特性已发生较大变化。高比例新能源的发展改变了传统电力系统以火力发电为主的运行方式。在新能源送出地区，转动惯量的降低会对系统频率稳定造成影响；而在负荷中心地区，大规模直流馈入和分布式新能源使本地常规电源空心化严重，系统动态无功储备不足引起的电压稳定问题日益突出。

新一代大容量同步调相机具备优异的暂动态特性、较强的稳态无功调节能力，可以有效提高系统短路容量和转动惯量，为电网稳定运行提供有力保障。目前，青海省内已投运共计6台大型调相机和21台分布式调相机，调相机装机数量居全国第一，2030年前省内预计投运分布式调相机450万kvar。

2. 存在的问题

然而新一代调相机在电磁特性参数、机械性能指标、启动方式、非电量保护要求等方面有着更高要求，在调相机大量投运后，国内已发生过多次事故，影响电网安全稳定运行，其关键问题主要表现在以下几个方面：

（1）与传统旋转电力机械相比，同步调相机经常运行在过励状态，励磁电流较大，因此损耗较大，发热比较严重；特高压直流输电系统常伴随很大的冲击电流；新型调相机尺寸庞大、结构复杂、旋转设备多，检修技术相应更复杂，成本更高。

（2）新型调相机运行环境复杂、运行周期长；青海省内调相机通常运行在高海拔的气候条件，更容易引发设备绝缘问题。

（3）极端天气下的运行导致检修周期更长、空气稀薄和绝对湿度降低时易导致监测电子仪器设备寿命短，易失效。为调相机运行的可靠性和运维成本带来了挑战。

3. 价值意义

本项目通过关键设备制造升级、控保技术研发突破、调试运检故障处理、数字改造智能运维等方面的相互协作，就适用于青海电网的新一代大容量高海拔同步调相机研发及功能优化；高性能、高可靠性的一体化调相机启动、控制保护与监测系统研究；大型及分布式调相机工程调试及故障处理关键技术研究；规模化调相机站数字孪生智慧运行、智能诊断技术研究等4个关键技术开展系统研究，开发取得了适用于青海电网的新一代高海拔大容量全空冷调相机组、研发了调相机一体化启动、控制、保护与监测系统、开展大型调相机安装、调试、运维及故障分析、建成基于数字物理混合仿真的调相

机故障诊断及试验平台等 4 项设备与成果，最终在调相机规模化、数字化建设平台上进行集成与测试验证，形成规模化调相机站数字孪生智慧运行平台的示范项目。

二、技术方案

本项目为解决青海省内调相机关键科技难题与技术难点，通过关键设备制造升级、控保技术研发突破、调试运检故障处理、数字改造智能运维等方面开展系统研究。技术路线如图 1 所示。

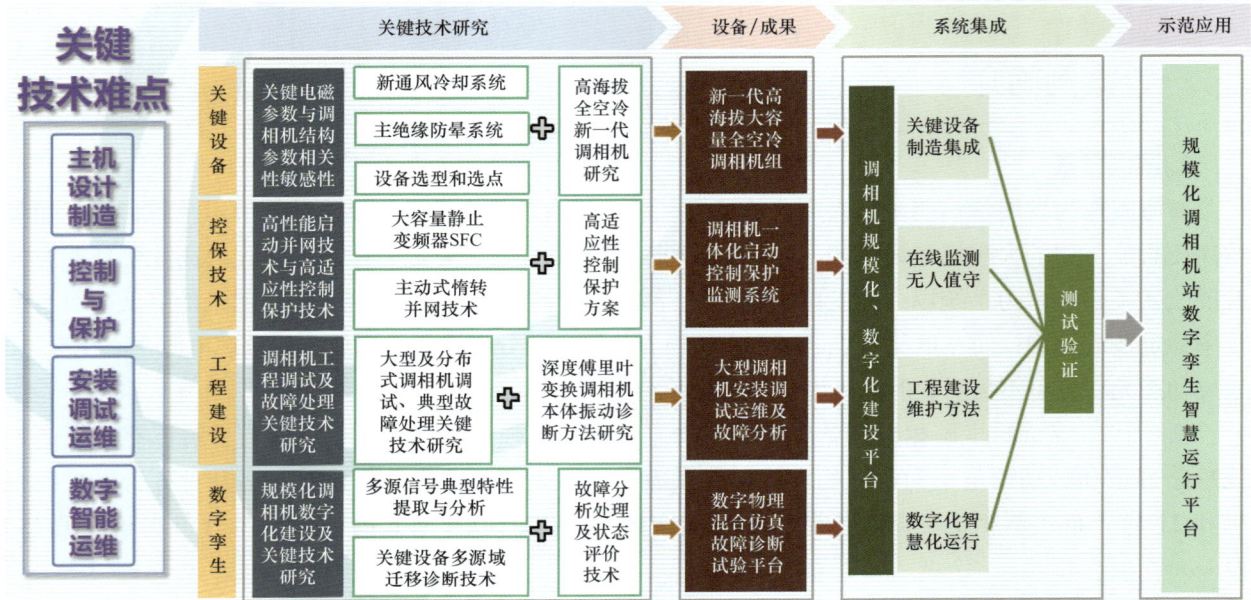

图 1 技术路线图

1. 新一代大容量高海拔同步调相机研发及功能优化

项目第一部分主要研究针对高海拔地区特性、具有优良暂态性能和稳态性能的大容量全空冷新一代调相机的研发、创新开展研究。通过分析新型调相机过渡过程的动态特性，对影响调相机暂态性能的关键电磁参数进行了甄别；分析关键参数与调相机结构参数的相关性和敏感性，完成了具备优良暂态、稳态性能的 300Mvar 调相机电磁方案设计。开展调相机定子铁芯压紧结构创新设计，保障定子铁芯在寿命期内长期安全可靠运行。在铜屏蔽基础上增加磁屏蔽结构，保证调相机在深度进相运行工况的可靠性。创新定子端部绕组固定结构，保障定子端部绕组的可靠固定。调相机型式试验表明，影响调相机暂态性能的直轴超瞬变电抗为 8.5%，直轴瞬变电抗为 11.16%，直轴短路瞬变时间常数为 0.665s，影响调相机稳态性能的短路比为 0.66，均优于规范要求值，验证了大容量全空冷新一代调相机性能结构设计方法技术创新的效果和先进性。创新转子本体绕组通风技术，采用斜副槽径向通风技术，通过优化副槽斜度设计，平衡副槽内部流体的动静压转化；首次创新使用均流风扇设计，采用流场分析优化均流风扇的角度及叶形，均匀转子风量在切向上的分配；首创转子端部绕组两路通风、双排通风孔加补风孔的设计，最大程度地增加转子绕组的过风和散热面积。

2. 高性能、高可靠性的一体化调相机启动、控制保护与监测系统研究

项目第二部分主要研究研发高性能、高可靠性的一体化调相机启动、控制保护与监测系统。研发了大容量静止变频器 SFC 系统，首次实现了高海拔国产大容量静止变频器的工程应用；提出了调相机

主动式惰转并网技术，通过控制励磁电流改变惰转过程的电气损耗，改变惰转轨迹以确保100%并网成功率并降低并网冲击。在励磁调节器快速机端电压内环＋慢速无功外环基础上，提出直流系统无功预测值前馈控制，将系统扰动导致的直流系统无功需求，直接叠加在励磁调节器输出电压计算值上，实现对直流系统暂态无功的快速支撑。提出了基于无功功率、系统电压和转子电压的失磁保护综合判据，兼顾了调相机失磁安全和系统稳定；提出了采用快速灭磁控制快速提升非全相电流的调相机非全相控制策略，解决了断路器失灵保护和非全相保护失配问题；提出低频频率制动技术，在低频段引入频率制动，结合差动启动门槛降低，提高了启机差动保护的可靠性。

3. 大型及分布式调相机工程调试及故障处理关键技术研究

项目第三部分主要研究大型300Mvar调相机振动诊断方法及振动抑制方法，开展调相机辅机设备硬件配置及逻辑优化技术研究，辅机设备硬件配置及逻辑优化技术研究，调相机TSI监视与保护系统优化技术研究，DCS控制策略创新研究。制定各类型调相机工程调试及典型故障处理关键技术，提出调相机启动过程中本体振动异常问题诊断及抑制方法，形成调相机保护冗余控制、热工主保护单一元件、本体信号扰动跳机等典型故障分析处理及状态评价技术。创新成果如下：

（1）提出了暂态特性优、安全可靠性高、运行维护方便的调相机关键参数要求及成套设计方案。确定了采用自并励励磁、静止变频器SFC启动、惰转并网的技术路线，提升了调相机响应速度、运行可靠性和维护便利性。

（2）提出调相机组工程设计、工程建设、设备交接、系统调试、工程验收、运维培训在内的整套标准化技术方案，指导完成调相机的建成投运，如图2所示，针对送受端电网不同需求，建立调相机与高压直流输电系统联动机制，提出调相机系统运行控制原则，提升调相机运行效率。

（3）提出调相机厂内并网联调试验方案，实现设备厂内升压、惰转并网、励磁控制。提出交流短路、直流换相失败、直流线路再启动、负载大阶跃、非全相、失磁等在线试验方案。

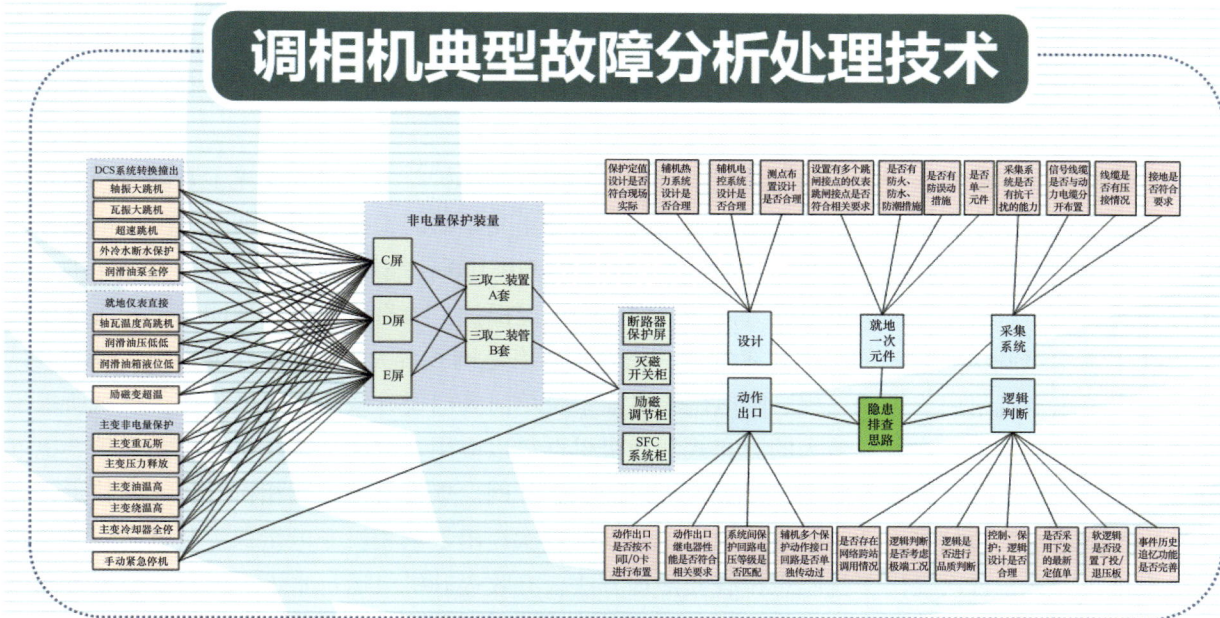

图2　调相机工程调试及故障处理关键技术

4. 规模化调相机站数字孪生智慧运行、智能诊断技术研究

项目第四部分主要研究基于数字物理混合仿真的调相机智慧诊断、智慧运行关键技术，提出基于

数字物理混合仿真的调相机智慧诊断、智慧运行技术，利用三维可视化技术建成国网首个调相机 1：1 全范围仿真平台，如图 3 所示，通过接入调相机站实时运行数据，将调相机仿真系统与运行机组有机连接并同步运行，实现实时在线运行分析指导；基于实物仿真技术研制国网首个 50kvar 调相机缩比模型，建成具备数字物理混合仿真功能的调相机故障诊断分析平台；提出基于多尺度多物理场仿真的调相机数字孪生技术，依据"几何—物理—行为—规则"的孪生模型构建准则，实现调相机多尺度数字孪生；提出 50 ～ 300Mvar 规模化智慧调相机站智慧化提升关键技术及智能监测平台建设方案。研发了智慧调相机站设备状态识别及故障诊断技术，结合数字孪生技术应用构建调相机设备故障诊断模型，搭建规模化智慧调相机站智能监测平台系统。

图 3　首创规模化调相机站数字孪生智慧运行平台

三、实施成效

1. 应用情况

项目研制的针对高海拔地区特性、具有优良暂态性能和稳态性能的大容量全空冷新一代调相机已在青海、西藏、内蒙古等地换流站投入运行，支撑了相关地域电力系统的稳定性，提高电网电压支撑；成果具备高海拔运行能力，定子能够可靠耐受 1.3 倍短时过电压，调相机最大进相深度达到 193Mvar，实现了全空气冷却，提高了运行的安全可靠性及维护方便性，在支撑相应地区清洁能源外送及降低清洁能源弃用率方面发挥作用明显。

项目研发的大容量静止变频器 SFC 装置；首创了相关控制保护技术，研究支撑了青海电网调相机的一体化建设；成果形成了国内首个高海拔国产大容量静止变频器的工程应用，彻底解决了惰速并网过程随机不可控难题，降低单台造价 1050 万元，响应时间由 100ms 缩短至 20ms，解决失磁保护、非全相保护适应性、启机差动保护可靠性等问题，实现全工况保护。项目所提出大型同步调相机调试技术，填补了调相机调试过程中的多项技术空白，指导了青海电网 6 台大型、7 台分布式调相机的调试工作，解决了东电机组启机振动超标、哈电调相机油系统单向阀门设计缺陷等多项隐患。项目所提出分布式调相机调试技术，在世界最大的分布式调相机机群得以应用，解决了调相机热工主保护、电气物理回路连锁保护设计不合理等问题，保证了机组的顺利并网。项目所提出调相机故障诊断技术，查明了青南及柴达木换流站多次调相机跳机原因，在国网首次提出了调相机非电量保护装置防误动（拒动）隐患排查方案，首次提出干扰隐患排查及治理方法，有效提升机组运行水平。项目所建设青海电网调相机远程监控中心是目前国内所接入调相机台数最多的系统，能够完全监测青海省内 6 台大型同步调相机实时运行数据，引领了国内调相机远程监控技术的发展。

2. 应用效果

本项目研发的故障诊断系统，在调相机远程平台得到应用，对于提升调相机运行状态评价、调相机故障诊断能力有着重要作用，有力保障了机组运行的安全运行。

本项目研制的一套 50Mvar 空冷调相机缩比模型，在上海电机厂开展调相机机电特性等方面得到应用，为研究调相机故障机理及验证监测手段提供了有效的实证平台。

项目所形成的智慧调相机站建设方案将指导未来青海电网等网省公司智慧化建设及智能化提升，降低相关产品在偏远地区的技术门槛。

项目搭建的调相机仿真系统，能够帮助运维人员熟悉站内设备及系统，掌握系统运行方式及控制逻辑，目前已开展省公司系统内调相机教学培训、技术讲座 2 次。

本项目形成的数字孪生模型对上海交通大学进行旋转机械设备镜像孪生技术等研究提供支撑，建立了国网首个调相机站的多尺度多物理场孪生模型，为调相机智慧诊断、智慧运行提供技术支撑。

四、经济效益及推广前景

1. 经济效益

调相机在抑制送电系统暂态过电压，提升新能源消纳和直流输电功率方面发挥了重要作用，在减少电煤消耗和大气污染物排放方面作出了巨大贡献。根据国网运行调度估算，每台新一代调相机（300Mvar）对系统的电压支撑能力至少相当于一台 600MW 的常规火电发电机组。一台 300Mvar 调相机造价约 1.4 亿元，而一台 600MW 火电造价约 24 亿元，相同电压支撑效果下调相机投资只有火电机组的 5.83%。青南、柴达木换流站及分布式调相机投运后，提升省内清洁能源输送功率 510 万 kW，每年运行 5000h 以上，按照 2022 年青海省外送电量综合计算，每年新增新能源电量 25.5 亿 kW·h，按照配套新能源上网电价 0.2377 元 /（kW·h）计算，三年产生经济效益 17.4 亿元，降低二氧化碳排放 0.57 亿吨，社会效益非常可观。

本项目研究成果，能够支撑青海省调相机安全稳定运行，减少由于调相机故障造成的电力负荷损失，若一台调相机发生故障，电网公司每天损失外送电量约 50 万元，以 2023 年某换流站调相机故障返厂为例，工期 25 天，造成外送电量损失约 1250 万元，以及故障导致各类人工、设备费用约 800 万元。按照近三年调相机事故发生概率来看，平均每年降低两次跳机事故，每年节省 4100 万元，三年共节省 1 亿 2 千 3 百万元。项目研究的成果可以支撑调相机自主化运维及自主化检修工作。一台调相机运维成本每年平均约为 200 万元，一台调相机检修成本每年平均约为 600 万元。2021 年起青海省电力公司可承担正逐渐承担部分的检修及运维工作，每年节省成本约 400 万元，三年共计 1200 万元。共计三年项目研究成果产生经济效益 1.35 亿元。

2. 社会效益

项目研究支撑了青海电网调相机安全运行，研究成果一方面将直接指导大型同步调相机以及分布式调相机的调试、运行、故障分析等工作；另一方面，项目搭建了调相机三维仿真模型及数字孪生平台，组建了调相机数字物理混合仿真系统，为今后调相机科研、生产工作奠定了试验基础；最后对调相机运行数据的深度应用开展了开拓性的研究，为调相机智慧运行、故障识别、精益化检修及智慧化调相机站建设提供了有力支撑。

五、项目主要完成人

国网青海省电力公司电力科学研究院赵文强、周军、祁富志、马润生、石生超、王正伟、范彩兄、马春安、李宇旸，上海交通大学李富才。

以柔性低频输电技术构建城市供区互联工程示范

国网浙江省电力有限公司杭州供电公司、国网杭州市富阳区供电公司、
国网浙江省电力有限公司电力科学研究院

一、案例简介

柔性低频输电技术是在保留交流输电易多端跨电压组网优势的基础上，通过降低输电频率，减少线路无功消耗，提升输电距离和容量；通过采用全控型电力电子器件，实现系统有功、无功解耦控制和柔性调节能力，是未来中远距离海上风电送出，沙戈荒新能源外送及城市电网多端互联的关键技术。国内外学者已开展大量理论仿真和试验验证，亟须大容量高电压等级工程应用研究。

杭州市富阳区地处浙江省西北部，其用电主要由 500kV 富阳变电站和 500kV 昇光变电站供应。500kV 富阳变电站现有主变压器容量 3×750MVA，独立供区运行，主供富阳、市区南部和桐庐东部等区域。近年来富阳变电站负载率居高不下，近年富阳变电站最高负荷达 1880MW，已超出主变压器稳定限额（1750MW）。500kV 昇光变电站现有主变压器容量 3×1200MVA，独立供区运行，主供杭州滨江、萧山西南部和富阳南部等区域。昇光变电站供电区域负荷增长较为平稳，2020 年昇光变电站最高负荷 1650MW，根据杭州电网"十四五"规划，预计 2025 年昇光供区网供负荷约为 2260MW，距主变压器稳定限额（2700MW）仍有较大负荷增长空间。富阳—昇光供区被钱塘江南北分割，直接用工频组网有短路电流越限的问题。为解决富阳供区电力供应紧张，探索应用柔性低频输电技术，能有效降低线路阻抗，提升有功输送能力和输送距离，隔断短路电流，改善供区效能低下、承载下降的问题。

杭州 220kV 中埠—亭山柔性低频输电示范工程（以下简称：工程）围绕柔性低频交流输电系统构建、柔性低频交流输电系统的控制保护、交交换流阀等低频成套装备研制三项关键技术研究，为柔性低频输电设备与系统提供全面技术验证，有力推动了柔性交流输电技术的发展，极大促进了新能源高效并网和消纳，加速"双碳"目标实现，进一步抢占电工装备制造业制高点，推动新型电力系统建设，支撑构建清洁低碳、安全高效的能源体系。

工程于 2023 年 6 月 30 日建成并正式投运，首次实现城市 500kV 供区的柔性互联，是国际上电压等级最高、输送容量最大的柔性低频输电工程。工程实现杭州富阳、萧山两大负荷中心互联互通，为杭州亚运会主场馆所在区域提供 30 万 kW 的灵活电能支撑，满足赛事期间尖峰需求。工程有效缓解断面潮流超限问题，撬动提升迎峰度夏期间白浙特高压直流等浙北低价电力受入消纳能力 100 万 kW，赋能电网保供稳价。

二、技术方案

1. 技术研究

在我国现行工频交流系统中实现柔性低频输电，需要攻克三大技术难题：一是频率改变对系统行为和设备特性影响巨大，系统频率选取机理不清；二是工低频混联系统运行暂态过程极为复杂，控制

保护难度大；三是成套电气设备均需进行低频化改造，设备生产研发难度大。

为了破解上述难题，工程依托柔性低频输电关键技术等科技项目开展了柔性低频交流输电技术、系列装备及应用相关研究，围绕柔性低频交流输电系统构建、柔性低频交流输电系统控制保护、交交换流阀等低频成套装备研制三项关键技术开展攻关，主要创新点有以下三个方面：

（1）通过研究输送频率与输送容量的关系，创建混频系统（工／低频耦合）交互影响的系统多维度规划模型，明确典型应用场景下的最优频率及经济适用范围，当选择 16 ～ 20Hz 频率输送时，系统总体投资成本最低（见图 1）。首创以频率优选为决策变量的低频输电系统构建规划技术，构建城市供区互联场景柔性低频输电工程方案，确定工程最优频率选择 20Hz。通过建立混频系统稳态潮流计算模型，对工程方案各节点电压和线路传输功率等进行校验，保障方案各环节的安全、可靠。

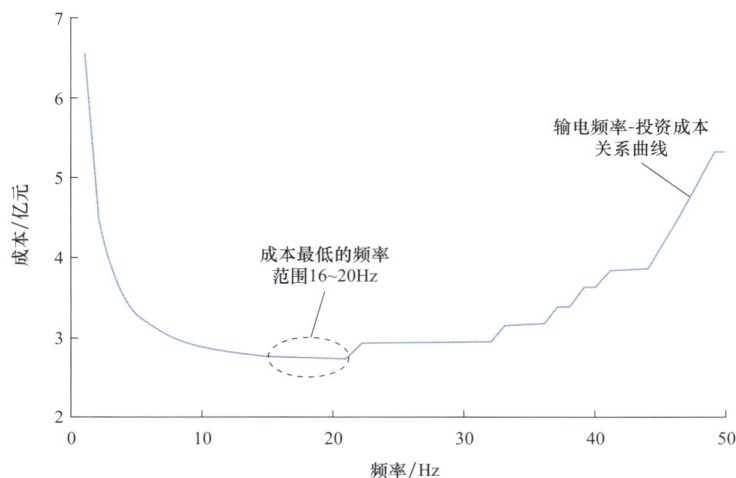

图 1　频率选择对投资成本影响

（2）通过建立柔性低频输电系统拓扑图，研究系统主参数优化方法，发明低频分频分层综合解耦控制、桥臂能量均衡控制等运行控制策略，首创了自适应快速线路差动保护（见图 2）等一系列低频交流保护技术。研究并构建柔性低频输电系统两相运行方式下系统传输和控制（见图 3），实现低频系统三相或两相运行方式下的灵活控制和稳定运行。

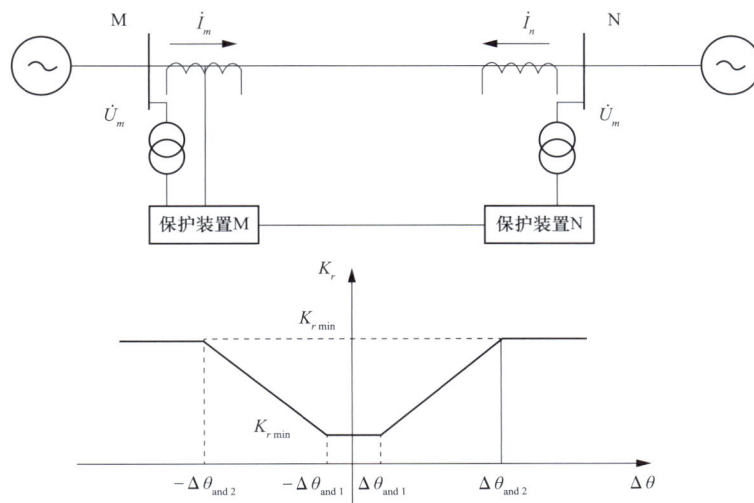

图 2　制动系数自适应线路差动

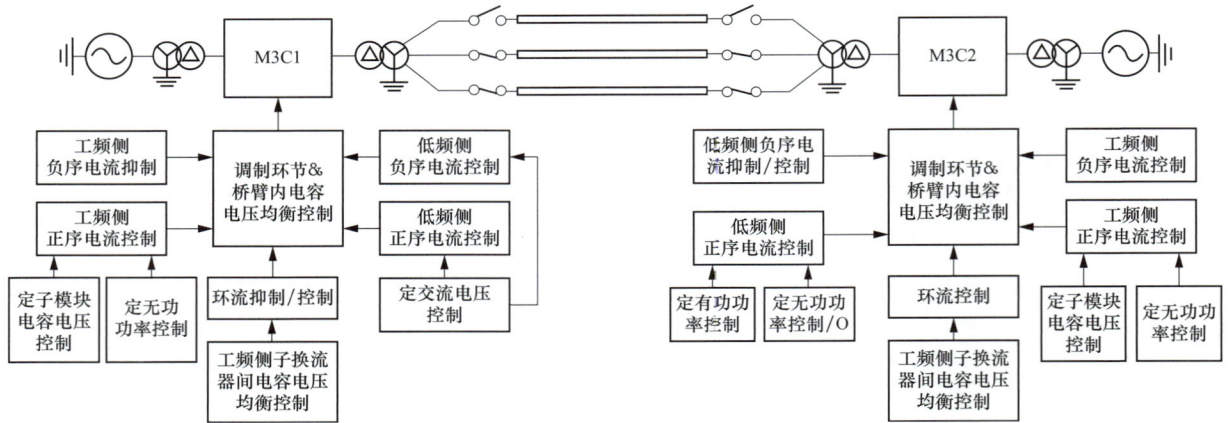

图 3　系统两相运行总体控制框图

（3）通过研究频率对电气设备绝缘特性影响规律，攻克了换流阀异频环流和电容电压波动抑制、长燃弧电流开断等低频设备技术难题，成功研制出国际首台 220kV/330MVA 高压大容量交—交换流阀，220kV 低频变压器、252kV 低频断路器及低频控制保护设备等全套装备。首创工频 / 低频等效试验方法，利用工频试验方案替代工—低频叠加试验及低频试验，构建低频设备试验方案。首创柔性低频输电控制保护系统物理—数字混合试验验证平台，实现工程低频系统控制和继电保护功能的仿真和试验验证。

2. 工程方案

220kV 中埠变接入 500kV 富阳变供区，220kV 亭山变接入 500kV 昇光变供区，亭中 2400 线为昇光—富阳供区 220kV 联络线路。工程选取亭中 2400 线应用柔性低频输电技术，在 220kV 中埠变和 220kV 亭山变分别建设一个换频站，容量均为 300MW/20Hz，低频频率 20Hz，电压等级 220kV。

亭山变侧换频站：将亭中 2400 线在 3 号塔与 4 号塔之间开口环入换频站，新建 2 基单回路电缆终端塔，新建电缆 0.46km、线路 0.36km。中埠变侧换频站：将亭中 2400 线在中埠变出线间隔与终端塔之间开口环入换频站，新建电缆 0.75km。工程接入系统示意图如图 4 所示，地理接线如图 5 所示。

图 4　工程接入系统示意图

图 5　工程地理接线示意图

两侧换频站各建设 1 台 220/64kV 330MVA 工频变压器和 1 台 64/220kV 330MVA 低频变压器；换频器一套，换频器工、低频侧电压均为 64kV，额定输送功率为 300MW；输出一路 220kV 工频交流出线和一路 220kV 低频交流出线。220kV 工频/低频出线均为线变组接线，工频/低频出线之间配置旁路断路器。

来自昇光供区的工频交流电通过输电线路进入亭山换频站，通过站内的工频变压器降压至 64kV，64kV 工频电通过换流阀实现工频向低频 20Hz 的转变，再通过桥臂电抗器汇总成低频三相电流至 64kV 低频 GIS 装置，最终经低频变压器升压到 220kV 后，通过低频联络线（亭中 2400 线）传输到对侧中埠换频站。中埠侧再通过与亭山侧相反的三个步骤后，将工频交流电接入富阳供区。同理富阳供区也可以通过相同的方式将电能输送至昇光供区，从而实现两个供区的互联互济。电气拓扑示意图如图 6 所示。

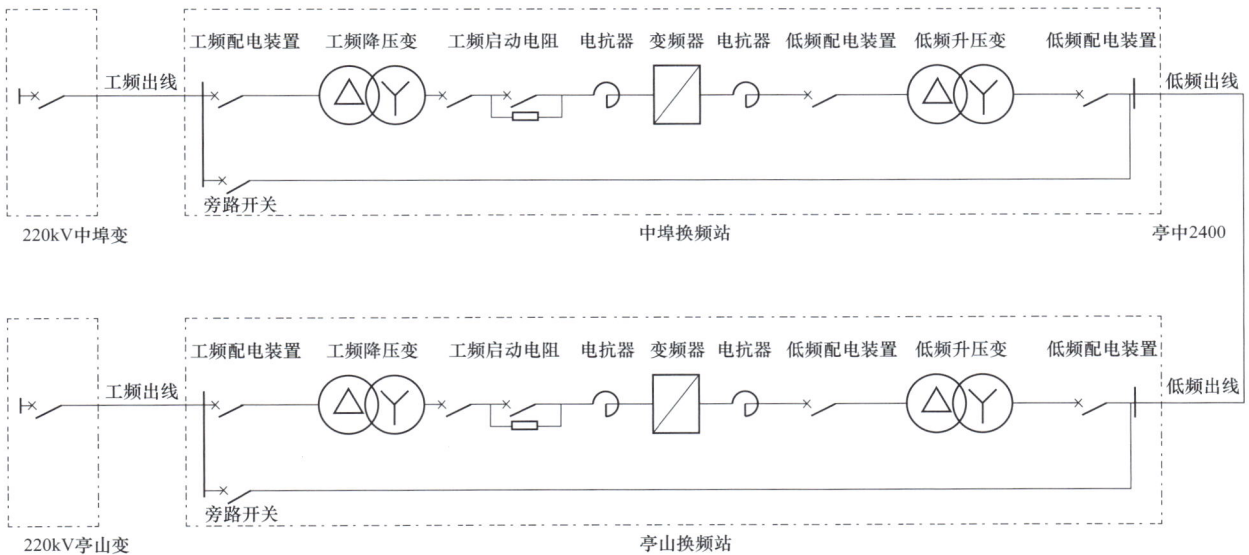

图 6　电气拓扑示意图

三、实施成效

工程建设历时 3 年。2021 年 2 月工程正式立项，5 月国网浙江省电力有限公司召开了工程启动会，工程正式启动。2022 年 12 月亭山低频换流站建成并通电。2023 年 5 月中埠低频换流站建成并实现与亭山低频换流站的跨江牵手。2023 年 6 月 30 日工程正式投运。

1. 实现城市供区柔性互联互济，提升灵活供电能力

近年来 500kV 富阳变电站负载率居高不下，区域供电紧张。工程应用柔性低频输电技术，实现富阳—昇光供区 300MW 的柔性潮流互济，利用未充分发挥的电网设备资源提升供电能力，契合浙江多元融合高弹性电网建设中"唤醒的资源是最优质的资源"理念，同时可实现省内首个 500kV 供区异步互联，在不显著增加短路电流的前提下，实现潮流从自然分布到互济功率可控可调的优化，为后续电网工程组网方式拓宽思路。工程的投运极大提升了富阳和昇光供区间事故支援能力，利于检修停电方式支援及全年全时段开展。亚运期间提高杭州富阳区域亚运场馆的灵活供电能力，打造亚运供电保障"示范窗口"。

2. 提供动态无功 / 电压支撑，提升区域电网安全稳定性

杭州电网负荷总量大，但受资源的限制和环境保护的要求，杭州市境内发电厂装机容量相对较小，且主要为天然气发电机组，500kV 层面通过 5 回线从省外受电，通过 4 回线从特高压交流电网受电，通过涌潮—绍兴换流站 2 回线从特高压直流受电，通过 8 回线从嘉兴、湖州电网受电。随着白鹤滩特高压直流和安吉特高压交流扩建工程投产，杭州从特高压交直流电网受电比例进一步加大，动态无功 / 电压支撑能力不足，负荷高峰期间受电通道受阻将引起大片电压跌落。同时，受土地资源和城市景观限制，杭州电网电缆化率逐年攀高，感性无功补偿严重不足，杭州电网在春节轻负荷期间存在多个站点电压偏高，以及下级电网向上级电网倒送无功的问题。本工程可运行于 STATCOM 模式，提供 137Mvar 的容性 / 感性动态可调无功补偿，稳定工频交流母线电压，为工频交流系统提供电压支撑，改善杭州电网电压无功运行情况，同时有效降低交流系统故障诱发浙北换流站、绍兴换流站换相失败的风险。

3. 探索核心技术，为大规模新能源送出应用做出示范

近年来，低频交流输电技术在中远海上风电并网系统中的应用在工业界和学术界引起了广泛关注。相比工频交流方案，低频交流输电技术具备更长的有效输电距离；相比柔性直流方案，低频交流输电技术更具经济优势。同时低频交流电缆不存在空间电荷积累效应，对电缆绝缘较为有利。本工程攻克掌握柔性低频输电设备设计及制造、试验、控制保护等核心技术，取得 220kV 柔性交交换频阀、低频变压器、低频断路器和低频互感器等一系列首台首套设备成果，抢占全球柔性低频输电领域核心装备和关键技术制高点；同时积累工程建设和系统运行维护经验，为将来建设更高电压等级、更远输送距离、更大传输容量的柔性低频输电系统提供技术积累，为柔性低频输电在大规模新能源送出领域应用做出示范。

四、经济效益及推广前景

1. 经济效益

工程于 2023 年 6 月 30 日正式投运，作为当前世界上电压等级最高、输送容量最大的柔性低频交流输电工程，建成了两座 220kV 低频换流站，首次实现杭州富阳、萧山两个不同 500kV 供区低频互

联，具备 30 万 kW 柔性输电能力和 13.7 万 kvar 无功动态调节能力，可为杭州亚运会主场馆所在区域提供灵活电能支撑，期间累计支援电量 360 万 kW·h，以杭州地区度电经济价值 10 元计算，产生效益 3600 万元。工程投运后还有效缓解断面潮流超限问题，撬动提升白浙特高压直流等浙北低价电力受入消纳能力 100 万 kW，预计每年在迎峰度夏期间降低全省购电成本 5400 万元，赋能电网保供稳价。

2. 推广前景

工程针对低频输电技术在城市互联等典型场景下的应用，开展了低频输电技术经济分析、系统构建、运行控制、样机测试等相关基础技术研究，整体技术达到国际领先水平。

（1）突破核心技术难题，推动电网柔性化构建发展。工程研究揭示了频率改变和换流器控制影响下的系统特性规律，突破了系统构建、工频与非工频系统的电能交换、低频控制和保护等核心技术难题，填补了世界柔性交流输电领域内低频系统设计、装备研制、试验检测等领域空白，支撑未来高比例新能源发电格局下电力供应的可靠性、经济性，为新型电力系统"柔性化"构建与运行控制提供了科学指导。

（2）支撑新能源高效并网消纳，提高电网供电灵活性。工程研究显著降低中远距离大规模海上风电的汇集送出成本，提高新能源并网与外送的经济性、可靠性与灵活性，有效解决东部负荷中心的用电问题。实现城市电网分区互联，增强电网主动调控能力和可靠性。以本工程为例，工程投运后不仅实现供区互联互通，还有效缓解断面潮流超限问题，撬动提升浙北低价电力受入消纳能力，降低迎峰度夏期间全省购电成本，赋能电网保供稳价，整体支撑构建清洁低碳、安全高效的能源体系。

（3）抢占制造业制高点，助推高水平科技自立自强。柔性低频输电系统作为我国电工装备制造业的世界级成果，推动我国电力电子与电工装备制造业的高水平科技自立自强，进一步抢占电工装备制造业制高点，推进"一带一路"建设等战略的实施。同时为我国培养掌握柔性交流输电核心技术的高端人才作出贡献，促进我国柔性输电相关技术处于世界领先水平。

研究成果已确定推广应用至华能玉环 2 号海上风电送出工程。工程将在海上构建 20Hz 柔性低频发 / 输 / 变电系统，包含 19 台单机容量为 16MW 的低频风机，海上低频升压站等，在陆上新建 1 座 220kV 低频换流站，包含 220kV 柔性低频交流输电成套装备。预计年均发输低频风电 10 亿 kW·h，产生经济收益约 4 亿元，节约标煤约 30 万 t，减排二氧化碳 86 万 t。

五、项目主要完成人

国网浙江省电力有限公司杭州供电公司陈炜、丁敬、吴靖、汤明、沈伟、许挺、史宇超、戴世强、徐路遥、凌永辉、陈志浩、吕江涛、缪维颖，国网杭州市富阳区供电公司徐立、罗良、刘国清、缪加加、张伟峰、朱立泓、黄晗江、郑晨东，国网浙江省电力有限公司电力科学研究院裴鹏。

面向新能源多元场景规模化接入的电网规划体系建设

内蒙古电力（集团）有限责任公司内蒙古电力经济技术研究院分公司、

内蒙古电力（集团）有限责任公司

一、案例简介

当前内蒙古的新能源呈现出令人瞩目的快速增长态势，同时内蒙古电网发展也面临前所未有的挑战。一方面，作为国家重要的能源基地，内蒙古电网承担着保障新能源"网对网"可靠送出的重任。为确保新能源能够稳定、高效地输送到全国各地，内蒙古将不得不进行大规模的基础设施建设，包括建设多条直流外送通道和特高压交流网络，以交直流混联大电网的复杂格局将逐步形成，内蒙古电网将成为电网结构最为复杂的省级区域电网。另一方面，由于新能源接入引起的内蒙古电网内部问题也日益凸显。如内部输电断面的限制、系统末端短路容量的不足、电网稳定问题的挑战以及新能源本身的不确定性对系统电力电量平衡的冲击等，新能源的高比例接入使得电网的系统特性发生了根本性的变化，电网发展规划先行，然而新型电力系统背景下，传统电网规划技术及管理方式也需适应性改变。

内蒙古电力（集团）有限责任公司内蒙古电力经济技术研究院分公司紧密结合规划业务人员实际工作，以解决新能源高比例、多场景接入背景下电网规划中数据收资、现状分析、电气计算、方案管理、系统接入衔接等业务流程协同落地难的问题为目标，以强化体系融合实现系统规划整体质效提升为指导思想，遵循"数据平台统筹衔接、业务板块横向协同、决策辅助全面精准、支撑保障坚强有力"的整体思路，坚持理念、方法、机制、保障统筹推进原则通过建立高效运转的协同管理组织体系，统筹做好电网规划与政策研究、系统接入管理、项目前期管理及具体设计等工作有机衔接，通过数字化手段将电网规划核心环节灵活统筹，建立协同高效的智能规划工作体系，提升规划业务的应用深度及工作效率。同时梳理规划业务流程，整合各专业信息资源，深入挖掘数据潜在价值，研发"考虑新能源功率波动时序的电网规划仿真系统""内蒙古电网规划辅助决策平台"等数字化分析工具，与此同时，为解决源网荷储一体化等"六类市场化并网新能源项目"大规模接入将改变电网的结构形态、运行管理方式这一问题，内蒙古电力经济技术研究院以"规划引导、平台协同、工程驱动、技术护航"为整体思路，构建了面向市场化并网新业态的新能源接入管理体系：基于源—网—荷—储多层次协同的管理体系框架，制定市场化新能源接入系统技术、管理标准，打通源—网—荷—储特性匹配分析技术支撑链，开发数字化工具建设电网侧可调资源库，引导市场化项目与综合能源服务与需求侧响应等方式结合，推动电网由传统的电源适应负荷模式向源网荷储协同互动模式转变，以高质量的规划引领和项目接入系统管理拓宽了新能源消纳空间、促进了产能融合与产业转移，形成了新能源与电网协同高质量发展的决策支撑能力，电网规划核心能力和技术、管理体系建设成效显著，在新能源送端省级电网的规划技术、管理体系建设中具备一定推广价值。

二、技术方案

1. 整体技术方案

开展基于大数据面向新型电力系统的源网荷储协同电力规划辅助决策关键技术研究，形成电力规划全流程数据、数字化技术支撑链；建设省地一体化规划数据及仿真参数管理平台、机电—电磁混合数字仿真平台、网源协调及并网新技术综合试验平台和在线电力规划辅助决策平台，打造功能完备的内蒙古源—网—荷—储协调仿真中心，建设内蒙古电力规划数据库，服务电源、负荷、储能并网接入，全面提升对新型电力系统的特性认知与规划技术、管理水平。立足内蒙古电网当前及未来的发展需求，基于在电网规划、电源接入主动支撑、高新能实时仿真、多场景生产模拟等方面的技术攻关成果，从数据管理、规划仿真、在线规划决策支撑等方面入手，打造支撑电源、储能配置优化及接入、工业大负荷供电方案校核、电网多模态结构形态推演等应用的规划技术支撑平台。

具体关键技术包括：

（1）基于大数据协同和业务驱动，实现区域宏观／动能经济研究、电源规划、电网规划、经济技术指标评价等四大模块功能，实现数据流在模块间的相互调用和流通，形成"一站式"电力规划。

（2）基于网源协调及新能源并网综合试验平台等数模仿真功能，形成对集中式新能源场站、分布式新能源机组的单机—场站—集群级控制器半实物仿真接入实验室的实时仿真服务器，为各种新能源电源规划设计、测试验证、故障运维提供验证服务。

（3）基于实验室的电力规划大数据管理平台及在线规划决策辅助等功能，实现系统过去态追溯规划思路、实时态运行方式校核、未来态结构形态推演功能。

（4）实现源网荷储电力规划业务管理与规划研究平台协同，辅助公司计划发展部及内蒙古电力经济技术研究院管理规划项目库、基础数据库及标准库等，全力支撑全网输变电工程、电源接入、储能并网、工业大负荷供电工程建设。

（5）拟在现有规划平台的基础上，进一步提升数据质量和丰富内外数据资源，解决规划平台高级应用不足，平台技术优势、数据价值未能体现的难题。

（6）针对规划基础数据来源，提出规划建设所需各类型数据资源集成方法和应用方法，构建规划数据资源架构，进一步发挥规划数据资源价值。

（7）针对规划关键指标计算，形成规划数字化算力。通过个人终端实现模块功能的人机交互、通过投屏显示平台展示规划研究成果，实现"数字化电力规划"。

（8）针对规划成果应用，提出规划成果数字化机制和规划建设成果数字化、智能化管理策略，为电网发展决策、电网生产运行提供规划成果数字资源。电网规划项目库建设优先级智能排序和项目建设触发智能感知。

2. 主要创新点

（1）以沙戈荒风光新能源基地与六类市场化项目接入需求为抓手，明确了适应差异化消纳场景的技术、管理优化路径。针对网内新能源接入形式和消纳场景的多元化发展趋势，动态更新规划管理系统中的技术支撑体系及管理方案：针对大型风光新能源基地并网，主动研究电网适配规划方案，针对六类市场化并网新能源项目，研究并编制六类市场化新能源项目的技术规定、管理流程，具体包括各类项目的系统接入点、电压等级、调峰能力、无功补偿配置、市场主体等方面做出统一要求，如图1所示。

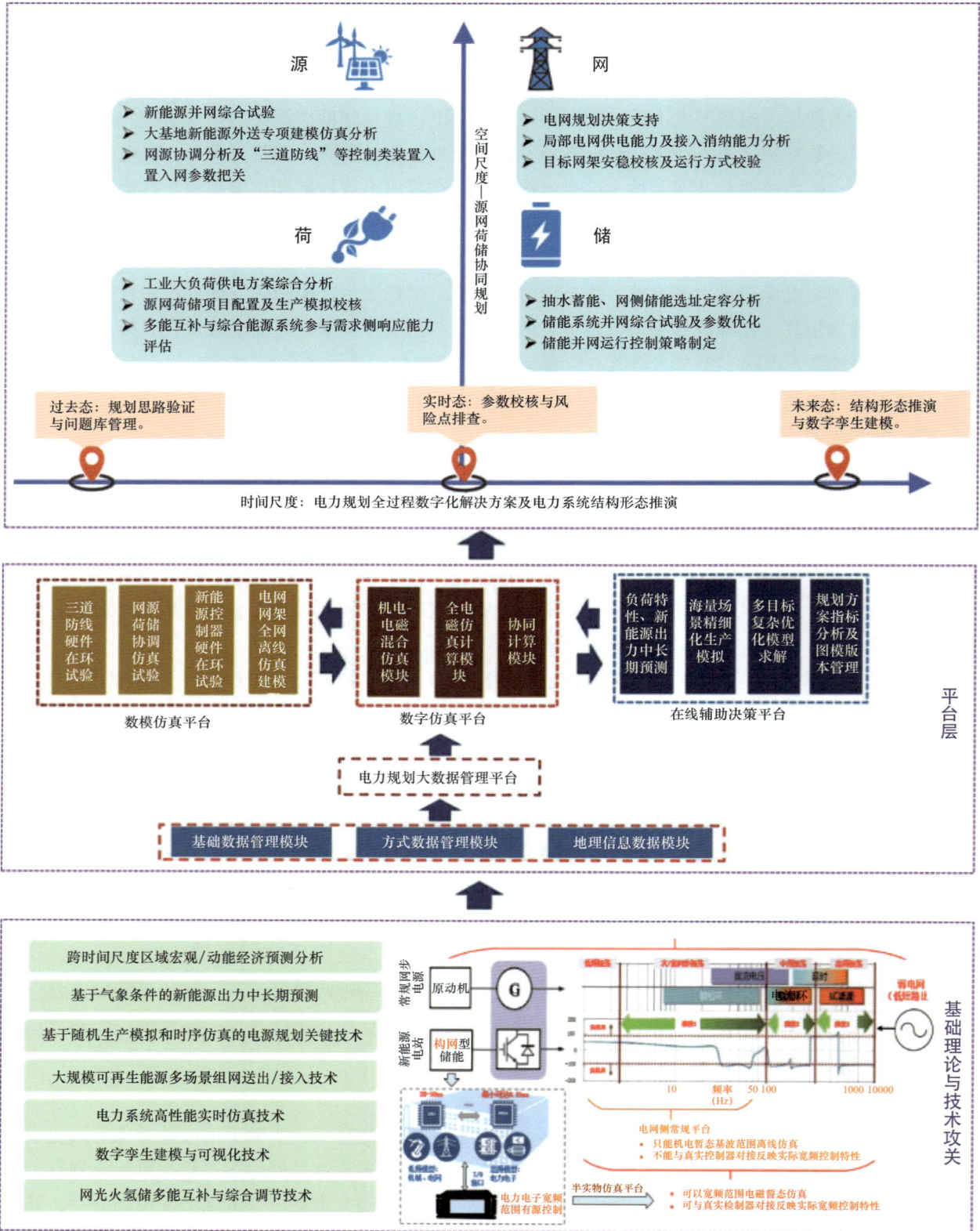

图1 面向新能源多元场景规模化接入的电网规划体系建设技术方案

（2）使用基于新能源数据时序分析架构的规划管理辅助工具，依托新能源电网规划技术支撑链，保障规划实施落地。针对蒙西电网风电、光伏等新能源接入系统的技术特性，考虑风光资源处理随机性波动性的特点，研发了基于新能源数据时序分析架构的规划管理辅助工具，将新能源功率波动时序特性引入电网规划，适用于高比例新能源电网的规划仿真计算，弥补了传统电网规划的弱点，运用智能化分析工具及可视化手段提升规划工作效率。

（3）围绕新能源"市场化并网"的新业态构建了源网荷储矩阵式协同的项目接入管理体系。以内蒙古新型电力系统建设为目标，以自治区市场化新能源并网需求为导向指引，建立起"规划引导、平台协同、工程驱动、技术护航"的新能源项目接入系统管理体系，首次从电网企业视角提出矩阵式的4×3源网荷储协同规划架构，即横向上体现为能源转换（电力生产）、存储、传输、消费"四大环节"的顺畅贯通，纵向上体现为能源网架、信息支撑、价值创造"三大体系"的有机衔接，以本管理体系框架为统领实现各专业建设标准、项目布局、任务时序的匹配与衔接。

（4）打通了基于源—网—荷—储特性匹配分析架构构建市场化新能源接入管理技术支撑链，并固化形成数字化管理工具。管理过程中形成了面向市场化新能源项目的生产模拟分析方法，有效提升了新能源项目接入系统计算分析结果的准确度和时效性，为自治区能源主管部门和集团公司在新能源项目立项、并网过程中提供了有力的技术决策依据，相关成果形成了"新能源消纳分析软件"和电力系统灵活调节资源优化配置智能决策系统等数字化工具，并形成了《风电光伏接入电力系统技术规定》等企业标准5项。

（5）依托电网规划数据库建设了电网侧可调资源库，确保网侧支撑能力清晰可量化。立足电网规划业务与电网规划数据，建立了内蒙古自治区电网侧可调资源库；充分利用可调资源库的负荷数据，深入挖掘工业生产负荷特性，引导市场化新能源项目与综合能源服务与需求侧响应等方式结合，利用市场化机制和负荷侧资源弹性，引导市场化新能源项目进行"削峰填谷"，提升电网平衡能力，进一步挖掘清洁能源消纳空间。

（6）引导建立共建共享的产业生态及新能源接入新业态，发挥电网在能源资源优化配置中的枢纽作用。加强政企"工作同步"、产业链"数据共享"、供需侧"理念同频"，围绕政府与能源企业、电力产业链、电源侧与需求侧三条主线，建立"广泛参与、多方协商、互惠互利"的合作生态。

三、实施成效

1. 电网规划工作效率提升

面向新能源多元场景规模化接入的电网规划精细管理应用以来，内蒙古电力经济技术研究院以更高的效率顺利完成了内蒙古自治区能源局和集团公司下达的电网规划任务，以2022年执行本规划管理体系的15项规划任务为例，共计可节约规划成本约38.4万元，同时减轻了电网规划人员的劳动强度、有效缩短了适应高比例新能源接入的电网规划全流程平均用时。

同时，管理体系建设过程中产生的智能化规划分析辅助工具，通过多通道并行执行规划计算和规划方案智能化对比比选等数字化应用，实现了规划仿真结果的快速产生和更新，提升了数据的处理及计算速度。

2. 电网规划工作标准化、精细化程度提升

规划管理体系建设过程中产生的"考虑新能源功率波动的电网规划时序仿真软件"等成果，已经为内蒙古电力（集团）有限责任公司9个盟市供电单位输电网的规划工作提供了技术支撑，为内蒙古电力设计院、内蒙古电科院等多家系统内外单位承担电网规划设计工作提供了技术支撑，更全面地考虑新能源波动对电网规划带来的影响，可为电网规划提供科学、高效、可靠的决策支持。

为了更好推广适应规划管理体系建设过程中产生的成果，编制《内蒙古电力（集团）有限责任公司规划专题研究管理办法》《内蒙古电力（集团）有限责任公司输电网规划深度技术规定》《内蒙古电力（集团）有限责任公司风电/光伏接入系统技术规定》《内蒙古电力（集团）有限责任公司电网侧储能电站接入电网技术规定》和《内蒙古电力（集团）有限责任公司新能源电源/储能接入系统、送出工程可研审查深度规定》等6项管理办法和技术规定，完善了集团公司规划管理标准体系，同时根据六类市场化并网等实际需求，编制了《市场化并网新能源项目系统接入评审作业指导书》等若干项流程标准化成果，有效指导了经研院及各地市供电单位规划部门的业务开展。

因此，本规划管理体系能够更加真实地反映电力系统实际运行和接纳新能源情况，提高规划对新能源规模化发展及波动特性的适应性，同时能够有效降低规划工作的时间、人力成本，提升规划工作的准确性和质量，为电网高质量发展奠定坚实基础。

3. 规划评审管理效率及规划人员素质提升

规划管理体系的建设，也正向促进了规划评审工作效率的提升，评审意见出具时间大幅缩短，同时充分发挥评审专家组专业优势，评审意见指导性权威性显著增强，在天能武川重工、神华北电等多个项目的评审中，及时指出了设计工作中的重大技术漏洞并指导设计单位优化调整设计方案，大大降低后期施工协调难度，为自治区新能源项目建设实施提供了扎实的技术支撑。

另外，规划管理体系建设的过程中，逐渐培养了一批熟悉规划工作流程原理、支撑技术及数字化工具操作的规划人员，人员结构得到优化，人才配置更加完善。

4. 形成电力发展重大决策的服务支撑体系

在面向新能源多元场景规模化接入的电网规划精细管理建设过程中，依托坚实的规划技术、数据支撑，经研院先后进行了《内蒙古电网"十四五"发展规划中期评估及滚动调整报告》《蒙西电网未来发展格局及相关体制机制研究》等重要的规划研究工作，并高质量编制完成了《蒙西新型电力系统行动方案》《促进内蒙古电网新能源发展相关问题初步研究》《内蒙古自治区以沙漠、戈壁、荒漠为重点的大型风电光伏基地规划布局实施方案》等多项专题研究，聚焦大型风光新能源基地、分布式电源分散接入、六类市场化新能源项目并网等需求，研究提出电网适配规划方案，全力支撑内蒙古电网"十四五"至"十五五"期间大型风光基地、保障性新能源工程建设，助力内蒙古自治区"两个率先""两个超过"目标实现，为公司加强新型电力系统建设的战略决策及中长期电网发展规划提供了重要的理论和有力的技术支撑。

5. 规划引领助力蒙西地区新能源消纳水平提升

面向新能源多元场景规模化接入的电网规划精细管理的建设和深入推广实施，助力蒙西电网构建了可再生能源局域深度利用和广域外送协调发展的消纳体系，2019年以来，依托规划管理体系形成的《内蒙古电网"十四五"发展规划》《蒙西电网发展格局及相关体制机制》等系列成果，引领蒙西电网网架逐步完善、对新能源广域大规模接入形成了坚强的支撑。自治区能源局2023年12月发布的统计数据显示，蒙西电网统调装机已突破1亿kW，新能源装机超过5200万kW，提前两年实现新能源装机超过火电目标，早于国家、自治区时限要求，其中新能源总装机、新能源发电量以及新能源外送电量三大指标上均稳坐全国榜首，蒙西地区"绿电"消纳水平实现了跨越式提升，说明电网对新能源多元场景规模化接入的支撑保障能力得到了验证，而电网规划管理体系的实施起到了很关键的作用。

四、经济效益及推广前景

1. 显著拓展了新能源消纳空间

新能源并网、消纳水平进一步提升。通过实施面向新能源项目市场化并网新业态的电网规划及接入系统管理，有针对性地进行源网荷储协同互动管理，多渠道挖掘新能源消纳空间，实现蒙西地区新能源弃电量、弃电比"双降"。截至 2023 年年底，内蒙古电网新能源全区新能源装机规模达 9323 万 kW，较 2022 年同比增长 326.8%，内蒙古电网新能源发电量 854.4 亿 kW·h，同比增加 22.63%，风电利用率为 93.2%，光伏利用率为 96.7%。

2. 社会效益持续放大

（1）高质量新能源并网服务广受社会赞誉。内蒙古电力公司清洁能源消纳取得的成绩得到了自治区政府及社会各界的高度认可，受到媒体高度关注。自 2022 年以来，中央电视台、新华社等国家级媒体报道 2 次、自治区级媒体相继报道、转载 160 余次内蒙古电力清洁能源消纳动态，特别是针对市场化并网新能源项目，内蒙古电力公司依托内蒙古电力经济技术研究院提供免费的项目评估和接入系统评审服务，截至 2024 年 4 月，内蒙古电力经济技术研究院已为 42 个项目提供评估服务，涉及新能源规模超过 1000 万 kW，其中内蒙古中环产业城绿色供电新能源发电项目、全国一体化算力网络和林格尔数据中心集群绿色能源供给示范项目、阿电入乌项目等多个自治区重大项目，均经过多轮次方案优化，内蒙古电力经济技术研究院充分发挥接入系统评估的数据和技术优势，为设计单位优化配置方案提供了科学的专家意见指导，评审服务的技术支撑作用和专业指导作用显现，树立了内蒙古电力公司责任央企形象，形成良好的舆论环境，彰显电网公司品牌形象。

（2）助力内蒙古自治区节能减排。面向新能源项目市场化并网新业态的电网规划及接入系统管理实践提升了清洁能源向供电侧、用电侧的协调输电能力，延缓了常规火电特别是大用户自备电源的建设和投产进度，有效促进了内蒙古电网清洁能源的接纳，2023 年内蒙古电网全年网内消纳清洁能源电量 854.4 亿 kW·h，创历史最高水平，相当于减少 3136 万吨标准煤消耗，减排二氧化碳 8464 万多吨、二氧化硫 26 万多吨，缓解了内蒙古自治区煤、石油、天然气等不可再生能源消耗，降低了内蒙古地区环境污染，有效落实了自治区政府生态文明建设政策要求。

（3）规划引领作用持续深化，助力产能融合与产业转移。自治区已核准市场化并网新能源项目 117 项，涉及新能源规模 3431 万 kW，本管理创新的实践，在一定程度上为市场化并网新能源项目的配置决策提供了支撑，这项项目通过将新能源与工业负荷绑定定向消纳，在项目层面形成了产业企业与能源企业的利益纽带，有利于促进产能融合，同时通过新能源就地利用，降低电力客户用电成本，有利于促进高附加值产业向内蒙古转移，进而激发新型工业生产装备制造等产业发展活力。

3. 切实提高了源网荷储协同规划、管理水平

（1）形成有效的市场化并网新能源接入评估辅助工具并取得了较好的应用成效。本管理创新实践过程中研发的"电力系统灵活调节资源优化配置智能决策系统"和"考虑新能源功率波动的电网规划时序仿真软件"软件。已为 42 个市场化并网新能源项目提供了生产模拟校核及可调能力测算数据支撑，保证了这些项目接入评估的规范性和科学性，有效地提高了工作效率、减轻部门人员工作量，保障了规划和接入系统管理工作的协调性。软件的辅助分析功能，对测算结果进行统计、分析和可视化展示，显著减少了人员数据筛查的工作和绘图时间，其中，依托这两项管理辅助工具形成了的设计成果《三峡乌兰察布新一代电网友好绿色电站示范项目可行性研究》获得中国电力规划设计协会 2022 年电力、水电行业优秀工程咨询成果奖一等奖。

（2）面向新能源多元场景规模化接入的电网规划管理体系进一步完善，形成新能源与电网协同高质量发展的决策支撑能力。形成一套电网发展和保障体系上的"双闭环"管理路径，助力公司和电网高质量发展。从蓝图设计、实践探索两方面创新思路举措，绘制电网转型升级蓝图框架并探索打新型电力系统落地样板；从技术、标准、制度等方面提出保障电网向新型电力系统升级的闭环路径，开展源网荷储关键技术研究，制修订技术标准和管理制度 7 余项，明确重大规划技术原则和管理流程，形成了《内蒙古自治区强网规划》《内蒙古电网新型电力系统实施路径》等成果对于推动自治区能源转型发展和新能源全产业链建设具有重要的理论指导意义。

五、项目主要完成人

内蒙古电力（集团）有限责任公司内蒙古电力经济技术研究院分公司蔡文斌、张振民、刘鋆、王渊、宋凯洋、吕海霞、刘向龙，内蒙古电力（集团）有限责任公司贾新民、于源、呼斯乐。

基于大规模分布式的 5G 基站储能与电网深度协同调度关键技术研究与应用

国网浙江省电力有限公司嘉兴供电公司

一、案例简介

一方面随着夏季、冬季用电负荷不断创新高，不断涌现的尖峰负荷对电网安全稳定运行带来巨大压力。另一方面，5G 基站单站功耗是 4G 基站的 2.5 ～ 3.5 倍，基站用电成本成为制约 5G 发展的重要因素。利用 5G 基站储能参与电网需求侧响应互动可有效缓解上述难题，实现电网"削峰"的同时有效降低基站用电成本，但也仍然存在可调度能量难以评估、电池难监测、数据难交互、能量调度决策实时性要求高、成本高等问题，亟须一种可支撑大规模基站电源一致性响应并与电网互动的柔性互联及运行控制技术。

针对以上问题，国网嘉兴供电公司组建技术攻关团队开展关键技术研究，首创一种支撑大规模基站电源一致性响应的通信时延控制方法，提出一种 5G 基站能耗时空特性模型与电池储能系统容量测算方法，提出一种"分层协调、自治运行"的区域 5G 基站与电网互动的运行控制技术与策略，实现了大规模分布式 5G 基站储能系统与电网柔性互联及运行控制。同时联合运营商及铁塔公司建设 5G 基站储能资源池接入电网，推进电网与基站储能深度协同，实现了基于地市级 5G-SA 商用网络的 5G 基站储能参与电网需求侧响应在国际上的首次大规模工程应用。截至目前，已完成 4897 座 5G 基站储能接入电网，可调节功率达到 1.46 万 kW，未来最大日调节电量可达到 7 万 kW·h，可支撑 13000 余户居民日常用电，有效助力电力保供稳价。

案例成果成功解决了 5G 基站储能可调度能量难以评估、电池难监测、数据难交互、能量调度决策实时性要求高、成本高等难题，有力推动了大规模分布式 5G 基站储能系统参与电网需求侧响应，助力缓解电网负荷高峰期间电能紧缺问题，同时有效降低 5G 基站用电成本，实现用户、电网、通信运营商多方互利共赢，促进电网和 5G 网络协调发展，有力支撑了浙江新型电力系统建设和国家新基建发展战略落地。

二、技术方案

1. 基站—控制层—电网三层可重构协同调度模型

项目基于运营商后备电源供电潜力以及节约基站用电成本的需求，考虑电网短时缺电现状和需求响应市场要求，设计基站—控制层—电网三层可重构协同调度模型，建设基于后备电源潜力充分挖掘下的 5G 基站与电网柔性互联系统。其中终端层基站负责向控制层提供蓄电池运行状态、出力预测等信息；控制层根据平台层控制指令和自身约束动态调整充电 / 放电量，并将蓄电池电量信息等及时反馈给平台层；平台层电网根据蓄电池的实时运行状态进行优先级分组，将不同种类的控制策略发送给控制层，实现基站供能、储能、电网调度的柔性互动与高效协同。

2. 首创 5G 基站能耗时空特性模型与电池储能系统容量测算技术

提出一种基于 DBSCAN 聚类算法的 5G 基站用电能耗行为特性模式识别方法，如图 1 所示，通过业务负荷率、时间、环境温度和湿度等因素进行聚类分析，提取 5G 基站用电能耗关键特性，实现了典型场景下 5G 基站能耗时空特性量化分析，提高了 5G 基站的业务能耗预测精度，助力电池储能系统可调度容量评估。

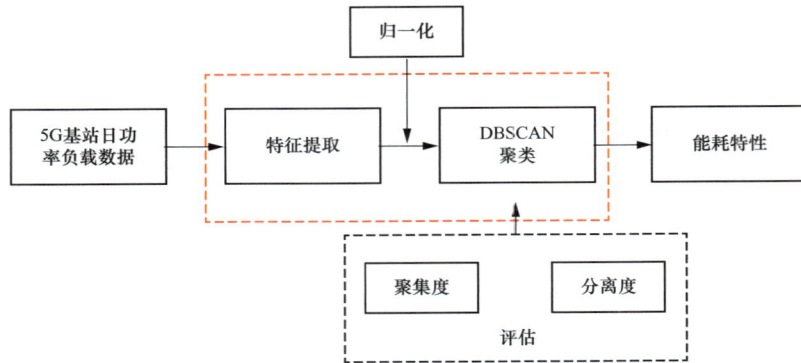

图 1 基于 DBSCAN 的基站能耗模式识别方法流程图

3. 创新区域 5G 基站储能系统可调度容量评估方法

提出一种综合考虑基站运行的用电需求、基站储能运行的安全限制（电量约束、充放电功率约束、充放电次数约束等）、基站响应意愿度的单个 5G 基站储能可调控潜力模型。首创了考虑用户舒适约束（基站备电需求、开关闭时间和储能寿命折损等因素）的区域 5G 基站可调度容量模型，如图 2 所示，考虑多种类型资源同时参与调控时资源间的相互影响，基于聚类计算，并采用卷和的方法来处理同一区域的不同用户的响应不确定性的叠加，进而得到区域内各个时刻各分布式基站的聚合容量，构建了基站能耗—储能容量—可供电量精准对应关系，实现了 5G 基站单站和区域聚合虚拟负荷的可调度容量的轻量级计算，实现单基站储能实时可调度容量提升 23.2%。

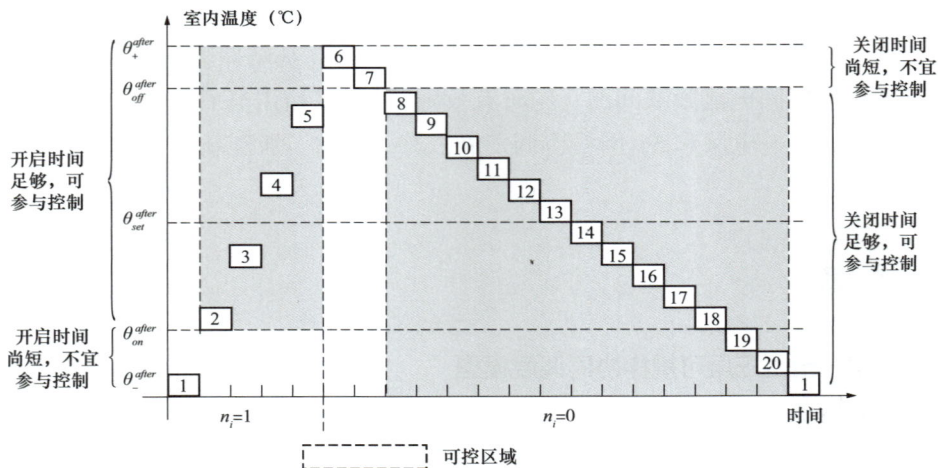

图 2 考虑用户舒适约束的可调度容量模型示意图

4. 研制基于能量信息化的可重构电池储能装置及监控系统

通过添加一系列可控开关组成开关矩阵将大量单体电池连接成电池网络，如图 3 所示，主要包括可重构开关阵列、电池单元、电池状态传感器、开关网络控制器等组成部分，借助开关阵列改变电池的连接方式，调整电池网络的电路拓扑，进而调节电池组的输出功率，实现电池模块充放电的快速控制，如图 4 所示，电路拓扑重组响应时间最快可达 $1.96\mu s$，拓扑重构周期 100ms，处于国内领先水平。

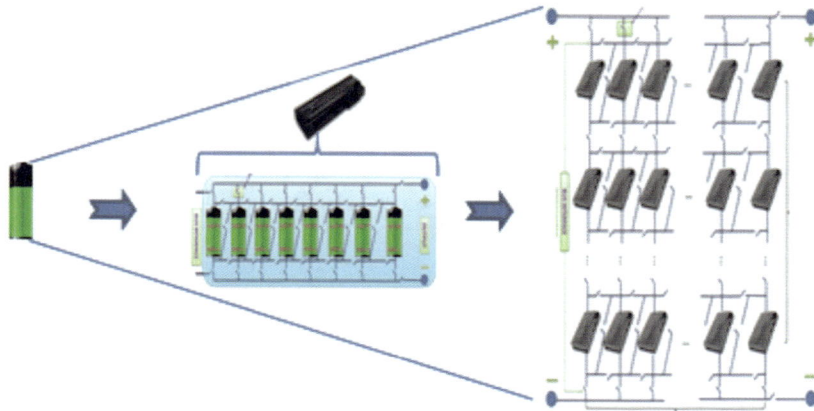

图 3 可重构电池储能网络控制架构

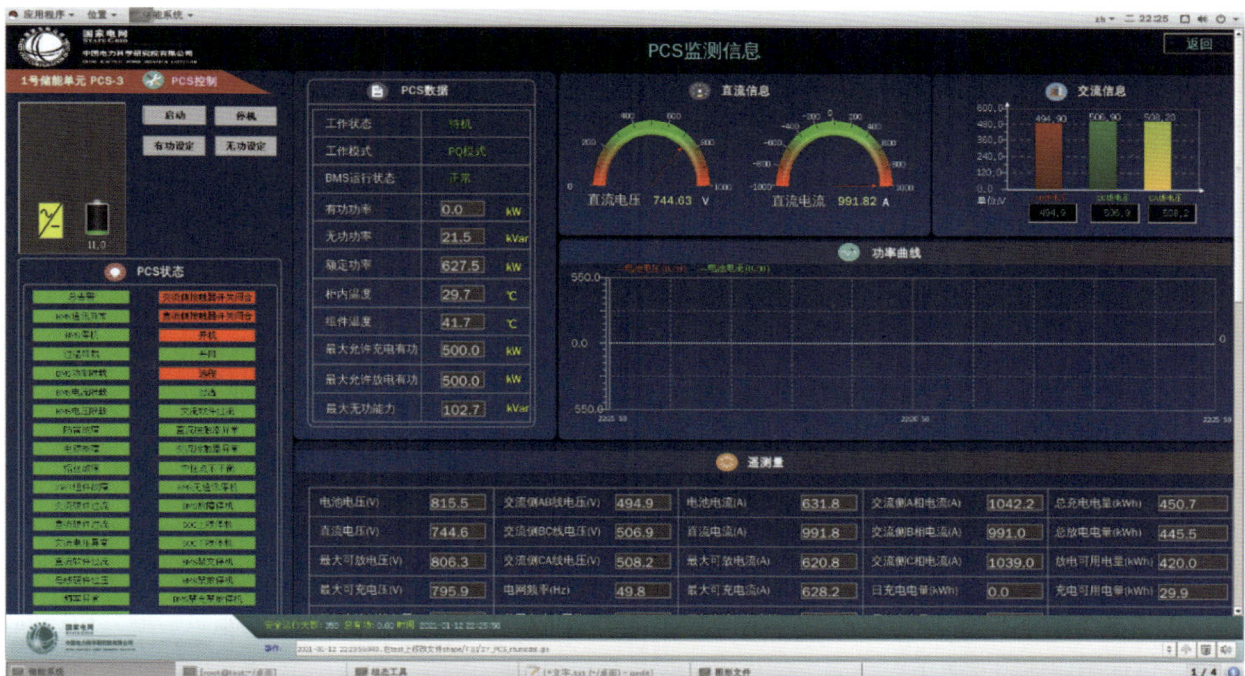

图 4 可重构电池网络系统单个电池单元监控信息

开关网络通过电池状态传感器实时测量每个电池单元的温度和充、放电电流数据，计算出电池的 SOC、SOH、开路电压、输出电压、内阻等参数，进而通过可重构电池储能系统控制模型计算出可重构电池储能系统 SOC、SOH、输入电压 / 电流、输出电压 / 电流等信息，并进行上述监控信息进行基站储能电池系统充放电调度，如图 5 所示。

图 5　面向基站储能特性的可重构电池储能系统监控信息

5. 创新提出一种区域 5G 基站负荷虚拟聚合模型

针对 5G 基站单站用电负荷小、数量众多、分布广泛、电力系统难以直接对海量基站进行调度控制问题，结合区域 5G 基站虚拟负荷的聚合方法和用电特性，提出一种综合考虑地理位置分布和能耗特性的 K-means++ 双层聚类分析算法，实现单个 5G 基站负荷向区域 5G 基站虚拟负荷转换的虚拟聚合，简化大量分布式基站储能电池系统参与电网需求侧响应的协商过程，降低协商时间和协商成本，实现大量分布式 5G 基站储能电池系统与电网的柔性互联。

6. 首创区域 5G 基站与电网互动的电网直控与需求侧响应协同控制策略

针对区域 5G 基站单站用电负荷体量较小而基站数量多导致电力系统难以直接对海量基站进行直接调度控制的问题，提出一种区域 5G 基站运营商全局协调优化方法，5G 基站运营商接收上级电网下发的削峰需求，通过采集监控区域内各个 5G 基站的用能情况和可调度容量等信息进行聚类分析，计算该时段内区域 5G 基站最大可调度容量。提出一种区域 5G 基站削峰功率优化分配方法，利用可调度潜力最大化的区域 5G 基站削峰容量分配模型，求解各时段整体调峰功率大小和参与调峰的 5G 基站，并下发各个基站的调峰容量，形成各个 5G 基站的调峰功率分配策略，获得各基站负荷在响应调峰需求和分时电价场景下的控制策略。通过常态基站内部自循环、暂态电网与基站互循环的方式，实现电网直控与间接控制协同模式，最快 100ms 级调度控制基站簇，进行实现区域 5G 基站负荷的分层协调、自治运行控制，如图 6 所示。

7. 统一区域 5G 基站参与电网响应数据交互机制

联合铁塔公司和通信运营商成立工作专班，清单化资源接入、数据交互、调度响应等工作任务，接入全市域虚拟电厂管理平台，统一 5G 基站储能电池系统与电网互动的架构、接口、数据交互模式，贯通与运营商 5G 基站储能电源系统数据通道，累计完成数据交互据 14.5 万余条，实现基站储能分布、可调功率等 4 类数据 55 个数据项的在线监测和可视化展示，推动 5G 基站储能规模接入虚拟电厂，实现电网与不同运营商 5G 基站储能电池系统的统一调度控制。

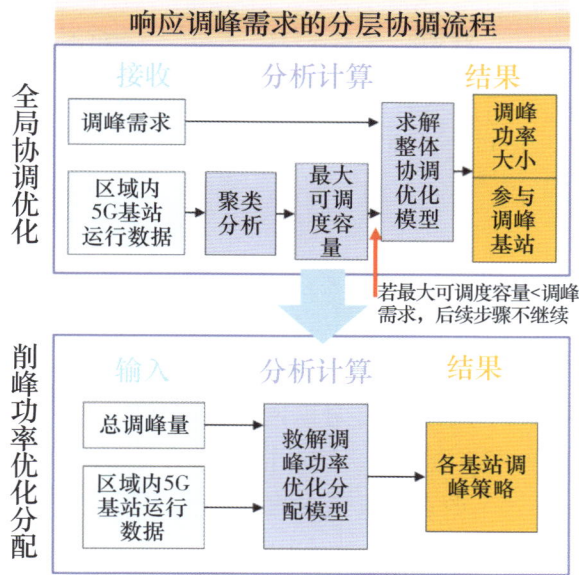

图 6　区域 5G 基站响应电网削峰需求协调调度流程

三、实施成效

1. 首次实现了基于地市级 5G 基站储能参与电网协同调度的大规模工程应用

国网嘉兴供电公司联合运营商及铁塔公司建设 5G 基站储能资源池，推动 5G 基站储能规模接入虚拟电厂，推进电网与基站储能深度协同，在国际上的首次实现了基于地市级 5G 基站储能参与电网协同调度的大规模工程应用。已完成 4897 座 5G 基站储能接入电网，如图 7 所示，可调节功率达到 1.46 万 kW，未来最大日调节电量可达到 7 万 kW·h，可支撑 13000 余户居民日常用电，有效助力"迎峰度夏"等电力供应紧张期间的电力保供稳价。

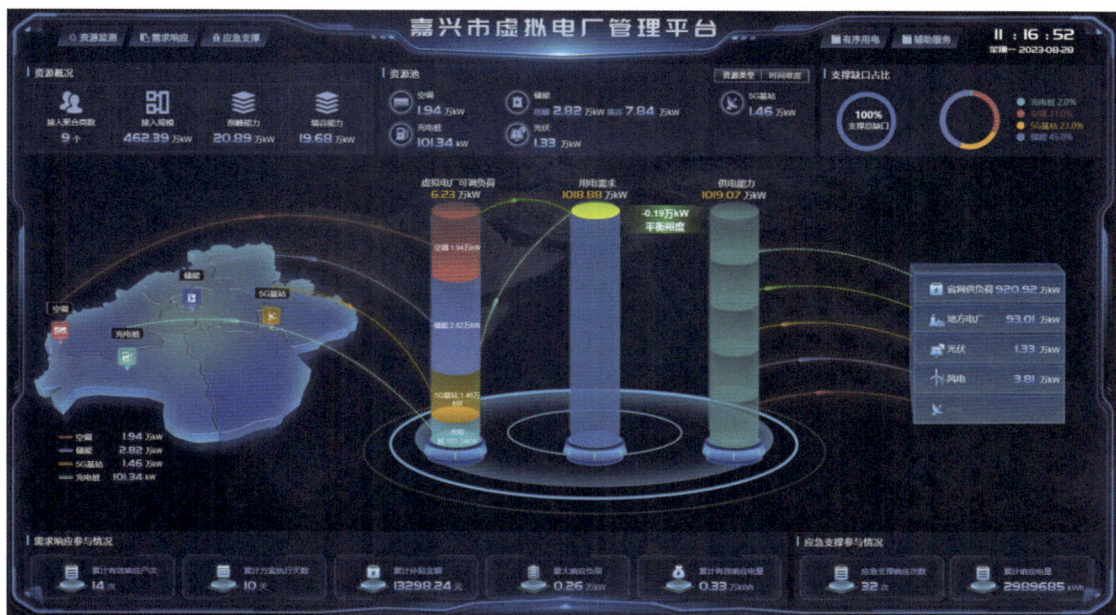

图 7　5G 基站储能规模接入虚拟电厂

2. 相关成果重要媒体报道肯定

2023 年 3 月 27 日，新华社报道《浙江嘉兴：推动全域 5G 基站纳入市级虚拟电厂管控》，指出通过共建共享基站储能资源，加速 5G 基站纳入嘉兴市级虚拟电厂管控，以此激发通信储能的聚合效益，此外，"5G 基站分布式电池虚拟电厂走进现实"也在央视媒体进行报道，《虚拟电厂规模接入 5G 基站储能，实现多方共赢新局面》入稿"学习强国"平台。

四、经济效益及推广前景

1. 经济效益

通过推动 5G 基站储能资源接入电网，推进电网与基站储能深度协同，助力缓解电网负荷高峰期间电能紧缺问题，同时降低电网投资成本。按已接入 4897 座 5G 基站储能资源、可调节功率达到 1.46 万 kW 计算，降低变电站新建、改造投资成本约 2000 余万元（1 个 35kV 变电站新建工程及线路敷设预算）。

此外，利用峰谷价差削峰填谷，有效降低运营商基站用电成本，改造后单站每年可节约用电成本约 9000 元，按全市已接入 4897 座基站计算，每年可节约用电成本约 440 余万元，实现用户、电网、通信运营商多方互利共赢，有力支撑国家新型电力系统建设和新基建战略落地。

2. 推广前景

随着经济快速发展用电负荷也不断创新高，尤其是夏季、冬季用电负荷"双峰"特征日益突出，不断涌现的尖峰负荷对电网安全稳定运行带来了巨大压力。另外，5G 基站单站功耗是 4G 基站的 2.5 ~ 3.5 倍，高耗能导致 5G 基站建设及运行存在内生的峰谷套利需求。而 5G 基站具有大量分散式可调节储能资源，在电力负荷高峰下对 5G 基站储能进行科学合理的统一调度可有效发挥资源聚合效应进行削峰填谷，实现电网"削峰"的同时有效降低基站用电成本，实现用户、电网、通信运营商多方互利共赢。未来，如果全国推广应用，以超 500 万座 5G 基站储能资源参与电网互动计算，预计可节约电网投资约 400 亿元，可调节负荷达 225MW，相关成果具有广阔的应用前景。

五、项目主要完成人

国网浙江省电力有限公司嘉兴供电公司姜维、施敏达、任宝平、沈昊骢、黄震宇、许明敏。

基于 CLCC 技术的老旧换流站换心改造新方案

国网上海市电力公司超高压分公司

一、案例简介

南桥换流站作为国家电网公司首个输送清洁水电的换流站，承载上海地区近 1/5 的负荷。但是，投运超 34 年后，站内换流阀等设备严重老化，运行极不稳定。并且，由于华东电网多馈入直流落点密集，受端南桥站临近换流站众多，多直流连锁换相失败问题突出，原有技术及装备已经无法满足工程安全稳定运行需求。

为推进新型电力系统建设，解决交流系统扰动导致直流闭锁的世界难题，打破直流输电核心设备严重依赖国外进口的尴尬局面，2023 年国家电网公司选定南桥换流站为试点首次应用可控换相换流阀（CLCC）。团队以南桥站改造为契机，探索基于 CLCC 的老旧换流站"换心"改造新模式，并将换流阀核心技术掌握在自己手中。

然而，CLCC 作为全球首台首套，没有实际应用的技术经验，其换流阀改造存在许多难点：

1. 老站运行年限久远，设备本体性能降低

站内设备已不能满足运行要求，然而世界范围尚无成功换流站"换心"改造案例，改造方案从理论到实际"0"经验，各专业协同困难，需边设计边验证。且该换流站承担上海近 1/5 负荷，为保障清洁能源外送，工期极端受限。

2. 核心设备依赖进口，换流站国产化率低

CLCC 换流阀还停留在理论阶段，旧阀厅空间、承重有限，新阀从理论模型到落地应用，结构调整、部件选型难度大，改造安全"0"容错。

3. 新阀首次落地应用，缺乏有效保障手段

首台首套 CLCC 元器件数量达 6456 件，运行时千余个元器件需同时、精准达到微秒级不间断配合，缺乏换流阀监测手段。

为此，团队从建设、设计、运维三方面，首创了一套 CLCC 全流程改造新模式，成功将 CLCC 理论方案落地实践，有望扩大我国直流输电技术的国际领先优势，对加快新型电力系统建设、保障国家能源安全具有重要意义。

二、技术方案

（一）技术创新点

1. "国际首个"换流站智能改造方案，形成典型工程积极示范效应

（1）首次实现 BIM（建筑信息系统）技术在换流站改造中落地应用。在换流站改造中首次应用 BIM 技术实现改造工程集约化、精细化管理，在设计阶段验证理论安装方案可行性、通过 BIM 技术碰

撞检测功能，避免跨专业设计冲突，提高各专业协调及施工效率，提升施工安全性。BIM 应用效果如图 1 所示。

图1　BIM 应用效果图

（2）首次实现钢结构应力在线监测技术在阀厅改造中应用。在阀厅钢结构关键部位配置角度、拉伸、应力等传感器，实时、不间断采集数据进行专业评估，确保旧塔拆除、阀厅加固、新塔安装全过程阀厅结构安全，为老旧换流站阀厅延寿提供数据依据和工程实践案例。

（3）首创提出吊装平台作业法，如图 2 所示。实现阀塔吊装模块化作业为确保 CLCC 阀塔组装时，阀塔各精密结构件的安全同时提升安装效率，首创全新吊装平台，用托举的形式实现新阀塔模块化逐层安装，完成阀厅"换心"。

2."全球首创"换流站 CLCC 结构设计，填补直流输电装备技术空白

根据南桥换流站实际情况，采用新型换流器（CLCC）拓扑结构方案，在满足阀塔尺寸、质量的限制条件下，优化了适用于本工程的基于半控、全控混合拓扑结构的 CLCC 结构设计、部件选型，实现新型 CLCC 拓扑结构从理论阶段到工程化落地应用，如图 3 所示。

图2　吊装平台作业法

3."中国领先"换流阀运维新方案，扩大直流输电技术国际领先优势

为确保 CLCC 阀塔安装之后的安全可靠运行，基于换流阀新拓扑结构，首创多参量状态感知装置，创新提出狭小空间高频干扰环境下 CLCC 非接触式多维状态感知评估方法，实现了阀塔放电检测、异常振动感知、以 IGBT 为例的元器件级别的红外测温，根据不同工况换流阀的电、磁、热分布规律，实时确保 CLCC 全状态感知，给出 CLCC 运行标准，为智能运维、故障预警提供技术支撑，如图 4 所示。

换相失败防御技术

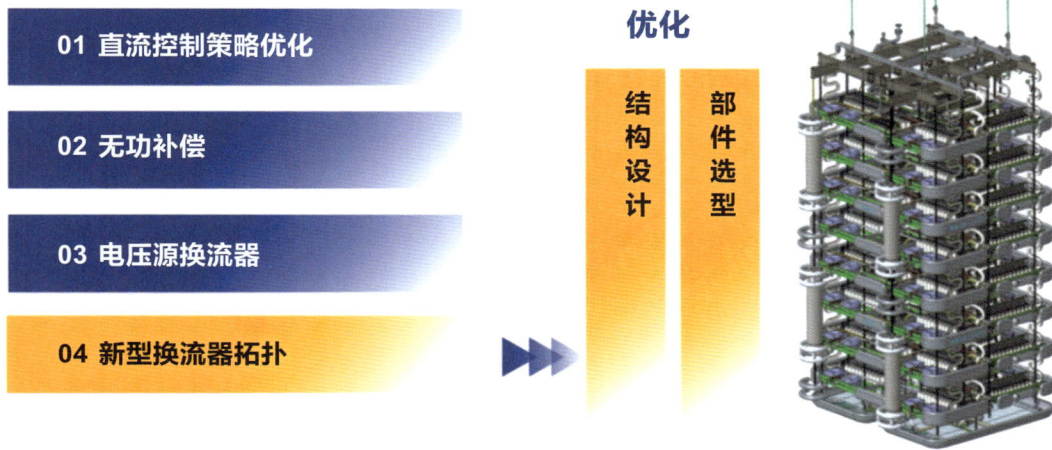

01 直流控制策略优化

02 无功补偿

03 电压源换流器

04 新型换流器拓扑

优化

结构设计

部件选型

图 3　中国"心脏"方案落地示意图

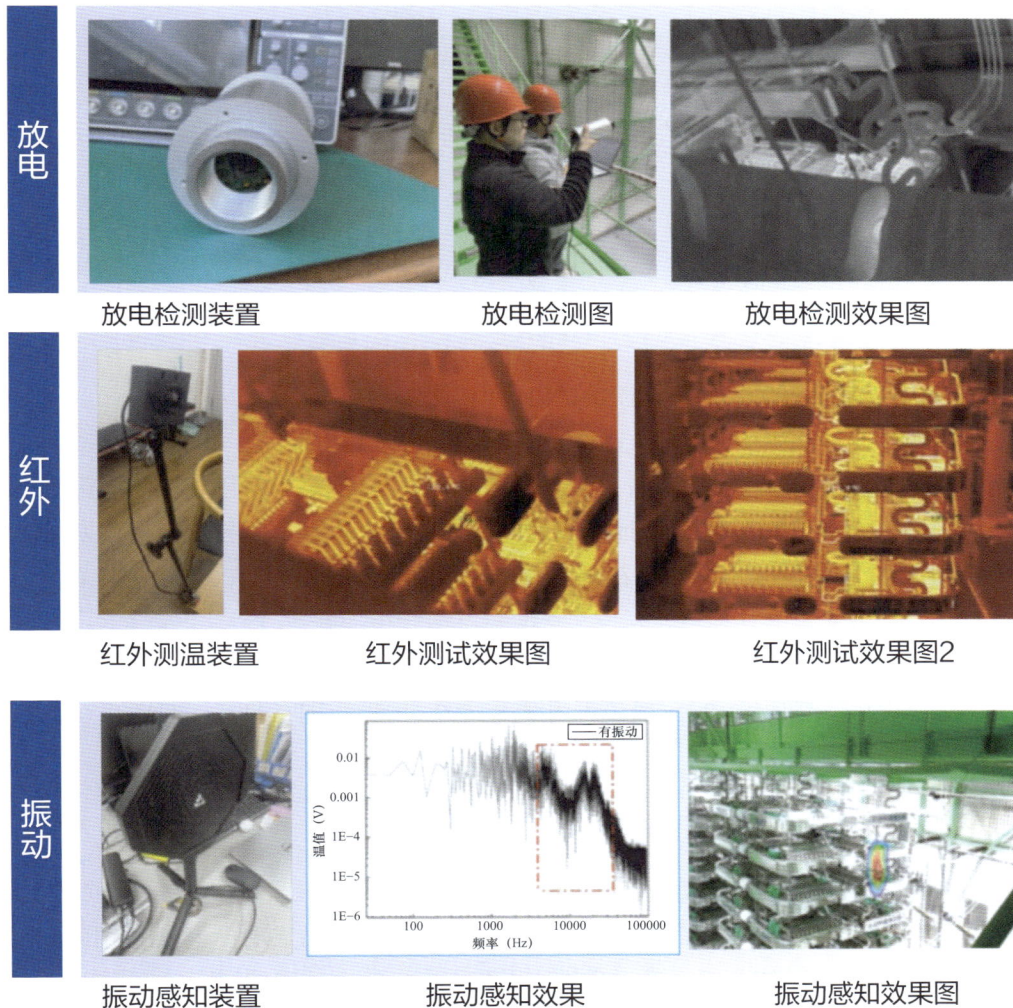

放电

放电检测装置　　　　　放电检测图　　　　　放电检测效果图

红外

红外测温装置　　　　　红外测试效果图　　　　红外测试效果图2

振动

振动感知装置　　　　　振动感知效果　　　　　振动感知效果图

图 4　多参量融合状态评估示意图

（二）应用场景

本方案适用于国际国内在运老旧换流站改造、新建 CLCC 换流站等场景，可广泛用于受端换流站，从结构设计源头就将换相失败的威胁消除，保障电网运行的稳定性。

此外，本方案除了对复杂 CLCC 设备提升综合评估水平，对常规 LCC、新型 MMC 也能运用相同技术优势，实现对换流站的核心设备运维质效提升。

（三）技术先进性

1. 保供稳增长

（1）采用逐极改造方式，保障用电高峰时期负荷稳定。

（2）提高清洁能源消纳能力。

2. 实用性强

（1）质量效率高，方案有效提升施工质量和施工效率。

（2）适用于多馈入直流系统，解决换相失败世界性难题，有效提升了交直流系统故障免疫能力，交流系统故障时可维持 60% 以上功率传输。

3. 安全性高

方案有效提升人员与设备安全保障。

4. 独有原创性

依托全球首台首套 CLCC，本方案在初始数据积累方面综合优势唯一且明显。

三、实施成效

（一）应用情况

目前，本方案在上海 ±500kV 南桥换流站试点应用，实施情况如下：

1. 出厂检验阶段

本方案研发后试点应用到南桥换流站，作为换流阀新拓扑结构，使用在老旧换流站的同一个阀厅内，通过模拟校验，优化 CLCC 结构设计以满足阀厅需求。采用的可控换相换流阀 CLCC 已完成包括运行试验、绝缘试验在内的多项试验，符合 IEC 60060-1:2010、IEC 60700-1:2015、GB/T 20990.1—2020 等标准要求。

2. 投运检验阶段

近一年来，元器件故障率低至 0.2%，直流可用率达 100%，保障了迎峰度夏、迎峰度冬等高负荷需求。

（二）应用效果

项目成效如下：

1. 完成全球首台首套可控换向换流阀的工程应用改造

2023 年，本方案成功助力世界首套可控换向换流阀在南桥换流站成功投运，这是国际上首次进行大容量直流输电工程大规模整体升级，进一步扩大了我国直流输电技术的国际领先优势，为加快新型电力系统建设、保障国家能源安全提供有力支撑。

2. 创新突破交流系统故障导致直流闭锁的世界难题

不足一年已成功抵御 6 次换相失败，如图 5 所示，实现多馈入直流系统换相失败次数从"1"到 0 的突破，同时在交流系统故障时可维持 60% 以上功率传输，有效提升了交直流系统故障免疫能力，为我国大规模跨区域新能源外送提供可靠保障。

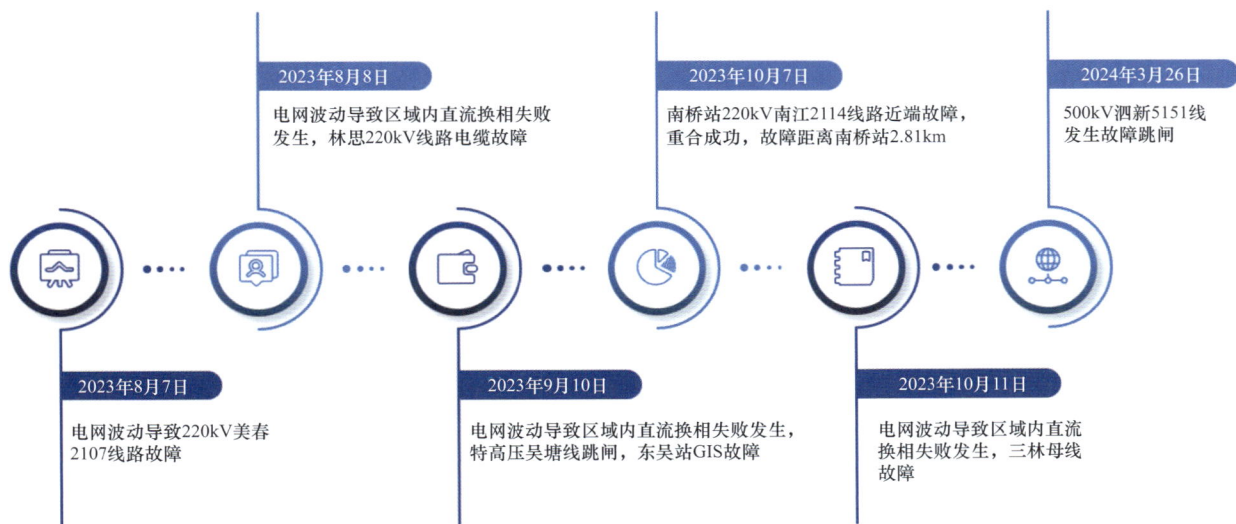

图 5　本方案抵御换相失败成功案例

3. 首次实现换流站设备全国产化替代

国产化率提升至 80%。以直流控保系统为例，核心芯片、操作系统、数据库均实现全自主可控，系统负载率下降 75%，运算速度提升 20 倍，有力破解了原有核心设备依赖国外进口的尴尬局面。

四、经济效益及推广前景

（一）经济效益

本方案的客户群体包括国内和国际两种，国内客户主要是国家电网公司、南方电网等在运或新建换流站，包括换流阀设备制造厂商、能源企业等；国外客户主要包括巴西、印度、俄罗斯等面临跨区电能输送问题的新兴经济体国家能源企业。其盈利模式主要包括以下四个方面：

1. 产品出售

针对换流站改造不同需求提供定制化换心方案，根据服务级别收取一次性定制费用。

2. 工程指导服务

提供从方案设计到实施的一站式指导服务，包括改造工程的施工、安装、调试等，并在项目实施过程中提供技术支持和维护服务，收取工程服务费用。

3. 异常跟踪服务

提供数据分析服务，帮助客户对阀厅、在运换流阀的异常信号进行趋势分析、跟踪和预测，收费 1 万元 / 天。

4. 专业咨询

提供关于换流阀改造咨询服务，帮助客户解决改造过程中遇到的技术管理问题，收费 5000 元 / 人 / 次。

项目经济效益主要形式为产品售卖、工程指导、异常跟踪和咨询收益。未来计划第一阶段推广至整个上海地区；第二阶段推广至华东地区；第三阶段推广至整个国网；第四阶段推广至国际市场。

经济效益如图 6 所示。

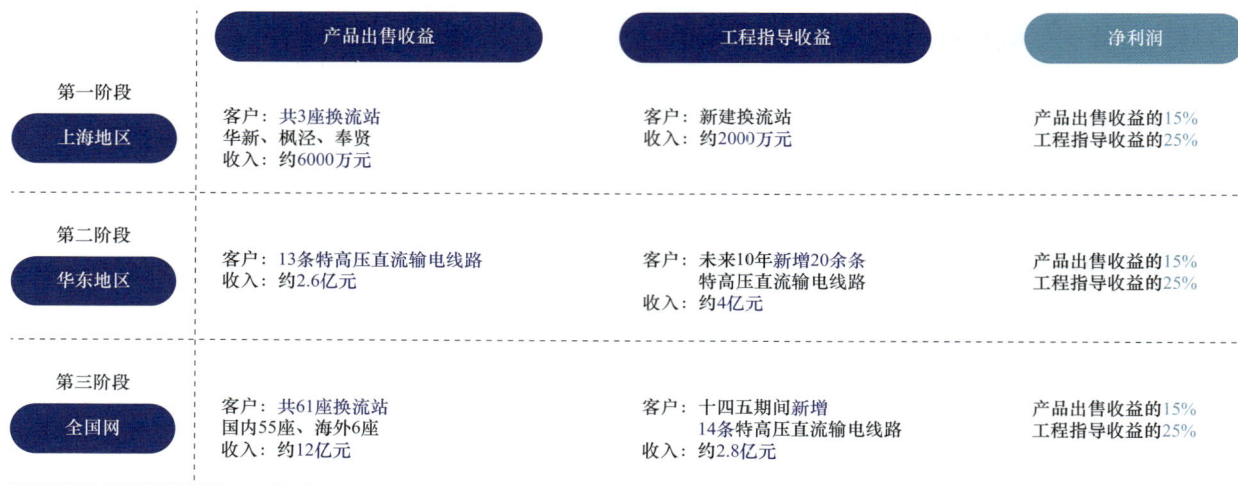

	产品出售收益	工程指导收益	净利润
第一阶段 **上海地区**	客户：共3座换流站 华新、枫泾、奉贤 收入：约6000万元	客户：新建换流站 收入：约2000万元	产品出售收益的15% 工程指导收益的25%
第二阶段 **华东地区**	客户：13条特高压直流输电线路 收入：约2.6亿元	客户：未来10年新增20余条 特高压直流输电线路 收入：约4亿元	产品出售收益的15% 工程指导收益的25%
第三阶段 **全国网**	客户：共61座换流站 国内55座、海外6座 收入：约12亿元	客户：十四五期间新增 14条特高压直流输电线路 收入：约2.8亿元	产品出售收益的15% 工程指导收益的25%

图 6　经济效益示意图

（二）社会效益

减少换流站新建或改造成本：项目推广后，可实现换流站国产化率达到 80% 以上，采购成本减少 50% 以上。推广到全国电网，预计可减少换流站新建或改造成本保守估计达数十亿元。

减少停电时间：项目推广后，可消除换相失败威胁。以上海为例，每年挽回停电损失 3000 万元以上。推广到全国电网，每年挽回经济损失保守估计达数亿元。

（三）推广前景

1. 市场需求

（1）国内市场。在运老旧换流站改造需求增加，对应为解决换相失败问题，采纳 CLCC 需求增加；西北部等地区可再生能源大规模汇集与直流外送需求增加，新建 CLCC 需求增加。

（2）国际市场。国际跨区能源输送问题突出，巴西、印度、俄罗斯等新兴经济体的特高压直流输电工程都呈增长趋势，本产品市场前景广阔。

2. 市场增长趋势

当前，特高压直流输电工程需求增加，本方案推广前景广阔。

目前国家电网公司共有 29 回直流，共计在运 55 座国内换流站，6 座海外换流站，本方案拥有数亿存量市场；根据国家电网公司规划，"十四五"期间将新增 14 条特高压直流输电线路，本方案拥有数十亿增量市场。

随着"3060""双碳"目标推进，2025 年新能源装机达 2 亿 kW，2030 年新能源装机达 3 亿 kW 以上，全国多个区域的特高压直流输电工程都将大幅增加，CLCC 改造或新建市场广阔。

五、项目主要完成人

国网上海市电力公司超高压分公司衡茜、冷超、闫全全。

现货市场环境省域虚拟电厂

国电南瑞科技股份有限公司、国网山西省电力公司

一、案例简介

随着分布式光伏、充电桩、客户侧储能等用户侧资源的持续快速发展，预计 2030 年我国新能源装机将超过 20 亿 kW，电动汽车将超过 1 亿辆，源荷不确定性问题更加突出，电网安全稳定经济运行面临新能源消纳和电力平衡双重挑战。虚拟电厂是新型电力系统网荷协同的核心，被行业公认为是提高电力系统灵活性调节能力、促进新能源消纳和保障电力安全供应的有效途径之一，也是源网荷储互动体系中支撑用户侧资源集成、调度、优化、交易的重要技术手段。盈利水平是制约虚拟电厂大规模发展的重要影响因素。当前虚拟电厂参与电网互动的场景主要以电力需求响应为主，受启动频次限制盈利能力有限，使得社会资源参与意愿不高，虚拟电厂建设总体相对迟缓。随着电力市场改革尤其是电力现货市场的加速推进，虚拟电厂参与电网互动场景逐步丰富，包括现货电能量，调频、备用等辅助服务，甚至容量市场，并且市场化机制为虚拟电厂提供了可持续、可预见的盈利空间，虚拟电厂即将迎来大规模爆发式发展。国家发展改革委 2023 年 9 月发布的《关于进一步加快电力现货市场建设工作的通知》提出，要鼓励虚拟电厂等新型主体参与电力市场，在削峰填谷、优化电能质量等方面发挥积极作用。

电力现货市场具有实时性、多样性、竞争性、灵活性、跨区域性等显著特点。在现货市场环境下，大规模虚拟电厂参与电网互动面临着用户侧资源难以融入常规调控体系、传统以需求响应为主的虚拟电厂运营决策方法难以适应现货市场长周期连续运行模式、现有业务架构与支撑技术难以兼顾虚拟电厂参与现货交易的实时性、安全性、经济性需求等问题。此外，国内目前源网荷储协同调控、电力市场交易组织的核心主体是省级电网，亟须在省域层面建立完善的虚拟电厂运营管控手段，整合、优化省内分散的灵活资源，提升电网灵活调节能力，及时响应电力市场需求，降低电网运行风险，减缓电网基础投资。

本案例面向电力现货等市场交易以及应急支撑等电网运行应用场景，以省域虚拟电厂统一管理、统一调控、统一服务为目标，开展关键技术研究及产品研发，构建完整、统一的省域虚拟电厂调控、运营、服务体系，有力支撑各类分布式灵活资源高效参与各类电网互动场景，实现电网企业、虚拟电厂运营商、电力用户等多方主体的共建共享共赢，有效提升电网平衡和电力保供能力，推动调度生产组织方式由传统计划方式向市场化方式转变，为电力市场改革、新能源建设注入了新活力，为"双碳"目标达成开辟了新路径。

二、技术方案

1. 技术路线

本案例面向现货市场环境下省域虚拟电厂建设需求，从调控、运营、服务三个方面针对性开展面

向多类型互动场景的虚拟电厂精准调控、虚拟电厂"批发—零售"两级市场互惠运营、省域虚拟电厂分级协同运行架构与服务体系等关键技术研究，打造省域虚拟电厂系列软件产品，包括面向电网企业的虚拟电厂运营服务平台和面向虚拟电厂运营商、电力客户的虚拟电厂运营商系统，在电网企业、发电企业、售电企业等各类用户单位试点建设及推广应用。现货市场环境省域虚拟电厂总体技术路线如图1所示。

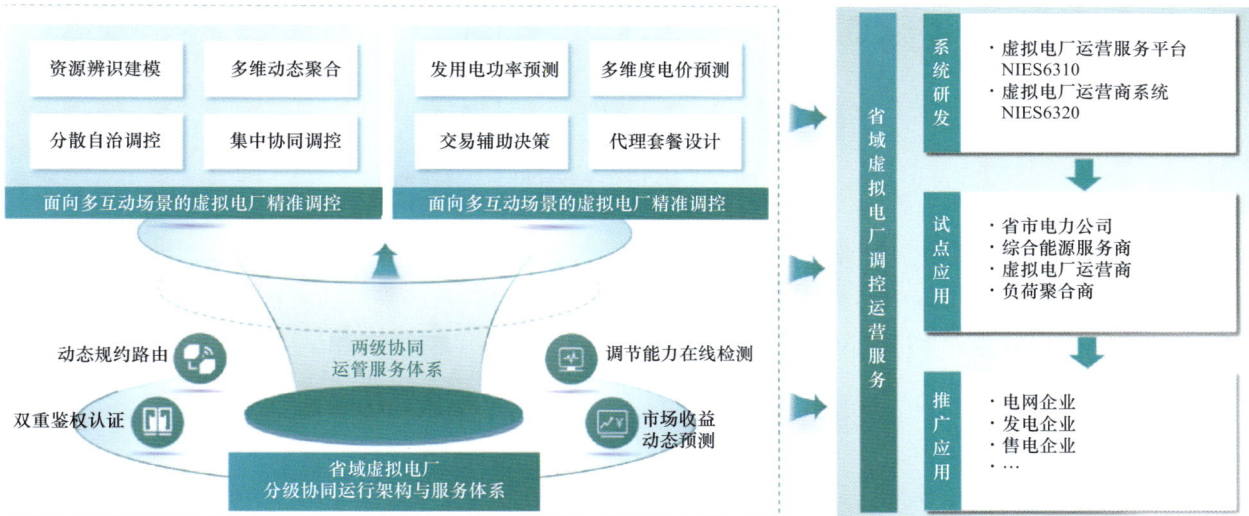

图1　现货市场环境省域虚拟电厂总体技术路线

2. 关键技术

（1）面向多互动场景的虚拟电厂精准调控，如图2所示。针对用户侧资源地理位置分散、响应特性多样、拓扑关联缺失、用户行为不确定等调控难点，提出了计及多元用户侧资源协同能力与用户行为特征的资源辨识及建模方法，实现多元用户侧资源的特征建模，支撑可调资源的精细化管理；提出了虚拟电厂资源"时—空"多维动态聚合及灵活编排方法，实现计及拓扑的多元用户侧资源分层分区分级灵活动态聚合，支持适应多类型调控场景的资源优化配置；提出了虚拟电厂"分散自治—集中协同"分层优化调控方法，对上参与多类型电网协同互动，对下实现多元用户侧资源协调控制，最小控制响应精度可达5s，实现需求响应、辅助服务、现货电能量等市场交易以及应急支撑等电网运行互动场景全覆盖。

创新点：提出了适应多类型互动场景的虚拟电厂资源辨识、分层分区分级灵活动态聚合与"分散自治—集中协同"分层优化调控方法，满足虚拟电厂多时间尺度控制需求，提升了虚拟电厂参与多场景电网互动的适应能力与技术水平。

（2）虚拟电厂"批发—零售"两级市场运营，如图3所示。针对虚拟电厂盈利模式单一、缺乏多类型市场运营决策手段、零售市场红利与风险传导不畅等难题，提出了基于麻雀搜索和N-BEATSx神经网络的电价预测组合算法，实现日前、日内等多维度市场价格精准预测，为市场交易优化决策提供数据支撑；提出了基于分支定界的多品种联合优化交易决策方法，支持需求响应、辅助服务、现货电能量等多类型市场交易的优化决策，实现虚拟电厂整体效益最大化；提出了基于激励相容原则的自匹配弹性套餐设计方法，根据代理用户资源特性和用户意愿动态匹配推荐零售套餐，提升代理用户收益水平。

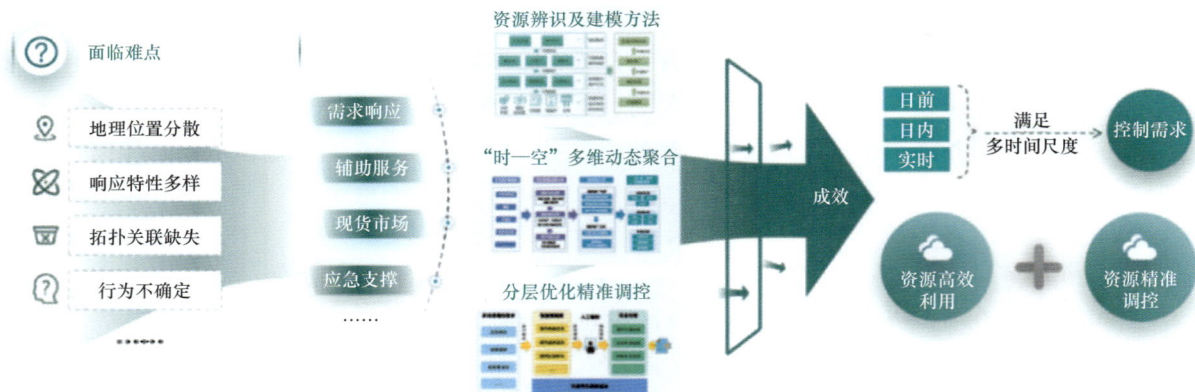

图 2　虚拟电厂精准调控

创新点：提出了虚拟电厂"批发—零售"两级市场互惠运营决策方法，实现了虚拟电厂在批发市场中的灵活博弈与零售市场中的利益均衡，提升了虚拟电厂参与市场交易的决策能力与盈利水平，促进虚拟电厂市场运营各方主体互惠共赢。

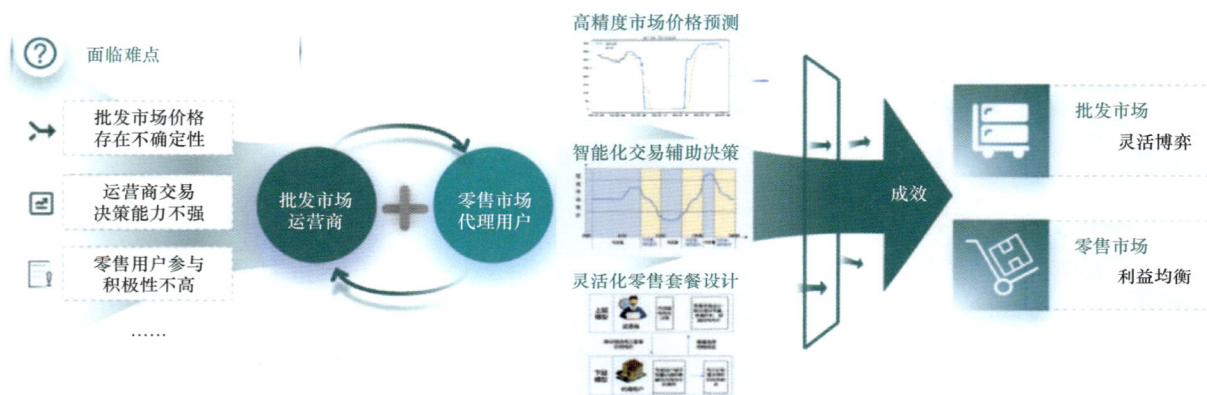

图 3　虚拟电厂两级市场运营

（3）省域虚拟电厂分级协同运行架构与服务体系。如图 4 所示。针对现货环境下海量多元用户侧资源协议兼容性、通信实时性和数据安全性等技术问题，以及用户参与电网互动的主观能动性、服务完整性等业务问题，提出了支持动态规约路由和双重鉴权认证的虚拟电厂实时数据采集控制方法，虚拟电厂云平台 4C/16G 单资源节点可实现 1500 通道并发接入及每秒 10 万级数据处理，支持海量分布式资源的安全高效接入；提出了虚拟电厂调节能力在线检测方法及互动收益动态预测方法，提供并网、提效、增值等多类型运营服务，引导各方主体积极参与虚拟电厂建设运营；提出了省域虚拟电厂管理服务与聚合运营业务解耦、两级协同的运行架构，实现虚拟电厂的统一接入管理，支撑调度、交易、营销等业务部门与运营商、电力客户等虚拟电厂多业务主体的资源共享及业务协同。

创新点：提出了省域虚拟电厂动态认证接入、在线能力检测、互动收益预测方法及"管理服务—聚合运营"分级协同运行架构，支撑构建了覆盖"入市、申报、出清、执行、评估"事前、事中、事后全业务环节的虚拟电厂运营管理服务体系，提升了虚拟电厂管控业务的承载能力与扩展潜力，促进省域大规模虚拟电厂主动参与、高效协同。

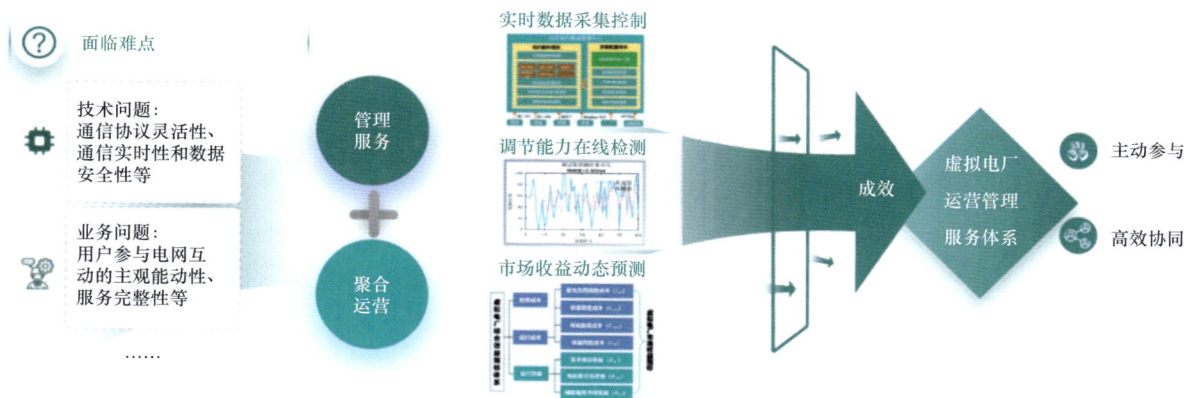

图4　省域虚拟电厂分级协同运行

3. 产品应用

基于上述关键技术研究成果，本案例研发了省域虚拟电厂运营管控系列软件，旨在聚合分布式电源、储能与可调节负荷等资源，打造虚拟电厂标杆工程，通过市场机制引导，提高电力资源优化配置能力和系统运行效率，有效提升需求侧可调资源的聚合、响应能力。其中虚拟电厂运营服务平台服务于电网企业，面向全省所有虚拟电厂提供运行监测、市场资讯、数据服务、能力校核、效果评估等公共服务，实现对虚拟电厂的统一管理、统一调控、统一服务；虚拟电厂运营商系统服务于虚拟电厂运营商、电力客户，作为运营商技术支持系统，负责聚合优化、协调控制聚合商所代理的用户侧资源，支撑作为独立市场主体参与需求响应及电力市场交易。省域虚拟电厂总体架构如图5所示。

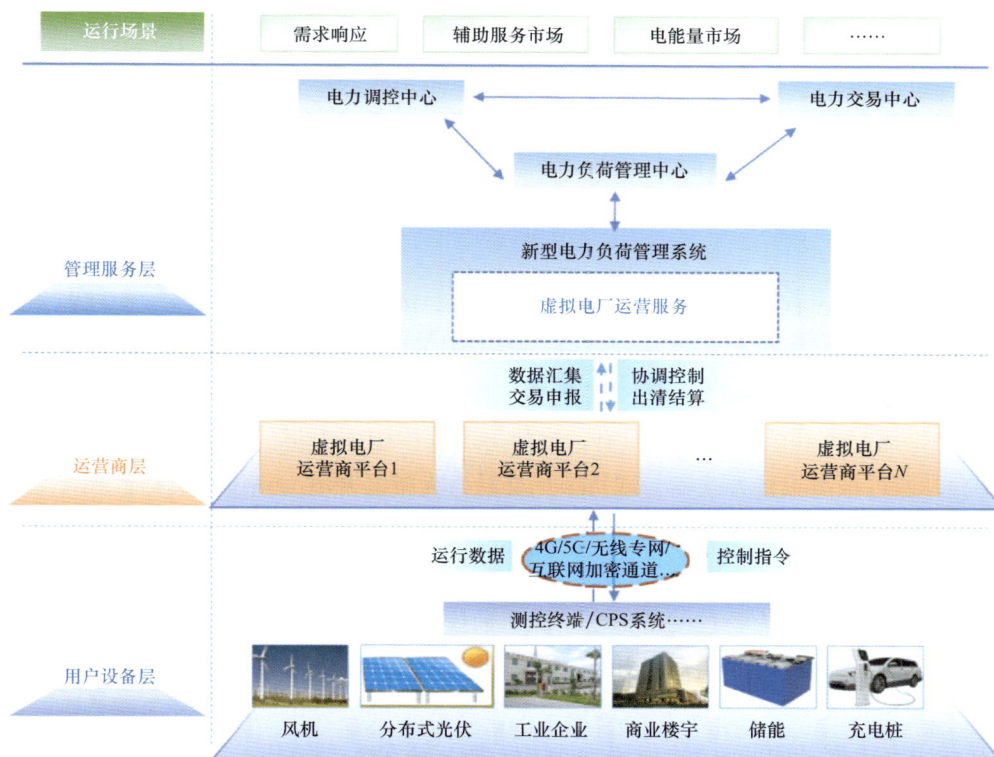

图5　省域虚拟电厂总体架构

三、实施成效

1. 应用情况

本案例成果先后在山西、宁夏、山东、重庆、安徽、深圳等 20 余个省市（自治区）广泛应用，现货资源聚合容量超 130 万 kW。现场运行情况证明，案例研制的虚拟电厂系列软件功能先进、性能可靠、操作便捷，自正式投运以来从未出现安全风险事故，全面提升了虚拟电厂规范化、规模化、市场化、常态化参与电力现货市场能力，在行业内起到了先锋示范作用。部分重点工程如下：

（1）建设了国内首套参与现货市场的省级虚拟电厂服务平台——山西省虚拟电厂运营服务平台，已接入 10 家虚拟电厂运营商，聚合容量 1320.73MW，可调节容量 399.61MW，其中 3 家正式入市交易，以售电公司的高级形态，按照"负发电"模式报量报价参与现货电能量市场，为现货市场环境下虚拟电厂建设推广提供了实践经验和工程样板，为打造源荷良好互动的新型电力系统发挥了积极的示范作用。

（2）建设了国内首个"需求响应—省内 / 省间辅助服务"全场景互动的省级虚拟电厂——宁夏虚拟电厂运营服务平台，已接入 5 家虚拟电厂运营商，代理用户 457 户，可调容量 196.25 万 kW，设计了两类 4 种虚拟电厂结算套餐，完成 116 户代理用户套餐绑定，简化了虚拟电厂和代理用户结算的复杂性，获得宁夏回族自治区政府高度认可。

（3）2019 年作为国家电网公司首批两个虚拟电厂试点之一，在上海建设了以商业楼宇、充换电等城市资源为主的国内首个面向超大城市的虚拟电厂运行管控系统，已接入虚拟电厂运营商 22 家，涉及 1483 家用户及新型主体，可调容量 575.5MW，大幅提升上海参与需求响应的用户数量、负荷监控能力，为上海电力保供起到重要的支撑作用。

2. 社会评价

（1）政府评价。2023 年 8 月，宁夏回族自治区主席张雨浦同志在国网宁夏电力有限公司《关于虚拟电厂建设情况的汇报》上批示："加快投运，建好用好，积极支持。"2024 年 2 月，时任国家电网有限公司董事长辛保安同志在《宁夏回族自治区政府主要领导批示肯定国网宁夏电力虚拟电厂建设运营工作》的值班报告上批示："要注重实效、持续探索，取得更多好经验、新成绩，有力支撑电力保供和能源转型。"

（2）媒体报道。《人民日报》、新华社等中央媒体及《中国电力报》等 50 余家媒体对本项目进行持续跟踪报道：①新华社：《宁夏加快推进虚拟电厂建设服务保供大局》，国网宁夏电力有限公司加快虚拟电厂建设，逐步发展"虚拟电厂新业态"，构建"技术＋产品＋运营＋生态"的虚拟电厂产业链条，为宁夏电网电力供需平衡和电力保供提供有力支撑。②《中国电力报》：《南瑞打造国内首个省级虚拟电厂运管系统》，通过报量报价方式参与现货市场交易，大幅提升电力系统的灵活性和可靠性。

3. 用户评价

国网山西电动汽车公司负责人表示：依托项目研发的虚拟电厂运营管控平台，建成了国内首个以"电动汽车＋可调工业负荷"为特色的虚拟电厂。目前虚拟电厂聚合负荷总容量约 7.64 万 kW，单次最大可调负荷超过 2.4 万 kW，全年可节约用电成本约 122 万元，消纳新能源电量 1600 余万 kW·h。

宁夏胜金硅业负责人表示：企业接入虚拟电厂并参与辅助服务市场后，灵活调节生产时序，利用公司 6 台矿热炉，在电网需要的时候加大生产规模，既完成了生产任务，半年内又额外获得了约 50 万元收益。

四、经济效益及推广前景

1. 经济社会效益

本案例研制了具有完全自主知识产权的虚拟电厂系列软件，在多个省级电网、虚拟电厂运营商推广应用，近三年直接经济效益包括新增销售额约 3.5 亿元、获利润约 1.2 亿元。案例成果在促进新能源消纳、保障电网运行安全、提高社会资产利用率、助力"双碳"目标实现等方面均实现了突破，取得的社会效益如下：

（1）促进新能源消纳。有效引导了用户侧资源外部特性与可再生能源出力曲线趋同，在新能源大发而电网消纳能力不足时，通过虚拟电厂"负发电"，促进新能源规模化消纳，解决风光等可再生能源并网带给电网的随机性和波动性问题，切实响应国家能源安全战略，促进新能源技术与产业创新，为社会经济发展注入新动能。

（2）保障电网安全运行。为用户侧分散资源提供了参与市场的交易平台，以激励措施、市场机制等方式吸引了更多用户侧资源参与，充分挖掘用户侧资源，提升电力系统灵活性调节能力，大幅减少和避免调度拉限电数量，强化了源网荷储各环节间协调互动，降低了大规模波动性的可再生能源并网对系统稳定性的冲击，助力构建坚强智能电网。

（3）提高社会资产利用率。通过不同用户侧可调资源之间的有机协调与密切配合，可以实现各类负荷负载的移峰填谷，同时挖掘当前未被利用的灵活性资源，从而减少供能系统投资建设成本，提高社会供能系统基础设施的利用率，有利于节约型社会的构建。

（4）助力"双碳"目标实现。以 100 万 kW 负荷侧资源计算，可平均提高燃煤机组负荷率 2 个百分点，降低煤耗 1 个百分点，每年节约燃煤 50 万～75 万 t，节省二氧化碳排放量 131 万～196 万 t、二氧化硫 0.4 万～0.6 万 t，助力国家"碳达峰碳中和"目标实现，有效支撑国家能源变革和现代能源体系构建。

2. 未来推广前景

本案例在调控、运营、服务等方面技术创新成果的运用大幅提升了虚拟电厂资源精准调控能力和市场交易盈利水平，有效提高能源利用效率，保障电力系统安全稳定运行。案例成果的示范、推广应用为现货市场环境下虚拟电厂建设提供了实践经验和工程样板，有效推动了虚拟电厂行业技术的不断创新和多方市场主体的积极参与，引领了虚拟电厂行业高质量发展。随着新能源的快速增长和电力现货市场的加速建设，各地区虚拟电厂专项支持政策相继出台，成果具有广阔的应用前景，可支撑建立枢纽型大电网与分布式聚合商融合发展、协同控制新体系，开辟支撑新型电力系统建设、助力"双碳"目标实现的全新路径。

五、项目主要完成人

国电南瑞科技股份有限公司郑涛、周斌、黄军高、谢丽荣、曹敬、杨宇峰、金玉龙、肖徐兵、揭跃、滕贤亮、吕星月、周志成、丁伟、赵亮，国网山西省电力公司陈扬波。

支撑调度机构安全、高效运转的调度交换网技术演进探索与创新

国网冀北电力有限公司信息通信分公司、国网冀北电力有限公司

一、案例简介

1. 项目背景

调度交换网是电网调度生产的专用电话网络，是重要的电力通信网络之一。目前，电力调度交换网采用电路交换技术体制，是一张分层汇接、信令统一、多路由迂回、成熟稳定的电力调度语音通信专网。随着新型电力系统的建设，"源网荷储"各环节发生系统性变革，电力系统的调节能力面临更高要求，电网调度的智能化水平亟须进一步提升。而现有调度交换网采用的电路交换技术体制只能提供 64K 窄带语音信息交互，无法支撑新型电力系统背景下视频调度、语音识别等多样化的调度指挥需求，难以满足支撑调度机构安全、高效运转要求，调度交换系统技术演进工作迫在眉睫。

2. 项目概况

电路交换技术作为国家电网公司调度交换业务的主要技术体制，为调度电话业务的开展提供了有力保障。但随着新型电力系统的建设，"源网荷储"各环节发生系统性变革，面对多元现场管控场景下，调度语音业务潜在需求阶跃式增长，电路交换技术已无法满足新型电力系统背景下视频调度、语音识别等多样化的调度指挥需求。为推动调度交换网络功能纵深发展，为传统通信赋能，冀北公司积极探索调度交换网技术演进路线，通过论证多种技术体制功能特性、技术特性，构建冀北调度交换网组网架构并形成典型示范案例，为后续调度交换网演进提供了理论和实践经验。

3. 目的和意义

为满足多样化的调度指挥需求，在国调中心的指导下，国网冀北公司积极探索调度交换网技术演进路线，通过技术选型、演进策略分析、打造示范案例等工作，提出了适合不同场景的演进路线以及可推广借鉴的"电路 +IMS"双模组网典型方案，推动了新型电力系统背景下调度交换网演进工作。

二、技术方案

（一）探索调度交换网技术演进路线

1. 技术体制选择

调度交换技术包括：电路交换和分组交换两种技术体制，传统电路交换体制下，物理通道被通信双方独占，可靠性高但效率较低，业务功能可扩展性有限；分组交换技术体制采用存储转发方式，通信双方非固定占用通信通道，在语音功能方面与电路交换基本相当，同时具有高效灵活、多业务融合性强及功能可扩展性强等特点。两种交换技术功能实现差异具体见表1。

表 1　　　　　　　　　　　　　　电路交换与分组交换技术功能实现差异对比

功能分类	功能描述	交换技术	
		电路	分组
基础功能	局内用户间呼叫、出 / 入局呼叫、点对点通信、无条件呼叫前转、无应答呼叫前转、呼叫转移 / 保持 / 等待、本机号码查询、主叫号码显示等	√	√
调度功能	调度同组振铃、同组监听、并机、强插、强拆、单呼 / 选呼 / 轮呼、来话排队 / 应答 / 选答、语音会议等	√	√
智能多媒体功能	高清调度视频会商、反事故演习模拟功能、呼叫智能分区、智能识别功能、通信信息联动功能等	×	√

通过功能实现对比发现，分组交换技术能实现调度交换网语音基本功能，同时分组交换技术在智能调度功能实现方面，具备多媒体视频调度、智能化语音调度、定制化安全鉴权、多元化终端接入等优势，可满足新型电力系统背景下多样化、智能化的调度需求。

分组交换技术目前主要有软交换和 IMS 两种技术体制，两者都具备能力开放的技术基础。软交换技术中，控制与承载分离，其主要定位于传统窄带业务的 IP 分组化通信，兼顾视频通信、数据业务融合能力，主要用于固定用户通信。一般应用于以语音通信为主、视频通信为辅、多级组网的应用场景；IMS 技术中，呼叫控制、媒体资源和各类业务网关划分更加明确，互联协议、接口规范更加标准，语音、视频和数据业务的融合能力更强，对于固定用户和移动用户的支撑更加完善。一般适用于语音 / 视频统一通信、集中部署的应用场景，并且 IMS 采用标准协议和业务接口，扩展性更强，二者主要差异具体见表 2。

表 2　　　　　　　　　　　　　软交换与 IMS 技术差异性对比

差异项	软交换技术	IMS 技术
核心设备网元	核心控制网元、媒体资源网元	PCSCF\ICSCF\SCSCF\MGC\FHSS\MGW\MRFC\MRFP
采用协议	H.248\H.323\SIP 协议	SIP 协议
组网形式	核心设备多级组网 / 分布式部署	核心设备集中式部署，多级终端部署
扩展性	视频通信、数据融合能力	移动通信、视频通信、数据融合能力
业务融合接口	通过 API 接口提供	通过 SIP\ISC 等标准接口
安全性	需要考虑 IP 网络安全设备，制定网络安全策略	需要考虑 IP 网络安全设备，制定网络安全策略，提供了 QoS 带宽保障手段
应用场景	核心设备多级网络部署、语音通信为主、视频通信和业务融合为辅	大用户容量、核心设备集中部署、多级终端注册、语音 / 视频和数据融合通信、移动用户和新业务扩展需求强烈

2. 技术演进策略

目前国家电网公司系统内 32 家网（省）公司中，有 15 家单位的调度交换网引入了分组交换技术，其中 14 家单位的调度交换网分组交换系统采用了软交换技术体制，并将其作为电路交换备用方式，软交换系统与电路交换系统独立运行；1 家单位的调度交换网分组交换系统采用了 IMS 技术体制，应用在双模调度台侧，主要用于实现调度端智能化功能应用，但未进行站端放号，站端放号仍由电路交换系统承担，电路交换系统仍处于相对独立组网状态；其余 17 家单位目前暂未引入分组交换体制，仍采用传统电路交换体制。

为满足不同网（省）公司调度交换网未来演进需求，国网冀北公司结合各单位调度交换网现状及未来调度智能化需求程度不同，将调度交换网未来演进方向总结为四种模式（电路维持模式、软交换备用维持模式、电路 + 软交换 /IMS 演进模式、软交换 +IMS 演进模式），详见表 3。

表 3 调度交换网演进模式

发展模式		适用场景	建设 / 改造重点
技术体制维持模式	电路维持模式	①电路系统情况：设备老化占比不高、运行稳定、资源充足；②智能化需求：多样性弱、部署范围小	①持续推进 IP 化进程，结合 PCM 替代和传输资源优化提升可靠性；②优化系统组网，提升规范性，简化网络结构，控制终端交换站数量，提升终端交换站资源利用
	软交换备用维持模式	①电路系统情况：设备老化占比不高、运行稳定、资源充足；②智能化需求：应用需求已满足	①结合业务安全分区定位，优化承载网方式；②基于系统终端（场站侧 IAD、调度台）演进兼容性，开展老旧替代
技术体制演进模式	电路 + 软交换 /IMS 演进模式	①电路系统情况：系统老化占比高、资源分配不合理、运行稳定变差；②智能化需求：多样性强、部署前景广阔	①新建、完善软交换 /IMS 系统，逐步扩大应用范围、场景；②优化电路交换系统，简化网络结构，提升规范性，控制终端交换站数量，提升终端交换站资源利用率；③承载方式归集，落实承载网
	软交换 +IMS 演进模式	①软交换系统装备水平尚可、运行稳定、资源充足；②智能化需求：多样性强、部署前景广阔	①新建、完善 IMS 系统，逐步扩大应用范围、场景；②确定软交换系统长周期演进路线，阶段性创造实施条件；③承载方式归集，落实承载网

（二）探索冀北演进路线，打造双模组网典型应用方案

国网冀北公司现有调度交换网采用电路交换技术体制，各节点程控交换机通过 2M 中继互联，为"核心—汇聚—接入"三级组网结构，目前在网运行超 10 年设备达 74%，设备故障次数逐年增加，且存在因电网规划政策调整导致设备配置不合理、网络层级不清晰、业务系统关联性弱、放号点选取与传输网结构不匹配等问题，难以满足新型电力系统背景下视频调度、智能调度需求。针对现有问题，冀北公司经过充分技术论证分析，提出以"安全可靠、经济适用、运转高效"为特征的"电路 +IMS"调度交换网演进思路。

1. 探索"电路 +IMS"系统部署模式

（1）筑牢安全底线，探索双模技术体制。调度电话作为电网调度运行的基础保障，安全可靠运行是第一要素。为保障调度电话业务安全可靠运行，冀北公司采用"电路 +IMS"双模组网模式，以传统电路交换体制作为调度电话业务保底手段，以 IMS 作为调度台智能化功能应用开发平台，调度台通过

"电路 +IMS"双注册的方式，实现调度端"电路 +IMS"技术协同工作，既能确保传统调度电话语音业务安全、可靠，又可满足调度台智能化业务开发应用需求。

（2）降低部署成本，精简网络架构。为减少网络投资，冀北公司压缩 IMS 网络层级，采用 IMS 核心网省级集中部署模式，减少核心网投资成本。电路交换系统部署方面，采用子网分区部署模式，按供电分区对调度交换网进行子网划分，子网内部署 2～3 台程控交换机，承担各级调度机构电话放号功能，从而减少程控交换机的配置数量。

（3）实现高效运行，丰富功能应用。为更好地开展智能化功能应用，加强调度交换网与已有 D5000、OMS 等调度系统信息交互及功能融合，冀北公司搭建智能化业务应用平台，该平台通过资源媒体服务器、语音引擎等设备提供的处理能力，将 IMS 系统提供的 IP 语音流、录音文件、呼叫信令等信息进行处理分析，并将处理结果呈现在调度台，或通过 API 接口推送至其他业务系统实现功能联动，实现调度电话自有智能应用及与外部系统联动，系统间逻辑框图如图 1 所示。

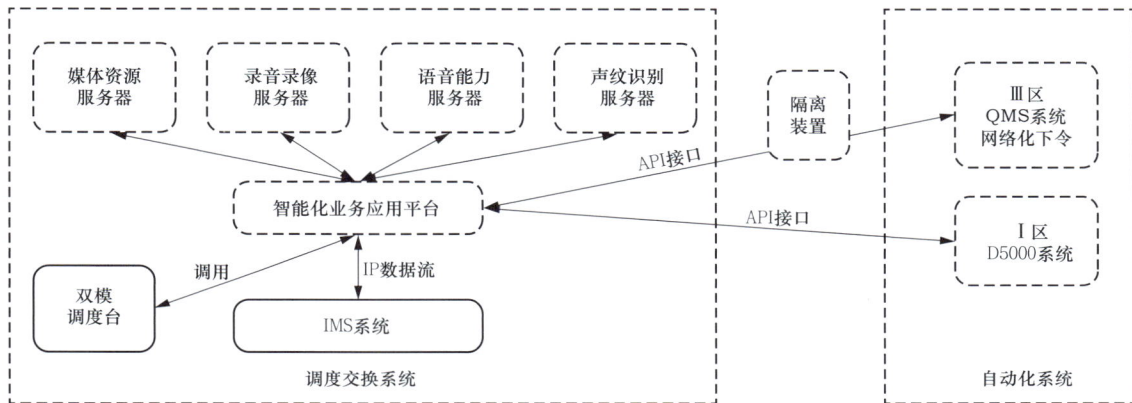

图 1 智能调度电话系统逻辑框图

2. 构建"电路 +IMS"双模组网方案

为满足调度交换网"安全可靠、灵活智能"的发展需求，国网冀北公司制定了"紧急状态极简可靠、常态工作便捷智能"调度交换网组网技术原则，构建出"电路 +IMS"双模组网方案：

（1）调度 IMS 系统组网方面，核心网包括 IMS 核心服务器、网管服务器、核心会话服务器等核心设备，采用省级集中部署模式，并与原电路交换系统通过 2M 中继网关互联，负责呼叫处理、应用平台等功能实现。接入网由双模调度台、IAD 设备组成，负责为用户提供终端侧语音服务。双模调度台部署至省调、地调等调度机构，同时接入 IMS 系统和电路交换系统，以 IMS 系统运行为主系统，实现多样化智能调度功能，以电路交换系统为备用系统，作为保底手段；站端部署 1 套 IAD 设备，通过承载网注册至 IMS 系统，实现 IMS 系统放号功能。IMS 系统组网架构如图 2 所示。

（2）电路交换系统组网方面，以"网络规模更精简、层次更清晰，投资效益最大化"为目标，打破了传统按电压等级、调度范围划分的部署模式，按电网供电分区进行子网区域放号，形成"省调—地调—子网区域放号点"三级部署模式，各子网内根据业务需求和设备容量测算，部署 2～3 台程控交换机实现同组互备，站端通过 IAD 就近接入程控交换机，实现中继汇接及安全保底。电路交换系统组网架构如图 3 所示。

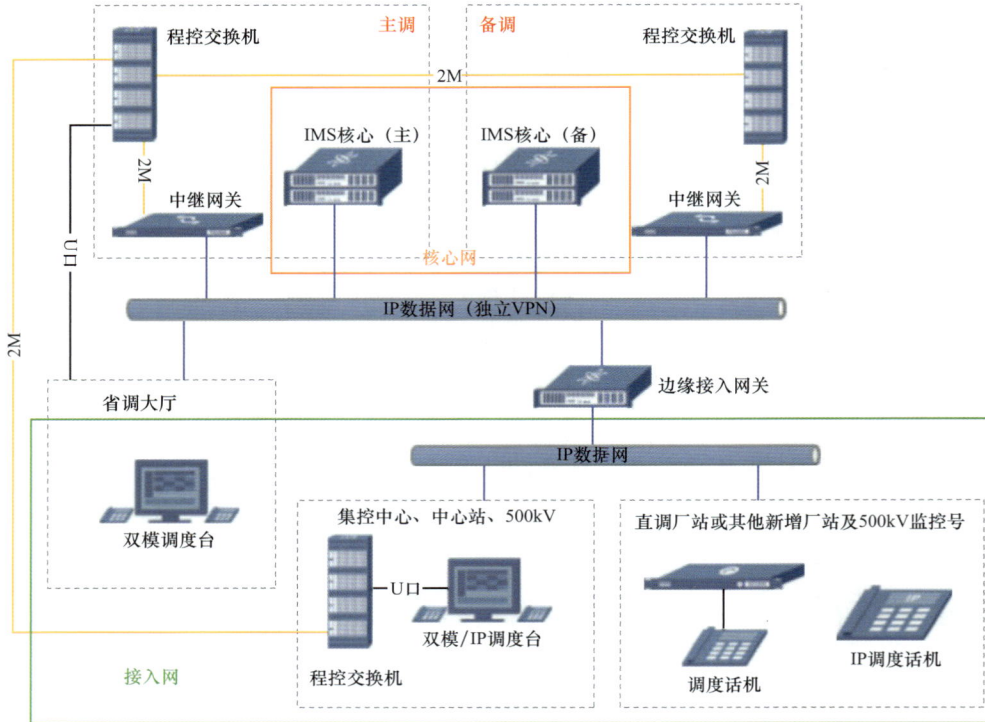

图 2　IMS 系统组网架构示意图

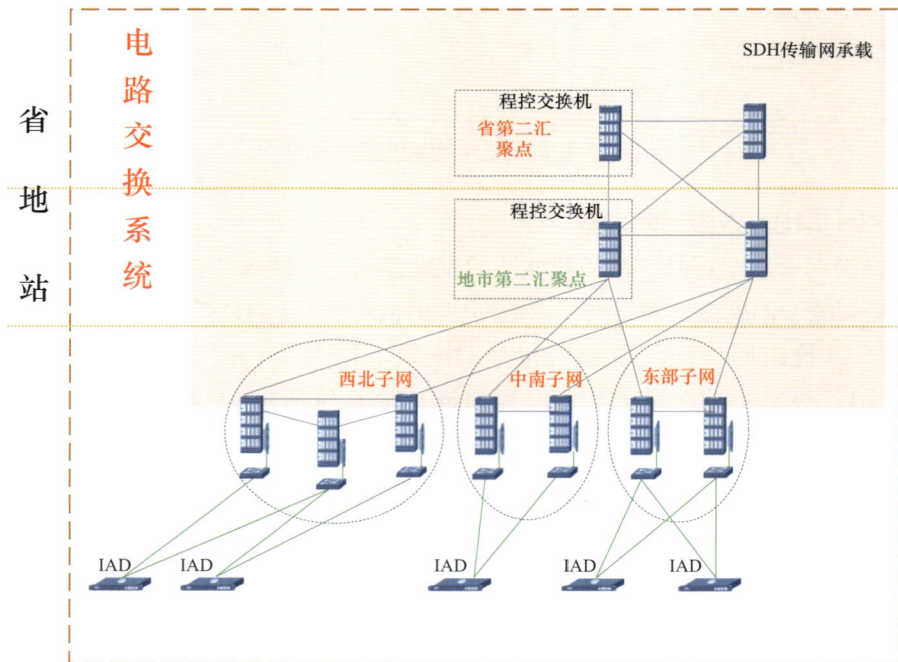

图 3　电路交换系统组网示意图

（三）搭建双模测试环境，验证双模调度交换系统功能及协同运行机制

为充分验证双模组网模式的技术可行性，2023 年 9 月，国网冀北公司搭建了"电路 +IMS"双模组网试验环境，模拟省调主 / 备、地调、直调场站、局外站点等场景，开展了多种场景下调度交换系

统的功能性验证。

1. 搭建双模系统测试环境

本次搭建的双模系统基础测试环境，采用系统侧、接入侧两级部署，具体部署形式及连接方式如图 4 所示。

系统侧：模拟省调主 / 备调部署"电路 +IMS"系统核心设备。电路交换系统配置双机同组程控交换机，采用 2M 中继 Q 信令互联；IMS 系统配置 IMS 核心服务器、网管服务器、核心会话服务器等主要设备，采用 SIP 协议；电路交换系统与 IMS 系统核心设备通过中继网关互联。

接入侧：模拟省地两级调度场景部署双模调度台 + 场站终端设备。双模调度台双上联至电路交换、IMS 系统，程控调度 IAD 设备经 IP 话路板上联至程控交换机，IMS 调度 IAD 设备、IP 电话、IP 摄像头等设备经 IP 网络上联至 IMS 服务器。

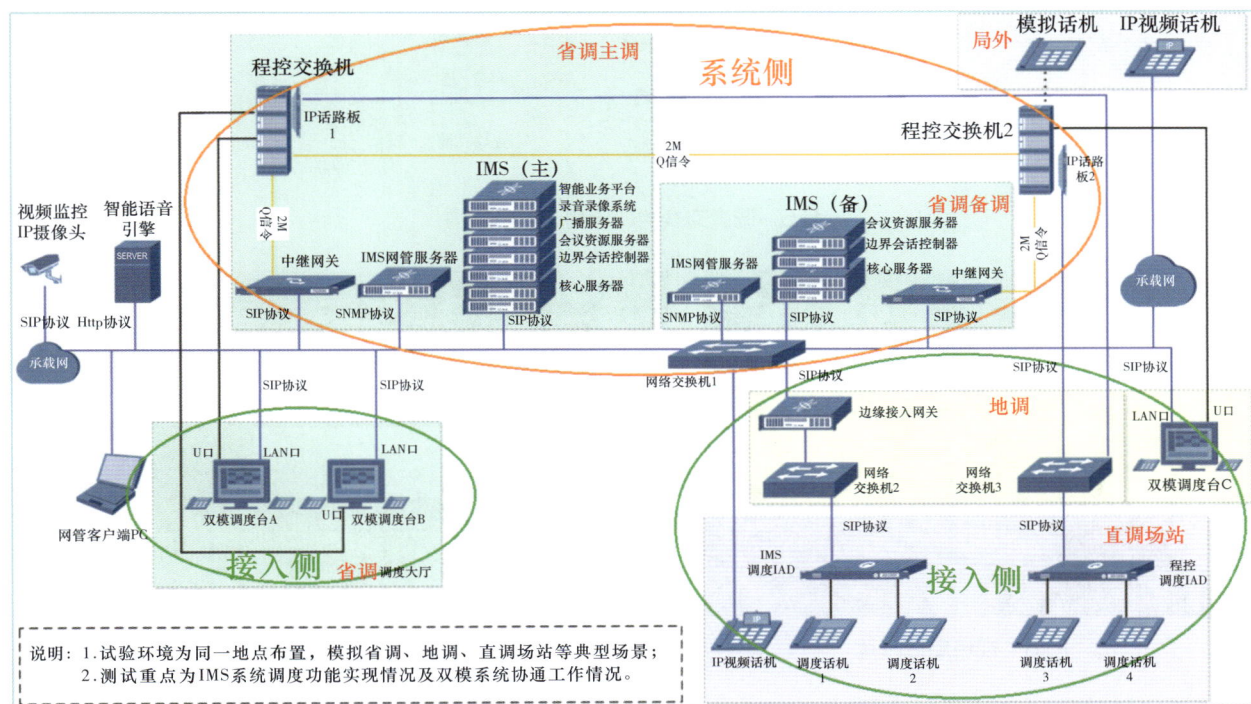

图 4　调度交换网双模组网测试环境组网架构示意图

2. 验证双模系统功能测试及协同运行机制

本次试验测试以功能测试为主，分为场景组网、功能、网管、性能、异常情况五个方面，测试项目如图 5 所示。其中功能测试 29 项（包含基础功能 6 项、调度功能 15 项、特色调度功能 8 项）、网管功能测试 4 项、性能测试 3 项、异常测试 5 项。现场及网管测试如图 6 和图 7 所示。

测试充分验证了双模系统协同运行机制的可行性，在功能实现方面，验证了采用 IMS 系统可以实现语音系统的基本功能、调度功能以及语音视频智能化功能。在 IMS 系统冗余性测试方面，验证了 IMS 核心网主备切换的有效性，主备 IMS 核心网设备状态通过心跳链路实时监测，可实现单台设备整机故障时，另一台设备直接接管其业务；在双模系统切换方面，验证了双模系统协调运行机制的可行性，双模调度台同时注册在 IMS 及电路交换系统，主用 IMS 系统通过启用实时链路探测机制，在故障时可秒级切换至电路交换系统，实现电路交换安全保底。通过测试可以得出，双模组网的调度交换演进模式是支撑调度机构安全运行、高效运转的有效路径。

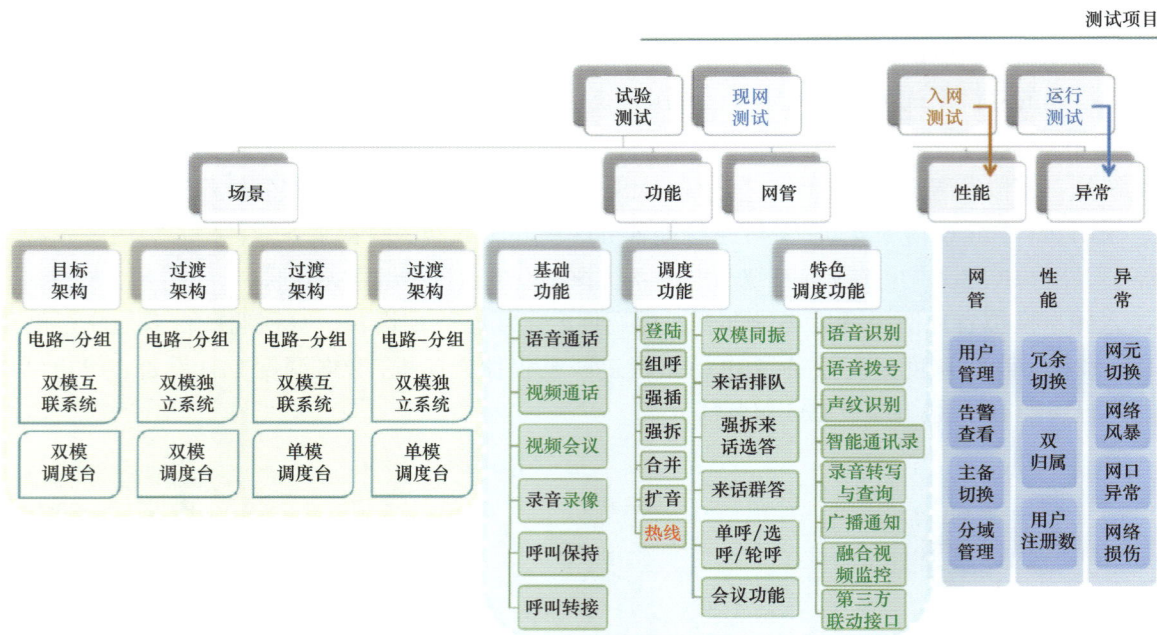

图 5　调度交换网现场测试项目架构

图 6　现场测试照片

图 7　网管测试照片

三、实施成效

提供调度交换网络演进方向，形成了调度交换系统技术研究报告、智能调度电话技术研究报告等 2 份技术报告，为调度交换网后续演进提供了理论基础。提出"电路 +IMS"的双模组网演进模式，并首次开展双模组网实验室环境功能测试，形成了调度交换双模组网测试及试点应用总结报告，验证了双模系统功能实现及协同运行机制的可行性、安全性。

四、经济效益及推广前景

1. 经济效益

以国网冀北公司现有调程交换网改造规模进行测算，通过采用"电路交换子网分区部署"模式，可降低对通信网资源的消耗与占用，减少程控交换机部署数量，大幅减少网络改造资金投入，具体情况见表 4。

表 4　　　　　　　　　　　　电路交换系统部署方式对比分析

	传统模式	调度模式	分区模式
系统配置	程控交换机：189 套； IAD：1977 套	程控交换机：120 套； IAD：4166 套	程控交换机：83 套； IAD：3269 套
传输消耗	地调及第二汇聚点需各配置传输板卡 20 余块，针对现有槽位不足，还需各配置 1 套传输设备，同时，地调及第二汇聚点需各汇聚 300 余个 2M 中继，传输资源承载压力较大	在地调、第二汇聚点、县调均需占用大量传输 FE 通道，各级调度中心的传输承载压力较大，同时，县调的光缆资源及传输资源相较于变站点安全可靠性较低	地调及第二汇聚点需各配置传输板卡 40 余块，每个汇聚点需配置 3~5 块 FE 板卡，地调和地调备调各需 1~2 块 FE 板卡，省调主、备调各需 1~2 块 FE 板卡，IAD 设备配置数量较少，传输资源需求少且分散
投资	1.7860 亿元	1.5755 亿元	1.1518 亿元

2. 推广前景

形成国网冀北公司特色典型演进案例。结合国网冀北公司调度交换网现状，构建了具有冀北特色的"电路 +IMS"双模组网架构，提出"IMS 省级部署 + 电路交换子网分区部署"的组网模式，解决了现网程控交换设备整体老旧、网络层级不清晰、放号点选取与传输网结构不匹配等问题，实现基于电路交换的保底语音通话功能；同时，引入 IMS 技术体制，实现基于 IMS 的调度语音业务智能化应用功能，满足调度端智能化业务"安全、高效、多元化"接入需求；在经济效益方面，通过采用电路交换子网分区部署模式，最大限度地打破了程控交换机与接入终端之间的品牌壁垒，提升了整网设备改造的灵活性，降低了网络改造的投资规模。

五、项目主要完成人

国网冀北电力有限公司信息通信分公司陈雅琳、韩旭东、朱聪、纪雨彤、赵阳、申昉，国网冀北电力有限公司李垠韬。

安全经济绿色的"沙戈荒"大型风光电基地外送通道规划技术

国网经济技术研究院有限公司

一、案例简介

1. 成果提出原因

"十四五"以来，我国多次提出加快推进沙漠、戈壁、荒漠地区大型风电光伏基地建设。此类大基地开发外送项目电能消纳复杂，西北及内蒙古地区无法就地消纳、需跨省跨区跨"大电网"外送；运行方式多样，千万千瓦新能源堆积导致电源出力随机性、不确定性突显，受端电网对受电时段和顶峰电力也有严苛需求；投资规模巨大，单个项目装机规模超千万千瓦，单个项目投资近千亿。科学合理的规划"沙戈荒"风光电基地电力送到哪儿、如何技术经济最优尤为重要。

2. 解决的问题

"沙戈荒"大型风光电基地外送对系统规划研究提出"五高"要求，对送受端合理匹配要求高、对电源灵活互济技术要求高、对组网设备和控制策略要求高、对基地和外送通道电价疏导要求高、对通道利用率和综合效益评价要求高，急需构建安全、经济、绿色的"沙戈荒"大型风光电基地外送通道规划技术，目前缺乏涵盖规划、前期、计划、投资的系统性规划工作辅助分析解决方案，市场需求极为迫切。

3. 成果价值意义

项目成果针对"沙戈荒"外送通道这个大电网输送绿色电力的主动脉，锚定送受端供需分析、基地电源方案、外送通道安全运行、源网储综合经济性测算、通道效率效益关键决策问题，发挥领航作用，奠定了基地外送通道顶层设计基础。

二、技术方案

1. 提出新型电力系统供需平衡模型及计算方法

结合多类电力供需极端场景，探究气象条件和时空特性对源荷的影响以及相关规律，建立考虑多时间尺度源荷时序特性及台风、地震等特殊场景的概率模型，提出考虑源荷曲线生成的新型电力系统供需平衡方法。

2. 提出"沙戈荒"基地配套电源优化配置方法

提出了"四步走"的电源优化配置方法：分析通道配套电源特性→拟定反映送端配套电源出力特性的送电曲线、提出储能最小配置规模→兼顾受端负荷需求优化送电曲线、优化储能规模→分析对受端绿电＋保供作用，为"沙戈荒"大型风光电基地高质量开发外送提供技术支撑。

3. 提出支撑大规模新能源送端系统安全运行的稳定资源协调控制技术

兼顾暂态稳定目标和稳态调节需求的多资源协调控制技术，开发送端多资源协调控制系统，联合优化送端调相机、新能源、直流等运行方式，实现多稳定目标约束下的新能源外送消纳最大化。提出"调相机支撑系统强度 + 直流 / 新能源暂态性能提升 + 多资源协调控制"的体系化解决方案，支撑大规模新能源送端系统安全运行。

4. 构建适应"沙戈荒"基地外送的源网储综合经济性测算方法

项目建立了涵盖"沙戈荒"配套电源、储能和外送通道的综合经济性测算方法，从发电成本、储能成本、输电成本等多维度分析通道经济性，分析影响沙戈荒基地电价的主要因素以及电价竞争力，可从经济效益层面支撑"沙戈荒"基地外送电源和通道容量最优配置规模分析。

5. 构建考虑多目标需求的大基地外送通道利用效率合理区间优化模型

项目考虑电力保供、新能源消纳、系统成本、电力市场交易、直流通道最低利用小时等多影响因素和技术要求，构建大基地外送直流通道利用效率合理区间多目标优化模型，为大型新能源基地通过电力市场高效消纳和提升外送通道利用率提供建议。

三、实施成效

1. 已应用于"沙戈荒"通道送受端各区域、各省电力供需平衡分析工作

新型电力系统供需平衡方法可支撑"沙戈荒"通道送受端各区域 / 各省电力电量平衡、新能源消纳计算精细化开展，对电力盈亏规模、缺电时长、缺电概率等指标进行差异化分析，确保提出合理的电力保供和新能源消纳措施建议，相关分析成果可为系统仿真、经济性测算提供基础边界。

2. 已提出多回"沙戈荒"基地为主的特高压直流配套电源优化方案

本成果在陇东—山东、宁夏—湖南、哈密—重庆、陕西—安徽、蒙西—京津冀、甘肃—浙江等特高压直流工程中支撑配套电源优化方案研究。以宁夏—湖南 ±800kV 特高压直流工程为例，综合考虑送端新能源各季节出力特性以及配套火电送电能力，兼顾受端湖南晚高峰受电需求，同时考虑配置一定规模储能，提出电源配置方案，并以此为基础优化直流送电曲线。研究成果支撑工程顺利取得了配套电源评估意见。

3. 支撑首批分布式调相机建成投运

首批投运的 21 台新能源分布式调相机群是世界首个、规模最大的新能源分布式调相机群，全部由我国自主研发生产，具备动态性能好、过载能力强等优点，有效解决了直流输电、高比例新能源电力系统安全稳定运行问题，直接提升青海海南地区新能源外送能力 350 万 kW，年均增发新能源电量 70.2 亿 kW·h。

4. 已应用于"沙戈荒"外送工程经济性评价和到网电价测算

以沙戈荒基地外送某典型工程为例，围绕电源侧，从打捆电源配置、火电燃料费（以煤电为例）、增配储能、考虑调峰收益、单位造价等几方面分析影响基地发电成本电价的主要因素，并考虑基地外送输电距离范围，结合受端地区燃煤发电基准价情况对市场竞争力进行分析。

5. 已应用于公司在运及规划直流通道利用效率分析

逐条分析公司在运 16 回特高压直流送电情况及利用效率，分析在建及规划特高压直流配套电源情况及预计利用效率。从配套电源、网架优化加强、后续规划建设通道、可再生能源电量占比及利用效率计算口径等方面分析当前特高压直流通道利用效率提升面临的问题。

四、经济效益及推广前景

1. 社会效益

项目成果直接适用于国家电网公司内部开展跨省跨区输电通道的规划工作；项目成果也可以用于政府部门、电源企业与电网企业，在电网与大型能源基地规划、建设、运行多阶段实现全过程网源协调性综合评价，注重形成快速反应能力，能够及时向决策者反馈评估结果，督导基地开发外送项目开展，并对后续项目的开发建设提供指导。

2. 成果推广和经济效益

一是为客户提供咨询支撑服务，利用规划分析成果，为国家电网公司总部和网省公司，或者为国家及地方政府、电源企业提供方案，收取咨询服务费。二是销售产品本身，通过售卖软件和出租许可证的形式进行营利。为客户提供咨询支撑服务方式，项目咨询工作预计 200 万 / 项，按一年 10 项计算，可获得咨询费用 2000 万；销售产品方式，按每年售卖软件 2 个、出租许可证 10 个计算，可获得销售费用 1500 万。经济效益巨大。

五、项目主要完成人

国网经济技术研究院有限公司汪莹、王雪莹、梁涵卿、魏楠、郭尊、李一铮、孟健、顾盼、田雪沁、王智冬。

基于电力运行大数据的电力供需保障关键技术研究及应用

国网重庆市电力公司、国网重庆市电力公司电力科学研究院

一、案例简介

重庆作为中西部唯一直辖市，承担着增强区域带动力等国家职能，这决定了能源尤其电力供应保障对重庆的特殊重要性。加之重庆所处地域特点，能源相较匮乏，居民负荷占比高，可调节负荷少，2023 年袁家军书记、胡衡华市长带队与国家电网公司领导进行会谈，提出要高质量完成好迎峰度夏电力保供任务的要求，国网重庆电力以"全力服务全市经济社会发展、全力保障全市用电安全稳定、全力破解电力供需紧张矛盾"为目标导向建设了"重庆市电力供需统筹平台"。平台建设遵循"目标导向、突出重点、先急后缓、先有后全、分步实施"的原则，接入用电公共信息、电力供给资源、可调负荷资源三类信息，打造精准平衡、精益管理、精细感知三精能力，做好有利于政府管理、经济发展、全社会节能三个服务，着力汇集资源信息，深化分析决策，实现多维展示。在电力紧缺情境下牢牢守住了电网安全生命线和民生用电底线，有效缓解了重庆电力供需紧张局面，充分保障了国家战略和政府部署落地落实，有力支撑了重庆经济社会高质量发展。

平台依托重庆电力调控云，统筹源网荷储"四类资源"，开展内外部电力运行大数据汇集梳理，接入"用电公共信息""电力供给资源""柔性负荷资源"三大类电力运行数据。

将海量电力运行数据集中起来进行精准控制，实施灵活调节，开展全要素电力供应能力分析，打造电力精准平衡能力；结合监测预警信息，强化电网精细感知能力，整合柔性可调资源，实现负荷精益管理能力，打造"源网荷储"友好互动的三精能力。

同时做好服务于政府管理、经济社会发展、全社会节能的三精服务，全力保障电力有序供应。

二、技术方案

（一）技术路线及关键技术

1. 技术路线一：统筹聚合"三类"数据

建立电网多维运行数据的聚合方法：结合电网紧急故障、应急响应等业务场景，梳理出多时间尺度的负荷调节需求，设计考虑电网传输能力约束资源区域划分方法，对不同负荷的调节能力进行刻画，并开展电网多维运行数据聚合方法研究，在平台打造"源网荷储"可调节负荷资源池。

2. 技术路线二：打造供需两侧"三精能力"

打造匹配多维调节需求的负荷响应能力精准调度控制方法：结合电网紧急故障、应急响应、日内缺口、日前缺口等业务场景，根据电力不同的调度控制需求和资源池的资源类型，从电力系统稳定以

及经济性、能效性出发，将电网调节时序需求与不同类型负荷资源池进行聚类匹配，提出可调节负荷多维度聚合建模及资源池构建方法。

提升日前负荷预测精度：利用箱型图、分位数等技术手段实现时序异常数据辨识，并对数据进行修正；其次拓展行业、区域等数据维度，结合深度学习对样本、特征选择方式进行优化，最终实现对负荷预测模型的优化。同时考虑负荷变化的多类因素，对接入的气象、日期、经济多源数据开展特征构建，考虑行业、区域差异对负荷的影响，利用人工智能技术提升平均负荷预测精度至99%，高于全国平均水平。

3. 技术路线三：做好"三个服务"

利用报表、曲线等工具，依托大屏、PC、手机等展示方式，向市委市政府、各市级部门、电力行业主体提供多种形式的电力供需数据共享，支撑市领导、市级相关部门及国网重庆电力内部做好全市电力保供决策。

研究电力供需统筹调节机制及市场化手段：搭建电力运行生产模拟模型，以运行期内各措施的综合技术性指标最优为原则，建立包含低碳型、经济性、安全性的技术性指标。可模拟在措施执行过程中全时序系统各类机组的运行状态及新能源消纳情况，同时能给出电力平衡、电量平衡及调峰平衡情况。

搭建聚类负荷资源技术性能评估模型：结合电力现货市场等价格信号特性，研究适合重庆地区的负荷互动策略；同时考虑包含低碳型、经济性、安全性的技术性指标，搭建电力运行生产模拟模型，为电力供需统筹市场化调节机制及行政手段提供决策建议。

（二）创新性

（1）接入多维数据：依托重庆公司调控云平台，开展电力运行大数据汇集，整合12套外部系统数据以及内部约10亿条电力保供数据，将三类数据共100余项接入电力供需统筹平台，如图1所示。

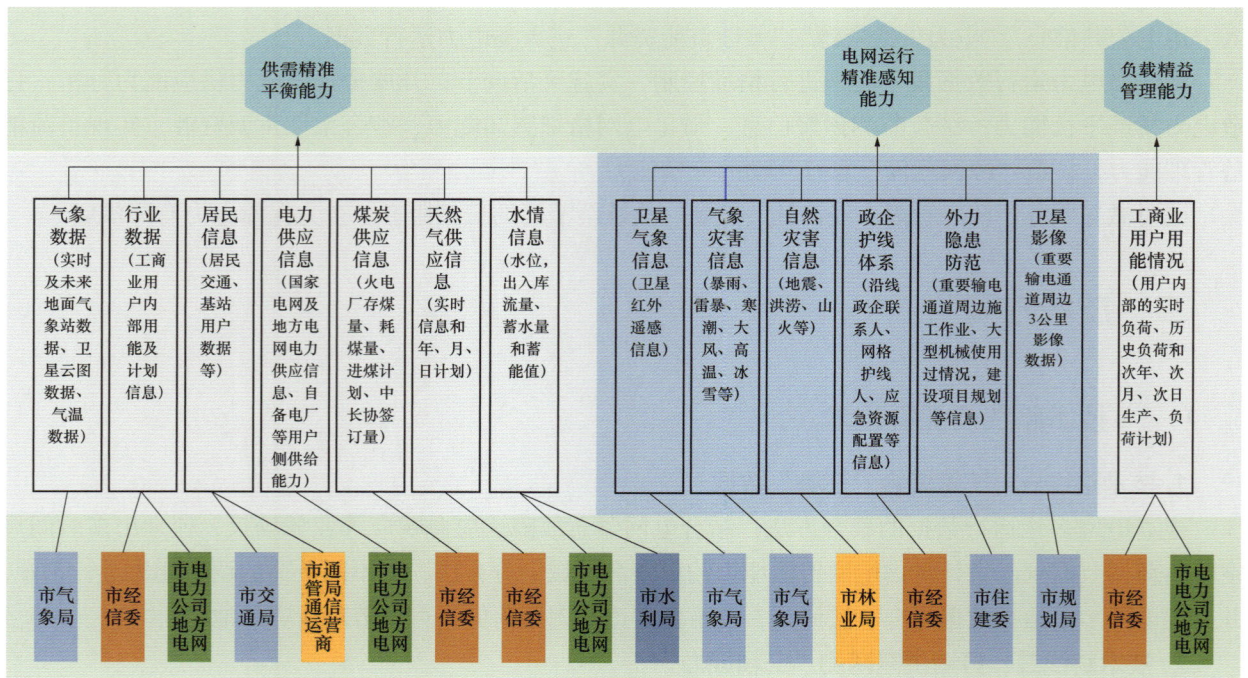

图1　重庆市电力供需统筹平台数据中枢

（2）针对性开展负荷预测分析：针对 7 ～ 9 月的持续高温季节，重点对气温敏感度极高的居民负荷展开分析，结合全市 39 个气象站点数据，三大运营商基站信息，创新研究城区居民外出避暑人数与电网负荷的时空关系。

（3）上线"愉快政"APP：目前重庆市电力供需统筹平台目前已完成安全检测和应急预案，上线"愉快政"APP，如图 2 所示，并通过重庆市能源大数据中心对外提供数据服务，为市政府及电力公司保障电力供应提供决策支撑，有效保障了 2023 年的电力供应。

图 2　重庆市电力供需统筹平台上线"愉快政"APP

（三）应用场景

1. 电网企业保供体系管理

创建电力保供决策数据中枢，统筹安排"源、网、荷"资源，将可调节资源特性与各级调度机构调节需求高效匹配，有效拓展电网安全裕度，缩小负荷供应缺口。建立"全局联动、精准到点"的电网平衡体系，构建坚强的立体防御模式，有效提高电网对严重故障及外部自然灾害的抵御能力。在电网紧急情况下，可充分保障民生用电和企业基本用电需求，显著提升电网应急情况下负荷直控能力。

2. 政府决策部署与制定

本案例提供的精准电力预测、平衡信息，能够为市委市政府决策部署、指挥调度提供有力支持。详尽的电力运行大数据，可以服务市经济信息委等市级部门科学制定保供政策、措施，同时助力各区县政府针对性落地落实。

3. 企业用户用能分析

将全市源、网、荷、储等电力资源纳入统一管理，通过推行工商业分时电价、柔性负荷调节方法等措施，帮助企业用户掌握供给形势，优化生产计划，让有限电力资源发挥最大效益。

4. 全社会节能生态圈建设

依托虚拟电厂柔性调节机制，调整空调运行、电动汽车充放电等方式，有效压降峰谷差率。激发调动用户参与积极性，推进活跃、共享、全社会参与的新型电力系统生态圈建设。

三、实施成效

（一）取得的总体成效

（1）市内源侧潜力全面释放。2022 年度夏期间，煤电机组受阻率最优仅 0.5%、远低全国平均水平，2023 年度夏期间，在网内装机容量同比仅增加 6.6% 的情况下，高峰期内发同比提升 13%。集中式储能首次实现最大放电 71 万 kW，燃机、抽蓄建设加快推进，2023 年计划投运燃机 49 万 kW、抽蓄 30 万 kW。受电通道能力实现大幅突破。2023 年度夏前，短时间内完成 500kV 长万线增容改造等保供工程，提升电网受电能力 70 万 kW，加快川渝交流特高压工程建设，力争 2024 年年底投运，推动疆渝直流特高压尽早核准开工，力争 2025 年 6 月部分投运。市外购电创历史最高。2022 年，购入市外电量同比增长 16.9%，中长期增购同比增长 9.8%，总外购电量和中长期增购电量双创历史新高。截至 2023 年 8 月，中长期增购市外电同比增长 7%，省间电力现货购电 8.59 亿 kW·h，同比增长加 8.56 亿 kW·h。电网运行万无一失。供需紧张形势逐渐缓解。2023 年，超前谋划、各类举措能想尽想、能出尽出、能用尽用，源网荷储四侧同向发力，在未启动负荷管理措施情况下，全市电力供应平稳，民生及社会用电未受影响，成功应对三轮高温大负荷考验。随着川渝交流、疆渝直流特高压投运后，重庆保供应能力将有更大提升。

（2）首个实现省级区域全部电力资源统筹调度。平台实现与经信委、能源局、大数据局、气象局、通管局等各部门数据和行政资源整合，供应紧张时期对地方电网、具有可调能力自备电厂、电化学储能、相邻电网转供负荷实施统筹调度，2022 年地方电网和自备电厂上网出力最大近 50 万 kW，2023 年打通与贵州相连的各级联络通道，地网及自备电厂上网、负荷转供同比提升 19 万 kW。

（3）源网荷储资源创新模式新招频出首次引导钢铁、水泥等工业企业主动调整生产错峰移峰，通过市场方式，引导工业用户通过有序调整生产，构建周、月、跨月的短中长相结合的主动灵活削峰移峰工作机制。精心组织，政企协同，构建灵活利用需求侧柔性资源的市场机制，经济补贴引导企业主动削峰，区县政府主管部门和基层供电公司现场核实企业削峰情况，督导企业安全、平稳实施削峰，形成削峰移峰应对长时缺电、日前需求响应调控短时缺电的管理模式。有效削减度夏高峰期用电负荷及电量，提升低谷时段消纳能力，缓解全市电力供应压力。减小对企业生产影响，保障全市电力供应平稳有序。

（二）经济效益

2023 年年最大负荷为 2564 万 kW，通过供需统筹平台促进源网荷储柔性互动，有效提升电网高峰负荷下的承载能力，电力供应平稳有序，未出现影响电网安全稳定供电的断面和设备超限。按照单位负荷新增容量按照 2600 元考虑，即 2600 元 /kW，削减 90% 以上的尖峰负荷，即认为减少建设 256.4 万 kW 的容量，那么减少的容量投资为 256.4 万 kW×2600 元 /kW ≈ 67 亿元。同时按照购电成本 0.36 元 /（kW·h）测算，避免因停电给公司造成的经济损失。

四、经济效益及推广前景

1. 电网效益层面

（1）构建电网多时间尺度协调的运行模拟模型，定量测算源网荷储可调资源互动前后电网运行安全性能指标及运行成本变化。在不同时间维度分别构建电网运行模拟模型，测算负荷需求响应前后系统运行状态变化；选取失负荷概率、切负荷成本、安全裕度、清洁能源消纳量、发电侧碳排放量、电网运行成本等指标，构建负荷需求响应的电网运行效益综合评价模型。

（2）评估可调负荷资源池接入前后电网设备资产利用效率提升情况，测算电网平均供电成本降幅。根据需求响应能力评估，测算远期负荷大量接入后的需求响应效益变化。测算负荷需求响应前后电网负荷峰谷差、输变配容量利用率等指标变化，测算电网设备资产利用效率提升效益；构建电网投资规划模型，测算负荷需求响应对电网安防装置、输变配设备、储能装置等电网新建资产的替代作用，评估节省的社会用电成本，测算支撑全市 GDP 增长的成效。

2. 社会效益层面

（1）能够提升高峰负荷下电网的承载能力，供需高效匹配，有效拓展安全裕度，同时也能提升极端灾害下电网的预警与防御能力；

（2）助力全社会效能显著提高，引导用户与电网友好互动，充分挖掘用户节能潜力，倡导简约舒适、绿色低碳的节能生活方式；

（3）营造"政企协同"生态，助力政府应急情况下的决策部署，使管理运营机制与行政化强制手段衔接协同。

3. 推广前景

重庆市电力供需统筹平台在近两年度夏保供实践中得到科学高效运用，可为今后保供工作提供智能可靠的数据平台和决策中枢。同时利用平台将政企协同的合作关系提升到前所未有的高度，为重庆打赢电力保供中长期攻坚战奠定了协同基础；企业内部的"人财物"资源整合达到从未有过的力度，为企业内部合力克服发展道路上的挑战提供了管理样板。统筹"源网荷储"四类资源，既重视源网荷储的独特个性，又充分发挥统筹效益，为新型电力系统建设、推动能源变革提供了实战经验、奠定了工作基础。适用于国家级新区和区县政府的电力保供模式落地应用。同时平台在保供实践中确立了多源参与用电保障模式，依托各项保供工程及分布式电源建设，创造新增就业和经济增长点，带动新能源发展、服务产业链建设、助力新重庆乡村振兴。

五、项目主要完成人

国网重庆市电力公司朱睿、邓雪波、刘伟、欧睿、周宇晴，国网重庆市电力公司电力科学研究院李筱天。

智慧能源双碳云平台

国网上海市电力公司浦东供电公司

一、案例简介

随着全球碳中和进程加快，以欧盟 CBAM 为代表的碳边界调节机制已进入试运行阶段，碳关税将直接增加我国高耗能企业的贸易成本。以上海为例，工商业企业多为电力高压用户，其 GDP 贡献率达 83.62%，能源碳排占总碳排 71%，受碳关税影响尤为突出。揭示高压用户碳排放家底和动态特征，建立能源系统低碳排放的优化运行和需求响应机制，是实现区域经济增长与碳排放脱钩的重要抓手。

传统机制与方法中，高压用户能源间接碳排放通过静态的平均碳排放因子进行核算，难以计及新能源间歇性出力导致的碳排放因子时空差异、用户绿电交易形成的碳减排等因素。亟须建立动态碳排放因子来精细核算高压用户的间接碳排放，透明传导和激励高压用户通过网荷互动、消纳绿电等方式来实现低碳用能，主要面临以下技术难题：

一是碳排因子时空分辨率低，精细化核算方法缺失。碳排因子在全国层面平均且年度更新、高压用户内外部能源流耦合强、碳排分布时变波动大，难以分辨用户级别间接碳排放差异，能源碳排精细核算缺乏模型方法。

二是用户碳减排机理多样化，动态碳排特征提取困难。高压用户类型多样，技术减碳与交易减碳并存，碳减排特性迥异，用能行为受生产活动、气象环境等时变因素影响大，动态刻画高分辨率碳排特征缺乏技术手段。

三是用户低碳用能缺乏引导信号，灵活智慧减碳手段有限。高压用户通过调整用能行为的减碳手段缺乏引导信号和优化方法，亟须能—碳—数高效融合的智慧碳减排平台。

针对上述问题，国网上海市电力公司浦东供电公司（以下简称"浦东公司"）立足浦东新区低碳示范区和国内首个数据要素产业集聚区的政策与资源优势，依托上海自贸试验区专项，政产学研用协同攻关，研制能—碳—数"三流合一"的智慧能源双碳云平台，提出数据驱动的综合能源系统低碳运行优化技术，构建动态电力碳排因子引导的低碳需求响应机制，实现上海浦东 7082 家用户、63 座电厂的能碳数据高效汇集，完成区域低碳需求响应 45 批次。

二、技术方案

针对能源碳排等异构数据融合难、用户级和区域级碳减排方法缺失等问题，研制能—碳—数"三流合一"的智慧能源双碳云平台，提出基于数据驱动的综合能源系统低碳运行优化、动态电力碳排因子引导的低碳需求响应技术。实现浦东新区 7082 家高压用户能源碳排数据高效汇集，整体消纳绿电 1011.19 万 kW·h，完成网荷互动低碳需求响应 45 批次，累计碳减排 1.42 万 t。

1. 能—碳—数"三流合一"的智慧能源双碳云平台

为了汇集高压用户内外部多类型能源、多源头碳排以及自身多维度属性等异构数据，提出基于粗糙集的变粒度时空数据融合技术，实现分层、分级变粒度数据资源存放，研制智慧能源双碳云平台，采用负载均衡容器技术，搭建满足数据容错的统一容器池，如图1所示，存储空间利用率提升30%，数据处理速度提升21%。智慧能源双碳云平台接入浦东新区7082家高压用户的电、气、冷／热等能源数据，风力、光伏、燃气等63座电厂的碳排数据，用户地址、行业、内部二／三级计量点等属性数据，存储规模近30TB，日均流量9GB，实现能源流、碳排流和数据流的高效融合。

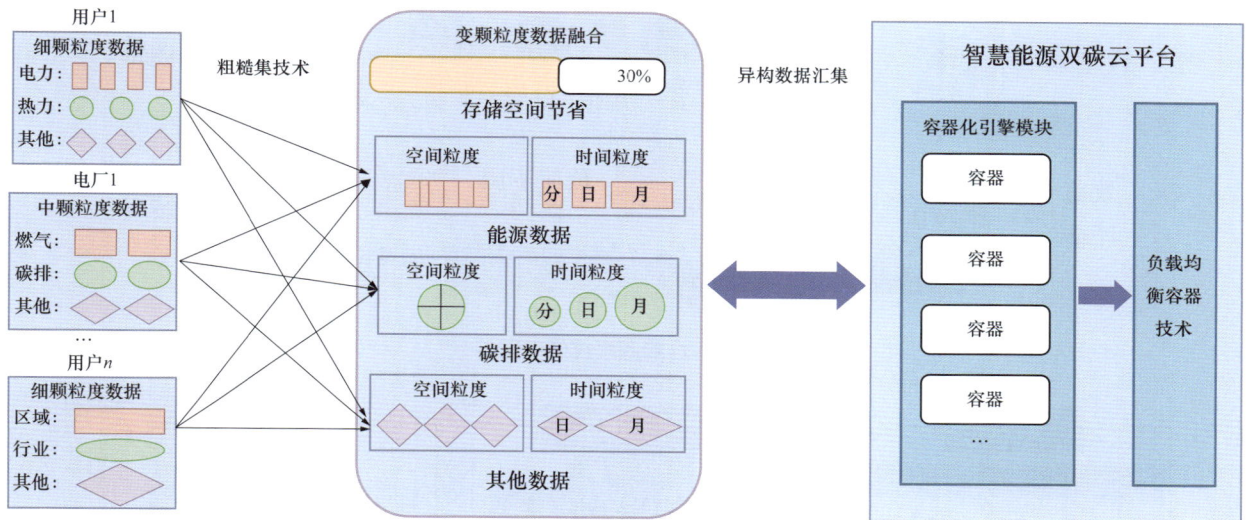

图1　异构数据融合的碳减排平台

2. 基于数据驱动的综合能源系统低碳运行优化技术

用户内部的电、气、冷／热等能源系统大多孤立运行，各类能源互补共济的减碳潜力未被挖掘。为此，基于综合能源系统运行数据和动态能源碳排因子，耦合应用蒙特卡洛抽样与同步回代场景方法，将风、光、储、充等供、用能主体作为博弈参与者，构建以碳排量最小为目标、兼顾经济与安全约束的综合能源系统博弈优化模型，输出用户内部综合能源系统低碳运行策略，如图2所示。成果应用于上海电力大学临港校区，实现内部清洁能源出力提升40%，碳排降低22%，成本节省13%；推广应用至浦东地区全量高压用户，整体消纳绿电1011.19万kW·h，累计碳减排4247t。

3. 动态电力碳排因子引导的低碳需求响应技术

电力碳排因子将源侧的清洁能源信息传导至荷侧，用户通过调整用能行为来跟踪源侧清洁能源变化缺乏机制。为此，创建动态电力碳排因子引导的低碳需求响应机制，基于分钟级电力碳排因子预测值，提出电网日前／快速响应邀约生成和用户低碳需求响应决策方法，根据基线与实际负荷对比，结合实际电力碳排因子，提出用户减碳量化评估方法，实现"电网—用户"的高效网荷互动，如图3所示。在上海地区开展低碳需求响应示范应用，聚合光伏、三联供、充换电等可调资源82.35万kW，5260家用户在春、秋两季响应45批次，累计碳减排9953t，在不影响用户正常生产经营的前提下，完成区域级低碳需求响应，实现本地清洁能源全消纳。

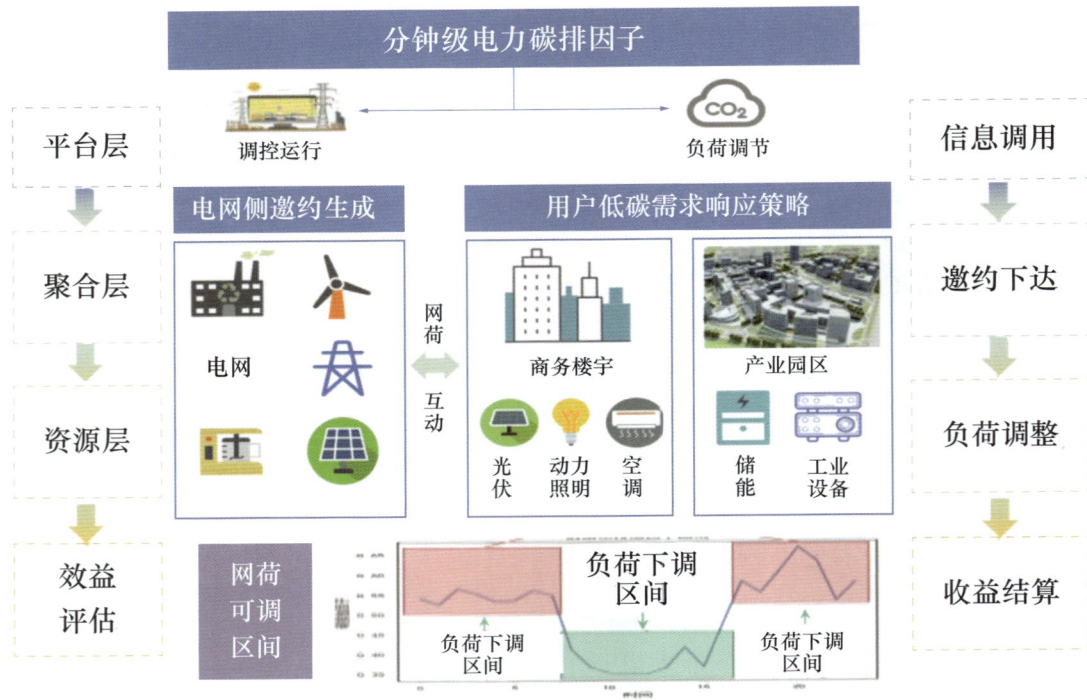

图 2　综合能源系统低碳运行

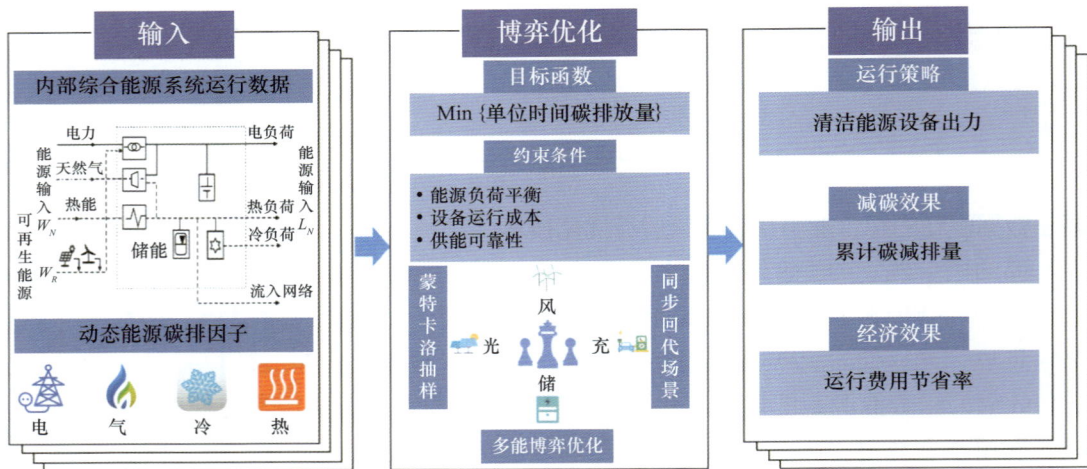

图 3　低碳需求响应机制

三、实施成效

（一）应用情况

依托本项目"算碳—析碳—减碳"的重点技术，赋能城市低碳发展。以智慧能源双碳云平台为基础，联合政府共建浦东新区能源数据平台，打造能源供给、能源消费、绿色能源、碳排监测四大模块，实现对区域、重点行业、规上企业的整体监测，助力政府从"能耗双控"向"碳排双控"转变。典型成果获得了全国信标委城市大脑优秀案例。充分运用本项目技术，助力绿色普惠金融发展。联合浦发银行、国网英大长三角金融中心、上海中小微企业融资担保中心等机构，助力上海首笔"碳中和科技贷"入市，智慧能源双碳云平台被纳入首部地方绿色金融法规《上海市浦东新区绿色金融发展若干规定》。

依托本项目的减碳动态分析和灵活智慧减碳技术，服务高压用户节能减排。为中央国债登记结算有限责任公司上海分公司、上海交通大学、国网滁州供电公司等用户定制碳减排场景，探索多样化商业模式，以数字支撑一体化综合能源服务，助力用能企业实现能效提升，释放节能减排空间，形成各类分析报告 3000 余份。累计碳减排 1.42 万 t。以本项目所研发的智慧能源双碳云平台为基础，延伸打造双碳平台智能移动作业终端——"掌上管家"，依托终端部署的一键碳望、低碳用户画像等功能，精准服务用户碳减排需求，创立低碳能源管家服务品牌，获上海品牌认证，形成团标一项。项目自研系统的核心技术在河北、河南、安徽、湖北等多个省份进行推广并形成示范应用，形成了河北能源易管家、河南省能源大数据应用中心、合肥市智慧能源平台等成果，得到了兄弟单位和企业用户的广泛认可。

（二）应用效果

1. 浦东公司以能源服务解锁数据中心绿色新动力

面对数据中心在爆发式增长的同时带来的高能耗问题，浦东公司深入研究绿色数据中心评价标准，全面监测浦东新区金融、通信、互联网等 6 个领域共 71 家数据中心类用户的能耗、能效、碳排情况，为数据中心类用户提供定制化能源数据服务，其中中央结算公司等 3 家数据中心获评工信部 2023 年国家绿色数据中心。构建电碳分析模型。根据用户内外部电、气、油等分类分项能耗数据，从能源运营指标、能源碳排指标、能源效率（PUE）指标三大维度，构建绿色数据中心评价指标体系，研发《企业能源碳排分析报告》，引导数据中心绿色化、低碳化发展。定制电碳监测功能。在浦东公司智慧能源双碳云平台上开发能源碳排监测、预警等功能，采用深度学习、拓扑识别等智能算法，定位楼宇、楼层、机房及 IT 设备，实现年、月、日的多时空粒度碳排预测及告警，助力数据中心精细化、在线化管理。生成多维减碳策略。综合考虑经济、气象、用电需求等多维因素影响，引导用户参与低碳虚拟电厂精准响应，根据电网动态电力碳排因子变化情况，推送用电计划调整、制冷系统优化等减碳策略，同步推进分布式光伏建设。以中央结算公司上海卡园数据中心为例，助力其 PUE 从投产初期的 1.67 降至 1.35，整体节能 17% 以上，年均碳减排 20.24t，实现数据中心提能效、减碳排目标。

2. 浦东公司成功实施国内首次动态电力碳排因子引导的低碳虚拟电厂精准响应

立足国家电网公司首批新型电力系统原创技术策源地，浦东公司首创国际领先的"源—网—荷"电力碳排放流追踪技术，利用源侧碳注入、网侧实时潮流、荷侧碳耗量等信息构建"动态电碳一张图"，分钟级动态更新浦东新区、临港新片区的电力碳排因子。根据区域电力碳排因子动态变化情况发出"增 / 减负荷"响应指令，最终共有 60 家用户参与了上午［电力碳排因子 0.3944t /（MW·h）］的减负荷响应、46 家用户参与了晚间［电力碳排因子 0.3165t /（MW·h）］的增负荷响应，总响应电量 8278.54 /（kW·h），核算减碳效益 1.047t。

3. 创新数据价值推荐技术，首创城市智慧管理新范式

（1）赋能智慧城市经济管理。基于经济发展的常规状态和特殊状态，创新"1（电力经济指数）+1（电力复工指数）+N（春节心安指数等）"经济监控能源指标体系和经济监控服务机制。累计向上海市经信委等 7 个部门提供《电力经济指数分析报告》等能源数据分析报告 500 余份，多次获上海市主要领导批示肯定。

（2）赋能智慧城市治理。

一是助力城市智能化、精细化管理。与"城市大脑"完美对接，主动融入浦东政府应急体系，与

浦东新区城市运行综合管理中心建立信息互通与工单互派机制。

二是赋能群租房治理。配合浦东新区城管执法局发现疑似群租合租 320 户，执法局现场查实 200 户，识别精确率高达 63%，以治理数字化推动治理现代化，如图 4 所示。

标注样本数：30+
试点监测住户总数：12442 户
发现疑似群租合租：320 户
执法局核实群租/合租：200 户
识别精确率：63%

图 4　群租治理成效

（3）赋能智慧城市双碳管理。

一是开展多层级碳排监测。研发能源碳监测、碳评估、碳预测功能，与浦东新区发改委等签署五方"双碳"战略合作协议，为浦东新区、临港新片区等政府部门提供能源碳排分析服务，常态化支撑政府能耗双控目标。临港管委会通过采购服务的方式购买能源数据服务，如图 5 所示。

图 5　多层级碳排监测

二是促进绿色碳普惠发展。打造绿色金融产品，将利率与绿色用能挂钩，促进上海首笔"碳中和科技贷"入市，如图6所示，平台被写入首部地方绿色金融法规——《上海市浦东新区绿色金融发展若干规定》，促进绿色碳普惠发展。

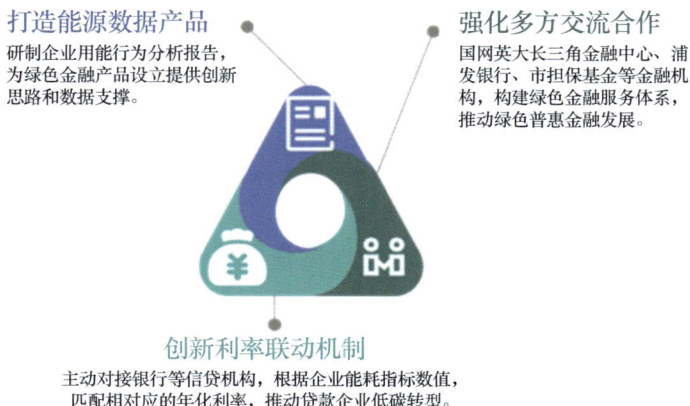

打造能源数据产品
研制企业用能行为分析报告，为绿色金融产品设立提供创新思路和数据支撑。

强化多方交流合作
国网英大长三角金融中心、浦发银行、市担保基金等金融机构，构建绿色金融服务体系，推动绿色普惠金融发展。

创新利率联动机制
主动对接银行等信贷机构，根据企业能耗指标数值，匹配相对应的年化利率，推动贷款企业低碳转型。

图 6　促进绿色碳普惠发展

三是助力客户能效提升。辅助张江人工智能岛等高新产业园区开发"一屏知天下"能源管理系统，为园区提供碳分析报告，助力企业提升挖掘节能降碳空间，并在中央国债登记结算有限责任公司、海通证券股份有限公司等深度应用，释放节能减排空间，年均减少二氧化碳排放 30.2t。

四、经济效益及推广前景

1. 社会效益

服务政府，助力碳排双控。基于本项目成果打造的智慧能源双碳云平台，服务上海市各级政府，辅助政府碳排"双控"、低碳发展等重点工作，核心技术应用于中国（上海）自贸区临港新片区官方能源管控平台、浦东新区能源数据中心。

创新模式，实现能源数据价值。探索综合能源低碳服务新模式，充分挖掘能源数据价值，加速用户节能降碳，助力浦东新区"获得电力"指标连续两年在国家级新区营商环境评价中指标单项排名第一。

示范引领，推动城市节能降碳。成果入选全国信标委《2023 年城市大脑优秀案例》，被主流媒体报道 30 余次，连续参展三届世界人工智能大会，获得社会各界的高度认可。

2. 间接经济效益

挖掘数据价值，实现数据变现。项目成果实现了跨领域、多环节数据的深度融合，形成跨域数据共享新架构，减少数据重复维护成本，提升数据利用价值和能源电力数据变现能力，为平台用户提供数字服务、交易撮合及其他增值服务等，近三年产生间接经济效益约 1.5 亿元。

带动新能源产业，实现服务转化。通过平台支撑综合能源服务与运营，以产品推广、节能改造等服务，降低用能企业用能与设备运维成本，提高设备能效，近三年产生间接经济效益约 3.7 亿元，近三年间接经济效益总计约 5.2 亿元。

3. 推广前景

智慧能源双碳云平台已处理上海数据中心二、三级能耗数据 1.1 亿条，生成《能源碳排分析报告》

30 余份，帮助数据中心了解自身能源碳排总量、电能使用效率及同行对标排名等情况。据中心充分利用数据中心屋顶资源，引入分布式光伏发电系统，2023 年发电量达 4.8 万余度，数据中心的绿色电力使用占比大幅提升，累计减少二氧化碳排放超 20 t。此外，相比投产初期，数据中心主生产区域年均电能利用效率（PUE）达到 1.35，实现节能 17% 以上。在绿色转型方面取得了显著成效获得上海卡园数据中心的认可，计划进一步扩大分布式光伏建设面积，提升数据中心绿电占比。

浦东公司还通过数智赋能，为企业"双碳"目标注入新动力。2023 年 9 月，为进一步挖掘节能降碳潜力、加速企业双碳进程，浦东公司基于前期合作基础和数据基础，推进了数据中心能源服务升级。在智慧能源双碳云平台为其定制化开发了能源碳排监测、分析、预警以及报告等功能应用。这些功能依托电力数据的多方面优势，实现了上海卡园数据中心二、三级计量数据的实时监测、精准分析和高效研判，让数据中心管理人员能够一目了然地了解园区整体和各楼宇的能源构成、分类能耗、能源碳排以及能效 PUE 等情况。这一创新举措不仅提升了企业能源管理效率，还为企业实现了"双碳"目标提供了有力支持。

五、项目主要完成人

国网上海市电力公司浦东供电公司周翔、周敏、陈赟、谢邦鹏、沈浩、潘智俊、赵文恺、傅超然、王佳裕、王晓慧。

新型电力系统物联跨域攻击安全防护关键技术及推广应用

国网河北省电力有限公司信息通信分公司、南京南瑞信息通信科技有限公司、北京邮电大学，北京智芯微电子科技有限公司

一、案例简介

近年来，网络空间成为大国战略博弈的关键，针对电力系统关键基础设施的网络攻击事件频发，严重威胁国家稳定、人民安全。国家电网公司2023年遭受网络攻击4.75亿次，且攻击呈逐年递增趋势。电力基础设施已成为网络打击破坏的重要目标，网络攻击已上升为电网安全新威胁，电力系统的跨域攻击防护迫在眉睫。

利用物联技术加快推进能源数字化智能化发展，成为国家能源安全重要信息化保障的手段。随着能源转型及新型电力系统发展，利用物联技术，实现亿台套电力设备、超百万公里输电线路、近五百万个配电台区等电力基础设施各环节的感知与控制，逐步将电网演变为典型的广域分布、高度复杂的信息物理强耦合工控系统，对安全性要求极高。然而，亿级规模的电力物联终端分布广且种类多，由公专混合网络承载，安全防护面暴增，极易受到以信息系统为跳板的跨域攻击，对电力物理网络造成冲击，影响电力系统稳定运行。

电力物联跨域攻击是指发生于信息域并影响实体电网可靠运行的高级攻击行为，具有针对性强、隐蔽性高、传导性快的特点，传统防护技术难以有效抵御，面临3方面的技术挑战：

（1）非受控环境下海量异构终端感知与防御攻击难度大。亿级规模异构电力测控终端，成为具有工控属性电力物联体系的核心构件，打破芯片、操作系统等器件长期受制于国外的技术封锁，提升高性能终端国产化替代比例，是保障电力关键基础设施安全运行的必要手段。

（2）开放网络下跨域攻击识别难度大。海量电力物联终端部署于开放式环境，由公专网混联承载，网络开放且存在部分非受控的特点，攻击路径隐蔽且特征不明，系统性构建边界安全防护机制，对于广域分布的电力物联而言极为重要。

（3）强实时条件下跨域连锁故障抑制难度大。信息—物理强耦合的电力工控系统，一旦被跨域攻击破防，攻击传导性极强，极易造成电力系统级联故障，构建信息物理融合下跨域攻击防护机制成为支撑电力实时安全运行的关键。

针对上述挑战，本项目从物联终端感知防御、开放网络隐蔽攻击识别、跨域攻击威胁扩散抑制三方面开展技术攻关，研制系列技术装备，构建了电力物联跨域攻击的综合防御体系，如图1所示。

项目构建了首套电力信息物理融合的物联跨域攻击综合防御体系，支撑冬奥会等重大活动保电，成功发现并抵御了20余个针对我国电力基础设施实施攻击的国际黑客组织，并向国家主管提交攻击情报。项目成果在国家电网各省公司、科研产业单位进行了规模化应用，并推广至新能源、交通、公共安全等多个行业领域，取得显著效果。

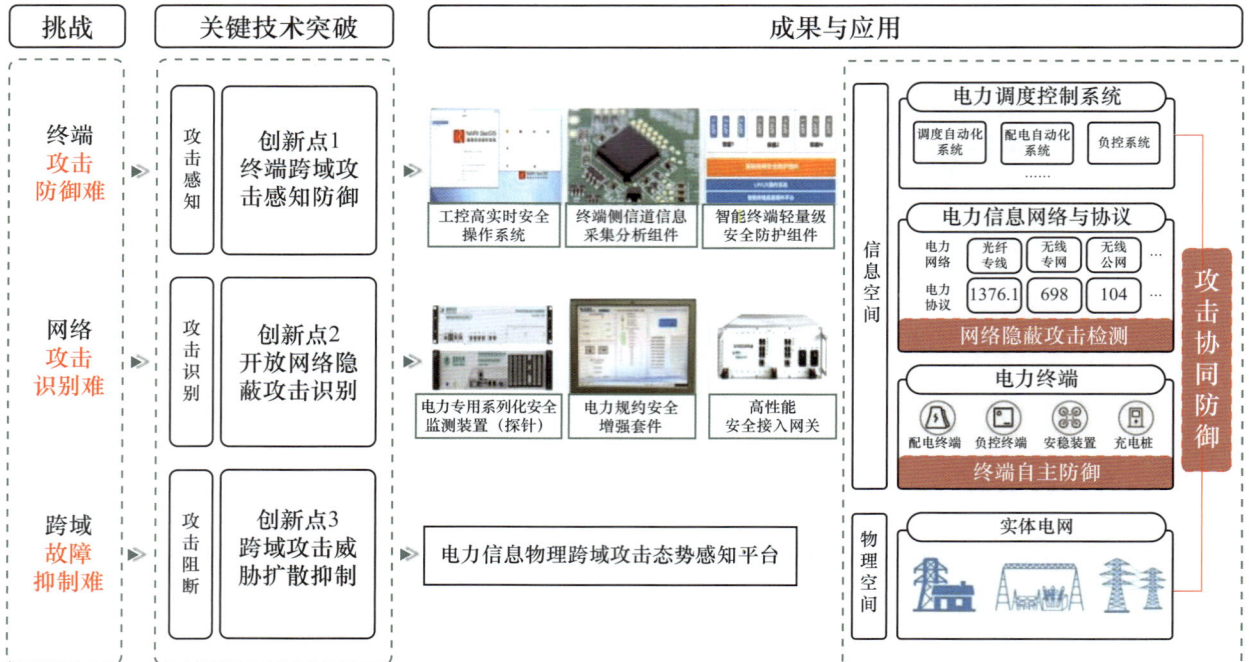

图 1　电力物联跨域攻击的综合防御体系

二、技术方案

1. 技术创新点 1

提出了支持电力异构终端的微内核实时安全操作系统架构，如图 2 所示。研制了国内安全等级最高的工控实时安全操作系统，发明了终端应用程序漏洞非侵入式无损探测和未知漏洞利用靶向阻截方法，自主研制了边缘计算核心模组及系列电力物联终端，完成了关键器件的国产化替代。

创新技术如下：

（1）提出了支持电力异构终端的微内核实时安全操作系统架构，设计了基于硬件熔断机制及 TPM 芯片的可信根构建方法，实现了电力物联终端可信引导及可信度量，自主研制了国内安全等级最高的工控实时安全操作系统，系统镜像大小程度达到 1MB 级，远小于传统嵌入式 Linux 的 100MB 级；基于微内核实时分发架构，使得最大中断响应实时性达到 5μs 级别，远优于嵌入式 Linux 的 300μs。

（2）提出了基于侧信道分析的终端应用程序漏洞非侵入式无损探测方法，借助容器技术进行调用路径跟踪方案的整体设计，成功获取终端程序在实际运行过程中所存在的隐私数据调用路径，程序异常注入识别准确率从原有 85% 提升至 96%。

（3）自主研制了边缘计算核心模组及系列电力物联终端，提出了分支指令提前预取目标数据和非对称指令双发射的方法，自主研制了主控芯片，通过设计 4 级精简的低功耗流水线架构，相比同级别的 ARMCortex-M4 内核，性能提高了 15%，能耗降低了 10%，平均功耗 ≤ 3W，开发了边缘计算核心模组及系列电力物联终端等核心装备，器件国产化率达 90%。

2. 技术创新点 2

提出了可信度量与业务运行双平面运行架构，构建了电力信息物理系统耦合的多层级认证访问控制方法，发明了行为状态链异常检测方法，构建了时效性约束的信息物理跨域交互指令保护机制，自主研制了安全接入网关，实现跨域业务推理攻击、控制逻辑隐蔽攻击等多种高隐蔽攻击检测，安全交互传输时延小于180μs，如图3所示。

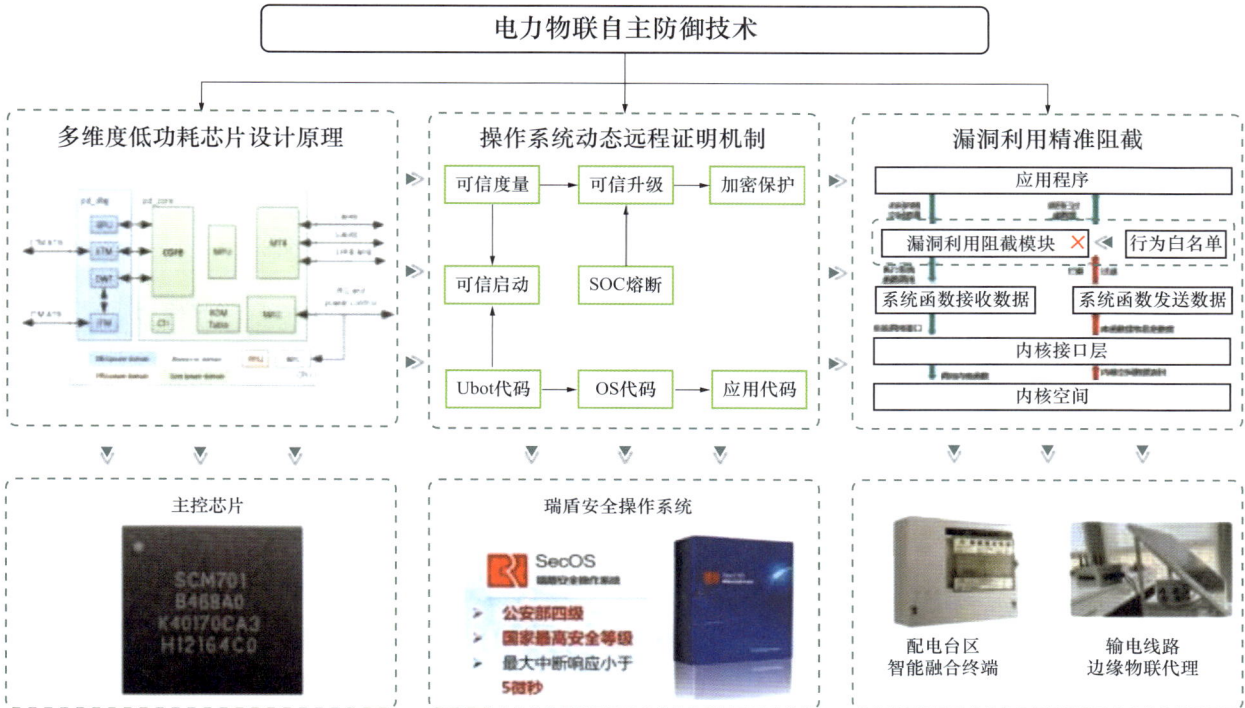

图2　安全操作系统架构

创新技术如下：

（1）构建了电力信息物理系统耦合的多层级认证访问控制方法，攻克了电力物联网感知终端轻量级身份认证技术，提出了可信度量与业务运行双平面运行架构，设计双向工频通信拓扑识别方法，一次识别准确率 >99%，构建物联终端安全信任度模型和终端设备安全信任度度量机制，形成了零信任动态访问控制及授权实现方案，构建了策略集中分析、阻断分布执行的边端安全防护机制，实现了终端的"即插即防"。

（2）提出了行为状态链异常检测策略，设计了基于行为状态链的异常检测方法，提出了面向通信帧结构和终端通信行为特征的异常通信感知与防护方法，建立了时效性约束的信息物理跨域交互指令保护机制，跨域攻击路径检测率98%，国际上率先实现 IEC61850 协议安全增强，解决了电力调控指令身份鉴别和保护问题。

（3）自主研制安全接入网关，基于自研 DPDK 网络接口的 CNI 插件与负载均衡模块，建立了基于 VPP 的集群式虚拟化数据转发机制，设计兼容 Kubernetes 内核协议栈的集群化部署方案，安全交互传输时延小于180μs，并发认证能力达原主流设备的 7.5 倍，实现了跨域业务推理攻击、控制逻辑隐蔽攻击等多种高隐蔽攻击检测功能，百万级规模接入下非法终端阻断率达到 100%。

3. 技术创新点3

首创信息物理融合下跨域攻击威胁扩散抑制技术，发明了跨域非协作条件下攻击溯源方法，设计了融合新型配电网拓扑的攻击扩散度量模型，提出了基于复杂系统实时孪生的跨域攻击扩散行为智能推演技术，构建了电网–信息双域协同的联动防御机制，建成了电力信息物理跨域攻击态势感知平台，实现了电力广域安全态势感知和协同防御。

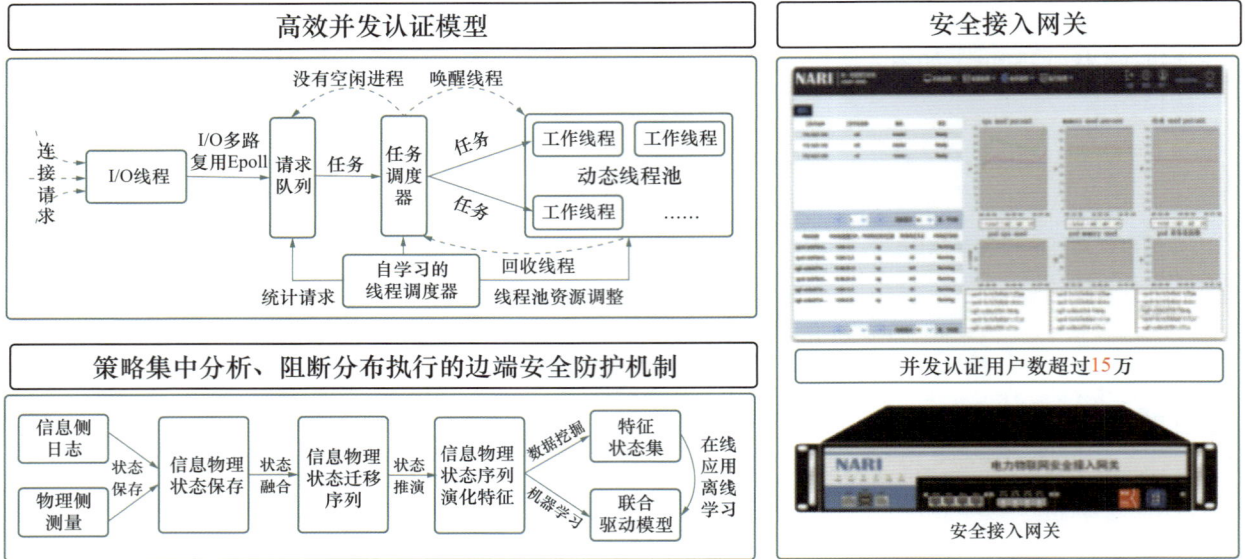

图3　运行架构

创新技术如下：

（1）发明了跨域非协作条件下攻击溯源方法，对新型电力系统下非协作关系应用场景进行建模，形成了涵盖硬件、系统、运行等6个大类50余项属性的物联终端行为知识表征库，对电力规约帧结构、业务相邻报文间隙等数据，通过卷积神经网络算法实现攻击行为度量，构建了非协作关系下APT攻击实时在线监测方法。

（2）提出了基于复杂系统实时孪生的跨域攻击扩散行为智能推演技术，建立适应新型配电网拓扑特点的攻击扩散网络行为动力模型，构建了电网—信息双域协同的复杂网络联动防御机制，设计了基于图关联模型的信息—物理融合系统传导关键点精准辨识与定位，快速制订精准切负荷等控制策略，实现攻击故障快速解耦，将威胁与影响压缩至最小，解决了极端攻击下电力系统底线保护难题。

（3）联合自主研发电力物联终端、安全接入网关和系统侧安全防护系统等，研制了电力信息物理跨域攻击态势感知平台，率先实现了信息系统与电网物理系统间安全联动，具有攻击路径检测、攻击溯源、电网紧急控制等主动防御能力，实现了电力广域安全态势感知和协同防御。

4. 与国内外同类研究、同类技术的综合比较

通过多家第三方权威机构测试，终端自主防御、隐蔽攻击检测、故障协同抑制等多项关键指标，均优于国内外同类产品，关键指标见表1。

表1　　　　　　　　　　　　　　　　关键指标比较

关键技术指标		国内外同类技术	本项目技术	创新成效
终端自主防御	操作系统安全性	三级	四级（国内首家通过）	国内可测最高安全等级
	操作系统实时性	>300μs	约为5μs	提升60倍
	漏洞探测方式	交互式漏洞探测	无损探测，准确率达96%	填补技术空白
	软硬件架构	国外芯片＋开源平台，终端功能固化	"国网芯"＋安全加固操作系统，软件定义，灵活迭代	填补技术空白

关键技术指标		国内外同类技术	本项目技术	创新成效
隐蔽攻击检测	跨域攻击路径检测	36%	98%	提升近 3 倍
	拓扑识别	大数据分析：一次识别准确率 <30%；电力线载波：一次识别准确率 <70%	双向工频通信法：一次识别准确率 >99%	提升 40%
故障协同抑制	连锁故障抑制方法	仅在信息层面进行攻击防御	双域协同紧急控制	填补技术空白

三、实施成效

1. 技术在国家电网各省公司应用

项目成果在国家电网公司 27 家省级公司推广应用，支持亿级终端安全接入，有效提升了电网安全运行能力，成为电网数字化安全的重要安全屏障。其中：

（1）国网河北电力基于国网首套自主研发的可控芯片、实时安全操作系统、安全接入网关等核心产品，建成了电力信息物理跨域攻击态势感知平台，实现了电力广域安全态势感知和协同防御，助力河北电力在国家电网公司攻防对抗中处于第一梯队。

（2）国网湖南电力依托项目成果，部署智能充电桩、安全网关等终端 27 万台，应用电力物联终端自主防御技术及电力物联行为持续监测技术，实现了物联终端感知防御和开放网络的隐蔽攻击识别，终端安全从物理层面得到有效保障。

（3）国网江苏电力依托项目成果开展了终端应用程序漏洞无损探测、靶向阻截等功能应用，为 13 万用户、15 套系统提供了安全、便捷的用户体验，实现了威胁的自动隔离和秒级自愈，累计推广应用安全终端 20 万台，近三年共节约安全相关运维工作量 30%，在电力保供、护网行动等保障工作中发挥了重要作用。

（4）国网河南电力主要应用于信息、生产、营销等专业的不同物联终端的自主防御领域。重点依托项目成果，针对已挂网的输电侧智能融合终端，利用靶向阻截方法对未知攻击实现了有效防御，各类终端同时具备电力物联行为持续监测能力，累计阻断异常访问 13.1 万次，有效规避了终端的非法入侵。

（5）国网山东电力应用本项目所研制的电力物联终端和安全接入网关，实现了大量物联终端设备的高效注册、快速认证、安全接入。物联终端设备可支持 20 余种新旧通信协议兼容，协议转换成功率达 99%，边缘处理时延 50ms。能够对终端异常行为进行及时阻断，累计阻断异常访问 7.2 万次，物联终端感知防御能力显著提升。

2. 技术在科研产业单位应用

（1）南京南瑞信息通信科技有限公司依托项目成果，研制了适用于不同场景、不同规模的物联网终端设备及安全操作系统，建成了终端设备安全接入解决方案，形成系列化产品，在国网多家省公司大规模应用，实现了极端攻击下对电力系统的有效保护，相关成果被纳入 2022 年工业互联网试点示范项目。

（2）北京智芯微电子科技有限公司应用本项目关键技术研发的成果，为边缘计算核心模组及系列电力物联终端提供了可靠的技术支撑，成功打造了以智能芯片为核心的整体解决方案，提升了物联业务下沉保障能力。成果推广至电力、轨道交通、石油石化、汽车电子等领域，获得中国电力科学技术进步奖。

3. 技术在其他行业应用

（1）依托项目成果，石家庄科林电气股份有限公司在充电桩、智能电能表等电力终端产品进行应用，破解了海量非智能终端的安全接入难题，有效解决了工业物联安全接入问题，支撑冬奥绿电供应石家庄地铁开工等重大保电活动。

（2）项目技术成果转化到成都鼎桥通信技术有限公司，打造了工业物联接入安全成套解决方案，已在电网、交通、机场、港口、公共安全等领域成功应用，得到公安、铁路等多个行业的高度评价。研制的物联安全终端、安全接入网关等成熟产品，为 3 万余个客户、50 万台终端提供安全认证服务，产品无故障运行时间超过 10000h，安全交互传输时延小于 180ps，在百万级规模接入下非法终端阻断率为 100%。

（3）北京市腾河智慧能源科技有限公司基于项目研制的边缘计算核心板、边缘计算交采模块及配套设备进行了规模应用，累计应用 7500 台套，广泛应用于用电信息集中采集、有序用电控制等业务场景。

（4）河北新天科创新能源技术有限公司基于项目成果，将安全操作系统、安全芯片等电力物联终端自主防御技术应用于生物质发电等终端计量设备，实现了物联终端操作系统和芯片的国产化替代；通过多级身份访问控制，实现了终端身份可信管理及风险识别，提升了信息系统网络安全防护水平。

（5）中广核新能源投资（深圳）有限公司华北分公司依托本项目成果，将电力物联终端自主防御技术应用于河北光伏发电片区逆变器等设备，开展物联身份可信管理、风险识别管理等功能应用，覆盖认证设备 6.2 万部，为光伏补贴的快速结算、准确发放提供了有力支撑，提升了网络安全水平。

四、经济效益及推广前景

1. 经济效益

项目攻克了"电力物联终端自主防御、混合网络下电力物联行为持续监测、信息物理融合下跨域攻击威胁扩散抑制"三个关键技术，自主研发了系列化技术装备，并进行广泛推广，近三年经济效益如下：2020 年，新增销售额 147110.81 万元，新增利润 28234.04 万元；2021 年，新增销售额 152502.96 万元，新增利润 28154.60 万元；2022 年，新增销售额 95608.22 万元，新增利润 20499.02 万元；三年共累计销售额 395221.99 万元，累计利润 76887.67 万元。

（1）电力物联终端自主防御技术成功应用于配网抢修、实物 ID 等终端设备中，覆盖认证设备 111.2 万部，为多源异构终端提供了安全可控的基础运行环境，大幅提升公司信息系统网络安全水平。接入终端并发认证能力提升了 7.5 倍，安全防护相关运维工作量降低约 30%。

（2）基于公专融合网络下电力物联行为持续监测技术，网省变、配电各类终端利用靶向阻截方法，实现了对未知攻击的有效防御，有力保证了海量终端和接入网关的安全运行，规避了终端的非法入侵，累计阻断异常访问 14.2 万次。

（3）项目研发的"电力信息物理跨域攻击态势感知平台"，已成功推广至国家电网公司，提升了物联设备协同防御能力，大幅降低安全防护运维成本，仅河北、河南、湖南、江苏、山东，共节约支出1840余万元。

2. 社会效益

（1）对河北的贡献。目前雄安电网正在建立全球首个以电网为核心的终端能源消费电能占比高、全时段 100% 清洁能源供应的综合能源体系，雄安电网需要融合智慧城市的用户、能源、气象、环境、交通、社会活动等多元数据进行准确态势感知、预测及风险薄弱点识别与追踪数据，安全共享面临严峻挑战。本项目的物联跨域攻击安全防护关键技术，有效解决了物联终端接入带来的网络安全风险，为这座"未来之城"的信息安全奠定了坚实的基础。

（2）对国家电网公司贡献。构建了世界首套电力信息物理融合的物联跨域攻击综合防御体系，成功发现并抵御了 20 余个针对我国电力基础设施实施攻击的国际黑客组织，并向国家主管提交攻击情报，为我国能源电力关键信息基础设施的安全防护起到重要示范引领作用。

（3）对行业及生态的贡献。项目推动国家标准制定，带动了国家工控安全产业化发展。自主研发的瑞盾操作系统，成为国内首家通过公安部等保四级新国标检测的操作系统，有力保障了国家能源安全和国家安全。加大了技术资源和应用成果共享，有力激活了互联网安全产业链的发展，促进产业链协同攻关，为构建良好安全可靠的互联网生态起到示范引领作用。

3. 推广前景

项目成果推广至新能源、交通、公共安全等多个行业领域，应用取得显著效果，推广前景广阔。

五、项目主要完成人

国网河北省电力有限公司信息通信分公司高丽芳、陈连栋、程凯、张磊、申培培、刘咸通、赵林丛、辛晓鹏、刘子州，南京南瑞信息通信科技有限公司金倩倩，北京邮电大学郭少勇，北京智芯微电子科技有限公司刘亮。

电力行业自主可控专业大模型——"大瓦特"

南方电网人工智能科技有限公司

一、案例简介

电力行业正处于数字化转型、能源结构变革以及应对运维效率与安全挑战的关键时期。随着物联网、大数据、云计算等技术的广泛应用，电力系统积累了海量数据，为精细化管理和智能化运营提供了坚实的数据基础。与此同时，全球可再生能源比例不断攀升，分布式能源、微电网、储能设施等新型元素的融入，使得电力系统的运行特性日益复杂，对精准、高效的智能化技术提出了迫切需求。在此背景下，人工智能技术特别是深度学习以及大模型的突破，为电力行业应对上述挑战提供了强有力的技术支撑。

本项目打造的电力行业专业大模型"大瓦特"是首个电力专业领域落地应用的大模型产品。项目构建了具备丰富电力行业知识的 NLP 大模型，研发了面向电力巡检、表计识别和日常办公等复杂业务场景的 CV 大模型，赋能一线业务场景，全面提升电力行业人员生产效率，实现了电力企业的提质增效。

"大瓦特"大模型基于全国产化环境进行自主研发，在硬件算力上采用了华为昇腾 910b 芯片，在软件框架上则采用了国产训练框架 Mindspore，目前国内能基于国产芯片完成大模型开发的仅有南方电网公司和科大讯飞两家单位。"大瓦特"支持在全国产化软硬件环境中进行训练和推理，有助突破国外针对尖端 AI 芯片的"卡脖子"问题，对国家自主可控人工智能技术研发具有重大意义。

"大瓦特"在中文问答与电力专业知识问答上，能力显著优于国内外主流模型，准确率达 95%；在图像检测识别上，准确率相比主流小模型提升超过 15%。"大瓦特"参数量达 130 亿。通过自主研发的蒸馏压缩技术，"大瓦特"支持在显存 64 GB 的国产图形处理器（Graphic Processing Unit，GPU）上进行单卡推理，推理速度可达 32 tokens/s，大大降低了推理硬件需求。项目整体技术处于国际领先水平。

"大瓦特"为电力系统内部用户提供电力专业知识检索、高质量智能辅助写作、电力行业图片检测等专业服务，覆盖输配电、调度、安监、客服等电力行业全业务域，直接服务南方五省各级电力单位与 1 亿电力用户，为南方电网公司业务实现提质增效，助力保障电力能源安全。

二、技术方案

1. 方案概述

电力行业跨模态大模型"大瓦特"作为一款专为电力行业打造的专业大模型，在设计上充分考虑了电力系统的特性和行业需求，力求实现国产化软硬件的深度融合，运用前沿的人工智能大模型技术，构建起一套高效、智能、安全的电力行业解决方案。项目主要设计思路如下：

（1）以电力行业应用需求为根本，项目团队深入剖析电力行业的业务流程、痛点问题与未来发展趋势，确保"大瓦特"大模型精准对接电力系统的实际需求，为电力行业生产、调度、供应链、交易等全部 18 个业务域提供智能化支持。

（2）以国产化软硬件平台为基础，积极响应国家信创战略，采用国产化芯片、操作系统、数据库等核心软硬件，确保信息安全可控，避免国外技术"卡脖子"问题，优化模型在国产化环境下的性能表现，实现自主可控的电力智能解决方案，助力国产化人工智能软硬件生态建设。

（3）以人工智能大模型技术为抓手，在生成式预训练模型（Generative Pre-trained Transformer，GPT）等国际先进的人工智能大模型架构基础上，结合电力行业的特殊数据特性，围绕大模型构建、训练、微调、监督等核心技术开展研究，形成具备强泛化能力、高精度预测与决策能力的电力专业大模型。

项目团队经过多年研发，项目建立了包含电力行业基础知识、业务制度、项目文档、巡检图像等多模态数据的电力样本库。基于全国产化的硬件算力与算法框架，构建了覆盖自然语言处理和计算机视觉等领域的跨模态电力行业专业大模型"大瓦特"，打造了一批质量高、受众广、口碑好的应用，切实提高基层员工工作效率，深度赋能电网业务场景。

2. 主要创新点

（1）NLP 大模型。电力行业涉及大量的数据、知识和规则。电力行业大模型需要能够处理海量数据、提取有用信息，并生成准确、相关的内容。同时，由于电力数据涉及用户隐私和商业秘密，电力行业大模型需要采取有效的措施来保护数据的安全性和隐私性。

项目构建了电力专业 NLP 大模型，自主研发多粒度信息穿透、大规模电力行业文档稠密检索两大创新核心技术，突破了关键字匹配的限制，解决了文档内容语义层面穿透的问题，提出向量化分析模型，精准定位用户所需知识原子，构建了垂直行业知识性模型的整体解决方案，问答准确率达 95%。该技术采用透明可追溯的内容生成方式，有助于控制成本并保护数据隐私。

（2）CV 大模型。电力巡检视觉智能分析场景跨越高山大河，覆盖特高压输电、超高压输电、高压输电、中压配电和低压配电的全电压等级，涉及海量的电力设备、缺陷和隐患种类，传统的视觉神经网络难以统一学习支撑各业务场景的高泛化性特征。项目深入研究视觉大模型技术，构建了 L0 级通用视觉大模型基座，并在电力行业进行微调，首次建立了 L1 级电力视觉大模型。此外，面向电力巡检场景的具体业务应用，项目提出了电力场景知识数据双向趋优的视觉识别分析体系，在模型设计、训练优化等算法全生命周期中嵌入多元电力业务知识，突破了电力场景中设备缺陷尺寸小、业务判定逻辑多等技术瓶颈，重大缺陷检出率达 96%，实现了视觉大模型在电力行业的落地赋能，算法性能业界领先。

3. 成果先进性

（1）模型性能：在中文问答与电力专业知识问答上，准确率达 95%，显著优于国内外主流模型；在图像检测识别上，准确率相比主流小模型提升 15%。

（2）自主可控：基于国产算力与框架构建，支持全国产化环境，有效避免国外技术"卡脖子"问题。

（3）推理速度：在显存 64GB 的国产 GPU 上实现单卡推理，推理速度可达 32tokens/s。

（4）训练数据：在 NLP 领域选取安全监督、市场营销等 18 大专业领域数据，基础训练语料达 3.5TB，微调数据超过 500 万条；在 CV 领域构建千万级电力样本库，精细标注超过 10 万图像、30 万目标。

（5）客观评价：电力视觉大模型成果通过由中国人工智能学会组织，潘云鹤院士和王耀南院士领衔的科技成果鉴定，整体技术处于国际领先水平。

三、实施成效

1. 产品定位

电力行业专业大模型"大瓦特"是首个电力专业领域落地应用的大模型产品，基于全国产化的硬件算力与算法框架进行构建，覆盖自然语言处理（NLP）和计算机视觉（CV）等领域跨模态电力业务场景，为电力行业实现提质增效。"大瓦特"主要以 B 端企业用户为销售对象，支撑企业用户变革传统业务模式，为企业用户提供营销、客服、会议记录、文本翻译、巡检图像分析等个性化服务。同时"大瓦特"也为企业用户中的个人员工提供 ToC 的应用服务，提供智能问答、文本写作、图片生成、视频生成等功能。

与通用大模型相比，电力行业大模型具有专业性强、数据安全性高等特点，未来大模型真正的价值体现在更多行业及企业的应用落地层面。一方面，电力行业大模型将通用大模型用于形成多领域能力的资源集中于特定领域，模型参数相对较小，对于电力企业落地而言具有显著的成本优势；另一方面，电力行业大模型结合电力单位内部数据，为电力企业的实际经营场景提供服务，能更加体现模型的降本增效作用。

2. 应用情况

"大瓦特"为电力系统内部用户提供电力专业知识检索、高质量智能辅助写作、电力行业图片检测等专业服务，覆盖输配电、调度、安监、客服等电力行业全业务域，直接服务南方五省各级电力单位与 1 亿电力用户，为南方电网公司业务实现提质增效，助力保障电力能源安全。"大瓦特"自发布起即受到广泛关注，已达成超过 3 亿元的合作意向，产生了显著的社会经济效益。

项目以电力行业专业大模型"大瓦特"为基础，以深化人工智能与业务融合应用，全面提升人工智能自主可控水平为抓手，已先后组织完成 77 个应用场景建设，取得阶段性成果。

主要应用场景及成效如下：

（1）智能客服系统。智能客服大模型具有语音识别、情绪侦测、多轮对话、语义理解等功能，为营销领域提供解决方案。目前项目已建成新一代智能客服系统，高频业务"机器代人"率由 60% 大幅提高到 80%。

（2）调度值班助手。调度值班助手基于大模型技术，结合向量知识库高效注入值班规程专业知识，实现值班员故障处置对策问答。相较于传统基于关键字抽取与匹配的知识库方案，大模型技术提高了专业知识注入效率，增强了对用户提问理解的灵活性与准确性，提升方案泛化性，用户满意率达96%。

（3）输配电域巡检。在输配电巡检领域通过电力大模型与高性能小模型结合的系列算法，与业务逻辑深度融合，实现了可见光、红外、激光、X 光等巡检方式的智能分析，可自动生成巡视报告，并给出运维建议，机器代人率超过 80%，解决了在线监测终端重复告警、误告警、点云分析高成本等问题。

（4）智慧评标应用。评标多模态大模型支持标书智能比对、评标现场语音转录、评标专家异常行为识别等应用场景，解决了传统评标和监督业务以经验判断为主的"人力密集型"管理方式，推动评标和监督工作严密化、高效化。

四、经济效益及推广前景

1. 市场趋势

伴随人工智能技术的加速演进，AI 大模型已成为全球科技竞争的新高地、未来产业的新赛道、经济发展的新引擎，发展潜力大、应用前景广。近年来，我国高度重视人工智能的发展，将其上升为国家战略，出台一系列扶持政策和规划，为 AI 大模型产业发展创造了良好的环境。当前，通用大模型、行业大模型、端侧大模型如雨后春笋般涌现，大模型产业的应用落地将进一步提速。作为新一代人工智能产业的核心驱动力，AI 大模型广泛赋能我国经济社会的多个领域，打开迈向通用人工智能的大门，推动新一轮的科技革命与产业变革。

2. 经济效益分析

电力行业专业大模型"大瓦特"于 2023 年 9 月 26 日正式发布，自发布之日起即受到各大电力行业企业单位、人工智能领域研究机构和国内外传媒机构广泛关注，目前已达成意向的合作金额超过 3 亿元。

后续"大瓦特"将持续迭代优化，打造为电力行业国际领先的垂域大模型产品。借助南方电网公司的统筹推广，"大瓦特"将在广东、广西、云南、贵州和海南五省各级电力企业单位全面上线应用。2024—2026 年间，预计每年可立 5 亿元项目开展"大瓦特"大模型新增功能研发与在五省的本地化适配工作。"大瓦特"大模型全面应用后，按照南方电网公司目前员工总数约 27.6 万人、大模型授权使用费平均 1000 元 / 人年计算，年均可收取授权使用费约 2.76 亿元。

3. 社会效益分析

项目社会效益显著，主要体现在如下三个方面：

（1）践行国家人工智能发展规划。项目对知识数据融合驱动方法在电力行业的实用化落地进行了深入的研究，研发了性能指标国际领先的电力行业跨模态专业大模型"大瓦特"，贯彻落实了国务院《新一代人工智能发展规划》中对数据驱动与知识引导相结合的人工智能新方法的战略规划。

（2）保障国家能源安全。项目成果支撑电力线路缺陷的及时准确发现，将重大安全事故扼杀在摇篮中。电力巡检视觉大模型成果 2023 年共发现紧急重大缺陷 6699 项，指导检修人员消缺，避免停电损失近 70 亿元，有力保障了全网百万公里输电线路安全，确保了 1.13 亿用户的电力能源可靠供应。

（3）推动电力人工智能行业上下游科技进步及产业化发展。项目贯彻落实国务院《关于促进人工智能和实体经济深度融合的指导意见》，在电力行业率先实现人工智能垂域软件规模化应用，支撑广东电网建成全国首个电网机巡识别闭环运行标杆示范省。项目成果促进了电力行业的数字化、智能化转型，推动了行业上下游科学技术进步，有效提升了电力行业人工智能技术的产业化发展水平。

五、项目主要完成人

南方电网人工智能科技有限公司赵必美、蔡卓骏、汤清华、曹尚、周锐烨、张焕明、余煜塬、冯勤宇、江佳佳、林全郴、李汉巨。

基于源网荷储一体化功率响应管理及实践

内蒙古电力（集团）有限责任公司阿拉善供电分公司

一、案例简介

我国的新型储能发展迅猛，截至 2023 年年底，我国投运的新型储能累计装机达 34.5GW/74.5GW·h，功率和能量规模同比增长均超过 150%，呈现出多元化高速发展态势，新型储能产业生态初步形成。在我国新型储能的高质量发展依然存在安全性掣肘。2022 年我国的电化学储能项目非计划停运 671 次。单位能量非计划停运次数为 24.45 次 /100MW·h，远高于同年火电机组的非计划停运次数 0.35 次 /（台·年）。缩短源网荷储一体化非计划离网切换时间，对实现负荷零功率转移是一种有效的手段，离网时的平滑、快速切换对离网状态下运行和电能质量起到至关重要的作用。

额济纳地区电网地处阿拉善盟最西端，额济纳电网仅通过 440km 单回链式 220kV 线路与主网联络，距离主网较远，且与主网联络较为薄弱。据统计数据自 2005 年投运至今，由于鸟害、雷击、异物搭挂、倒塔等原因，共发生故障跳闸 17 次，线路在抵御恶劣天气能力逐渐下降，线路部分设备出现不稳定运行情况逐年上升。这对引发额济纳源网荷储储能站发生非计划离网概率增大，需要源网荷储一体化精准运维进行提效管理，为稳定电力发展质量和效益，促进边疆地区经济健康持续发展奠定基础。

"双碳"目标背景下，额济纳地区电网由传统"发、输、变、配、用"的单向过程，转向了"源、网、荷、储"一体化的循环过程。额济纳地区"源网荷储"一体化项目经过黑启动试验、全域离网试验和应急状态下非计划离网实战并入电网运行，构成了电网"双电源"供电模式。通过新能源发电功率预测，功率和能量备用、新能源机组内受、负荷侧主动支撑，以及储能快速灵活支撑等前期数据快速收集，经过运维人员培训新技术应用提升。这些问题的解决，有助于新型储能规模化运维与优化协同控制技术的不断突破，探索各种储能安全运行的前提下，充分发挥储能对电网安全运维和支撑作用。

二、技术方案

考虑源、网、荷、储一体化多时段多目标运行模式多样，需要根据当前天气、分布式电源状态、负荷水平，提升数据预测能力，选择最佳快速方式切换，有力响应需求侧。

1. 新能源出力数据规律性收集

额济纳地区达来呼布镇以 11 年的光能统计数据表明，代表年太阳总辐射量为 6452MJ/m²，年日照时数为 3327h，属太阳能源富集地。黑鹰山镇风能资源年有效风速的持续时间长，稳定率高、连续性好、风质优良，还能改善新能源单一的结构，风能资源的利用保护环境对于防风固沙起到一定良好作用。代表年风电场风速日变化亦呈单峰型，24 时至次日 9 时等速较角平稳，无明显变化，9h 后风速开始明显增大，16 时达到最大，各层平均风速在 6.4 ～ 7.9m/s 之间，其后风速逐渐减小。根据典型日光伏、风电出力统计。结合实际负荷情况，考虑储能与柴发配置与运行特性，可以制定典型日时的运行策略，模拟非典型日的稳态情况，考虑全天无风电出力。

2. 新能源电力平衡技术分析

新能源电力系统项目类型复杂，纯新能源电力系统协调控系统的设计需要根据联网与否、内部电源与负荷基本类型等情况进行适当分类以确定核心问题，采用针对性技术及提出合理技术方案。针对与大电网并联时新能源出力充足时，可根据联络线功率控制要求再次细分，控制系统设计以优化调度技术为主，同时满足大电网对各类技术要求；针对与大电联并联时新能源出力不足时，可根据内部电源特性再次细分，控制系统设计以快速控制、调度控制为主，一体化协调控制系统需考虑资源类配置情况来设计相应的控制策略；针对交流系统孤立运行项目，可根据源、荷、储配置进一步细分，控制系统设计以多时间尺度协调与优化控制为主。因此对新能源接入，从系统、电源、储能及负荷在稳定控制及电力电量平衡进行循环调节。

3. 选择快速离网方式切换

额济纳源网荷储一体化孤岛判别系统采用分部区域控制装置，通过采用额济纳站、达来呼布、金诺站、宏泰站各个间隔的电气量以及断路器、隔离开关位置，对整个微网系统进行全局拓扑分析。通过站内保护装置的动作信号、开关变位信号和故障电气量，快速识别微电网系统与外部电网即将或已出现的并、离网关系；若判断电网发生非计划性离网，则快速进行非计划性离网控制，配合储能系统完成并离网状态切换。额济纳地区电网地 220kV 线路故障引发额济纳源网荷储储能站发生非计划离网切换，依据计算控制指令、新能源预测与负荷出力数据，选择最佳快速方式切换。以下为控制指令分解情况。从上述调查情况看，其中控制指令（操作前准备、接发指令及操作项目）和通信延时可控，抢修耗时不可控，控制指令耗时和通信延时分别占并离网切换时间总耗时的 16.38% 和 7.86%，累计占比 24.25%。综上所述，控制指令耗时高和通信延时长是微电网并离网切换时间长的症结所在，也是缩短额济纳源网荷储微电网示范工程并离网切换时间的突破。

4. 恶劣天气响应应急保障

风险监测汛期应密切关注气象、洪水事件风险监测预测情况。加强与当地政府水文、气象、防汛等部门的联系，及时了解和掌握洪水灾害信息。预警分级根据灾害的发生性质、可能造成的和影响范围，防汛预警级别分为四级：一、二、三和四级，依次用红色、橙色、黄色和蓝色表示，一级（红色）为最高级别。一级预警，出现下列情况之一为一级预警：额济纳旗应急管理局或气象部门发布暴雨等强对流天气引发的灾害红色预警；防汛、防强对流天气指挥部发布防汛防洪红色预警；阿拉善供电公司发布气象灾害红色预警；根据气象预报，预计 48h 之内额济纳旗大部分地区可能出现特大暴雨；分公司应急领导小组视灾害预警情况、可能危害程度、救灾能力和社会影响等综合因素，研究发布一级（红色）预警。

5. 建立人员应急技能联动机制

根据电力保障工作要求，优化调度指令，制定额济纳"源网荷储"新型电力系统并离网切换应急演练方案，充分发挥"源网荷储"负荷预测与出力数据分析和应急指挥作用，落实保障电力供应和防范电网运行风险控制措施，全流程检验负荷控制中突发故障应急处置能力，从而缩短处置时间，提高应急响应速度和协作联动性。加强员工技能培训，减少人为错误和因设备损坏所导致的危机风险，组织专业技术人员开展专项培训，通过仿真系统模拟预演事故处理全过程。优化不同部门的应急联动工作机制，切实提升应急联动处置能力，定期开展相关实践教学和培训活动，应急人员熟练掌握电网调度、电力运行、电力设备维护专业技能，注重实战演练和模拟训练，提高员工应对突发情况的综合处理能力和精准判断力。

6. 响应需求侧负荷的预测

解决额济纳源网荷储一体化为电源支撑的新能源波动性带来的时空变化问题。面临供需双侧均不确定性，加上扰动的交互作用使得电能质量新问题以暂态行为为主，难以沿用以稳态特征为主的传统电能质量理论。这就是解决源网荷储一体化运行中迫切需要解决的主要矛盾。协同和平衡是基础，在面临时间、空间和气候种类等多方面的长远挑战，持续安全保供，积极落实"需求响应优先、有序用电保底"。制作了离网状态下，以风电、光电为发电侧响应额济纳地区全域负荷保供的全时段有功负荷平衡建模应用图。综合各要素信息交互关系响应快慢，直接影响非计划离网的切换时间，为了给运行人员提供全时段有功负荷平衡供销关系，收集了光伏电站全时段运行特性和风电场全时段的出力情况，合成发电侧出力保障额济纳地区负荷的响应需求，提供了供需全时段的负荷关系，从多因素数据收集、多时段目标综合分析，为运维工作提升效率导向，保障电网安全稳定持续可靠运行。

三、实施成效

（1）创新利用构网型储能系统的电压源外特性和 2.25 倍的短时过载能力，实现功率自同步、就地快速一次调频及转动惯量等多时间尺度控制功能，有效提升系统惯量和短路容量，改善电网阻尼特性，通过快速动态无功补偿增强电压支撑能力。

（2）创新开展广域大网架纯新能源黑启动试验、广域大网架特高比例新能源系统离网长周期运行试验，灵活有效应对新能源与负荷双随机容量波动、高风速风电停机脱网、接地故障扰动、柴油机组长时间退出、储能单支撑超载、同期并网追压困难等挑战。

（3）创新将"源网荷储"微电网示范工程延伸扩大至广域大网架范围，实现对构网型储能技术的深度探索、研究与应用，为新型电力系统构建及调度运行控制提供方案。

充分借鉴额济纳旗全域离网长周期运行试验，迅速启用新建构网型储能站及其控制系统，构建额济纳旗全域特高比例新能源离网运行系统，在全旗清洁电源离网不停供方式下，停运单电源线路，进行紧急缺陷处理，通过源网荷储一体化系统为额济纳旗居民生活、生产提供独立的绿电供应，为电源进线设备异常停电争取了恢复的时间和空间。

四、经济效益及推广前景

（1）综合效益：将覆盖达来呼布镇 9.87MW 重要负荷供电的微电网示范工程，升级应用至额济纳旗全域、全负荷品类、38MW 负荷的特高比例新能源电力系统分时分类分级供电，有效提升供电能力，节约电网投资。通过 49h 额济纳旗全域特高比例新能源系统离网长周期运行试验产生新能源供电量约66 万 kW·h，创造社会效益约 29 万元，减少碳排放 1.8 t，将持续产生碳减效益。为构网型储能技术开辟了全新应用场景，为绿色低碳转型发展和电网升级改造提供新方案，节约了 400 余公里高电压、远距离第二电源输电线路建设，为偏远民族地区单主电源供电可靠性提升和经济发展做出积极贡献。

（2）第三方评价：河南中电工程咨询有限公司认为该工程创优目标明确，建设单位要求高，执行严，成立了额济纳地区"源、网、荷、储"微电网示范工程创优组织机构；工程建设过程精心谋划，科学组织，各参建单位质量体系健全，编制了《工程创优策划》及《创优实施细则》，建立了一整套独特的质量管理体系。其中，围绕"确保创建中国电力优质工程"的目标，完善各项质量管理制度，深入开展"样板引路、全程创优"活动，以管理创新，着力引导构建全方位、全过程、全员参与的质量管理模式。工程建设全过程严格按照规范、设计、方案施工，注重质量通病防治，保证了工程质量全过程的有效控制。

（3）行业推广前景：为践行"创新、协调、绿色、开放、共享"新发展理念和"四个革命、一个合作"能源发展战略。额济纳地区"源网荷储"微电网示范项目为实现"双碳"开启了供电新模式。对服务国家能源战略，促进绿色可持续发展具有借鉴作用。随着多元融合高弹性电网建设需求，电网对新设备、新技术的需求更加迫切，额济纳地区"源、网、荷、储"微电网示范项目以源源互动、源以荷动提升了配电网的可靠性和富裕度，充分展示了新型电网建设的前瞻性。

额济纳地区电源进线负荷零功率转移，实现源网荷储一体化离网无缝过渡全域绿电供电模式。用北疆"风光"电亮北疆灯火，切实提升地区电网抵御风险的能力和供电可靠性水平，开启额济纳地区区域绿电离网不停供的全新篇章。

五、项目主要完成人

内蒙古电力（集团）有限责任公司阿拉善供电分公司马立春、杨学林。

面向新型电力系统的"1+4+N"电力市场智慧运营服务体系建设

冀北电力交易中心有限公司

一、案例简介

1. 项目背景

伴随新型电力系统建设的不断推进，我国电力市场在"统一市场、两级运作"的总体框架下，已形成空间上覆盖省间、省内，时间上覆盖中长期、现货，品种上覆盖电能量、辅助服务的全范围、全周期、全品种市场体系，正在世界各国电力市场建设进程中由追赶者向引领者角色转化。国网冀北电力有限公司（以下简称"冀北公司"）作为国家"十四五"规划九大清洁能源基地之一，2023 年年底新能源装机占比 75.57%，拥有世界装机容量最大的抽水蓄能电站、世界首个 ±500kV 柔性直流环网、国家首个风光储输示范工程，成为探索和实践新型电力系统的典型区域。冀北公司必须高标准高定位，结合省情网情，积极开创电力市场建设运营新局面，服务和支撑好区域经济社会发展与国家能源战略转型升级。

2. 存在的问题及研究目标

在新型电力系统建设背景下，冀北电力市场主要存在以下三方面问题。一是对电力交易平台的性能要求更强，电力交易平台是电力市场运营业务落地应用的重要技术载体，随着电力市场改革的深入，一方面冀北地区市场主体大量进入电力市场导致平台承载数据量激增；另一方面多样化的用户需求对平台功能开发的灵活性要求更高，亟须一个数据利用集中、资源调配灵活、应用开发高效的电力交易平台。二是对电力市场运营规范化的管理要求更高，政府主管部门、行业监管机构和社会各界对电力市场建设运营规范性的关注不断加强，亟须形成对市场服务、市场出清、市场结算等交易全业务过程的规范化线上管控，有效支撑中长期、现货等全周期、多品种交易规范开展。三是对电力市场运营智能化的支撑需求更多，传统电力市场管理模式已逐渐无法满足众多市场主体的多角度诉求，交易机构人员也需要更多专业辅助功能，亟须提高电力市场运营的智能化支撑水平。

为解决上述问题，冀北电力交易中心构建形成面向新型电力系统建设的"1+4+N"电力市场智慧运营服务体系，如图 1 所示。其中"1 平台"依托云架构技术，构建基于能力共享、运转灵活的电力交易业务中台，实现"云—台—智"融合的电力交易平台，强化平台性能；"4 应用"包括市场服务、市场出清、市场结算、市场合规四大交易业务应用，形成统一标准的线上化管理流程，提高规范化管理能力；"N 场景"聚焦中长期与现货市场协同运营、电商化"e 交易"、电力市场全景仿真等重点领域，为市场主体和业务人员提供数字化的技术支撑，提升智能化支撑水平。

3. 适用范围及价值意义

面向新型电力系统建设的"1+4+N"电力市场智慧运营服务体系，是服务国家新型能源体系建设的需要，也是服务冀北电力市场高质量发展的需要，为运用市场机制促进电力保供、促进新能源消纳和大范围优化配置、促进冀北区域经济社会发展和能源消费转型提供了坚强的技术保障。

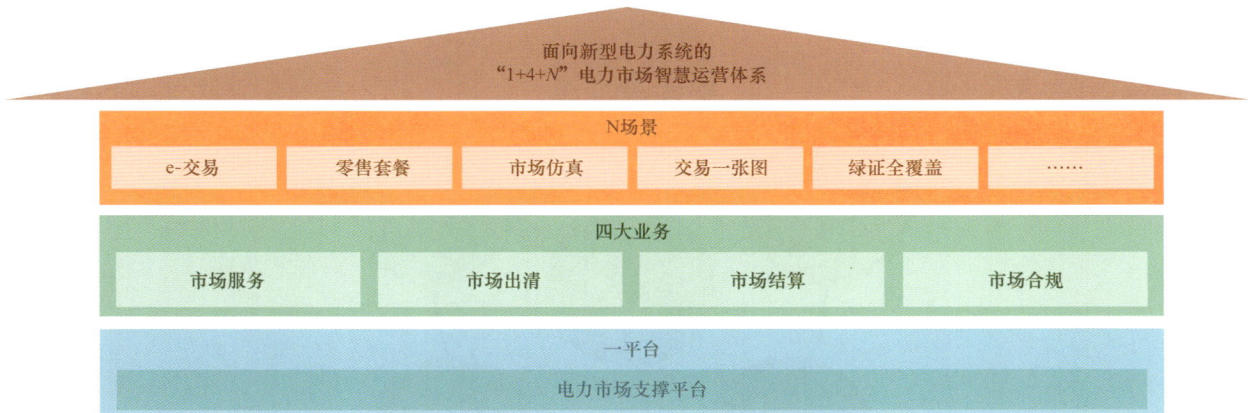

图1 面向新型电力系统建设的"1+4+N"电力市场智慧运营服务体系架构

二、技术方案

1. 关键技术

冀北电力交易中心通过云架构、业务中台、大数据挖掘等技术，构建"1+4+N"电力市场智慧运营服务体系，打造运行更稳定、功能更强大的电力交易平台，实现交易全业务规范化线上管理，研发智能化市场运营支撑技术，提升交易业务处理质效，为合规高效开展电力市场运营提供保障。

（1）采用"云平台＋微服务"技术实现平台灵活高效的处理能力。电力交易平台以服务各类电力市场主体为目标，采用两级部署方式，"云平台十微服务"的技术路线，形成"大中台＋薄前台"的应用架构模式，总体架构由业务服务、业务中台、公共组件和数据存储四部分组成。平台应用负载均衡、消息队列、动态扩容、热点数据缓存等技术，实现软硬件资源的灵活调配及服务能力的动态扩展；应用分布式数据库，合理进行分库分表，提高数据库操作效率，解决大批量数据量下的数据存储和访问效率问题。

（2）采用分布式调度引擎技术实现电力市场全业务线上规范化流转。冀北电力交易中心建设了全链条、多层级任务管理中心，通过构建电力交易业务的统一数据基础模型，采用分布式任务调度引擎技术实现电力市场全业务流程线上规范化流转。分布式调度引擎技术可在分布式系统中对任务进行有效地安排和调度，确保任务能够高效、准确地完成，同时优化资源的使用，提高系统的整体性能，最终形成统一标准的市场服务、市场出清、市场结算和市场合规的线上标准闭环管理。

（3）采用数字化技术提升电力市场运营智能化水平。冀北电力交易中心应用大数据、数据集成和 ETL（Extract，Transform，Load）、可信计算技术及先进算法开发工具等，处理、分析和存储大规模数据集，对海量交易数据进行抽取、清洗、转换和加载，强化数据安全和用户隐私保护，将具有共性特征的市场运营需求进行沉淀，开发多维度应用功能，提升交易业务运转自动化、智能化水平。

2. 应用场景

冀北"1+4+N"电力市场智慧运营服务体系，如图2所示，已建成多个应用场景，并将滚动开发，推陈出新，稳步提升市场主体参与市场的便捷性和交易机构人员开展业务的高效性、合规性，为冀北市场建设运行提供有效支撑。

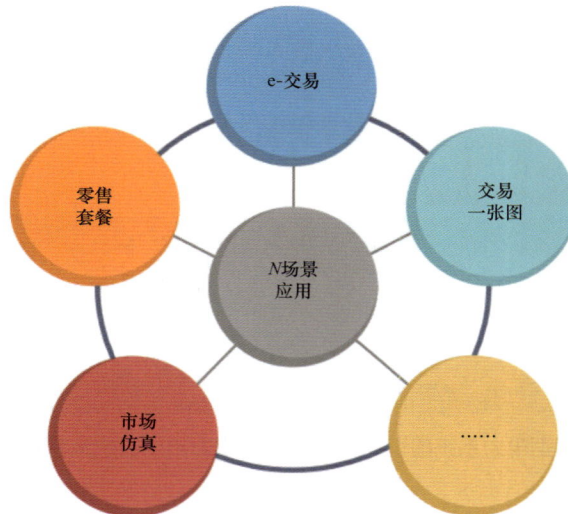

图 2 "*N* 场景"提升电力市场智慧运营水平

场景 1：交易全业务流程线上规范化管理。

交易全业务流程线上规范化管理面向电力市场用户和交易机构人员，将原有主要业务流程由线下运转改进为线上运转，辅以任务自动分发及定时处理机制，在市场管理、交易组织、电量结算、信息披露等交易业务场景中应用，有效降低人工成本，提高业务操作规范性、准确性。标准化、线上化业务流程建设，有效提升交易业务开展的规范性，保障冀北电力市场合规有序运行。

场景 2："零售商城"打造零售市场新格局。

面向电力市场中售电公司和广大零售用户开发电商式"零售商城"，将零售业务模式由点对点提升为点对面，极大增强了零售市场的透明度和竞争性。一是零售用户可直观比选不同售电公司推出的零售套餐，自行测算购电成本；二是零售用户与售电公司可自主在线发起邀约、达成合作关系；三是在零售用户同意基础上，交易平台自动为其合作售电公司提供用户当月用电量最新数据，提高售电公司批发合同电量向用户分解精准度，减少交易偏差；四是滚动向全市场发布售电公司收益分布情况，进一步增强零售市场透明度。

场景 3："e- 交易"打通交易最后一公里。

"e- 交易"APP 主要在绿电交易和零售市场中应用，支持市场主体在移动端参与市场交易，以其灵活便捷性吸引更多小微用户入市。通过"e- 交易"APP 与交易平台数据衔接，推进业务流与数据流"双流"协同，确保"信息同步、数据同源"。

场景 4："市场仿真"满足市场运营新需求。

"市场仿真"面向电力市场主体和交易机构人员，对市场建设、业务培训具有重要意义。通过仿真模拟测算、风险评估，为交易规模控制、偏差价格设定、市场调节系数遴选等业务提供辅助决策数据支撑，可有效验证市场机制、交易品种、结算算法的合理性、可行性，为市场主体提供模拟交易训练环境，提高广大市场主体的交易参与能力，规避市场风险，助力业务高效开展。

场景 5："一张图"打造运营监控新局面。

交易平台运营监控"一张图"面向交易机构人员，主要在系统运行监控和运营分析场景下应用，涵盖业务运营、系统运行、预警监控、风险评估等多种功能，通过动态组件、指标抽取、可视化工具等方式，对市场整体量价情况、个体交易结算数据分布、市场运行风险、系统运行指标等各类信息进行在线展示监测。可辅助交易人员全面掌控市场运行状态，及交易平台自身运行健康水平，提前发现风险隐患，及时采取应对措施。

场景 N：跨系统数据整合助力可再生能源绿证核发全覆盖。

3. 创新及技术先进点

创新及先进技术点一：以全面线上化助力业务规范高效开展。

在持续总结规范业务流程标准的基础上，实现市场全业务线上流转，高质量开展线上注册管理、身份认证、灵活交易、出清结算、信用评价等各项工作，创新推动全渠道数字化升级、跨专业系统协同运作，形成统一、标准、规范的市场全业务交易流程，为市场主体提供更加便捷高效的一站式全流程线上服务。

创新及先进技术点二：运用先进信息技术打造智慧交易平台。

采用大数据、可信计算、分布式引擎等数字化技术，提升交易平台数据吞吐分析能力，沉淀用户需求，完善电力零售市场运营模式，打通客户服务"最后一公里"，创新市场运营动态分析监控工作，运用仿真功能推进市场体系迭代升级，打造冀北特色电力市场，助力市场智慧运营。

三、实施成效

1. 规范交易业务流程，提升新能源消纳能力

通过搭建适应新型电力系统的"1+4+N"电力市场智慧运营服务体系，实现了交易全业务流程规范化的线上流转，满足了市场管理、交易组织、电量结算、信息披露等交易业务任务，实现流程自动化运转与任务批量执行，降低人工成本，提高业务操作规范性、准确性。

规范智能的线上业务开展，构建了互信友好的市场环境，市场主体满意度持续提升，省内新能源消纳规模持续扩大，新能源利用率逐步提升，实现冀北区域新能源在更大范围的充分消纳。2023年冀北用户全年成交绿电交易电量196.54亿 kW·h，交易规模居全国第一，直接交易用户绿电消费占比达到21.98%，相关成效纳入河北省委《信息专报》和河北省政府《要情快报》，登上中央电视台、新华社、人民网等多家行业内外主流媒体，彰显了冀北电力交易中心落实党中央决策部署、推动新型电力系统建设和能源绿色低碳转型的显著成效和良好形象。

2. 建设交易零售商城，发挥市场调节作用

通过建设"电商化"零售商城，一方面维护电力交易秩序，服务广大中小用户，有效降低电力用户参与市场门槛，提升电力用户购电的主动性与选择性，促进零售市场透明高效运作和健康有序发展；另一方面保障了电力可靠供应，促进能源清洁转型，有效实现两级市场在价格信号、偏差处理等方面的有序衔接，引导用户调整能源消费习惯，助力疏导系统成本。此外，绿色电力套餐的推出，有助于更多小微用户参与绿电交易，进一步扩大了绿电消费群体规模，通过将绿色环境价值随套餐电量精准传导至终端用户，充分保障零售用户的绿电消费权益。

冀北交易商城提升了电力用户购电的主动性与选择性，帮助用户更好参与市场互动，并通过有效竞争优化用电成本，对于促进零售市场透明高效运作和健康有序发展具有重要意义，冀北交易零售市场应用如图3所示。

3. 打造"e-交易"APP，实现业务移动办理

冀北"e-交易"APP在国家电网公司推广单位中率先启动零售市场业务试运行，零售市场代理协议签约、月度零售合同调整等业务实现移动端办理，通过"e-交易"与交易平台数据衔接，推进业务

图 3　冀北交易零售市场应用

流与数据流协同，融合应用智能数据服务体系，设计涵盖零售市场注册、交易、结算的全流程运营监测指标。冀北"e– 交易"APP 上线后，现服务零售用户数 3061 家，用户访问次数 9.5 万余次；2024年以来，通过"e– 交易"APP 累计开展零售合同签约调整电量 41.18 亿 kW·h，有效提升市场客户服务水平。"e– 交易"APP 应用如图 4 所示。

图 4　"e– 交易"APP 应用

4. 依托交易仿真平台，提升市场运营质效

通过依托冀北交易仿真平台，如图 5 所示，一方面冀北近 500 家市场主体在交易仿真平台开展业

务仿真实操，累计仿真数据达到 12 余万条，提升市场主体平台实操和业务理解能力，实现从电力保供、绿色转型、零售市场建设运营等方面为冀北公司经营决策提供辅助支撑；另一方面通过结算数据和全市场仿真模拟结算系统开展市场运行分析，预判市场运行风险，提供辅助决策支持，累计模拟交易、结算 80 余次，全流程验证交易组织方式、市场调节系数等市场关键因素影响，为市场运营提供决策支撑。

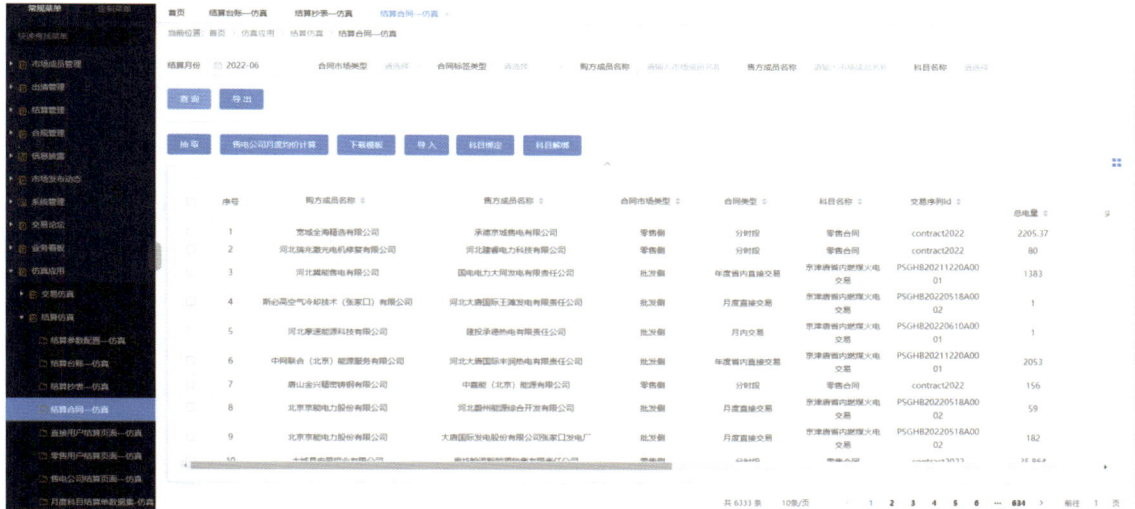

图 5　冀北交易仿真应用

5. 交易监控"一张图"，实现运行全场景监控

冀北交易平台运行监控"一张图"通过个性化定制数据，如图 6 所示，在多场景下实时展示发布电力市场相关运行指标，对交易平台进行全方位状态探查。辅助交易业务人员高效掌握市场运营动态，提前发现市场运营关键指标趋势变化，实时掌握交易平台系统运行状态，保障平台稳定运行，及时化解市场运营可能存在的风险。

图 6　冀北交易"一张图"运行全景监控

四、经济效益及推广前景

1. 经济效益

面向新型电力系统建设的"1+4+N"电力市场智慧运营服务体系，实现全渠道数字化升级、跨专业系统协同运作，支持市场管理、交易组织、电量结算、信息披露等重点业务任全线上化开展，为市场主体提供一站式服务。通过跨专业系统一体化联动，大幅提升业务办理效率。以业扩业务办理为例，通过交易－营销系统间业务流、数据流的贯通，有效缩短市场化用户业扩报装办理周期。按冀北用户年办理业报装业务 200 件，每件业扩业务办理时长节约 6 天，用户平均用电负荷 5MW 计算，本项目仅在帮助用户早日送电方面，年创造经济价值 3.6 亿元。

2. 社会效益

适应新型电力系统建设的"1+4+N"电力市场智慧运营服务体系，既是实现能源电力转型的必然要求，也是实现"碳达峰　碳中和"目标的重要途径。冀北以电力市场全力支撑"保供应、促转型"这一主线，通过建设"中长期＋现货"市场体系，实现了"批发＋零售""省内＋省外"的穿透式灵活结算机制、搭建了公开透明稳定的交易平台，市场整体呈现出竞争有序、开放活跃的局面。同时在全面分析新型电力系统结构改变给电力市场带来的变化与挑战的基础上，统筹好新能源发展和传统能源、全局与局部、政府与市场、能源开发和节约利用等关系，全面推动新能源高质量发展。该体系体现了冀北电力交易中心服务电力市场建设、服务经济社会发展，推动新型电力系统建设和能源绿色低碳转型的良好形象，彰显企业社会责任。

3. 推广前景

面向新型电力系统建设的"1+4+N"电力市场智慧运营服务体系，通过建设运行稳定和支撑能力更强的电力交易平台，完善交易全业务规范化线上管理机制，研发智能化的电力市场运营支撑工具，提高交易业务处理质效，为开展合规高效的电力市场运营提供保障。"1+4+N"电力市场智慧运营服务体系可有效提升电力交易机构市场服务能力，具备在全国电力市场范围内推广价值，应用前景广阔。

五、项目主要完成人

冀北电力交易中心有限公司梁继清、韦仲康、赵子兰、李沐。